Karl Riesenhuber

EU-Vertragsrecht

Karl Riesenhuber

EU-Vertragsrecht

Mohr Siebeck

Karl Riesenhuber, geboren 1967, Studium der Rechtswissenschaft in Freiburg i.B. und in Austin/Texas; Promotion 1997; Habilitation 2002; von 2002 bis 2006 zunächst Lehrstuhlvertreter, dann Professor an der Europa-Universität Viadrina, Frankfurt (Oder); seit 2006 Universitätsprofessor an der Ruhr-Universität Bochum; Inhaber des Lehrstuhls für Bürgerliches Recht, Deutsches und Europäisches Handels- und Wirtschaftsrecht.

ISBN 978-3-16-152975-7

Die Deutsche Nationalbibliothek verzeichnet diese Publikation in der Deutschen Nationalbibliographie; detaillierte bibliographische Daten sind im Internet über *http://dnb.dnb.de* abrufbar.

© 2013 Mohr Siebeck Tübingen. www.mohr.de

Das Werk einschließlich aller seiner Teile ist urheberrechtlich geschützt. Jede Verwertung außerhalb der engen Grenzen des Urheberrechtsgesetzes ist ohne Zustimmung des Verlags unzulässig und strafbar. Das gilt insbesondere für Vervielfältigungen, Übersetzungen, Mikroverfilmungen und die Einspeicherung und Verarbeitung in elektronischen Systemen.

Das Buch wurde von Gulde-Druck in Tübingen gesetzt, auf alterungsbeständiges Werkdruckpapier gedruckt und gebunden.

Vorwort

Das vorliegende Buch ist dem „Europäischen Vertragsrecht" gewidmet (näher § 1 Rn. 1 ff.) und sollte eigentlich auch unter diesem Titel publiziert werden. Auf Drängen des Verlages wurde der Titel für diese Auflage buchstäblich in letzter Minute in „EU-Vertragsrecht" geändert. In der Sache handelt es sich um eine völlig neu konzipierte und verfasste Ausgabe meines früheren (noch lieferbaren) Lehrbuchs zum selben Thema („Europäisches Vertragsrecht", 2. Auflage, Berlin: de Gruyter, 2006). War jenes vor allem aus meiner Habilitationsschrift über „System und Prinzipien des Europäischen Vertragsrechts" (Berlin: de Gruyter 2003) hervorgegangen, so beruht dieses auf meinen Vorlesungen zum „Europäischen Vertragsrecht". Die Lehrveranstaltungen und die Erfordernisse der universitären Schwerpunktbereichsausbildung, vor allem aber die jüngeren Entwicklungen in Gesetzgebung und Rechtsprechung ließen einen neuen Zuschnitt geboten erscheinen.

Das Buch hat nach wie vor eine systematische Darstellung des Vertragsrechts der Europäischen Union zum Ziel. Dazu gehören zunächst einige Grundlagen (1. Teil): Grundrechte und Grundfreiheiten (§ 2), die Rechtsetzungskompetenzen (§ 3) sowie das internationale Vertragsrecht (§ 4). Mit dem Unternehmer- und Verbraucherbegriff sind einerseits schon Inhalte der Rechtsangleichung angesprochen, andererseits aber auch zentrale Fragen des Harmonisierungskonzepts (§ 5).

Die Rechtsangleichung wird im 2. und 3. Teil erörtert. Hier gibt es zunächst einen Bestand allgemeiner und übergreifender Regeln (2. Teil). Sie betreffen neben den Diskriminierungsverboten (§ 6) vor allem die vorvertraglichen Pflichten (§ 7), die Widerrufsrechte (§ 8), einige Grundsätze zu Vertragsinhalten (§ 9) sowie die Inhaltskontrolle (§ 10). Die Regelungen zu einzelnen Vertragstypen im 3. Teil werden nur exemplarisch behandelt. Von hervorragender Bedeutung sind hier die Verbrauchsgüterkaufrichtlinie (§ 11), die Verbraucherkreditrichtlinie (§ 12) und die Pauschalreiserichtlinie (§ 13).

Einiges Kopfzerbrechen hat mir die Frage bereitet, wie zum jetzigen Zeitpunkt dem Vorschlag für ein Gemeinsames Europäisches Kaufrecht Rechnung zu tragen ist. Zum einen liegt dieses Kaufgesetz bislang nur im Entwurf vor. Zudem handelt es sich dabei nicht um einen Bestandteil der Rechtsangleichung, sondern um die Schaffung eines konkurrierenden Regimes. Zum anderen aber enthält der Entwurf Vorschriften, die denen der Rechtsangleichung entsprechen oder ähneln. Ich habe daher nicht nur im Zusammenhang mit der Entwicklung des Europäischen Vertragsrechts auf den Vorschlag hingewiesen (§ 1), sondern auch bei einzelnen Sachfragen darauf Bezug genommen.

Sehr herzlich danke ich den Kollegen Prof. Dr. Dr. Stefan *Grundmann* und Prof. Dr. Florian *Möslein*, die das Manuskript in Teilen gelesen und mir dazu Anregungen gegeben haben. Für gedankenreiche Unterstützung bei der Vorbereitung des Manuskripts danke ich meinen Bochumer Mitarbeitern, vor allem Herrn Rechtsanwalt Dr. Alexander *Jüchser*, Herrn Assessor Frank *Rosenkranz*, Frau Referendarin Sandra *Rösler*, Frau Referendarin Eva *Strippel* sowie Frau Referendarin Eva *Muchowski*, Frau Assessorin Ricarda *Müller* und Herrn Referendar Jan Michael *Prinz*, der auch das Stichwortverzeichnis erstellt hat.

Bochum, im Juli 2013   Karl Riesenhuber

Gliederung

§ 1 Europäisches Vertragsrecht: Begriffsbestimmung, Entwicklung und Überblick, Grundbegriffe 1

1. Teil: Grundlagen

§ 2 Grundrechte und Grundfreiheiten 22
§ 3 Rechtsetzungskompetenzen 41
§ 4 Internationales Vertragsrecht 56
§ 5 Unternehmer und Verbraucher – Dogmatik, Rechtspolitik, Harmonisierungskonzept 76

2. Teil: Allgemeine und übergreifende Regelungen

§ 6 Diskriminierungsverbote 98
§ 7 Vorvertragliche Rechte und Pflichten 113
§ 8 Widerrufsrechte 133
§ 9 Vertragliche Pflichten – Vertragsauslegung und Vertragsinhalt ... 148
§ 10 Inhaltskontrolle nach der Klausel-Richtlinie 159

3. Teil: Regelungen zu einzelnen Vertragstypen

§ 11 Verbrauchsgüterkaufrichtlinie 180
§ 12 Verbraucherkreditrichtlinie 191
§ 13 Pauschalreiserichtlinie 206

Stichwortverzeichnis 221

Inhaltsverzeichnis

Vorwort	V
Gliederung	VII
Abkürzungsverzeichnis	XIX
Verzeichnis der abgekürzt zitierten Rechtsakte	XXIII
Verzeichnis der abgekürzt zitierten Literatur	XXVII

§ 1 Europäisches Vertragsrecht: Begriffsbestimmung, Entwicklung und Überblick, Grundbegriffe 1

    I. Begriffsbestimmung: „Europäisches Vertragsrecht" 1
    II. Europäisches Vertragsrecht als Vertragsrecht der EU 4
        1. Primärrecht 4
        2. Sekundärrecht 5
    III. Entwicklungslinien des europäischen Vertragsrechts (i. w. S.) 7
        1. Entwicklung des EU-Vertragsrechts 7
            a) Die einzelnen Rechtsakte 8
            Tabellarische Übersicht 9
            b) Harmonisierungskonzept 12
        2. „Gemeineuropäisches Vertragsrecht" 12
        3. Konvergenz der Entwicklungen 13
    IV. Das Vorhaben eines Gemeinsamen Europäischen Kaufrechts (GEK) 15
        1. Übersicht 16
        2. Ausgestaltung als „optionales Instrument" 16
        3. Inhalte des GEK 17
        4. Rechtspolitische Bewertung 18
    V. Hilfsmittel: Datenbanken, Textsammlungen, Literatur 18

1. Teil: Grundlagen

§ 2 Grundrechte und Grundfreiheiten 22

    I. Sachfragen 22
    II. Entwicklung des Unionsrechts 23
    III. Die Grundrechte der Grundrechtscharta 25

1. Einführung und Übersicht über vertragsrechtsrelevante Grundrechte .. 25
2. Allgemeine Lehren 25
   a) Anwendungsbereich der Grundrechtscharta 25
   b) Grundrechtsdogmatik 26
   c) Auslegung der Grundrechtscharta 27
3. Einzelne Grundrechte 28
   a) Das Eigentumsrecht, Art. 17 I GRCh 28
   b) Die Unternehmerische Freiheit, Art. 16 GRCh 28
   c) Verbraucherschutz, Art. 38 GRCh 29
   d) Schutz von Privatautonomie und Vertragsfreiheit 29
4. Drittwirkung der Grundrechte 30
IV. Die Grundfreiheiten des AEUV 30
1. Grundfreiheiten als Elemente des Binnenmarkts 31
2. Struktur der Grundfreiheiten 31
   a) Übersicht 31
   b) Das Beschränkungsverbot insbesondere 32
   c) Rechtfertigung durch „zwingende Gründe des Allgemeinwohls" ... 33
3. Grundfreiheiten und Vertragsrecht 33
   a) Cassis de Dijon als Grundlage des Informationsmodells 34
   b) Privatrecht als Beschränkung der Grundfreiheiten 35
   c) Drittwirkung der Grundfreiheiten 37

§ 3 Rechtsetzungskompetenzen 41

I. Grundlagen 41
II. Rechtsetzungskompetenzen für das Vertragsrecht 42
1. Übersicht 42
2. Die Binnenmarktkompetenz, Art. 114 AEUV 44
   a) Voraussetzung: Binnenmarktzweck 44
   b) Rechtsangleichung 47
   c) Rechtsetzungsinstrumente: Maßnahmen 47
   d) Inhaltliche Anforderungen: Hohes Verbraucherschutzniveau 48
   e) Methoden der Rechtsangleichung 48
3. Die Verbraucherschutzkompetenz, Art. 169 AEUV 50
4. Die Kompetenz im Bereich der Justiziellen Zusammenarbeit,
   Art. 81 AEUV 51
III. Das ordentliche Gesetzgebungsverfahren – Übersicht 52
IV. Kompetenzfragen zu einzelnen Rechtsakten 53
1. Die Haustürgeschäfterichtlinie und die Verbraucherrechterichtlinie ... 53
2. Der Vorschlag eines Gemeinsamen Europäischen Kaufrechts 54

Inhaltsverzeichnis

§ 4 Internationales Vertragsrecht 56

    I. Sachfragen 57
   II. Übersicht über die Entwicklung 57
  III. Anwendungsbereich der Rom I-VO 58
      1. Der Anwendungsbereich nach Art. 1, 2 Rom I-VO 58
      2. Vorbehalt spezieller unionsrechtlicher Kollisionsnormen 60
  IV. Bestimmung des anwendbaren Rechts 60
      1. Übersicht 60
      2. Rechtswahl 60
         a) Der Grundsatz der Parteiautonomie 60
         b) Die Rechtswahl 61
         c) Beschränkung der Rechtswahl bei reinen „Inlandssachverhalten"
            und bei reinen Binnenmarktsachverhalten 62
      3. Objektive Anknüpfung 63
      4. Verbraucherverträge 63
         a) Einführung und Übersicht 63
         b) Anwendungsbereich 64
         c) Objektive Anknüpfung 66
         d) Rechtswahl und Günstigkeitsprinzip 66
         e) Verbraucherschutz in speziellen unionsrechtlichen Kollisionsnormen
            (Art. 23 Rom I-VO) 66
         f) Konkurrenzen 68
      5. Eingriffsnormen und *ordre public* 69
         a) Grundsätze 69
         b) Verbraucherschutzvorschriften als Eingriffsnormen? 70
         c) Vorbehalt der öffentlichen Ordnung (*ordre public*) 70
      6. Die *Ingmar*-Rechtsprechung des EuGH 71
      7. „Geltungsbereich" des anzuwendenden Rechts 71
   V. Kollisionsrecht und Harmonisierungskonzept 72
      1. Rechtsangleichung und zwingender Verbraucherschutz 72
      2. Die Wahl nichtstaatlicher („privater") Regelwerke 73
      3. Kollisionsrecht und das GEK 74

**§ 5 Unternehmer und Verbraucher – Dogmatik, Rechtspolitik,
Harmonisierungskonzept** 76

    I. Sachfragen und Übersicht 77
      1. Sachfragen 77
      2. Resümee: Unternehmer und Verbraucher im Primär-
         und Kollisionsrecht 78
   II. Persönliche und sachliche Abgrenzung 79
      1. Unternehmer- und Verbraucherbegriff 79

		a) Definitionen	79
		b) „Scheinunternehmer"	81
		c) Verträge mit doppelter Zwecksetzung	81
		d) Verbraucher im formellen und im materiellen Sinne	82
	2.	Der sachliche Anwendungsbereich des Verbraucherschutzes	83
		a) Schutz bei bestimmten Vertriebsformen	83
		b) Schutz bei bestimmten Formen der Vertragsgestaltung	84
		c) Schutz bei bestimmten Geschäften	84
		d) Unternehmensgründungsgeschäfte und Unternehmensgrundgeschäfte	85
III.	Die Instrumente des Verbraucherschutzes		86
IV.	Das Verbraucherleitbild		88
V.	Verbraucherschutzkonzepte		91
VI.	Verbraucherschutz und Harmonisierungskonzept		91
	1.	Das Harmonisierungskonzept des geltenden Europäischen Vertragsrechts	91
	2.	Das Harmonisierungskonzept des GEK	93

2. Teil: Allgemeine und übergreifende Regelungen

§ 6 Diskriminierungsverbote ... 98

I.	Sachfragen		98
II.	Diskriminierungsverbote im Primär- und Sekundärrecht – Übersicht		99
III.	Diskriminierungsverbote im Vertragsrecht		101
	1.	Regelungen	101
	2.	Anwendungsbereich	102
	3.	Systematik	103
	4.	Verbotene Differenzierungsmerkmale	104
	5.	Diskriminierung	104
		a) Unmittelbare Diskriminierung	104
		b) Mittelbare Diskriminierung	105
		c) Belästigung	106
		d) Sexuelle Belästigung	107
		e) Anweisung zur Diskriminierung	107
	6.	Versicherungsmathematische Faktoren insbesondere	107
	7.	Rechtfertigung	108
	8.	Sanktionen	109
	9.	Beweislast und Informationsanspruch	110
IV.	Diskriminierungsverbote im GEK		111

§ 7 Vorvertragliche Rechte und Pflichten ... 113

I. Sachfragen ... 114
II. Vertragsanbahnung und lauterer Geschäftsverkehr ... 114
   1. Wiederholung: Grundfreiheiten als Schranke für Werbungsregelungen ... 115
   2. Die Werbungsrichtlinie: Verbot irreführender und Erlaubnis vergleichender Werbung ... 115
   3. Die UGP-Richtlinie: Werbung und Verbraucherinformation ... 117
   4. Die Verbraucherpreisangabenrichtlinie ... 119
III. Vorvertragliche Informationspflichten ... 120
   1. Überblick über die Regelung ... 120
   2. Anwendungsbereich der Verbraucherrechterichtlinie ... 121
      a) Anwendungsbereich ... 121
      b) Grundbegriffe: Fernabsatz- und außerhalb von Geschäftsräumen geschlossene Verträge ... 123
   3. Informationsobliegenheit im Hinblick auf „Extrazahlungen" ... 125
   4. Information bei Verbraucherverträgen, die nicht im Fernabsatz oder außerhalb von Geschäftsräumen geschlossen wurden ... 125
   5. Information bei Fernabsatz- und außerhalb von Geschäftsräumen geschlossenen Verträgen ... 128
      a) Inhalte ... 128
      b) Modalitäten ... 129
   6. „Formale Anforderungen" für Fernabsatz- und außerhalb von Geschäftsräumen geschlossene Verträge ... 129
      a) Form der vorvertraglichen Information ... 129
      b) Besondere Aspekte des elektronischen und des telefonischen Geschäftsverkehrs ... 130
      c) Erleichterte Anforderungen für außerhalb von Geschäftsräumen geschlossene Verträge über geringwertige Reparatur- und Instandhaltungsarbeiten ... 131
      d) Numerus clausus der formellen vorvertraglichen Informationsanforderungen ... 131
   7. Rechtsfolgen der Verletzung vorvertraglicher Informationspflichten ... 132

§ 8 Widerrufsrechte ... 133

I. Sachfragen ... 133
II. Das Schutzinstrument des Widerrufsrechts ... 134
   1. Charakteristika ... 134
   2. Verhältnis zu Vertragsfreiheit und Selbstverantwortung ... 134
   3. Rechtspolitische Bewertung ... 135
III. Übersicht über die Regelung im Europäischen Vertragsrecht ... 135
IV. Anwendungsbereich und sachliche Rechtfertigung ... 136

    1. Widerrufsrecht beim Fernabsatz 136
    2. Widerrufsrecht bei außerhalb von Geschäftsräumen
       geschlossenen Verträgen 137
    3. Ausnahmen vom Widerrufsrecht 138
  V. Das Schutzsystem der Widerrufsrechte 139
    1. Übersicht 139
    2. Belehrungsobliegenheit 140
    3. „Tatbestandslosigkeit", Begründungs- und Formfreiheit 141
    4. Widerrufsfrist 142
    5. Widerrufsfolgen 143
       a) Allgemein 143
       b) Erstattung von Zahlungen 143
       c) Rückgabe von Waren 144
       d) Haftung für Wertverlust 145
       e) Nutzungsersatz 146
       f) Vergütung für Leistungen vor Ablauf der Widerrufsfrist 147
       g) Akzessorische Verträge 147

§ 9 **Vertragliche Pflichten – Vertragsauslegung
    und Vertragsinhalt** 148

  I. Sachfragen 148
 II. Vertragsauslegung 149
    1. Allgemeine Auslegungsgrundsätze 149
    2. Die Unklarheitenregel: *in dubio contra proferentem* 150
    3. Auslegung und Sprache 151
III. Bindung an vorvertragliche Angaben 151
    1. Übersicht über die Regelungen 151
    2. Grundgedanken 153
 IV. Vertragliche Informationspflichten 154
    1. Informationspflichten i. e. S. 154
    2. Belehrungspflichten 155
    3. Nachweispflichten 155
  V. Einzelne Inhaltsbestimmungen 156
    1. Lieferungszeitpunkt und Rücktritt wegen Verzögerung beim Kauf 157
    2. Entgelt für die Verwendung bestimmter Zahlungsmittel 157
    3. Risikoübergang beim Warenkauf 158
    4. Kosten der telefonischen Kommunikation 158

§ 10 **Inhaltskontrolle nach der Klausel-Richtlinie** 159

  I. Sachfragen 160
 II. Der Schutzzweck der Klausel-Richtlinie 161

III.	Der Anwendungsbereich der Klausel-Richtlinie	162
	1. Persönlicher Anwendungsbereich: Verbraucherverträge	162
	2. Sachlicher Anwendungsbereich: nicht im Einzelnen ausgehandelte Klauseln	162
	3. Ausnahmebereich: „bindende Rechtsvorschriften"	164
IV.	Die Einbeziehungskontrolle	164
V.	Das Transparenzgebot	165
VI.	Die Inhaltskontrolle	166
	1. Ausnahmebereiche	166
	2. Vorfrage: Unionsautonome Generalklausel?	167
	3. Missbräuchlichkeit	168
	a) Grundkonzept	168
	b) Kriterien	170
	c) Beurteilung im Einzelfall	173
	4. Rechtsfolgen der Missbräuchlichkeit	174
VII.	Durchsetzung der AGB-Kontrolle	175
	1. Allgemein	175
	2. Die Feststellung der Unverbindlichkeit von Amts wegen insbesondere	175
	3. Verbandsklagen	177

3. Teil: Regelungen zu einzelnen Vertragstypen

§ 11 Verbrauchsgüterkaufrichtlinie ... 180

I.	Sachfragen	180
II.	Anwendungsbereich	181
III.	Vertragsmäßigkeit	181
	1. Bestimmung der Vertragsmäßigkeit	181
	a) Subjektiver Mangelbegriff	181
	b) Vermutung der Vertragsgemäßheit – Grundsätze	182
	c) Öffentliche Äußerungen	183
	d) Montagefehler und Montageanleitungsfehler	183
	e) Quantitätsabweichungen, aliud und Rechtsmängel	184
	f) Maßgeblicher Zeitpunkt und Beweislast	184
	2. Gewährleistungsausschluss („keine Vertragswidrigkeit")	185
IV.	Rechte des Verbrauchers	185
	1. Allgemein	185
	2. Rangfolge der Rechtsbehelfe	186
	3. Kumulation und Variation der Rechtsbehelfe	187
	4. Fristen	187
	5. Unabdingbarkeit	188
V.	Garantien	189
VI.	Rückgriffsrechte	189

§ 12 Verbraucherkreditrichtlinie ... 191

I. Sachfragen ... 191
II. Anwendungsbereich ... 192
III. Grundkonzepte ... 194
   1. Grundlage: Effektiver Jahreszins ... 194
   2. Der Grundsatz der „verantwortungsvollen Kreditvergabe"? ... 194
IV. Vorvertragliche Information ... 196
   1. Werbung ... 196
   2. Vorvertragliche Informationspflichten ... 196
   3. Angemessene Erläuterungen ... 197
V. Vertragsschluss und Vertragsinhalt ... 199
   1. Vertragsform, Vertragsinhalt, Nachweispflicht ... 199
   2. Widerrufsrecht ... 200
VI. Vertragliche Rechte und Pflichten ... 201
   1. Vertragliche Informationspflichten ... 201
   2. Kündigungsrecht bei unbefristeten Kreditverträgen ... 201
   3. Vorzeitige Rückzahlung ... 201
   4. Forderungsabtretung ... 202
   5. Verbundene Verträge ... 203
   6. Rechtsdurchsetzung ... 205

§ 13 Pauschalreiserichtlinie ... 206

I. Sachfragen ... 206
II. Anwendungsbereich ... 208
III. Das Informationssystem ... 209
   1. Übersicht ... 209
   2. Vorvertragliche Information ... 210
      a) Irreführungsverbot ... 210
      b) Prospektpflichten ... 210
      c) Spezielle Informationspflichten ... 211
   3. Vertragliche Information ... 212
      a) Vertragsinhalt ... 212
      b) Informationen „rechtzeitig vor Beginn der Reise" ... 212
IV. Inhaltsvorschriften ... 213
   1. Persönliche Verhinderung – Recht zur Vertragsübertragung ... 213
   2. Preisänderungsklauseln ... 213
V. Leistungsstörungen ... 214
   1. Spezielle Leistungsstörungstatbestände ... 214
      a) Antizipierte Pflichtverletzung: Erhebliche Änderung wesentlicher Vertragsbestandteile vor Abreise ... 214

        b) Veranstalterstornierung vor Abreise sowie Folgen des veranlassten
Rücktritts 215
        c) Nichterbringung eines erheblichen Teils der vereinbarten Leistung
nach Abreise 216
        d) Bemühen bei Beanstandungen 216
    2. Allgemeine Leistungsstörungstatbestände 216
        a) Grundsatz der Haftung und Einstehenmüssen
für Dienstleistungsträger 216
        b) Anspruch auf Schadensersatz 217
        c) Hilfeleistungspflicht 217
        d) Abweichende Vertragsklauseln 218
        e) Anzeigeobliegenheit des Verbrauchers 218
        f) Rückgriff 218
VI. Insolvenzsicherung 218

Stichwortverzeichnis 221

Abkürzungsverzeichnis

a. E.	am Ende
a. F.	alte Fassung
a. M.	anderer Meinung
ABGB	Österreichisches Allgemeines Bürgerliches Gesetzbuch
abl.	ablehnend
ABl.	Amtsblatt der Europäischen Gemeinschaft
Abs.	Absatz
AcP	Archiv für die civilistische Praxis (Jahrgang [Jahr] Seite)
ACQP	Principles of the Existing EC Contract Law (Acquis Principles)
AEUV	Vertrag über die Arbeitsweise der Europäischen Union
AGB	Allgemeine Geschäftsbedingungen
Alt.	Alternative
AöR	Archiv für öffentliches Recht (Jahrgang [Jahr] Seite)
Art.	Artikel
Aufl.	Auflage
AWD	Außenwirtschaftsdienst des Betriebs-Beraters (Jahr, Seite)
BB	Betriebsberater (Jahr, Seite)
Bd.	Band
BE	Begründungserwägung (die Gründe, mit denen gem. Art. 296 AEUV Verordnungen, Richtlinien und Entscheidungen zu versehen sind)
bes.	besonders
BGB	Bürgerliches Gesetzbuch
BGBl.	Bundesgesetzblatt
BGH	Bundesgerichtshof
BGHZ	Entscheidungen des Bundesgerichtshofs in Zivilsachen
BKR	Bank- und Kapitalmarktrecht (Jahr, Seite)
BVerfG	Bundesverfassungsgericht
BVerfGE	Entscheidungen des Bundesverfassungsgerichts
bzw.	beziehungsweise
cic	culpa in contrahendo
CISG	Convention on Contracts for the International Sale of Goods
CMLR	Common Market Law Review (Jahr, Seite)
Code civil	Französischer Code civil von 1804
CR	Computer und Recht (Jahr, Seite)
d. h.	das heißt
ders.	derselbe
dies.	dieselbe/n
ebd.	ebenda
EG	1. Europäische Gemeinschaft; 2. Nach Bezeichnung eines Artikels: EG-Vertrag, Vertrag zur Gründung der Europäischen Gemeinschaft, Konsolidierte Fassung mit den Änderungen durch den Vertrag von Amsterdam vom 2.10.1997
EGBGB	Einführungsgesetz zum Bürgerlichen Gesetzbuche
EGV	EG-Vertrag, Vertrag zur Gründung der Europäischen Gemeinschaft in der

	Fassung des Vertrags über die Europäische Union vom 7.2.1992 (Maastrichter Fassung)
ELJ	European Law Journal (Jahrgang [Jahr], Seite)
ELR	European Law Reporter (Jahrgang [Jahr] Seite)
EMRK	Europäische Menschenrechtskonvention
endg.	endgültig
ERCL	European Review of Contract Law (Jahr, Seite)
ERPL	European Review of Private Law – Revue européenne de droit privé - Europäische Zeitschrift für Privatrecht (Jahr, Seite)
et al.	et alii (und andere)
EU	1. Europäische Union; 2. Nach Bezeichnung eines Artikels: EU-Vertrag, Vertrag über die Europäische Union, Konsolidierte Fassung mit den Änderungen durch den Vertrag von Amsterdam vom 2.10.1997
EuG	Gericht der Europäischen Union
EuGH	Europäischer Gerichtshof
EuR	Europarecht (Jahr, Seite)
EUV	EU-Vertrag, Vertrag über die Europäische Union, Reformierte Fassung mit den Änderungen durch den Vertrag von Lissabon vom 13.12.2007
EuZW	Europäische Zeitschrift für Wirtschaftsrecht (Jahr, Seite)
EWS	Europäisches Wirtschafts- und Steuerrecht (Jahr, Seite)
f.	folgende/r (Singular)
ff.	folgende (Plural)
Fn.	Fußnote/n
FS	Festschrift
GPR	Gemeinschaftsprivatrecht (Jahr, Seite)
GRCh	Charta der Grundrechte
GRUR Int.	Gewerblicher Rechtsschutz und Urheberrecht Internationaler Teil (Jahr, Seite)
GS	Gedächtnisschrift
GVG	Gerichtsverfassungsgesetz
Hrsg.	Herausgeber
Hs.	Halbsatz
i. d. F.	in der Fassung
i. d. R.	in der Regel
i. E.	im Einzelnen
i. Erg.	im Ergebnis
i. e. S.	im engeren Sinne
IPR	Internationales Privatrecht
IPRax	Praxis des Internationalen Privat- und Verfahrensrechts (Jahr, Seite)
IPRspr.	Die deutsche Rechtsprechung auf dem Gebiete des Internationalen Privatrechts (Entscheidungssammlung; Jahr, lfd. Nr.)
i. S.	im Sinne
i. S. d.	im Sinne des/der
i. S. v.	im Sinne von
i. V. m.	in Verbindung mit
i. w. S.	im weiteren Sinne
JBl	Juristische Blätter (Jahr, Seite)
JCL	Journal of Comparative Law (Jahrgang [Jahr] Seite)
JR	Juristische Rundschau (Jahr, Seite)
JURA	Juristische Ausbildung (Jahr, Seite)
JuS	Juristische Schulung (Jahr, Seite)
JZ	Juristenzeitung (Jahr, Seite)
krit.	kritisch
LG	Landgericht

Abkürzungsverzeichnis

lit.	litera (Buchstabe)
m. a. W.	mit anderen Worten
m. E.	meines Erachtens
m. N.	mit Nachweisen
m. w. N.	mit weiteren Nachweisen
MDR	Monatsschrift für Deutsches Recht (Jahr, Seite)
NJW	Neue Juristische Wochenschrift (Jahr, Seite)
Nr.	Nummer
NZA	Neue Zeitschrift für Arbeitsrecht (Jahr, Seite)
o. g.	oben genannte/n
OLG	Oberlandesgericht
Oxf. J. Leg. Stud.	Oxford Journal of Legal Studies (Jahrgang [Jahr] Seite)
PECL	Principles of European Contract Law
PICC	Unidroit Principles of International Commercial Contracts
RabelsZ	Rabels Zeitschrift für ausländisches und internationales Privatrecht (Jahrgang [Jahr] Seite)
RIW	Recht der Internationalen Wirtschaft (Jahr, Seite)
Rn.	Randnummer; im Zusammenhang mit Entscheidungen des EuGH regelmäßig (außer bei älteren Entscheidungen) zur Verweisung auf die Absätze der Entscheidungsgründe verwandt (s. a. Tz.)
RRa	Reiserecht aktuell (Jahr, Seite)
Rs.	Rechtssache (Aktenzeichen des EuGH)
S.	Seite; Satz
S./s.	Siehe/siehe
s. a.	siehe auch
Slg.	Amtliche Sammlung des EuGH (Jahr, Seite)
s. o.	siehe oben
sog.	sogenannte/r/s
st. Rspr.	ständige Rechtsprechung
s. u.	siehe unten
TranspR	Transportrecht (Jahr, Seite)
Tz.	Textziffer; im Zusammenhang mit Entscheidungen des EuGH regelmäßig zur Verweisung auf Ausführungen in den Schlussanträgen des Generalanwaltes verwandt (s. a. Rn.)
u. a.	unter anderem / und andere
u. Ä.	und Ähnliche/s
u. dgl.	und dergleichen
Uetrecht L. Rev.	Uetrecht Law Review (Jahrgang [Jahr] Seite)
U. Pa. L. Rev.	University of Pennsylvania Law Review (Jahrgang [Jahr], Seite)
usf.	und so fort
u. U.	unter Umständen
v. a.	vor allem
verb. Rs.	verbundene Rechtssachen (s. a. Rs.)
VersR	Versicherungsrecht (Jahr, Seite)
vgl.	vergleiche
VuR	Verbraucher und Recht (Jahr, Seite)
WM	Zeitschrift für Wirtschafts- und Bankrecht (Jahr, Seite)
WRP	Wettbewerb in Recht und Praxis (Jahr, Seite)
z. B.	zum Beispiel
z. T.	zum Teil
ZBB	Zeitschrift für Bankrecht und Bankwirtschaft (Jahr, Seite)
ZEuP	Zeitschrift für Europäisches Privatrecht (Jahr, Seite)
ZfRV	Zeitschrift für Rechtsvergleichung (Jahr, Seite)

Abkürzungsverzeichnis

ZGR	Zeitschrift für Vertragsgestaltung, Schuld- und Haftungsrecht (Jahr, Seite)
ZGS	Zeitschrift für das gesamte Schuldrecht (Jahr, Seite)
ZHR	Zeitschrift für das gesamte Handelsrecht und Wirtschaftsrecht (Jahrgang [Jahr], Seite)
ZIP	Zeitschrift für Wirtschaftsrecht (Jahr, Seite)
ZPO	Zivilprozessordnung
ZRP	Zeitschrift für Rechtspolitik
zust.	zustimmend
zutr.	zutreffend
ZVglRWiss	Zeitschrift für vergleichende Rechtswissenschaft (Jahrgang [Jahr] Seite)

Verzeichnis der abgekürzt zitierten Rechtsakte*

AGBRL – *AGB-Richtlinie:* s. KlauselRL
Brüssel I-VO – *Brüssel I-Verordnung:* s. EuGVVO
BÜRL – *Betriebsübergangsrichtlinie:* Richtlinie 2001/23/EG des Rates vom 12. März 2001 zur Angleichung der Rechtsvorschriften der Mitgliedstaaten über die Wahrung von Ansprüchen der Arbeitnehmer beim Übergang von Unternehmen, Betrieben oder Unternehmens- oder Betriebsteilen
BÜRL 1977 – *Betriebsübergangsrichtlinie 1977:* Richtlinie 77/187/EWG des Rates vom 14. Februar 1977 zur Angleichung der Rechtsvorschriften der Mitgliedstaaten über die Wahrung von Ansprüchen der Arbeitnehmer beim Übergang von Unternehmen, Betrieben oder Betriebsteilen, ABl. 1977 L 61/26
EComRL – *E-Commerce-Richtlinie:* Richtlinie 2000/31/EG des Europäischen Parlaments und des Rates vom 8. Juni 2000 über bestimmte rechtliche Aspekte der Dienste der Informationsgesellschaft, insbesondere des elektronischen Geschäftsverkehrs im Binnenmarkt („Richtlinie über den elektronischen Geschäftsverkehr"), ABl. 2001 L 82/16
EuGVÜ – *Europäisches Gerichtsstands- und Vollstreckungsübereinkommen:* Übereinkommen von Brüssel von 1968 über die gerichtliche Zuständigkeit und die Vollstreckung gerichtlicher Entscheidungen in Zivil- und Handelssachen, ABl. 1972 L 299/32 (konsolidierte Fassung)
EuGVVO – *Europäische Gerichtsstands- und Vollstreckungsverordnung:* Verordnung (EG) 44/2001 des Rates vom 22. Dezember 2000 über die gerichtliche Zuständigkeit und die Anerkennung und Vollstreckung von Entscheidungen in Zivil- und Handelssachen, ABl. 2001 L 12/1
EuGVVO 2012 - *Europäische Gerichtsstands- und Vollstreckungsverordnung 2012:* Verordnung (EU) Nr. 1215/2012 des Europäischen Parlaments und des Rates vom 12. Dezember 2012 über die gerichtliche Zuständigkeit und die Anerkennung und Vollstreckung von Entscheidungen in Zivil- und Handelssachen, ABl. 2012 L 351/1 (Geltungsbeginn gemäß Art. 81 EuGVVO 2012 am 10. Januar 2015)
EVÜ – *Europäisches Vertragsrechtsübereinkommen:* Übereinkommen 80/934/EWG über das auf vertragliche Schuldverhältnisse anzuwendende Recht vom 19. Juni 1980, ABl. 1980 L 266/1, konsolidierte Fassung ABl. 1998 C 27/34
FARL – *Fernabsatzrichtlinie:* Richtlinie 97/7/EG des Europäischen Parlaments und des Rates vom 20. Mai 1997 über den Verbraucherschutz bei Vertragsabschlüssen im Fernabsatz, ABl. 1997 L 144/19

---

* Angegeben sind nur Amtlicher Titel und Amtliche Fundstelle der ursprünglichen Fassung der Rechtsakte. Für Einzelheiten, s. www.eur-lex.eu. Die einzelnen Rechtsakte sind dort z. B. mit der „Einfachen Suche" nach Dokumentnummer zu finden. Unter den „Bibliographischen" Angaben sind sowohl Hinweise auf Änderungen wie auch auf Entscheidungen des EuGH zu finden.
Die wichtigsten Texte sind auch abgedruckt bei *Grundmann/Riesenhuber* (Hrsg.), Europäisches Privatrecht – Textsammlung (2. Aufl. 2012).

Verzeichnis der abgekürzt zitierten Rechtsakte

FFRL – *Finanz-Fernabsatzrichtlinie:* Richtlinie 2002/65/EG des Europäischen Parlaments und des Rates vom 23. September 2002 über den Fernabsatz von Finanzdienstleistungen an Verbraucher und zur Änderung der Richtlinie 90/619/EWG des Rates und der Richtlinie 97/7/EG und 98/27/EG, ABl. 2002 L 271/16

FgrBahnVO – *Bahn-Fahrgastrechteverordnung:* Verordnung (EG) Nr. 1371/2007 des Europäischen Parlaments und des Rates vom 23. Oktober 2007 über die Rechte und Pflichten der Fahrgäste im Eisenbahnverkehr, ABl. 2007 L 315/14

FgrBusVO – *Bus-Fahrgastrechteverordnung:* Verordnung (EU) Nr. 181/2011 des Europäischen Parlaments und des Rates vom 16. Februar 2011 über die Fahrgastrechte im Kraftomnibusverkehr und zur Änderung der Verordnung (EG) Nr. 2006/2004, ABl. 2011 L 55/1

FgrSchiffVO – *Schiff-Fahrgastrechteverordnung:* Verordnung (EU) Nr. 1177/2010 des Europäischen Parlaments und des Rates vom 24. November 2010 über die Fahrgastrechte im See- und Binnenschiffsverkehr und zur Änderung der Verordnung (EG) Nr. 2006/2004, ABl. 2010 L 334/1

FlugGRVO – *Fluggastrechteverordnung:* Verordnung (EG) Nr. 261/2004 des Europäischen Parlaments und des Rates vom 11. Februar 2004 über eine gemeinsame Regelung für Ausgleichs und Unterstützungsleistungen für Fluggäste im Fall der Nichtbeförderung und bei Annullierung oder großer Verspätung von Flügen und zur Aufhebung der Verordnung (EWG) Nr. 295/91 (Text von Bedeutung für den EWR) – Erklärung der Kommission, ABl. 2004 L 46/1

GbAbRL 1976 – *Gleichbehandlungsrichtlinie Arbeitsbedingungen:* Richtlinie 76/207/EWG des Rates vom 9. Februar 1976 zur Verwirklichung des Grundsatzes der Gleichbehandlung von Männern und Frauen hinsichtlich des Zugangs zur Beschäftigung, zur Berufsbildung und zum beruflichen Aufstieg sowie in Bezug auf die Arbeitsbedingungen, ABl. 1976 L 39/40

GbLohnRL 1975 – *Gleichbehandlungsrichtlinie Lohn:* Richtlinie 75/117/EWG des Rates vom 10. Februar 1975 zur Angleichung der Rechtsvorschriften der Mitgliedstaaten über die Anwendung des Grundsatzes des gleichen Entgelts für Männer und Frauen, ABl. 1975 L 45/19

GbRRL – *Gleichbehandlungsrahmenrichtlinie:* Richtlinie 2000/78/EG des Rates vom 27. November 2000 zur Festlegung eines allgemeinen Rahmens für die Verwirklichung der Gleichbehandlung in Beschäftigung und Beruf, ABl 2000 L 303/16

GDRL – *Geschlechtsdiskriminierungsrichtlinie:* Richtlinie 2004/113/EG des Rates vom 13. Dezember 2004 zur Verwirklichung des Grundsatzes der Gleichbehandlung von Männern und Frauen beim Zugang zu und bei der Versorgung mit Gütern und Dienstleistungen, ABl. 2004 L 373/37

GDRL ArbR – *Geschlechtsdiskriminierungsrichtlinie Arbeitsrecht:* Richtlinie 2006/54/EG des Europäischen Parlaments und des Rates vom 5. Juli 2006 zur Verwirklichung des Grundsatzes der Chancengleichheit und Gleichbehandlung von Männern und Frauen in Arbeits- und Beschäftigungsfragen (Neufassung), ABl. 2006 L 204/23

GEK – *Gemeinsames Europäisches Kaufrecht:* s. V-GEK

HVertrRL – *Handelsvertreterrichtlinie:* Richtlinie 86/653/EWG des Rates vom 18. Dezember 1986 zur Koordinierung der Rechtsvorschriften der Mitgliedstaaten betreffend die selbständigen Handelsvertreter, ABl. 1986 L 382/17

HtRL – *Haustürgeschäfterichtlinie:* Richtlinie 85/577/EWG des Rates vom 20. Dezember 1985 betreffend den Verbraucherschutz im Falle von außerhalb von Geschäftsräumen geschlossenen Verträgen, ABl. 1985 L 372/31

Verzeichnis der abgekürzt zitierten Rechtsakte

KlauselRL – *Klauselrichtlinie*: Richtlinie 93/13/EWG des Rates vom 5. April 1993 über missbräuchliche Klauseln in Verbraucherverträgen, ABl. 1993 L 95/29

NwRL – *Nachweisrichtlinie*: Richtlinie 91/533/EWG des Rates vom 14. Oktober 1991 über die Pflicht des Arbeitgebers zur Unterrichtung des Arbeitnehmers über die für seinen Arbeitsvertrag oder sein Arbeitsverhältnis geltenden Bedingungen, ABl. 1991 L 288/32

PRRL – *Pauschalreiserichtlinie*: Richtlinie 90/314/EWG des Rates vom 13. Juni 1990 über Pauschalreisen, ABl. 1990 L 158/59

RDRL – *Rassendiskriminierungsrichtlinie*: Richtlinie 2000/43/EG des Rates vom 29. Juni 2000 zur Anwendung des Gleichbehandlungsgrundsatzes ohne Unterschied der Rasse oder der ethnischen Herkunft, ABl. 2000 L 180/22

Rom I-VO – *Rom I-Verordnung*: Verordnung (EG) Nr. 593/2008 des Europäischen Parlaments und des Rates vom 17. Juni 2008 über das auf vertragliche Schuldverhältnisse anzuwendende Recht, ABl. 2008 L 177/6

Rom II-VO – *Rom II-Verordnung*: Verordnung (EG) Nr. 864/2007 des Europäischen Parlaments und des Rates vom 11. Juli 2007 über das auf außervertragliche Schuldverhältnisse anzuwendende Recht, ABl. 2007 L 199/40

SignRL – *Signaturrichtlinie*: Richtlinie 1999/93/EG des Europäischen Parlaments und des Rates vom 13. Dezember 1999 über gemeinschaftliche Rahmenbedingungen für elektronische Signaturen, ABl. 199 L 13/12

TSRL - *Timesharingrichtlinie*: Richtlinie 2008/122/EG des Europäischen Parlaments und des Rates vom 14. Januar 2009 über den Schutz der Verbraucher im Hinblick auf bestimmte Aspekte von Teilzeitnutzungsverträgen, Verträgen über langfristige Urlaubsprodukte sowie Wiederverkaufs- und Tauschverträgen, ABl. 2009 L 33/10

TSRL 1994 – *Timesharingrichtlinie 1994*: Richtlinie 94/47/EG des Europäischen Parlaments und des Rates vom 26. Oktober 1994 zum Schutz der Erwerber im Hinblick auf bestimmte Aspekte von Verträgen über den Erwerb von Teilzeitnutzungsrechten an Immobilien, ABl. 1994 L 280/83

UGPRL – *Richtlinie über unlautere Geschäftspraktiken*: Richtlinie 2005/29/EG des Europäischen Parlaments und des Rates vom 11. Mai 2005 über unlautere Geschäftspraktiken im binnenmarktinternen Geschäftsverkehr zwischen Unternehmen und Verbrauchern und zur Änderung der Richtlinie 84/450/EWG des Rates, der Richtlinien 97/7/EG, 98/27/EG und 2002/65/EG des Europäischen Parlaments und des Rates sowie der Verordnung (EG) Nr. 2006/2004 des Europäischen Parlaments und des Rates, ABl. 2005 L 149/22

ÜwRL - *Überweisungsrichtlinie*: Richtlinie 97/5/EG des Europäischen Parlaments und des Rates vom 27. Januar 1997 über grenzüberschreitende Überweisungen, ABl. 1997 L 43/25

VerbrKrRL – *Verbraucherkreditrichtlinie*: Richtlinie 2008/48/EG des Europäischen Parlaments und des Rates vom 23. April 2008 über Verbraucherkreditverträge und zur Aufhebung der Richtlinie 87/102/EWG des Rates, ABl. 2008 L 133/66

VerbrKrRL 1987 - *Verbraucherkreditrichtlinie 1987*: Richtlinie 87/102/EWG des Rates vom 22. Dezember 1986 zur Angleichung der Rechts- und Verwaltungsvorschriften der Mitgliedstaaten über den Verbraucherkredit, ABl. 1987 L 42/48

V-GEK – *Vorschlag für ein Gemeinsames Europäisches Kaufrecht* (Anhang I zu V-GEKVO; Fundstelle s. dort)

V-GEKVO – *Vorschlag für eine Verordnung über ein Gemeinsames Europäisches Kaufrecht*: Vorschlag für eine Verordnung des Europäischen Parlaments und des Rates über ein Gemeinsames Europäisches Kaufrecht, KOM(2011), 635 endg.

VKRL – *Verbrauchsgüterkaufrichtlinie*: Richtlinie 1999/44/EG des Europäischen Parlaments und des Rates vom 25. Mai 1999 zu bestimmten Aspekten des Verbrauchsgüterkaufs und der Garantien für Verbrauchsgüter, ABl. 1999 L 171/12

Verzeichnis der abgekürzt zitierten Rechtsakte

VPARL - *Verbraucherpreisangabenrichtlinie:* Richtlinie 98/6/EG des Europäischen Parlaments und des Rates vom 16. Februar 1998 über den Schutz der Verbraucher bei der Angabe der Preise der ihnen angebotenen Erzeugnisse, ABl. 1998 L 80/27

VRRL - *Verbraucherrechterichtlinie:* Richtlinie 2011/83/EU des Europäischen Parlaments und des Rates vom 25. Oktober 2011 über die Rechte der Verbraucher, zur Abänderung der Richtlinie 93/13/EWG des Rates und der Richtlinie 1999/44/EG des Europäischen Parlaments und des Rates sowie zur Aufhebung der Richtlinie 85/577/EWG des Rates und der Richtlinie 97/7/EG des Europäischen Parlaments und des Rates, ABl. 2011 L 304/64

WerbRL - *Werbungsrichtlinie:* Richtlinie 2006/114/EG des Europäischen Parlaments und des Rates vom 12. Dezember 2006 über irreführende und vergleichende Werbung, ABl. 2006 L 376/21

WerbRL 1984 - *Werbungsrichtlinie 1984:* Richtlinie 84/450/EWG des Rates vom 10. September 1984 zur Angleichung der Rechts- und Verwaltungsvorschriften der Mitgliedstaaten über irreführende Werbung, ABl. 1984 L 250/17

ZDRL - *Zahlungsdiensterichtlinie:* Richtlinie 2007/64/EG des Europäischen Parlaments und des Rates vom 13. November 2007 über Zahlungsdienste im Binnenmarkt, zur Änderung der Richtlinien 97/7/EG, 2002/65/EG, 2005/60/EG und 2006/48/EG sowie zur Aufhebung der Richtlinie 97/5/EG, ABl. 2007 L 319/1

ZVerzRL - *Zahlungsverzugsrichtlinie:* Richtlinie 2011/7/EU des Europäischen Parlaments und des Rates vom 16. Februar 2011 zur Bekämpfung von Zahlungsverzug im Geschäftsverkehr, ABl. 2011 L 48/1

ZVerzRL 2000 - *Zahlungsverzugsrichtlinie 2000:* Richtlinie 2000/35/EG des Europäischen Parlaments und des Rates vom 29. Juni 2000 zur Bekämpfung von Zahlungsverzug im Geschäftsverkehr, ABl. 2000 L 200/36

Verzeichnis der abgekürzt zitierten Literatur*

v. Bar/Clive/Schulte-Nölke (Hrsg.), Draft Common Frame of Reference (DCFR) – Outline Edition (2009).
Basedow (Hrsg.), Europäische Vertragsrechtsvereinheitlichung und deutsches Recht (2000).
Basedow/Hopt/Zimmermann (Hrsg.), Handwörterbuch des Europäischen Privatrechts, Band I A-Kar, Band II Kau-Z (2009).
Calliess/Ruffert (Hrsg.), EUV/AEUV – Kommentar (4. Aufl. 2011).
Eidenmüller et al., Revision des Verbraucher-*acquis* (2011).
Grundmann, Europäisches Schuldvertragsrecht (1999).
Grundmann (Hrsg.), Systembildung und Systemlücken in Kerngebieten des Europäischen Privatrechts (2000).
Grundmann/Kerber/Weatherill (Hrsg.), Party Autonomy and the Role of Information in the Internal Market (2001).
Haratsch/Koenig/Pechstein, Europarecht (8. Aufl. 2012).
Harke, Allgemeines Schuldrecht (2010).
Harke, Besonderes Schuldrecht (2011).
Hartkamp et al. (Hrsg.), Towards a European Civil Code (4. Aufl. 2010).
Heiderhoff, Europäisches Privatrecht (3. Aufl. 2012).
Kötz, Europäisches Vertragsrecht (1996).
Lando/Beale (Hrsg.), Principles of European Contract Law – Parts I and II (2000).
Lando/Clive/Prüm/Zimmermann (Hrsg.), Principles of European Contract Law – Part III (2003).
Langenbucher (Hrsg.), Europäisches Privat- und Wirtschaftsrecht (3. Aufl. 2013).
Münchener Kommentar, Bürgerliches Gesetzbuch (6. Aufl. 2012).
Oppermann/Classen/Nettesheim, Europarecht (5. Aufl. 2011).
Reich/Micklitz, Europäisches Verbraucherrecht (4. Aufl. 2003).
Riesenhuber (Hrsg.), Das Prinzip der Selbstverantwortung (2011).
Riesenhuber (Hrsg.), Europäische Methodenlehre (2. Aufl. 2010).
Riesenhuber, Europäisches Arbeitsrecht (2009).
Riesenhuber, System und Prinzipien des Europäischen Vertragsrechts (2003).
Streinz, Europarecht (9. Aufl. 2012).
Streinz (Hrsg.) EUV/AEUV – Kommentar (2. Aufl. 2012).
Weatherill, EU Consumer Law and Policy (2005).
Wolf/Neuner, Allgemeiner Teil des Bürgerlichen Rechts (10. Aufl. 2012).
Zimmermann, The Law of Obligations (1990).
Zweigert/Kötz, Einführung in die Rechtsvergleichung (3. Aufl. 1996).

---

* Siehe auch die Literaturhinweise am Anfang der einzelnen Kapitel.

§ 1 Europäisches Vertragsrecht: Begriffsbestimmung, Entwicklung und Überblick, Grundbegriffe

Literatur: *Basedow*, Das BGB im künftigen europäischen Privatrecht: Der hybride Kodex, AcP 200 (2000), 445 ff.; *ders.* (Hrsg.), Europäische Vertragsrechtsvereinheitlichung und deutsches Recht (2000); *ders./Hopt/Zimmermann* (Hrsg.), Handwörterbuch des Europäischen Vertragsrechts (2009); *Collins*, The European Civil Code – The Way Forward (2008); *Franck/Möslein*, Fälle zum Europäischen Privat- und Wirtschaftsrecht (2005); *Franzen*, Privatrechtsangleichung durch die Europäische Gemeinschaft (1999); *Gebauer/Wiedmann*, Zivilrecht unter europäischem Einfluss (2. Aufl. 2010); *Grigoleit*, Der Verbraucheracquis und die Entwicklung des Europäischen Privatrechts, AcP 210 (2010), 354 ff.; *Grundmann*, Europäisches Schuldvertragsrecht (1999); *ders.* (Hrsg.), Systembildung im Europäischen Privatrecht (2000); *ders.*, The Future of Contract Law, ERCL 2011, 490 ff.; *Hager*, Rechtsmethoden in Europa (2009); *ders.*, Strukturen des Privatrechts in Europa (2012); *Hattenhauer*, Europäische Rechtsgeschichte (4. Aufl. 2004); *Heiderhoff*, Europäisches Privatrecht (3. Aufl. 2012); *dies.*, Privatrecht und Europäisches Gemeinschaftsrecht – Gemeinschaftsprivatrecht (2004); *Henninger*, Europäisches Privatrecht und Methode (2009); *Herresthal*, Rechtsfortbildung im europarechtlichen Bezugsrahmen (2006); *Hommelhoff*, Zivilrecht unter dem Einfluss europäischer Rechtsangleichung, AcP 192 (1992), 71 ff.; *Jansen*, Binnenmarkt, Privatrecht und europäische Identität (2004); *Kieninger*, Wettbewerb der Privatrechtsordnungen (2002); *Kötz*, Europäisches Vertragsrecht (1996); *Langenbucher*, Europäisches Privat- und Wirtschaftsrecht (3. Aufl. 2013); *Müller-Graff*, Privatrecht und Europäisches Gemeinschaftsrecht – Gemeinschaftsprivatrecht (2. Aufl. 1991); *Ranieri*, Europäisches Obligationenrecht (3. Aufl. 2009); *Perner*, EU-Richtlinien und Privatrecht (2012); *Reich/Micklitz*, Europäisches Verbraucherrecht (4. Aufl. 2003); *Riesenhuber*, System und Prinzipien des Europäischen Vertragsrechts (2003); *Chr. U. Schmid*, Die Instrumentalisierung des Privatrechts durch die EU (2010); *Schmidt-Kessel*, Europäisches Vertragsrecht, in: Riesenhuber (Hrsg.), Europäische Methodenlehre (2. Aufl. 2010); *Steindorff*, EG-Vertrag und Privatrecht (1996); *Trstenjak/Beysen*, European Consumer Protection Law: Curia Semper Dabit Remedium?, CMLR 2011, 95 ff.; *Weatherill*, EU Consumer Law and Policy (2005); *Wieacker* Privatrechtsgeschichte der Neuzeit (2. Aufl. 1967); *Zimmermann*, The Law of Obligations (1990); *ders.*, Roman Law, Contemporary Law, European Law (2001); *Zweigert/Kötz*, Einführung in die Rechtsvergleichung (3. Aufl. 1996)

I. Begriffsbestimmung: „Europäisches Vertragsrecht"

„Europäisches Vertragsrecht" ist ein schillernder Begriff, mit dem ganz Unterschiedliches bezeichnet wird. Zunächst kann man unter „**Vertragsrecht**", so wie aus dem nationalen Recht vertraut, ein Regelungssystem verstehen, das die Sachfra- 1 gen des Vertragsrechts von der vorvertraglichen Phase über den Vertragsschluss, den Vertragsinhalt, die Vertragserfüllung und Leistungsstörungen umfassend regelt. Von einem Vertragsrecht in diesem Sinne sind wir auf europäischer Ebene noch weit entfernt. Man kann in einem weiteren Sinne aber auch punktuelle vertragsrechtliche Vorschriften als Vertragsrecht bezeichnen. Auch die zweitgenannte Verwendung ist keineswegs ungewöhnlich. So sprechen wir von „Handelsrecht", obwohl dieses Rechtsgebiet nur einzelne modifizierende und ergänzende Vorschriften für den Handelsverkehr betrifft.

2   Ebenso kann man für die Kennzeichnung des Vertragsrechts als „**europäisch**" verschiedene Bezugspunkte wählen. So liegt dem Lehrbuch zum „Europäischen Vertragsrecht" von *Hein Kötz*[1] ein rechtsvergleichendes Verständnis zugrunde: *Kötz* erörtert Sachfragen des Vertragsrechts aus rechtsvergleichender Perspektive. Es geht dabei also gar nicht um *eine* Rechtsordnung, sondern um den Vergleich mehrerer Rechtsordnungen. Weitergehend kann man sagen, es geht dabei gar nicht um ein *Recht* im Sinne des geltenden Rechts, sondern um eine „externe Perspektive"[2] auf die verschiedenen Rechtsordnungen. Die Kennzeichnung als „europäisch" stellt m. a. W. eine geographische Beschränkung dar; das zeigt sich in der Tat auch im Vergleich dieses Werks mit der von *Zweigert/Kötz* verfassten „Einführung in die Rechtsvergleichung"[3]. Einem ähnlichen Ansatz folgt auch *Ranieri* mit seinem großen Handbuch zum „Europäischen Obligationenrecht",[4] das zugleich eine reiche Materialsammlung enthält. Hier ist die Perspektive noch etwas erweitert. *Ranieri* nimmt in stärkerem Maße einerseits auch historische und andererseits auch europarechtliche Entwicklungen auf. Eine Verbindung von historischen und rechtsvergleichenden Erörterungen findet sich ebenfalls in *Zimmermanns* „Law of Obligations".[5] *Zimmermann* hebt, wie der Untertitel ausweist, „Roman Foundations of the Civilian Tradition" hervor. Auch *Wieackers* „Privatrechtsgeschichte der Neuzeit"[6] kann man in diesem weiteren Sinne als ein Werk über „europäisches" Privatrecht verstehen, freilich mit einem unzweideutig rechtshistorischen Ansatz; die Übersetzung von *Tony Weir* heißt denn auch „A History of Private Law in Europe"[7].

3   In dem vorliegenden Buch verstehen wir Europäisches Vertragsrecht als das im „Primärrecht" der **Europäischen Union** (EU) enthaltene und auf seiner Grundlage erlassene (sog. Sekundärrecht) Vertragsrecht.[8] Entscheidend ist m. a. W. der institutionelle Bezug zur EU. Wie wir sehen werden, gibt es auf der Ebene des Unions-

---

[1] *Kötz*, Europäisches Vertragsrecht – Band 1 (1996).
[2] Vgl. *Hesselink*, ELJ 15 (2009), 20 ff.; *Riesenhuber*, Uetrecht L. Rev. 7 (2011), 117 ff.
[3] *Zweigert/Kötz*, Einführung in die Rechtsvergleichung (3. Aufl. 1996).
[4] *Ranieri*, Europäisches Obligationenrecht (3. Aufl. 2009).
[5] *Zimmermann*, The Law of Obligations (1990).
[6] *Wieacker*, Privatrechtsgeschichte der Neuzeit (2. Aufl. 1967). S. a. *Coing*, Europäisches Privatrecht, Band 1 (1985), Band 2 (1989).
[7] *Wieacker*, A History of Private Law in Europe (Übers. *Weir*, 1995).
[8] Ähnlich *Heiderhoff*, Europäisches Privatrecht, Rn. 1. Weiter fassend etwa *Basedow*, AcP 200 (2000), 445, 447 ff.

I. Begriffsbestimmung: „Europäisches Vertragsrecht"

rechts bislang kein „vollständiges" Vertragsrechtssystem, wie wir das vom nationalen Recht her kennen. Indes kann man die Vielzahl der punktuellen vertragsrechtlichen Regelungen des Unionsrechts mit *Müller-Graff*[9] und *Grundmann*[10] durchaus als „Europäisches Vertragsrecht" bezeichnen.

Grundbegriffe 1: Primärrecht und Gründungsverträge. Die heutige Europäische Union geht zurück auf die „**Europäischen Gemeinschaften**": Die bereits 1951 gegründete **Europäische Gemeinschaft für Kohle und Stahl** (EGKS, auch sog. „Montanunion"; 2002 ausgelaufen), die Europäische Wirtschaftsgemeinschaft (**EWG**) von 1957 und die **Europäische Atomgemeinschaft** (**Euratom**, **EAG**) von 1957.[11] EWG-Vertrag, Euratom-Vertrag und das Abkommen über gemeinsame Organe für die Europäischen Gemeinschaften wurden 1957 in Rom geschlossen; man spricht daher auch zusammenfassend von den Römischen Verträgen.[12]

Für das Europäische Vertragsrecht sind allein der EWG-Vertrag und seine Nachfolger von Bedeutung. Da sich wiederholt die Vertragsbezeichnungen und die Numerierungen geändert haben, ist es wichtig, die verschiedenen Verträge und Vertragsfassungen auseinanderzuhalten (z. B. wenn man ältere Entscheidungen oder Beiträge liest).

Ausgangspunkt ist der bereits erwähnte Vertrag über die **Europäische Wirtschaftsgemeinschaft (EWGV)** von 1957.[13]

1992 wurde in Maastricht der **Vertrag über die Europäische Union (EUV**, auch Maastrichter Vertrag) geschlossen, der neben die römischen Verträge trat und die Europäische Union als ein „Dach" der drei Gemeinschaften gründete. Durch den Maastrichter Vertrag wurde auch der EWG-Vertrag umbenannt in **EG-Vertrag (EGV)**,[14] die Europäische Wirtschaftsgemeinschaft wurde zur Europäischen Gemeinschaft.

Der **Amsterdamer Vertrag**[15] von 1997 führte zu einer neuen Numerierung des EG-Vertrags. Zur Unterscheidung von den früheren Vertragsfassungen wird der EU-Vertrag in der Amsterdamer Fassung als **EU** abgekürzt, der EG-Vertrag **EG**. Zum Beispiel: Das Verbot der Geschlechtsdiskriminierung von Art. 119 EGV findet sich nun in Art. 141 EG.

Ein im Jahr 2004 unterzeichneter **Verfassungsvertrag (VVE)**[16] scheiterte an den ablehnenden Referenden in Frankreich und den Niederlanden und trat daher nicht in Kraft.[17]

Der **Lissaboner Vertrag von 2009** reformierte den EU- und den EG-Vertrag. In den EU-Vertrag (der jetzt wieder **EUV** abgekürzt wird) wurde die **Charta der Grundrechte** von 2000[18] inkorporiert und damit in Kraft gesetzt. Der EG-Vertrag blieb zwar in seiner Grund-

---

[9] *Müller-Graff*, Privatrecht und Europäisches Gemeinschaftsrecht – Gemeinschaftsprivatrecht (2. Aufl. 1991); als der Beitrag zuerst 1987 erschien, hieß die heutige „Europäische Union" noch „Europäische Wirtschafts*gemeinschaft*"!

[10] *Grundmann*, Europäisches Schuldvertragsrecht (1999).

[11] Einführend *Colneric*, in: Hopt/Basedow/Zimmermann (Hrsg.), Handwörterbuch des Europäischen Privatrechts, Stichwörter „Europäische Gemeinschaft", „Europäische Union".

[12] Im Einzelnen, s. etwa *Streinz*, Europarecht, Rn. 20.

[13] Vertrag zur Gründung der Europäischen Wirtschaftsgemeinschaft v. 25. 3. 1957, BGBl. 1957 II, S. 766.

[14] Vertrag zur Gründung der Europäischen Gemeinschaft i. d. F. des Vertrags über die Europäische Union v. 7. 2. 1992, ABl. 1992 C 224/6.

[15] Vertrag von Amsterdam, ABl. 1997 C 340/1.

[16] Vertrag über eine Verfassung für Europa v. 29. 10. 2004, ABl. 2004 C 310/1.

[17] S. a. *Colneric*, in: Hopt/Basedow/Zimmermann (Hrsg.), Handwörterbuch des Europäischen Privatrechts, Stichwort „Europäische Verfassung".

[18] Charta der Grundrechte der Europäischen Union, ABl. 2012 C 326/391.

struktur erhalten, wurde aber umbenannt in den **Vertrag über die Arbeitsweise der Europäischen Union (AEUV)**. Zum Beispiel findet sich das bereits erwähnte Diskriminierungsverbot jetzt in Art. 157 AEUV. Die Doppelkonstruktion von Europäischer Union und Europäischer Gemeinschaft wird beendet und ersetzt durch die („neue") **Europäische Union**. Das bringt man auch sonst terminologisch zum Ausdruck: Sprach man früher vom „Gemeinschaftsrecht" oder „Gemeinschaftsprivatrecht", so ist heute vom „Unionsrecht" oder „Unionsprivatrecht" die Rede.

II. Europäisches Vertragsrecht als Vertragsrecht der EU

11   Europäisches Vertragsrecht verstehen wir als das im Primärrecht der Europäischen Union enthaltene und auf seiner Grundlage erlassene Vertragsrecht (oben, Rn. 3).

1. Primärrecht

12   Primärrecht, das sind heute der EU-Vertrag und der Vertrag über die Arbeitsweise der Europäischen Union. Man bezeichnet die Gründungsverträge auch als die **Verfassung** der Union. In einem Verfassungsdokument würde man nun allerdings keine Vertragsrechtsnormen erwarten. Bei der EU ist das anders, weil sie ursprünglich auf die EWG zurückgeht, also auf eine **Wirtschaftsgemeinschaft**, in der das Privatrecht naturgemäß eine hervorgehobene Rolle spielt.[19]

13   Zu den vertragsrechtsrelevanten Normen gehören zuerst die **Grundfreiheiten** der Art. 28 ff. AEUV: die Freiheit des Warenverkehrs (Art. 28 ff., 34 ff. AEUV), des Dienstleistungsverkehrs (Art. 56 ff. AEUV) und des Personenverkehrs (Art. 45 III, 52 I AEUV), die Niederlassungsfreiheit (Art. 49 ff. AEUV) und die Kapitalverkehrsfreiheit (Art. 63 ff. AEUV) (s. im Einzelnen § 2 Rn. 22). Die Grundfreiheiten sind der Sache nach spezielle Grundrechte. Sie erstrecken die Privatautonomie über die Grenzen der Mitgliedstaaten hinweg. Dabei geht es im Kern um die Vertragsfreiheit, denn die Warenverkehrsfreiheit übt man durch Kaufverträge aus, die Dienstleistungsfreiheit durch Dienst- und Werkverträge, die Personenverkehrsfreiheit durch Arbeitsverträge.

14   Der AEUV enthält weiterhin ein **Kartellrecht**, Art. 101 ff. AEUV (man spricht in Anlehnung an den englischen Sprachgebrauch ebenso vom **Wettbewerbsrecht – *competition law***). Auch diese Vorschriften kann man funktional dem Vertragsrecht zuordnen, geht es dabei doch um spezielle Verbotsgesetze und Inhaltskontrollen.

15   Besondere Bewandtnis hat es mit dem **Verbot der Geschlechtsdiskriminierung beim Arbeitslohn** in Art. 157 AEUV. Diese – etwas vereinzelte – Vorschrift war bereits im EWG-Vertrag enthalten. Man hatte sie aufgenommen, weil Frankreich einen Standortnachteil befürchtete: Da das Verbot der Geschlechtsdiskriminierung hier beim Lohn bereits effektiv durchgesetzt würde, könnten die höheren Lohnkosten einen Wettbewerbsnachteil für französische Unternehmen bedeuten.

---

[19] S. *Canaris*, FS Lerche (1993), S. 873 ff.

II. Europäisches Vertragsrecht als Vertragsrecht der EU

Neben diesen Normen des AEUV sind aus dem **EU-Vertrag** vor allen Dingen die **Grundrechte** von Bedeutung für das Vertragsrecht: insbesondere die Grundrechte auf Menschenwürde, Eigentum, unternehmerische Freiheit und Verbraucherschutz; dazu näher unten, § 2 Rn. 7.

Neben dem geschriebenen Recht kennt das Primärrecht auch **ungeschriebenes Recht**, vor allem die **Allgemeinen Rechtsgrundsätze**, die der Europäische Gerichtshof im Wege der wertenden Rechtsvergleichung auf der Grundlage der gemeinsamen Rechtstraditionen der Mitgliedstaaten entwickelt hat.[20] Als solche Allgemeinen Rechtsgrundsätze hat der EuGH vor Inkrafttreten der Grundrechtscharta vor allem Grundrechte entwickelt (s. noch § 2 Rn. 4), darüber hinaus aber auch allgemeine Verfassungsgrundsätze wie das Verhältnismäßigkeitsprinzip. Ein positiver Anhaltspunkt für die Anerkennung Allgemeiner Rechtsgrundsätze findet sich (heute) in Art. 6 III EUV und Art. 340 II AEUV.

2. Sekundärrecht

Zum Europäischen Vertragsrecht gehört neben diesen vereinzelten Vorschriften der Gründungsverträge vor allem das auf der Grundlage des Primärrechts erlassene Sekundärrecht, soweit es dort um Vertragsrecht geht. Es findet sich vereinzelt in **Verordnungen**, ganz überwiegend aber in **Richtlinien**[21].

Grundbegriffe 2: Verordnung und Richtlinie. Welche **Handlungsformen** der Union zu Gebote stehen, ergibt sich aus Art. 288 AEUV.[22]

Artikel 288 AEUV

[1] Für die Ausübung der Zuständigkeiten der Union nehmen die Organe Verordnungen, Richtlinien, Beschlüsse, Empfehlungen und Stellungnahmen an.

[2] Die Verordnung hat allgemeine Geltung. Sie ist in allen ihren Teilen verbindlich und gilt unmittelbar in jedem Mitgliedstaat.

[3] Die Richtlinie ist für jeden Mitgliedstaat, an den sie gerichtet wird, hinsichtlich des zu erreichenden Ziels verbindlich, überlässt jedoch den innerstaatlichen Stellen die Wahl der Form und der Mittel.

[4] Beschlüsse sind in allen ihren Teilen verbindlich. Sind sie an bestimmte Adressaten gerichtet, so sind sie nur für diese verbindlich.

[5] Die Empfehlungen und Stellungnahmen sind nicht verbindlich.

Die **Verordnung** ist in allen ihren Teilen verbindlich und gilt unmittelbar in jedem Mitgliedstaat. Sie wirkt daher ganz wie ein nationales Gesetz, und tatsächlich sollte sie in dem (gescheiterten) Verfassungsvertrag (oben, Rn. 9) auch in „Europäisches Gesetz" umbenannt werden, Art. I-33 EVV. Ein deutscher Richter muss daher das IPR der Rom I-Verordnung (dazu unten, § 4) ebenso anwenden wie die Kollisionsnormen des EGBGB; er muss die Zu-

---

[20] Einführend *Metzger*, in: Hopt/Basedow/Zimmermann (Hrsg.), Handwörterbuch des Europäischen Privatrechts, Stichwort „Allgemeine Rechtsgrundsätze".

[21] Dazu *Perner*, EU-Richtlinien und Privatrecht (2012).

[22] Einführend *Riesenhuber*, in: Hopt/Basedow/Zimmermann (Hrsg.), Handwörterbuch des Europäischen Privatrechts, Stichwörter „Richtlinie" (mit *Möslein*), Verordnung, Rechtsakte der EG.

ständigkeitsnormen der Europäischen Gerichtsstands- und Vollstreckungs-Verordnung ebenso anwenden wie jene des GVG und der ZPO.

21 Demgegenüber ist die **Richtlinie** ein spezifisch europäisches Rechtsetzungsinstrument, das einige Besonderheiten aufweist. Im Grundsatz gibt sie den Mitgliedstaaten nur ein bestimmtes Regelungs*ergebnis* („Ziel" in Art. 288 III AEUV ist eine Fehlübersetzung) **vor**, überlässt ihnen aber die Wahl der Form und Mittel, dieses Ergebnis zu erreichen. Die Richtlinie ist daher nicht an die Rechtsunterworfenen adressiert, sondern an die Mitgliedstaaten: die nationalen Gesetzgeber, Verwaltungen und Gerichte. Die Mitgliedstaaten müssen die Richtlinie umsetzen (zu den Umsetzungspflichten auch unten, Rn. 35). Im Grundsatz ist die Richtlinie daher auch nicht unmittelbar anwendbar. Ihre Ergebnisvorgaben wirken dadurch, dass die mitgliedstaatlichen Gesetzgeber ihr nationales Recht entsprechend ändern. Sollten dabei Zweifel oder Umsetzungsdefizite auftreten, so sind die mitgliedstaatlichen Gerichte (und ist die mitgliedstaatliche Verwaltung) verpflichtet, das nationale Recht so weit wie möglich in Einklang mit den Richtlinienvorgaben auszulegen und ggf. auch fortzubilden (sog. **richtlinienkonforme Auslegung**).[23] Nur ausnahmsweise kommt eine **unmittelbare Anwendbarkeit** in Betracht, allerdings stets *nur zulasten von Mitgliedstaaten* (die die Adressaten der Richtlinie sind!), *nie zulasten von Privatleuten* (die nicht Adressaten der Richtlinie sind)[24]. Eine Richtlinie kann unmittelbar angewendet werden, wenn ihre Vorgaben nach Ablauf der Umsetzungsfrist nicht vollständig oder nicht richtig umgesetzt sind, und zwar unter der Voraussetzung, dass die Richtlinienvorgaben hinreichend bestimmt und unbedingt sind.[25] Erleiden Einzelne aufgrund verspäteter oder fehlerhafter Umsetzung individualbegünstigender Richtlinienvorgaben einen Schaden, so kommt eine **Staatshaftung** des säumigen Mitgliedstaats in Betracht.[26] So haben z. B. geschädigte Pauschalreisende von der Bundesrepublik Schadensersatz wegen Nichtumsetzung der Insolvenzsicherung von Art. 7 PRRL verlangt. S. dazu und zu den Voraussetzungen der Staatshaftung noch § 13 Rn. 41.

22 **Grundbegriffe 2a: Aufbau von Rechtsakten.** Die Rechtsakte der Union sind weitgehend einheitlich strukturiert.[27]
- Amtlicher Titel
- Hinweis auf die Rechtsgrundlage im AEUV
- Begründungserwägungen (BE) (vgl. Art. 296 III AEUV)
- Verfügender Teil (so bezeichnet man die eigentlichen Regelungen im Gegensatz insbesondere zu den Begründungserwägungen)

---

[23] EuGH Rs. 14/83 *von Colson* und *Kamann*, Slg. 1984, 1891 Rn. 26; Rs. C-106/89 *Marleasing*, Slg. 1990, I-4135 Rn. 8; verb. Rs. C-397 bis C-403/01 *Pfeiffer*, Slg. 2004, I-8835 Rn. 113; Rs. C-268/06 *Impact*, Slg. 2008, I-2483 Rn. 93–104. Eingehend W.-H. *Roth*, in: Riesenhuber (Hrsg.), Europäische Methodenlehre, § 14; einführend *Leenen*, JURA 2012, 753 ff.; ferner *Babusiaux*, Die richtlinienkonforme Auslegung im deutschen und französischen Zivilrecht (2007).

[24] EuGH verb. Rs. C-397/01 bis C-403/01 *Pfeiffer u. a.*, Slg. 2004, I-8835 Rn. 108 f.; Rs. C-168/95 *Arcaro*, Slg. 1996, I-4705 Rn. 36; Rs. C-192/94 *El Corte Inglés*, Slg. 1996, I-1281 Rn. 16; Rs. C-91/92 *Faccini Dori*, Slg. 1994, I-3325 Rn. 20.

[25] EuGH Rs. C-243/09 *Fuß*, Slg. 2010 I-9849 Rn. 56 ff.; verb. Rs. C-250/09 und C-268/09 *Georgiev*, Slg. 2010, I-11869 Rn. 69 ff.; Rs. C-268/06 *Impact*, Slg. 2008, I-2483 Rn. 57 ff. S. z. B. Calliess/Ruffert/ *Ruffert*, Art. 288 AEUV Rn. 47 ff.; *Langenbucher*, in: dies. (Hrsg.), Europäisches Privat- und Wirtschaftsrecht, § 1 Rn. 60 ff.

[26] Einführend *Langenbucher*, in: dies. (Hrsg.), Europäisches Privat- und Wirtschaftsrecht, § 1 Rn. 121 ff.

[27] Grundlage ist die Interinstitutionelle Vereinbarung vom 22. 12. 1998 Gemeinsame Leitlinien für die redaktionelle Qualität der gemeinschaftlichen Rechtsvorschriften, ABl. 1998 C 73/1.

- Zweckbestimmung (i. d. R. Art. 1)
- Begriffsbestimmungen (i. d. R. Art. 2)
- Anwendungsbereich (i. d. R. Art. 3)
- materielle Regelungen
- Sanktionen und prozedurale Regelungen *remedies*
- ggf. Mindeststandardklausel (z. B. Art. 8 II VKRL; vgl. Art. 153 IV Sps. 2 [für das Arbeitsrecht]; Art. 169 IV [für das Verbraucherrecht] AEUV) oder Vollharmonisierungsklausel (z. B. Art. 4 VRRL)
- ggf. Rückschrittsverbot (diese kommen vor allem im Arbeitsrecht vor; s. z. B. Art. 12 V Europäischer Betriebsrat-Richtlinie 2009/38, § 6 II Teilzeitrahmenvereinbarung [umgesetzt durch die Teilzeitarbeitsrichtlinie 97/81])
- Umsetzungspflichten, Umsetzungsfrist, ggf. Zitiergebot

Grundbegriffe 2b: Aufbau von Rechtsvorschriften. Der Aufbau von Unions-Rechtsvorschriften ist im Grundsatz dem Aufbau nationaler Normen nicht unähnlich. Es gibt aber kleine Besonderheiten. Nach der Gliederung in Teile und Abschnitte sind Rechtsakte in Artikel unterteilt, die wiederum in Absätze untergliedert sind; wir zitieren hier ebenso wie aus dem Schrifttum zum deutschen Recht bekannt: Art. 45 Absatz 1 Satz 1 wird zitiert als Art. 45 I 1. Eine Besonderheit liegt darin, dass Absätze mitunter noch in **Unterabsätze** gegliedert werden. Der Gesetzgeber macht das regelmäßig zu dem Zweck, systematische Zusammenhänge auszuweisen. Wir zitieren die Unterabsätze durch eine römische Ziffer für den Absatz und, durch Schrägstrich davon getrennt, eine arabische Ziffer für den Unterabsatz. Artikel 5 Absatz 2 Unterabsatz 1 wird also zitiert als: Art. 5 II/1. Weitere Untergliederungen kommen in Nummern (Nr.), Buchstaben (lit.) und auch Spiegelstriche (Sps.) vor. Außerdem verwendet der Unionsgesetzgeber öfter das im englischen Sprachraum gebräuchliche Format „kleiner römischer Ziffern" (Nr. i, ii, iii, ...). **Beispiel:** Art. 5 Abs. 2 Unterabsatz 1 litera a) zitieren wir Art. 5 II/1 a); Artikel 5 Absatz 1 Nr. 2 zitieren wir Art. 5 I Nr. 2.

III. Entwicklungslinien des europäischen Vertragsrechts (i. w. S.)

Im europäischen Vertragsrecht in einem weiteren Sinne kann man zwei große Entwicklungslinien unterscheiden: die des Vertragsrechts der Gemeinschaft und heutigen Union (sogleich, 1.) und jene eines „gemeineuropäischen" Vertragsrechts (nachfolgend, 2.). Beide Entwicklungslinien beginnen in den 1980er Jahren, im Laufe der 2000er Jahre nähern sie sich an (unten, 3.).

1. Entwicklung des EU-Vertragsrechts[28]

Das Unionsrecht enthält kein vollständiges System des Vertragsrechts, wie wir es aus den nationalen Kodifikationen kennen, sondern nur einzelne Regelungen, die die mitgliedstaatlichen Vertragsrechtsordnungen voraussetzen, auf sie einwirken und mit ihnen zusammenwirken. Man kann das Europäische Vertragsrecht als Be-

---

[28] Eingehend *Schmid*, Die Instrumentalisierung des Privatrechts durch die EU, S. 5 ff. (zu den „sozio-rechtlichen Grundkonzeptionen") und 93 ff. (zur Entwicklung von „Integrationsverfassung und Privatrecht" auf interdisziplinärer Grundlage).

standteil eines **Mehrebenensystems** bezeichnen. Die punktuellen Regelungen des Europäischen Vertragsrechts stehen allerdings keineswegs völlig unverbunden nebeneinander. Wir sehen sie zunächst in der Übersicht auf der folgenden Seite an.

a) Die einzelnen Rechtsakte

26 Greifen wir die Rechtsakte heraus, die in diesem Buch näher erörtert werden (s. §§ 6–13). Dabei sind an dieser Stelle nur der Anwendungsbereich und die Zwecksetzung, die zentralen Schutzinstrumente und der Harmonisierungsgrad vorzustellen.

27 Zwei Richtlinien enthalten vertragsrechtliche Diskriminierungsverbote, die **Rassendiskriminierungsrichtlinie** (RDRL) von 2000 (die allerdings primär Diskriminierungen im Arbeitsleben und angrenzenden Bereichen verbietet) und die **Geschlechtsdiskriminierungsrichtlinie** (GDRL) von 2004. Beide Richtlinien finden Anwendung auf „den Zugang zu und die Versorgung mit Gütern und Dienstleistungen". Da diese Vorgänge in einer Marktwirtschaft ganz überwiegend privatrechtlich mit den Mitteln des Vertrags erfolgen, geht es um Diskriminierungsverbote im „allgemeinen" Vertragsrecht. Zum Gesamtzusammenhang dieser Diskriminierungsverbote gehören auch die bereits deutlich länger etablierten arbeitsrechtlichen Diskriminierungsverbote: das primärrechtliche Verbot der Lohndiskriminierung wegen des Geschlechts (heute Art. 157 AEUV), die bereits 1975 und 1976 erlassenen Geschlechtsdiskriminierungsrichtlinien sowie die Diskriminierungsrahmenrichtlinie von 2000, die „in Beschäftigung und Beruf" die Diskriminierung wegen der Religion oder der Weltanschauung, einer Behinderung, des Alters oder der sexuellen Ausrichtung verbietet.

28 Weitere Richtlinien betreffen bestimmte **Vertriebsmethoden**. Die **Haustürgeschäfterichtlinie** (HtRL) von 1985 war eine der ersten vertragsrechtlichen Regelungen der (damaligen) Gemeinschaft überhaupt. In Form von Mindestschutzvorschriften sah sie vor, dass der Verbraucher bei mit Gewerbetreibenden an der Haustür oder in vergleichbaren Überrumpelungssituationen geschlossenen Verträgen ein siebentägiges Widerrufsrecht hat. Ein entsprechendes Recht des Verbrauchers sah auch die **Fernabsatzrichtlinie** (FARL) von 1997 vor. Hier ist freilich der Schutzzweck keineswegs so klar, da ganz unterschiedliche Vertriebsmethoden erfasst sind, vom Katalogverkauf über das Teleshopping bis zum Internetgeschäft; s. im Einzelnen § 8 Rn. 2. Stärker als bei der Haustürgeschäfterichtlinie setzte der Gesetzgeber hier auf Information als Schutzinstrument. Auch die Fernabsatzrichtlinie enthielt nur Mindeststandards.

29 Beide Richtlinien sind 2011 aufgegangen in der **Verbraucherrechterichtlinie** (VRRL). Die Verbraucherrechterichtlinie war ursprünglich breiter angelegt und sollte auch die AGB-Richtlinie (unten, Rn. 30) und die Verbrauchsgüterkaufrichtlinie (unten, Rn. 31) aufnehmen, wurde aber im Laufe des Gesetzgebungsverfahrens immer weiter zurückgeschnitten. In ihrer verabschiedeten Fassung enthält sie

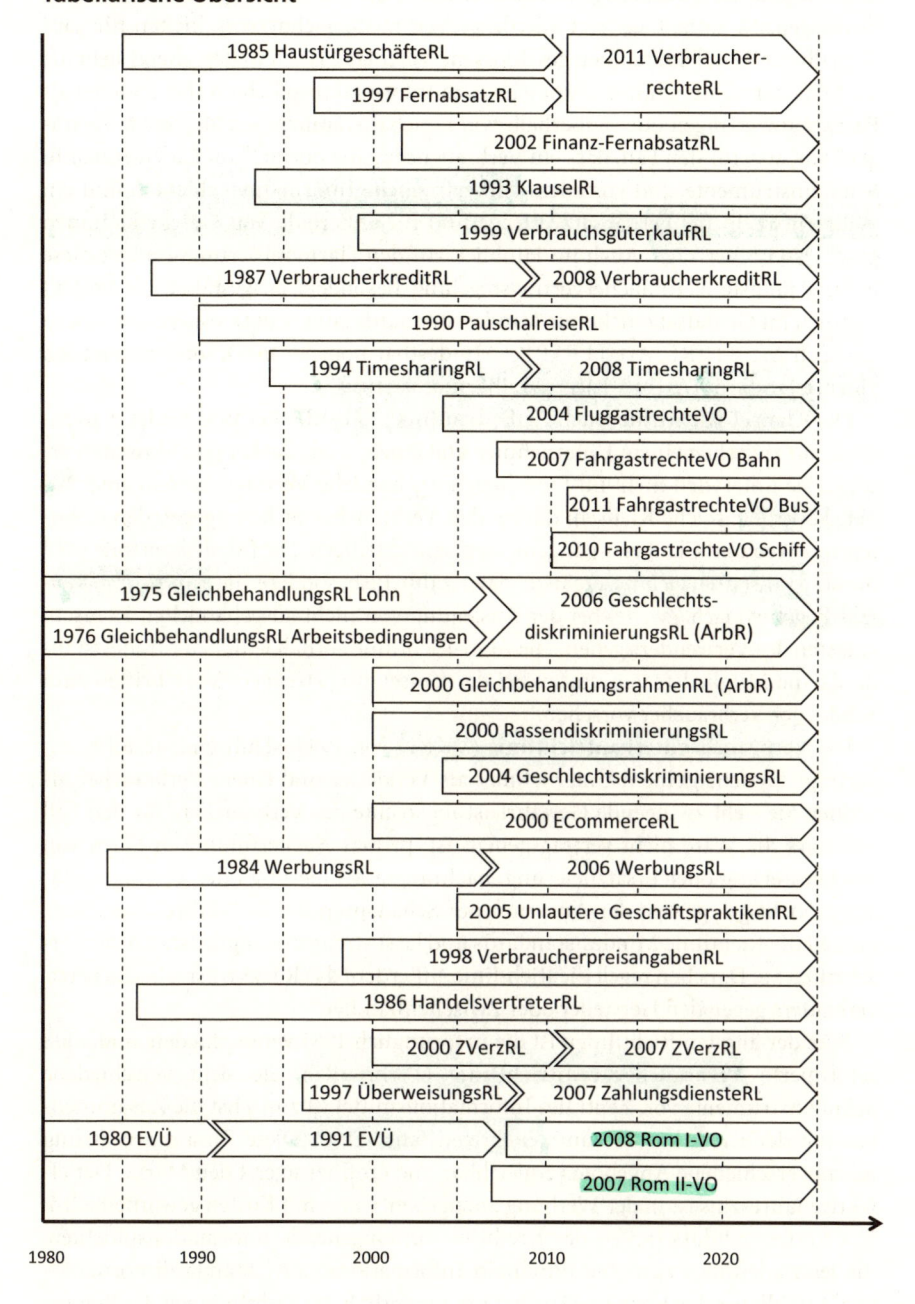

III. Entwicklungslinien des europäischen Vertragsrechts (i. w. S.)

Tabellarische Übersicht

Zeitraum	Richtlinie/Verordnung
1985 →	HaustürgeschäfteRL
1997 →	FernabsatzRL
2011 →	VerbraucherrechteRL
2002 →	Finanz-FernabsatzRL
1993 →	KlauselRL
1999 →	VerbrauchsgüterkaufRL
1987 →	VerbraucherkreditRL
2008 →	VerbraucherkreditRL
1990 →	PauschalreiseRL
1994 →	TimesharingRL
2008 →	TimesharingRL
2004 →	FluggastrechteVO
2007 →	FahrgastrechteVO Bahn
2011 →	FahrgastrechteVO Bus
2010 →	FahrgastrechteVO Schiff
1975 →	GleichbehandlungsRL Lohn
1976 →	GleichbehandlungsRL Arbeitsbedingungen
2006 →	GeschlechtsdiskriminierungsRL (ArbR)
2000 →	GleichbehandlungsrahmenRL (ArbR)
2000 →	RassendiskriminierungsRL
2004 →	GeschlechtsdiskriminierungsRL
2000 →	ECommerceRL
1984 →	WerbungsRL
2006 →	WerbungsRL
2005 →	Unlautere GeschäftspraktikenRL
1998 →	VerbraucherpreisangabenRL
1986 →	HandelsvertreterRL
2000 →	ZVerzRL
2007 →	ZVerzRL
1997 →	ÜberweisungsRL
2007 →	ZahlungsdiensteRL
1980 →	EVÜ
1991 →	EVÜ
2008 →	Rom I-VO
2007 →	Rom II-VO

überwiegend vertriebsbezogene Vorschriften. Über die Haustürgeschäfterichtlinie hinausgehend enthält sie jetzt allerdings Verbraucherschutzvorschriften für „außerhalb von Geschäftsräumen geschlossene Verträge". Noch weitergehend sieht die Verbraucherrechterichtlinie nunmehr auch Informationspflichten „bei anderen als Fernabsatzverträgen oder außerhalb von Geschäftsräumen geschlossenen Verträgen" vor, also für den Fall, dass ein Verbraucher „ganz normal" im Laden einkauft. Schutzinstrumente sind vor allem vorvertragliche Informationspflichten und ein Widerrufsrecht für Fernabsatzverträge und für außerhalb von Geschäftsräumen geschlossene Verträge. Auch im Hinblick auf den Harmonisierungsgrad ist diese bislang jüngste Verbrauchervertragsregelung besonders ausgestaltet: sie enthält nämlich im Grundsatz nicht nur Mindeststandards zum Schutz von Verbrauchern (so noch Art. 8 HtRL, Art. 14 FARL; „Mindestharmonisierung"), sondern zugleich Höchststandards (Art. 4 VRRL; „Vollharmonisierung").

30 Die **Klausel-Richtlinie** (auch AGB-Richtlinie, AGBRL) von 1993 findet Anwendung auf zwischen einem Unternehmer und einem Verbraucher geschlossene Verträge. Sie unterwirft nicht im Einzelnen ausgehandelte Vertragsklauseln einer Inhaltskontrolle: solche Klauseln dürfen den Verbraucher nicht entgegen den Geboten von Treu und Glauben unangemessen benachteiligen. Die Inhaltskontrolle wird durch Transparenzgebote ergänzt; dazu zählt insbesondere die *contra proferentem*-Regel wonach Zweifel bei der Auslegung von nicht-ausgehandelten Klauseln zulasten des Verwenders gehen. Die AGB-Richtlinie enthält lediglich Mindeststandards; die Mitgliedstaaten dürfen bei der Umsetzung strengere Vorschriften zum Schutz der Verbraucher vorsehen.

31 Die **Verbrauchsgüterkaufrichtlinie** (VKRL) von 1999 ist anwendbar auf Kaufverträge zwischen einem Unternehmer als Verkäufer und einem Verbraucher als Käufer. Sie sieht zwingende Gewährleistungsrechte des Verbrauchers für den Fall vor, dass die Ware nicht vertragsgemäß ist: primär Nacherfüllung in Form von Nachbesserung oder Ersatzlieferung; nachrangig Minderung oder Vertragsauflösung. Nicht geregelt ist der Anspruch auf Schadensersatz. Im Verbraucherschutz enthält die Richtlinie Mindeststandards und lässt strengere mitgliedstaatliche Vorschriften zu. Daneben regelt die Richtlinie außerdem das Rückgriffsrecht des Letztverkäufers gegen den Hersteller oder Zwischenhändler.

32 Eine der ältesten Richtlinien ist die ursprünglich 1987 verabschiedete und 2008 reformierte **Verbraucherkreditrichtlinie** (VerbrKrRL). Sie sieht verschiedene Schutzinstrumente vor. Zentrales Informationsmittel ist zunächst die Zusammenfassung der Kreditkosten zum „effektiven Jahreszins". Diese Zusammenfassung macht verschiedene Angebote vergleichbar und eröffnet so erst den Markt. Der effektive Jahreszins ist in der Werbung anzugeben, wenn mit Kosten geworben wird. Vor Vertragsschluss treffen das Kreditinstitut eingehende Informationspflichten, die jetzt allerdings zum Teil durch ein Informationsblatt („Standardinformationen") erfüllt werden können. Darüber hinaus enthält die Richtlinie seit der Reform von 2008 Ansätze einer Beratungspflicht. Das Konzept der „verantwortungsvollen

Kreditvergabe" hat der Gesetzgeber (vertragsrechtlich) allerdings nur teilweise verwirklicht. Der Verbraucherkreditvertrag bedarf der Schriftform und muss bestimmte Mindestinhalte haben. Der Verbraucher hat ein vierzehntägiges Widerrufsrecht. Er kann den Kredit jederzeit zurückzahlen, wobei die Gesamtkosten herabzusetzen sind und das Kreditinstitut eine Entschädigung nur in Grenzen verlangen darf. Auch die Verbraucherkreditrichtlinie enthält nicht nur Mindest-, sondern zugleich Höchstnormen, stellt also eine „Vollharmonisierung" dar.

Die **Pauschalreiserichtlinie** (PRRL) von 1990 regelt vorvertragliche und vertragliche Informationen sowie Leistungsstörungen beim Pauschalreisevertrag. Der Pauschalreisevertrag ist definiert als die im Voraus festgelegte Verbindung von mindestens zwei Reiseleistungen; im „Normalfall" geht es um Transport und Unterkunft. Besonders eingehend geregelt und fein austariert sind die Informationspflichten, die dem Reisenden zunächst eine informierte Entscheidung ermöglichen und nach Vertragsschluss eine erfolgreiche Durchführung der Reise ermöglichen sollen. Das Leistungsstörungsregime ist zentral darauf gerichtet, den Urlaubserfolg sicherzustellen und notfalls eine sichere Rückkehr in die Heimat zu ermöglichen. Die Vorschriften werden durch eine besondere Absicherung des Reisenden für den Fall der Zahlungsunfähigkeit seines Vertragspartners ergänzt: Es soll die Erstattung gezahlter Beträge oder die Rückreise des Verbrauchers sichergestellt werden. Die Pauschalreiserichtlinie lässt strengere Vorschriften zum Schutz des Verbrauchers zu.

Grundbegriffe 3: Die Auslegung des Europäischen Vertragsrechts. Die Auslegung des Europäischen Vertragsrechts folgt den aus dem nationalen Recht bekannten Grundsätzen, allerdings mit etwas anderen Akzenten.[29] Auslegungskriterien sind Wortlaut, Entstehungsgeschichte, Systematik und Zweck. Da die Sprachfassungen aller Amtssprachen gleichwertig sind, ist die Wortlautgrenze der Auslegung entsprechend weiter gezogen. Aus divergierenden Sprachfassungen können sich regelmäßig nur Auslegungszweifel ergeben, die mit Hilfe anderer Auslegungskriterien zu lösen sind. Die historische Auslegung wird dadurch erleichtert, dass Unionsrechtsakten stets Begründungserwägungen (BE) vorangestellt sind, freilich in knapper und formalisierter Weise. Bei häuslichen Arbeiten kann man ggf. auf die Gesetzgebungsmaterialien zurückgreifen, insbesondere die regelmäßig ausführlich begründeten Kommissionsvorschläge. Dem Regelungszweck misst der EuGH hervorragende Bedeutung für die Auslegung bei. Er betont ihn besonders unter dem Gesichtspunkt des *effet utile*, d.h. der „praktischen Wirksamkeit": das Unionsrecht ist so auszulegen, dass es seine praktische Wirksamkeit entfaltet.

Grundbegriffe 4: Umsetzungspflichten bei Richtlinien. Mit dem von der Auslegung (soeben, Rn. 34) bekannten Gedanken der praktischen Wirksamkeit (*effet utile*) hängen auch die vom EuGH aus Art. 4 Abs. 3 EUV abgeleiteten Umsetzungspflichten zusammen, die vor allem bei der Umsetzung von Richtlinien (aber auch darüber hinaus) eine Rolle spielen. Soweit Richtlinien keine spezifischen Vorgaben machen, bleibt es bei der sogenannten Verfah-

---

[29] Näher *Grundmann/Riesenhuber*, JuS 2001, 529 ff.; *Langenbucher*, in: dies. (Hrsg.), Europäisches Privat- und Wirtschaftsrecht, § 1; *Leenen*, JURA 2012, 753 ff.; *Riesenhuber*, in: ders. (Hrsg.), Europäische Methodenlehre, § 11.

rensautonomie der Mitgliedstaaten. Doch sind diese gebunden, die Richtlinienvorgaben effektiv umzusetzen. Die Umsetzungspflichten konkretisiert der EuGH durch das Äquivalenzgebot und das Effektivitätsgebot.[30] Das **Äquivalenzgebot** besagt, dass unionsrechtlich begründete Rechte im nationalen Recht gleichwertig (äquivalent) ebenso zu bewehren sind wie entsprechende Rechte nationaler Provenienz. Nach dem **Effektivitätsgebot** dürfen unionsrechtlich begründete Rechte nicht so umgesetzt werden, dass sie praktisch leerlaufen oder ihre Ausübung übermäßig erschwert wird.

36 Die Umsetzungspflichten spielen im Europäischen Vertragsrecht eine besondere Rolle für die **Rechtsfolgen**:[31] Die Richtlinien geben oft nur Rechte vor, formen aber die Rechtsfolgen nicht im Einzelnen aus. Das hat seinen guten Sinn darin, dass die Rechtsfolgenbestimmung für die Einpassung der Richtlinienvorgaben in das nationale Recht von zentraler Bedeutung ist; hier wird den Mitgliedstaaten also ein Umsetzungsspielraum eingeräumt. Die Umsetzungspflichten begrenzen diesen Spielraum wieder durch das Äquivalenzgebot und das Effektivitätsgebot. Hervorragendes Beispiel dafür ist die Umsetzung des Verbots der Geschlechtsdiskriminierung im deutschen Arbeitsrecht. Hier war zunächst nur ein Schadensersatzanspruch auf das negative Interesse vorgesehen, der für den diskriminierend abgelehnten Bewerber auf Ersatz der Portokosten hinauslief („Portoparagraph", § 611a BGB a. F.). Das hielt der Gerichtshof mit Recht unter dem Gesichtspunkt der effektiven Umsetzung für unzureichend.[32]

b) Harmonisierungskonzept

37 Die Vielzahl punktueller Regelungen hat immer wieder die Frage aufgeworfen, ob ein Konzept dahinter steckt. Die Antwort fällt meist negativ aus. In der Tat ist von einem **Masterplan** der Kommission nichts bekannt. Das schließt es nicht aus, den Einzelregelungen ein **Muster** zu entnehmen. Ein solches Muster ist indes nur aus der Perspektive des Unionsgesetzgebers zu erkennen. Für ihn sind die EU Grundrechte und Grundfreiheiten (§ 2), die beschränkten Rechtsetzungskompetenzen der Union (§ 3) und das internationale Privatrecht (§ 4) Grunddaten der Rechtsangleichung. Wenn wir diese Grunddaten erörtert haben, greifen wir die Frage nach dem Harmonisierungskonzept im Zusammenhang mit den Grundbegriffen von Unternehmer und Verbraucher wieder auf.

2. „Gemeineuropäisches Vertragsrecht"

38 Wenden wir uns nun dem „gemeineuropäischen Vertragsrecht" zu. Ein „gemeines Recht" gab es bekanntlich in Europa vor der Zeit der Zivilrechtskodifikationen. Die gemeinsamen Wurzeln der nationalen Privatrechtsordnungen sind denn auch heu-

---

[30] EuGH Rs. C-472/11 *Banif Plus Bank*, noch nicht in Slg., Rn. 26; Rs. C-177/10 *Rosado Santana*, Slg. 2011, I-7907 Rn. 89.

[31] Dazu *Riesenhuber*, FS 10 Jahre Brandenburgisches OLG (2003), S. 161 ff.; *Trstenjak/Beysen*, CMLR 2011, 95 ff.

[32] S. im Einzelnen EuGH Rs. 14/83 *von Colson und Kamann*, Slg. 1984, 1891; Rs. 79/83 *Harz*, Slg. 1984, 1921; Rs. C-460/06 *Paquay*, Slg. 2007, I-8511; Rs. C-180/95 *Draehmpaehl*, Slg. 1997, I-2195. Übersicht bei *Riesenhuber*, Europäisches Arbeitsrecht, § 8 Rn. 56 ff.

III. Entwicklungslinien des europäischen Vertragsrechts (i. w. S.)

te noch in vielen Grundsätzen und Einzelheiten zu erkennen.[33] In den 1980er Jahren haben verschiedene Wissenschaftlergruppen sich mit ganz unterschiedlichen Ansätzen daran gemacht, gemeinsame Grundsätze und Grundregeln der europäischen Rechtsordnungen hervorzuheben. Die von dem Dänen *Ole Lando* initiierte („private", nicht von der damaligen EWG beauftragte) **Commission on European Contract Law**, auch *Lando*-Kommission genannt, ragt besonders hervor. Die von der *Lando*-Kommission ausgearbeiteten **Principles of European Contract Law** (PECL), Grundregeln des Europäischen Vertragsrechts, wurden 1995 (Teile I und II) und 2000 (Teil III) veröffentlichten.[34] Die PECL enthalten ein weitgehend vollständiges System des allgemeinen Vertragsrechts mit Regeln über vorvertragliche Pflichten und Vertragsschluss, Vertragsauslegung und Vertragsinhalt, Erfüllung und Leistungsstörungen, Schuldner- und Gläubigermehrheiten, Abtretung, Verjährung usf.[35] Die *Principles of European Contract Law* bilden denn auch den Ausgangspunkt für weitere Rechtsvereinheitlichungsbestrebungen, die schließlich auch die Kommission aufgegriffen hat und in denen die Entwicklungsstränge des Unionsrechts und des gemeineuropäischen Rechts zusammenlaufen.

3. Konvergenz der Entwicklungen

Angesichts eines zunehmend dichten Normbestands auf der Ebene des Unionsrechts trat Ende der 1990er Jahre die Frage nach einer Systembildung im Europäischen Vertragsrecht auf.[36] Auch die EU-Kommission griff diesen Gedanken auf und suchte nach Möglichkeiten, die **Kohärenz** des Europäischen Vertragsrechts zu sichern.[37] Dies geschah auf zwei Wegen.

Zum einen erwog die Kommission eine **Revision des Verbraucher-*acquis*.**[38] Geplant war ursprünglich die inhaltliche Überprüfung und Abstimmung der Haus-

---

[33] *Zimmermann*, The Law of Obligations (1990).
[34] *Lando/Beale* (Hrsg.), Principles of European Contract Law – Parts I and II (2000); *Lando/Clive/Prüm/Zimmermann* (Hrsg.), Principles of European Contract Law – Part III (2003). Dazu *Basedow* (Hrsg.), Europäische Vertragsrechtsvereinheitlichung und deutsches Recht; *Zimmermann*, in: Hopt/Basedow/Zimmermann (Hrsg.), Handwörterbuch des Europäischen Privatrechts, Stichwort „Principles of European Contract Law".
[35] Übersicht über die Kapitel: 1 Allgemeine Bestimmungen, 2 Abschluss, 3 Vollmacht von Vertretern, 4 Gültigkeit [vor allem Willensmängel], 5 Auslegung, 6 Inhalt und Wirkung, 7 Erfüllung, 8 Nichterfüllung und Rechtsbehelfe im Allgemeinen, 9 Einzelne Rechtsbehelfe bei Nichterfüllung, 10 Mehrheit von Parteien, 11 Abtretung von Ansprüchen, 12 Schuldübernahme und Vertragsübernahme, 13 Aufrechnung, 14 Verjährung, 15 Rechtswidrigkeit, 16 Bedingungen, 17 Kapitalisierung von Zinsen.
[36] *Grundmann* (Hrsg.), Systembildung im Europäischen Privatrecht (2000); *Riesenhuber*, System und Prinzipien des Europäischen Vertragsrechts (2003); *v. Vogel*, Verbrauchervertragsrecht und allgemeines Vertragsrecht – Fragen der Kohärenz in Europa (2006).
[37] Mitteilung der Kommission an den Rat und das Europäische Parlament Zum Europäischen Vertragsrecht, KOM(2001) 398; dazu *Grundmann/Stuyck* (Hrsg.), An Academic Green Paper (2002).
[38] Dazu *Eidenmüller* et al., Revision des Verbraucher-*acquis* (2011); *dies.*, CMLR 48 (2011), 1077 ff.; *Howells/Schulze* (Hrsg.), Modernising and Harmonising Consumer Contract Law (2009).

türgeschäfterichtlinie, der Fernabsatzrichtlinie, der AGB-Richtlinie und der Verbrauchsgüterkaufrichtlinie (und weiterer Richtlinien). Der Vorschlag, die Inhalte dieser vier Richtlinien in überarbeiteter Form nicht nur als Mindestvorgaben, sondern zugleich als Höchstvorgaben neu zu verabschieden („**Vollharmonisierung**"; s. a. § 5 Rn. 49), stieß indes auf erhebliche Bedenken.[39] Im Laufe des Verfahrens schmolz der Umfang des Vorhabens daher zusammen.[40] Am Ende gingen nur die Haustürgeschäfterichtlinie und die Fernabsatzrichtlinie in der **Verbraucherrechterichtlinie** von 2011 (oben, Rn. 29) auf.[41] Während das Ziel einer größeren Kohärenz mit der neuen Richtlinie durchaus gefördert wird, wird kritisiert, dass eine ernsthafte inhaltliche Überprüfung ausgeblieben sein.[42]

41 Zum anderen entstand in Anknüpfung an die *Principles of European Contract Law* die Idee eines „**Gemeinsamen Referenzrahmens**" für das Vertragsrecht.[43] Aufbauend auf den PECL und unter Berücksichtigung des bereits bestehenden Vertragsrechts der EG (EU) (sog. Gemeinsamer Besitzstand, *acquis communautaire*) sollte ein Zivilgesetzbuch ausgearbeitet werden, das als Vorlage für künftige Gesetzgebung dienen und so eine gewisse Kohärenz verbürgen könnte. Freilich könnte ein solcher Entwurf auch als Ganzes in Kraft gesetzt werden.[44] Die Kommission betraute ein Netzwerk von Wissenschaftlern (CoPECL-Netzwerk[45]) mit der Ausarbeitung des „Gemeinsamen Referenzrahmens". Federführend war darin die von *Christian v. Bar* ins Leben gerufene *Study Group on a European Civil Code*.[46] Die sog. Acquis-Group,[47] die ebenfalls in das Netzwerk eingebunden war, hatte die Aufgabe, den Gemeinsamen Besitzstand des Europäischen Vertragsrechts aufzubereiten und in den Entwurf einzupflegen.

42 Ende 2008 wurde der erste,[48] 2009 ein überarbeiteter Entwurf[49] für einen Gemeinsamen Referenzrahmen veröffentlicht: der **Draft Common Frame of Referen-**

---

[39] *Arnold*, GPR 2009, 679 ff.; *Gsell/Herresthal* (Hrsg.), Vollharmonisierung im Privatrecht (2009); *Micklitz/Reich*, EuZW 2009, 279 ff.; *Mittwoch*, Vollharmonisierung und Europäisches Privatrecht (2013); *Rott/Terryn*, ZEuP 2009, 456 ff.; *Stürner* (Hrsg.), Vollharmonisierung im Europäischen Verbraucherrecht? (2010); *Tonner/Tamm*, JZ 2009, 277 ff.
[40] Zur Entwicklung etwa *Unger*, ZEuP 2012, 270, 273 ff.
[41] Dazu die Literaturhinweise zu § 7.
[42] So vor allem *Eidenmüller* et al., Revision des Verbraucher-*acquis* (2011).
[43] Mitteilung der Kommission an das Europäische Parlament und den Rat – Ein kohärentes Europäisches Vertragsrecht – Ein Aktionsplan, KOM(2003), 68 endg.
[44] Zur Idee eines „Europäischen Zivilgesetzbuchs" *Schmidt-Kessel*, in: Hopt/Basedow/Zimmermann (Hrsg.), Handwörterbuch des Europäischen Privatrechts, Stichwort „Europäisches Zivilgesetzbuch".
[45] S. www.copecl.org.
[46] S. www.sgecc.net.
[47] S. www.acquis-group.org.
[48] *v. Bar/Clive/Schulte-Nölke* (Hrsg.), Draft Common Frame of Reference (DCFR) – Interim Outline Edition (2008).
[49] *v. Bar/Clive/Schulte-Nölke* (Hrsg.), Draft Common Frame of Reference (DCFR) – Outline Edition (2009).

ce (**DCFR**).⁵⁰ Als „wissenschaftlicher Entwurf" sollte er die Grundlage bilden für einen „politischen" *Common Frame of Reference* (CFR). Beim DCFR handelt es sich um einen Entwurf für eine europäische Kodifikation des Vermögensrechts, systematisch geordnet wie ein Zivilgesetzbuch kontinentaleuropäischer Provenienz. In den zehn Büchern und 948 Artikeln des DCFR findet sich ein weitgehend komplettes Vertragsrecht mit allgemeinen Regeln und Vorschriften für einzelne Vertragstypen nebst ergänzenden Regeln zur Geschäftsführung ohne Auftrag, dem Bereicherungs-, Delikts- und Eigentumsrecht unter Berücksichtigung des *acquis communautaire* des Europäischen Vertragsrechts.

Eine von der Kommission 2010 eingesetzte Expertengruppe von Wissenschaftlern und Rechtspraktikern erstellte eine 2011 veröffentlichte **Machbarkeitsstudie**, wie der DCFR in die Praxis umgesetzt werden kann.⁵¹ Dem politischen Willen der Kommission entsprechend enthält der von der Expertengruppe ausgearbeitete Entwurf nunmehr nur noch 189 Artikel. Er umfasst nicht mehr das gesamte Vermögensrecht, sondern nur mehr Kernmaterien des allgemeinen Vertragsrechts und das Kaufrecht. Die Kommission (die auch die Federführung in der Expertengruppe innehatte) entwickelte daraus den Entwurf für ein **Gemeinsames Europäisches Kaufrecht** (GEK; englisch: *Common European Sales Law*, CESL), der am 11. Oktober 2011 veröffentlicht wurde.⁵²

43

IV. Das Vorhaben eines Gemeinsamen Europäischen Kaufrechts (GEK)

Literatur: *Dannemann/Vogenauer* (Hrsg.), The Common European Sales Law in Context (2013); W. *Doralt*, Rote Karte oder grünes Licht für den Blue Button?, AcP 211 (2011), 1 ff.; *Eidenmüller*, What can be wrong with an Option?, CMLR 50 (2013), 69 ff.; *ders.* et al., Der Vorschlag für eine Verordnung über ein GEK, JZ 2012, 269 ff.; *Grundmann*, Kosten und Nutzen eines optionalen Europäischen Kaufrechts, AcP 212 (2012), 502 ff.; J.-U. *Hahn* (Hrsg.), Gemeinsames Europäisches Kaufrecht (2012); *Herresthal*, Das geplante europäische Vertragsrecht, ZIP 2011, 1347 ff.; *Jansen*, Revision des Acquis communautaire?, ZEuP 2012, 741 ff.; *Looschelders*, Das allgemeine Vertragsrecht des CESL, AcP 212 (2012), 581 ff.; *Lorenz*,

---

⁵⁰ Dazu *Ernst*, AcP 208 (2008), 248 ff.; *Hesselink*, CFR & Social Justice (2008); *Larouche/Chirico* (Hrsg.), Economic Analysis of the DCFR (2010); *Pfeiffer*, ZEuP 2008, 679 ff.; *Schmidt-Kessel* (Hrsg.), Der Gemeinsame Referenzrahmen (2009); *Schulze* (Hrsg.), Common Frame of Reference and Existing EC Contract Law (2008); *Schulze/v. Bar/Schulte-Nölke* (Hrsg.), Der akademische Entwurf für einen Gemeinsamen Referenzrahmen (2008); *Wagner* (Hrsg.), The Common Frame of Reference: A View from Law & Economics (2009); *Zimmermann*, in: Hopt/Basedow/Zimmermann (Hrsg.), Handwörterbuch des Europäischen Privatrechts, Stichwort „Common Frame of Reference".
⁵¹ A European contract law for consumers and businesses: Publication of the results of the feasibility study carried out by the Expert Group on European contract law for stakeholders' and legal practitioners' feedback, abrufbar unter http://ec.europa.eu/justice/contract/files/feasibility_study_final.pdf.
⁵² Vorschlag für eine Verordnung des Europäischen Parlaments und des Rates über ein Gemeinsames Europäisches Kaufrecht, KOM(2011) 635 endg.

Das Kaufrecht und die damit verbundenen Dienstverträge im CESL, AcP 212 (2012), 702 ff.; *Remien/Herrler/Limmer*, Gemeinsames Europäisches Kaufrecht für die EU? (2012); *Riesenhuber*, Information über die Verwendung des Gemeinsamen Europäischen Kaufrechts, GPR 2012, 2 ff.; *ders.*, Wettbewerb für das Europäische Vertragsrecht, JZ 2011, 537 ff.; *Schmidt-Kessel* (Hrsg.), Ein einheitliches europäisches Kaufrecht? (2012); *Schulte-Nölke/Zoll/Jansen/Schulze* (Hrsg.), Der Entwurf für ein optionales europäisches Kaufrecht (2012); *Staudenmayer*, Der Kommissionsvorschlag für eine Verordnung zum GEK, NJW 2011, 3491 ff.; *Wendehorst/Zöchling-Jud*, Am Vorabend eines GEK (2012); *Whittaker*, The Optional Instrument of European Contract Law and Freedom of Contract, ERCL 2011, 371; *Zimmermann*, Codification – The Civilian Experience Reconsidered on the Eve of a CESL, ERCL 2012, 367 ff.; *ders.*, Perspektiven des künftigen österreichischen und europäischen Zivilrechts – Zum Verordnungsvorschlag über ein GEK, JBl 2012, 2 ff.; *Zöchling-Jud*, Acquis-Revision, CESL und Verbraucherrechterichtlinie, AcP 212 (2012), 550 ff.

1. Übersicht

44 Mit dem Gemeinsamen Europäischen Kaufrecht möchte die Kommission ein (weitgehend) selbständiges wählbares Regime für grenzüberschreitende Warenkäufe (sowie für Verträge über verbundene Dienstleistungen) zur Verfügung stellen.[53] Zur Einführung dieses Regimes hat die Kommission eine Verordnung vorgeschlagen (im Folgenden auch V-GEKVO), die im Wesentlichen Fragen der Anwendbarkeit des GEK und einige Definitionen regelt. Die eigentlichen („materiellen") Regeln des Kaufrechts enthält ein Anhang mit 186 Artikeln (im Folgenden auch V-GEK).

2. Ausgestaltung als „optionales Instrument"

45 Das Gemeinsame Europäische Kaufrecht soll nach dem Vorschlag der Kommission als ein zusätzliches wählbares („optionales") Kaufrecht neben die nationalen Kaufrechte der Mitgliedstaaten treten. Die Kommission spricht von einer **„fakultativen zweiten Vertragsrechtsregelung"**, die in jedem Mitgliedstaat etabliert würde (BE 9 V-GEKVO).

46 Die Wahl des GEK soll den **Parteien** offenstehen, wenn der Verkäufer Unternehmer ist und
– der Käufer Verbraucher ist; oder
– falls auch der Käufer Unternehmer ist: wenn eine der Parteien ein „kleines oder mittleres Unternehmen" (KMU) ist; Art. 7 V-GEKVO.

47 Diese Beschränkung des Anwendungsbereichs ist kompetenzrechtlichen Bedenken der Kommission geschuldet. Den Mitgliedstaaten soll es aber freistehen, die Wahl des GEK auch zu eröffnen, wenn, im Falle der ersten Alternative, keines der Unternehmen ein KMU ist, Art. 13 b) V-GEKVO. Zudem muss es sich, wiederum

---

[53] Einführend *Herresthal*, in: Langenbucher (Hrsg.), Europäisches Privat- und Wirtschaftsrecht, § 2 Rn. 6 ff.

IV. Das Vorhaben eines Gemeinsamen Europäischen Kaufrechts (GEK)

aus kompetenzrechtlichen Erwägungen, um einen **grenzüberschreitenden Vertrag** handeln, Art. 4 V-GEKVO. Auch insoweit können die Mitgliedstaaten aber den Anwendungsbereich des GEK erweitern und es auch für innerstaatliche Verträge öffnen, Art. 13 b) V-GEKVO.

Zur Anwendung des GEK kommt man in **zwei Stufen** (s. noch § 6 Rn. 59). In einer ersten Stufe ist nach herkömmlichen Regeln des **IPR** das anwendbare nationale Recht zu bestimmen, entweder durch Rechtswahl oder durch objektive Anknüpfung (s. dazu näher unten, § 4). In einer zweiten Stufe könnten die Parteien dann innerhalb dieser nationalen Rechtsordnung anstelle des nationalen Rechts das GEK als das anwendbare Kaufrechtsregime **wählen**. Dabei stellt sich die Kommission vor, dass diese Wahl auf der zweiten Stufe keine kollisionsrechtliche Rechtswahl i. S. d. Rom I-Verordnung ist (BE 10 V-GEKVO). Daher soll der kollisionsrechtliche Verbraucherschutz (dazu § 5 Rn. 53) keine Anwendung finden. So wird sichergestellt, dass das GEK einheitlich und ohne Interferenzen der nationalen Verbraucherschutzregeln Anwendung findet.

48

Den Wegfall des kollisionsrechtlichen Verbraucherschutzes möchte die Kommission auf zwei Wegen kompensieren.[54] Zum einen geht sie davon aus, dass das GEK bereits einen **hohen Verbraucherschutzstandard** gewähre. Zum anderen soll ein (im Vergleich mit dem Heimatrecht des Verbrauchers) etwa geringerer Schutzstandard durch die Wahl, also durch die **(informierte) Zustimmung** des Verbrauchers legitimiert werden. Aus diesem Grund erfährt die Wahl des GEK durch den Verbraucher besonderes Augenmerk: Der Verbraucher sollte „nicht nur bewusst, sondern in voller Sachkenntnis zustimmen" (BE 23 V-GEKVO). Deshalb muss der Verbraucher der Wahl des GEK „ausdrücklich und gesondert" zustimmen (Art. 8 II V-GEKVO) und zudem im Vorhinein vom Unternehmer ein Standard-Informationsblatt erhalten, das über das GEK informiert (Art. 9 V-GEKVO).

49

3. Inhalte des GEK

Das GEK soll „vertragsrechtliche Sachverhalte regeln, die während des Lebenszyklus von Verträgen, die in seinen materiellen und persönlichen Geltungsbereich fallen, (...) von praktischer Bedeutung sind", BE 26 V-GEKVO. Nach einleitenden Allgemeinen Grundsätzen (Teil I: Vertragsfreiheit, Treu und Glauben, Auslegung des GEK, ...) enthält das GEK zunächst Vorschriften über das „Zustandekommen eines bindenden Vertrags" (Teil II): vorvertragliche Information, Vertragsschluss, Widerrufsrechte von Verbrauchern, Einigungsmängel (Irrtum, Täuschung, Drohung, ...). Im anschließenden Teil III über die „Bestimmung des Vertragsinhalts" geht es um die Vertragsauslegung, den Vertragsinhalt und die Inhaltskontrolle („Unfaire Vertragsbestimmungen"). Sodann sind „Verpflichtungen und Abhilfen der Parteien eines Kaufvertrags" geregelt (Teil IV): die kaufvertragstypischen

50

---

[54] Dazu – kritisch – *Riesenhuber*, GPR 2012, 2 ff.

Pflichten und das Leistungsstörungsrecht. Teil V enthält entsprechende Vorschriften über Verpflichtungen und Abhilfen der Parteien eines Vertrags über verbundene Dienstleistungen. Die weiteren Teile betreffen Schadensersatz und Zinsen (Teil VI), die Rückabwicklung (Teil VII) sowie die Verjährung (Teil VIII).

51 Sind die Regelungen damit durchaus weitgehend, so bleiben doch, wie auch die Kommission nicht verkennt, erhebliche Lücken. Soweit selbständige Regeln im GEK fehlen, sind die Lücken über das nach allgemeinen Kollisionsregeln anwendbare nationale Recht zu schließen; vgl. BE 27 V-GEKVO. Zu den nicht-geregelten Bereichen zählen nach einer Aufzählung der Kommission „unter anderem die Frage der Rechtspersönlichkeit, die Ungültigkeit eines Vertrags wegen Geschäftsunfähigkeit, Rechts- oder Sittenwidrigkeit, die Bestimmung der Vertragssprache, das Diskriminierungsverbot, die Stellvertretung, die Schuldner- und Gläubigermehrheit, der Wechsel der Parteien einschließlich Abtretung, die Aufrechnung und Konfusion, das Sachenrecht einschließlich der Eigentumsübertragung, das Recht des geistigen Eigentums sowie das Deliktsrecht", BE 27 V-GEKVO.

4. Rechtspolitische Bewertung

52 Der Kommissionsvorschlag ist umstritten. Dabei findet das Grundkonzept eines optionalen Systems durchaus weitgehend Zustimmung. Bezweifelt wird aber, ob der Zuschnitt des GEK zweckgerecht ist und ob seine – in einem recht eiligen Rechtsetzungsprozess ausgearbeiteten –[55] Vorschriften sachlich überzeugend sind.[56]

V. Hilfsmittel: Datenbanken, Textsammlungen, Literatur

1. Datenbanken zum EU-Recht
- EU-Datenbank: http://eur-lex.europa.eu/de
- Dokumentensuche: http://eur-lex.europa.eu/RECH_naturel.do
- EUV/AEUV/GRCh als eBook: http://bookshop.europa.eu/de/bundles/e-books–cbYlmep2IxFAgAAAE1qjUVbWEl/
- Dokumente zum Europäischen Recht, Entstehungsgeschichte: http://www.eu-history.info/

2. Textsammlungen
- *Artz/Staudinger* (Hrsg.), Europäisches Verfahrens-, Kollisions- und Privatrecht (2010)
- *Grundmann/Riesenhuber* (Hrsg.), Europäisches Privatrecht – Textsammlung (2. Aufl. 2012)
- *Schulze/Zimmermann*, Europäisches Privatrecht – Textsammlung (4. Aufl. 2012)

---

[55] *Riesenhuber*, JZ 2011, 537 ff.
[56] *Eidenmüller* et al., JZ 2012, 269 ff.

IV. Das Vorhaben eines Gemeinsamen Europäischen Kaufrechts (GEK)

3. Lehrbücher
- *Franck/Möslein*, Fälle zum Europäischen Privat- und Wirtschaftsrecht (2005)
- *Heiderhoff*, Europäisches Privatrecht (3. Aufl. 2012)
- *Langenbucher* (Hrsg.), Europäisches Privat- und Wirtschaftsrecht (3. Aufl. 2013)

4. Handbücher
- *Grundmann*, Europäisches Schuldvertragsrecht – Das Recht der europäischen Unternehmensgeschäfte (1999)
- *Basedow/Hopt/Zimmermann* (Hrsg.), Handwörterbuch des Europäischen Privatrechts, Band I und II (2009)

1. Teil: Grundlagen

§ 2 Grundrechte und Grundfreiheiten

Literatur: *Bachmann*, Nationales Privatrecht im Spannungsfeld der Grundfreiheiten, AcP 210 (2010), 424 ff.; *Basedow*, Die Europäische Union zwischen Marktfreiheit und Überregulierung – Das Schicksal der Vertragsfreiheit, in: Bitburger Gespräche – Jahrbuch 2008/I (2009), S. 85 ff.; *Canaris*, Drittwirkung der gemeinschaftsrechtlichen Grundfreiheiten, in: Bauer/Czybulka/Kahl/Voßkuhle (Hrsg.), Umwelt, Wirtschaft und Recht (2002), S. 29 ff.; *ders.*, Grundrechte und Privatrecht – eine Zwischenbilanz (1999); *Cherednychenko*, Fundamental Rights, Contract Law and the Protection of the Weaker Party (2007); *Ehlers* (Hrsg.), Europäische Grundrechte und Grundfreiheiten (3. Aufl. 2009); *Herresthal*, Die „Drittwirkung der Grundfreiheiten" im Gemeinschaftsrecht, in: Neuner (Hrsg.), Grundrechte und Privatrecht aus rechtsvergleichender Sicht (2007), S. 177 ff.; *Kluth*, Die Bindung privater Wirtschaftsteilnehmer an die Grundfreiheiten des EG-Vertrages, AöR 122 (1997), 557 ff.; *Körber*, Grundfreiheiten und Privatrecht (2004); *Langner*, Das Kaufrecht auf dem Prüfstand der Warenverkehrsfreiheit des EG-Vertrages, RabelsZ 65 (2001), 222 ff.; *Metzger*, Extra legem, intra ius: Allgemeine Rechtsgrundsätze im Europäischen Privatrecht (2009); *Mörsdorf*, Die Auswirkungen des neuen „Grundrechts auf Verbraucherschutz" gem. Art. 38 GRCh auf das nationale Privatrecht, JZ 2010, 759 ff.; *Müller-Graff*, Drittwirkung der Grundfreiheiten und Grundrechte im Recht der EU – ZEW Vorträge und Berichte Nr. 202 (2012); *Neuner* (Hrsg.), Grundrechte und Privatrecht aus rechtsvergleichender Sicht (2007); *Perner*, Grundfreiheiten, Grundrechte-Charta und Privatrecht (2013); *Remien*, Zwingendes Vertragsrecht und Grundfreiheiten des EG-Vertrags (2003); *W.-H. Roth*, Die Freiheiten des EG-Vertrags und das nationale Privatrecht, ZEuP 1994, 5 ff.; *ders.*, Die „horizontale" Anwendbarkeit der Warenverkehrsfreiheit (Art. 34 AEUV), EWS 2012, 16 ff.; *ders.*, Drittwirkung der Grundfreiheiten?, FS Everling (1995), S. 1231 ff.; *ders.*, Freier Warenverkehr nach „Keck", FS Großfeld (1999), S. 929 ff.; *ders.*, Privatautonomie und die Grundfreiheiten des EG-Vertrags, (2.) FS Medicus (2009), S. 393 ff.; *Chr. U. Schmid*, Die Instrumentalisierung des Privatrechts durch die EU (2010); *Tassikas*, Dispositives Recht und Rechtswahlfreiheit als Ausnahmebereiche der EG-Grundfreiheiten (2004); *Tridimas*, The General Principles of EU Law (2. Aufl. 2007); *Usher*, Disclosure Rules (Information) as a Primary Tool in the Doctrine on Measures Having an Equivalent Effect, in: Grundmann/Kerber/Weatherill (Hrsg.), Party Autonomy and the Role of Information in the Internal Market (2001), S. 151 ff.

I. Sachfragen

1 Ein Kernelement der Gründungsverträge waren von Anfang an die Grund*freiheiten* als spezielle Freiheitsverbürgungen für den innergemeinschaftlichen (innerunionalen) grenzüberschreitenden Verkehr. Ein geschriebener Grund*rechts*katalog kam erst mit der Grundrechtscharta (GRCh) von 2000 hinzu, die durch den Lissa-

boner Vertrag von 2009 (§ 1 Rn. 10) in Kraft getreten ist. Für das Vertragsrecht sind die Grundrechte und Grundfreiheiten in verschiedener Hinsicht von Interesse. Zunächst kann das Sekundärrecht ggf. grundrechts- und grundfreiheitenkonform auszulegen sein. Darüber hinaus kann man im Unionsrecht – ebenso wie im nationalen Recht – erwägen, ob die Grundrechte und Grundfreiheiten nicht nur Abwehrrechte gegen den Staat sind, sondern zugleich als Privatrechtssätze auch den Einzelnen binden können (sog. Drittwirkungsproblematik). Schließlich sind vor allem die Grundfreiheiten von der Perspektive des Binnenmarktes (auch) für das Vertragsrecht von Bedeutung: Soweit die Grundfreiheiten schon Beschränkungen des grenzüberschreitenden Verkehrs beseitigen, stellt sich die Frage, ob noch ein Rechtsangleichungsbedarf besteht.

II. Entwicklung des Unionsrechts

Der EWG-Vertrag von 1957 enthielt, wie gesagt, **keinen geschriebenen Grundrechtskatalog**, sondern sah nur einzelne Grundrechtsverbürgungen vor. Als spezielle Grundrechte kann man zunächst die **Grundfreiheiten** ansehen (s. näher unten, Rn. 22). Auch dem Verbot der Lohndiskriminierung, das aus wettbewerblichen Überlegungen Eingang in den EWG-Vertrag fand (§ 1 Rn. 27), wird ein grundrechtlicher Gehalt beigemessen (s. näher § 6 Rn. 4). Und schließlich weist der Vorbehalt der mitgliedstaatlichen Eigentumsordnungen (Art. 222 EWGV, heute Art. 345 AEUV) auf ein zentrales Grundrecht hin. Diese positiven Anhaltspunkte für eine Grundrechtsordnung im Gemeinschaftsrecht haben die Vertragsstaaten im Laufe der Jahre ergänzt. Insbesondere kann man an die durch den Amsterdamer Vertrag von 1997 eingeführte Rechtssetzungskompetenz für Diskriminierungsverbote (Art. 13 EU, heute Art. 19 AEUV) sowie an die Antidiskriminierungspolitik gem. Art. 8–10 AEUV denken.

2

Der Mangel umfassender Grundrechtsgewährleistungen warf die Frage auf, wie sich Unionsrecht und nationale Grundrechte zu einander verhalten. Das deutsche Bundesverfassungsgericht hat diese Frage in seiner **Solange-Rechtsprechung** beantwortet. In der Solange I-Entscheidung von 1974 behielt sich das BVerfG eine Grundrechtskontrolle von Gemeinschaftsmaßnahmen vor, solange das Gemeinschaftsrecht keinen Grundrechtskatalog enthält, der dem des Grundgesetzes gleichwertig ist.[1] In der Solange II-Entscheidung von 1986 anerkannte das BVerfG, dass der EuGH in seiner Rechtsprechung einen im Wesentlichen gleichwertigen Grundrechtsschutz verbürgte, und setzte seine eigene Kontrolle unter diesem Vorbehalt aus.[2]

3

---

[1] BVerfGE 37, 271, 280 – Solange I.
[2] BVerfGE 73, 339 – Solange II; s. a. BVerfGE 102, 147 – Bananenmarktordnung.

§ 2 Grundrechte und Grundfreiheiten

4   Der **EuGH** hatte in der vom BVerfG angeführten Rechtsprechung **Grundrechte als Allgemeine Rechtsgrundsätze** des Gemeinschaftsrechts entwickelt.[3] Er stützte sich dabei zum einen auf Anhaltspunkte im geltenden Gemeinschaftsrecht, zum anderen auf die gemeinsamen Verfassungstraditionen der Mitgliedstaaten, also eine Art rechtsvergleichenden Befund. Mit der ursprünglich durch den Maastrichter Vertrag eingeführten Bestimmung des heutigen Art. 6 III EUV wird diese Rechtsprechung bestätigt: „Die Grundrechte, (...) wie sie sich aus den gemeinsamen Verfassungsüberlieferungen der Mitgliedstaaten ergeben, sind als allgemeine Grundsätze Teil des Unionsrechts".

5   Darüber hinaus achtet die Union die Grundrechte, wie sie in der Europäischen Konvention zum Schutz der Menschenrechte und Grundfreiheiten (EMRK)[4] gewährleistet sind, Art. 6 III EUV. Die Vertragsgeber haben die Union zudem in Art. 6 II EUV gebunden, der EMRK selbst beizutreten.[5] Vor allem aber enthält heute die von einem „Konvent" 1999 unter *Roman Herzog* ausgearbeitete, im Jahr 2000 feierlich proklamierte und durch den Lissaboner Vertrag von 2009 in Kraft gesetzte **Grundrechtscharta** einen weitreichenden Katalog von Grundrechten. Gem. Art. 6 I/1 EUV erkennt die Union die Rechte, Freiheiten und Grundsätze an, die in der Grundrechtscharta niedergelegt sind. Die Charta steht den Gründungsverträgen im Rang gleich, ist m.a.W. Bestandteil des Primärrechts. – War anfänglich ein Grundrechtsdefizit zu besorgen, so gibt es nun eine erhebliche Grundrechtsvielfalt, die eigene Abstimmungsfragen aufwirft.

6   Zu den Abstimmungsfragen gehört nicht zuletzt auch die nach dem Verhältnis von Grundrechten und Grundfreiheiten. Einerseits nehmen die Grundfreiheiten als Kernelemente des Binnenmarkts im Unionsrecht nicht nur historisch, sondern auch teleologisch eine Sonderrolle ein.[6] *Ziel und Zweck* der Union ist die Errichtung eines Binnenmarktes, und dazu gehört die Gewährleistung der Grundfreiheiten. Freilich hat sich, wie man schlagwortartig sagt, die Union zunehmend von einer „Wirtschafts- zu einer Wertegemeinschaft" entwickelt, in der die Gewährleistung und auch Verwirklichung von Grundrechten eine eigene Bedeutung hat. Andererseits kann man die Grundfreiheiten systematisch als spezielle Grundrechtsgewährleistungen verstehen. Diese systematische Erwägung liegt der nachfolgenden Darstellung zugrunde, wenn wir zunächst die Grundrechte erörtern, anschließend die Grundfreiheiten.

---

[3] Grundlegend EuGH Rs. 29/69 *Stauder*, Slg. 1969, 419 Rn. 7. Ferner etwa EuGH Gutachten 2/94 *EMRK-Beitritt*, Slg. 1996, 1759 Rn. 33; Rs. C-540/03 *Parlament ./. Rat*, Slg. 2006, I-5769 Rn. 35–37 – Familienzusammenführung.

[4] Einführend *Grabenwarter/Pabel*, Europäische Menschenrechtskonvention (5. Aufl. 2011); *Peters/Altwicker*, Einführung in die Europäische Menschenrechtskonvention (2. Aufl. 2012).

[5] Dazu EuGH, Gutachten 2/94, Slg. 1996, I-1759.

[6] S.a. *Ehlers*, in: ders. (Hrsg.), Europäische Grundrechte und Grundfreiheiten, § 14 Rn. 13.

III. Die Grundrechte der Grundrechtscharta

1. Einführung und Übersicht über vertragsrechtsrelevante Grundrechte

Die Charta ist in sieben Titel und 54 Artikel gegliedert. Titel I–VI enthalten Grundrechte, Titel VII einen nachgestellten Allgemeinen Teil mit Bestimmungen über die Auslegung und Anwendung der Charta. Die Grundrechte sind unterteilt in die Würde des Menschen (Titel I), Freiheitsgrundrechte (Titel II), Gleichheitsgrundrechte (Titel III), sog. soziale Grundrechte, die unter der Überschrift „Solidarität" aufgelistet sind (Titel IV), Bürgerrechte (Titel V) und Justizielle Rechte (Titel VI). Für das Vertragsrecht sind von besonderer Bedeutung:

- Art. 1 Würde des Menschen,
- Art. 8 Schutz personenbezogener Daten,
- Art. 10 Gedanken-, Gewissens- und Religionsfreiheit,
- Art. 11 Freiheit der Meinungsäußerung und Informationsfreiheit,
- Art. 12 Versammlungs- und Vereinigungsfreiheit,
- Art. 13 Freiheit der Kunst und der Wissenschaft,
- Art. 15 Berufsfreiheit und Recht zu arbeiten,
- Art. 16 Unternehmerische Freiheit,
- Art. 17 Eigentumsrecht,
- Art. 21 Nichtdiskriminierung,
- Art. 23 Gleichheit von Frauen und Männern,
- Art. 38 Verbraucherschutz.

Bevor wir uns ausgewählte Grundrechte etwas näher ansehen, werfen wir einen Blick auf die allgemeinen Lehren von Titel VII der Charta.

2. Allgemeine Lehren

a) Anwendungsbereich der Grundrechtscharta

Adressaten der Grundrechte der Charta sind die Union (ihre Organe, Einrichtungen und sonstigen Stellen) und die Mitgliedstaaten, Art. 51 I GRCh; zur Drittwirkungsproblematik, s.u., Rn. 21. Die Grundrechte binden diese Adressaten „ausschließlich bei der Durchführung des Rechts der Union", Art. 51 I GRCh, eine Formulierung, die der Gerichtshof weit ausgelegt hat.[7] Die Union hat also beispielsweise bei der Rechtsetzung im Vertragsrecht, bei der Ausübung der Kartellaufsicht (Art. 105 AEUV) oder bei der Rechtsprechung die Chartagrundrechte zu achten; die Mitgliedstaaten[8] sind beispielsweise bei der Umsetzung von Richtlinien oder der Anwendung von Verordnungen oder Primärrecht (Art. 101 AEUV)[9] an die

---

[7] EuGH Rs. C-617/10 *Åkerberg Fransson*, noch nicht in Slg., Rn. 17 ff.
[8] Erläuterungen zur Charta der Grundrechte, ABl. 2007 C 303/32; EuGH Rs. C-292/97 *Karlsson*, Slg. 2000, I-2737 Rn. 37.
[9] Zum Ganzen näher Streinz/*ders.*/Michl, Art. 51 GRCh Rn. 7 ff.

Charta gebunden. Auch soweit das Unionsrecht keines spezifischen Vorgaben macht, sondern es bei der Verfahrensautonomie der Mitgliedstaaten belässt, aber im Rahmen von Art. 4 Abs. 3 EUV die Umsetzungspflichten eingreifen (§ 1 Rn. 35), wird das zum Bereich der „Durchführung des Rechts der Union" gerechnet.[10]

b) Grundrechtsdogmatik

10 Die Charta enthält zwei grundlegend verschiedene **Arten der Rechtspositionen** nämlich Grund*rechte* und Grund*sätze*, s. Präambel VII, Art. 51 I 2, 52 V GRCh. Während die Auslegungsregeln von Art. 52 VI und VII GRCh für Grundrechte und Grundsätze gelten, enthalten Absätze 2–4 spezielle Auslegungsregeln für Grundrechte. Die unterschiedliche dogmatische Struktur ergibt sich aus Absatz 1 für die Grundrechte und Absatz 5 für die Grundsätze.

11 In ähnlicher Weise wie von den nationalen Grundrechten bekannt, ist in Art. 52 I GRCh für die **Grundrechte** der Charta eine dreistufige Prüfung angelegt, bei der zwischen (1) Schutzbereich, (2) „Einschränkung" (Eingriff, Beeinträchtigung) und (3) Schrankenbereich unterschieden wird.[11] Der Schutzbereich ergibt sich aus den Tatbeständen der einzelnen Grundrechte und ist durch Auslegung näher zu bestimmen. Für den Schrankenbereich enthält Art. 52 GRCh einige allgemeine Grundsätze („Schranken-Schranken"). Formal muss jede Einschränkung der Grundrechte nach dem Gesetzesvorbehalt des Art. 52 I 1 GRCh gesetzlich vorgesehen sein. Inhaltlich ist der Verhältnismäßigkeitsgrundsatz von Art. 52 I 2 GRCh zu beachten:[12] (a) Einschränkungen dürfen nur zu *legitimen Zwecken* vorgenommen werden: zu unionsrechtlich anerkannten Gemeinwohlzwecken oder zum Schutz der Rechte und Freiheiten anderer. (b) Sie müssen zur Erreichung des verfolgten Zwecks *geeignet* sein („tatsächlich entsprechen"). Und sie müssen zur Erreichung dieses Zwecks *erforderlich* sein. Als äußerste Grenze gilt schließlich die Wesensgehaltgarantie von Art. 52 I 1 Hs. 2 GRCh.

12 Neben den Grund*rechten* enthält die Charta in verschiedenen Bestimmungen bloße **Grundsätze**. Ob eine Vorschrift Grundrechts- oder Grundsatzcharakter hat, ist allerdings nicht ausdrücklich bestimmt, sondern durch Auslegung zu ermitteln.[13] Dazu werden z. B. Umweltschutz und Verbraucherschutz gem. Art. 37 f. GRCh gerechnet. Für Grundsätze gilt nicht Art. 52 I GRCh, sondern Absatz 5 der Vorschrift. Bestimmungen, in denen Grundsätze festgelegt sind, begründen nicht unmittelbar subjektive Rechte, sondern bedürfen der Umsetzung durch Gesetzgebung und Verwaltung. Von den Gerichten können sie nur bei der Auslegung dieser

---

[10] EuGH Rs. C-617/10 *Åkerberg Fransson*, noch nicht in Slg., Rn. 25 ff.
[11] Calliess/Ruffert/*Kingreen*, Art. 52 GRCh Rn. 44 f.; *Jarass*, Charta EU-Grundrechte, Art. 52 Rn. 1 ff.
[12] EuGH Rs. C-310/04 *Spanien ./. Rat*, Slg. 2006, I-7285 Rn. 97; Calliess/Ruffert/*Kingreen*, Art. 52 GRCh Rn. 65 ff.; Streinz/*ders./Michl*, Art. 52 GRCh Rn. 27 ff.
[13] Calliess/Ruffert/*Kingreen*, Art. 52 GRCh Rn. 13 ff.

c) Auslegung der Grundrechtscharta

Für die Auslegung der Charta gelten zunächst die allgemeinen Regeln der Auslegung des Primärrechts.[14] Darüber hinaus enthält Art. 52 II-VII GRCh ergänzende Vorschriften. Nur „beruhigende Wirkung" wird dabei der „Angstklausel" von Absatz 6 beigemessen, wonach den einzelstaatlichen Rechtsvorschriften und Gepflogenheiten „in vollem Umfang" Rechnung zu tragen ist.[15] Der Zusatz „wie es in dieser Charta bestimmt ist" weist die Klausel als deklaratorisch aus; vor allem die sozialen Grundrechte verweisen öfter auf die einzelstaatlichen Rechtsvorschriften und Gepflogenheiten. Nach Absatz 7 sind die unter der Verantwortung des Präsidiums des Konvents formulierten **Erläuterungen zur Charta der Grundrechte**[16] „von den Gerichten der Union und der Mitgliedstaaten gebührend zu berücksichtigen". In einem Vorspruch zu den Erläuterungen heißt es, diese „haben als solche keinen rechtlichen Status, stellen aber eine nützliche Interpretationshilfe dar". Dies ist Teil der historischen Auslegung.[17]

Während diese Auslegungsregeln allgemein gelten, enthalten Absätze 2 bis 4 spezielle Vorschriften für die Grund*rechte* (nicht für Grundsätze). Zunächst kommt – ungeachtet des grundsätzlichen Gleichrangs von Charta und Verträgen (EUV/AEUV) gem. Art. 6 I/1 EUV – den Grundrechten eine Sonderstellung zu, die bereits **in den Verträgen geregelt** sind und zugleich von der Charta „anerkannt" werden. Die Ausübung dieser Rechte erfolgt nach den in den Verträgen festgelegten „Bedingungen und Grenzen", d.h. der Schutzbereich und seine Auslegung sowie die Schranken richten sich nach den Verträgen. Die Charta sollte diese Rechte nicht verändern. Das betrifft etwa die Freizügigkeit nach Art. 15 II GRCh (Art. 45, 49, 56 AEUV) und das Gleichheitsrecht des Art. 23 I GRCh (Art. 157 AEUV).

Im **Verhältnis zur EMRK** (oben, Rn. 5) erklärt Art. 52 III 1 GRCh, dass entsprechende Rechte der Charta ebenso auszulegen sind wie die Konventionsgrundrechte. Die Chartagrundrechte können aber nach Satz 2 der Vorschrift einen weitergehenden Schutz gewähren. Grundrechte der Charta, die **Allgemeinen Rechtsgrundsätzen** (oben, Rn. 4) entsprechen, wie sie sich aus den gemeinsamen Verfassungsüberlieferungen der Mitgliedstaaten ergeben, sind im Einklang mit diesen auszulegen. Der EuGH versteht es so, dass die Konventionsgrundrechte und die Allgemeinen Rechtsgrundsätze in die Grundrechtscharta **inkorporiert** sind.[18]

---

[14] S. nur *Pechstein/Drechsler*, in: Riesenhuber (Hrsg.), Europäische Methodenlehre, § 8.
[15] Calliess/Ruffert/*Kingreen*, Art. 52 GRCh Rn. 41; Streinz/*ders.*/*Michl*, Art. 52 Rn. 31.
[16] Erläuterungen zur Charta der Grundrechte, ABl. 2007 C 303/17.
[17] Calliess/Ruffert/*Kingreen*, Art. 52 GRCh Rn. 42 f. (der das verhältnismäßig geringe Gewicht der Erläuterungen hervorhebt).
[18] EuGH Rs. C-236/09 *Test-Achats*, Slg. 2011, I-773 Rn. 16.

3. Einzelne Grundrechte

16 Von den Grundrechten der Charta sind für das Vertragsrecht besonders das Eigentumsrecht, die Unternehmerische Freiheit und der Verbraucherschutz von Bedeutung. Privatautonomie und Vertragsfreiheit sind nicht als solche garantiert, ihr Schutz folgt indes aus speziellen Grundrechtsgewährleistungen.

a) Das Eigentumsrecht, Art. 17 I GRCh

17 „Jede Person hat das Recht, ihr rechtmäßig erworbenes Eigentum zu besitzen, zu nutzen, darüber zu verfügen und es zu vererben", Art. 17 I 1 GRCh. Eine entsprechende Gewährleistung enthält Art. 1 des 1. Zusatzprotokolls zur EMRK. Die Eigentumsgarantie war zudem in der Rechtsprechung des EuGH als Allgemeiner Rechtsgrundsatz anerkannt.[19] Art. 17 I GRCh setzt voraus, dass das Eigentum als „normgeprägtes" Grundrecht von der Unionsrechtsordnung und den mitgliedstaatlichen Rechtsordnungen erst näher ausgestaltet werden muss. Art. 17 I 3 GRCh behält die Regelung der Nutzung des Eigentums durch Union und Mitgliedstaaten zum Zwecke des Gemeinwohls ausdrücklich vor. Das Eigentum ist in einer Marktwirtschaft (Art. 3 III EUV) eines der fundamentalen Grundrechte. Mit dem Recht, über sein Eigentum *zu verfügen*, garantiert Art. 17 I 1 GRCh im Ansatz auch die Vertragsfreiheit.

b) Die Unternehmerische Freiheit, Art. 16 GRCh

18 „Die unternehmerische Freiheit wird nach dem Unionsrecht und den einzelstaatlichen Rechtsvorschriften und Gepflogenheiten anerkannt", Art. 16 GRCh. Die unternehmerische Freiheit hatte der EuGH in seiner Rechtsprechung als Allgemeinen Rechtsgrundsatz der Berufs- und Gewerbefreiheit hervorgehoben.[20] Auch dieses Grundrecht ist für eine Marktwirtschaft zentral. Geschützt wird die wirtschaftliche Betätigungsfreiheit von Selbständigen, natürlichen wie juristischen Personen. Mit Rücksicht auf die grundlegende Bedeutung der unternehmerischen Freiheit in einer Marktwirtschaft darf man den Hinweis auf das Unionsrecht und die einzelstaatlichen Rechtsvorschriften und Gepflogenheiten nicht als tatbestandlich Einschränkung verstehen, sondern nur als Hinweis auf den allgemeinen Gesetzesvorbehalt.

---

[19] EuGH Rs. 44/79 *Hauer*, Slg. 1979, 3727 Rn. 16, 17–30; verb. Rs. 41/79, 121/79 und 769/79 *Testa*, Slg. 1980, 1979 Rn. 18–22; Rs. 59/83 *Biovilac*, Slg. 1984, 4057 Rn. 21 f. (offengelassen); Rs. 265/87 *Schräder*, Slg. 1989, 2237 Rn. 15; Rs. C-280/93 *Deutschland ./. Rat*, Slg. 1994, I-4973 Rn. 78 – Bananenmarktordnung.

[20] EuGH Rs. 4/73 *Nold*, Slg. 1974, 491 Rn. 13 f.; Rs. 230/78 *Eridania*, Slg. 1979, 2749 Rn. 20–22, 31; Rs. 44/79 *Hauer*, Slg. 1979, 3727 Rn. 16, 32; Rs. 59/83 *Biovilac*, Slg. 1984, 4057 Rn. 22 f.; Rs. 265/87 *Schräder*, Slg. 1989, 2237 Rn. 14 f.; Rs. 234/85 *Keller*, Slg. 1986, 2897 Rn. 8; verb. Rs. C-132/91, C-138/91 und C-139/91 *Katsikas*, Slg. 1992, I-6577 Rn. 30–32; Rs. C-280/93 *Deutschland ./. Rat*, Slg. 1994, I-4973 Rn. 78 – Bananenmarktordnung.

c) Verbraucherschutz, Art. 38 GRCh

Die „sozialen Grundrechte" von Titel IV der Charta waren besonders umstritten. 19
Die meisten der unter dem Titel „Solidarität" aufgelisteten Grundrechte dienen dem
Schutz von Arbeitnehmern und sind im Arbeitsrecht näher zu erörtern.[21] Als letzte
Vorschrift des Titels bestimmt Art. 38 GRCh: „Die Politik der Union stellt eine hohes Verbraucherschutzniveau sicher." In den Erläuterungen zu dieser Vorschrift
heißt es, sie stütze sich auf Art. 169 AEUV. Danach leistet die Union einen Beitrag
zum Schutz der Gesundheit, der Sicherheit und der wirtschaftlichen Interessen der
Verbraucher. Materielle Gewährleistungen ergeben sich aus Art. 169 AEUV allerdings höchstens ansatzweise. Die Vorschrift enthält darüber hinaus nur eine recht
schwache Rechtsetzungszuständigkeit, nämlich eine „Unterstützungskompetenz",
Art. 169 II a), III AEUV (näher § 3 Rn. 7). Im Übrigen verweist sie auf die Binnenmarktkompetenz des Art. 114 AEUV nach deren Absatz 3 die Kommission bei ihren
Rechtsetzungsvorschlägen von einem hohen Verbraucherschutzniveau ausgeht, die
aber primär der Errichtung und dem Funktionieren des Binnenmarktes dient (näher § 3 Rn. 4). Insgesamt ergibt sich aus Art. 38 GRCh kein Grundrecht i. S. eines
Individualrechts, die Vorschrift enthält lediglich einen Grundsatz (oben, Rn. 19).
Auch dieser Grundsatz ist nur höchst allgemein gefasst und lässt der Union die
Einschätzungsprärogative, auf welchem Wege Verbraucher zu schützen sind (z. B.
eher durch Information oder eher durch inhaltliche Verbote, eher liberal oder eher
paternalistisch usf.). Auch eine Änderung der Verbraucherschutzpolitik im Laufe
der Zeit ist danach möglich, es wird nicht etwa der Verbraucherschutzstandard von
2000 (Verabschiedung der GRCh) oder 2009 (Inkrafttreten) festgeschrieben.[22] Wegen dieser inhaltlichen Offenheit kann Art. 38 GRCh auch für die Auslegung kaum
fruchtbar gemacht werden (was sollte daraus folgen?!).[23]

d) Schutz von Privatautonomie und Vertragsfreiheit

So wie im deutschen Grundgesetz sind Privatautonomie und Vertragsfreiheit auch 20
in der Grundrechtscharta nicht als solche verbürgt. Ihr grundrechtlicher Schutz
ergibt sich aber aus Art. 15, 16, 17 i. V. m. Art. 1 GRCh.[24] Der EuGH hatte die Vertragsfreiheit schon zuvor vorausgesetzt.[25] Darauf und auf die Grundsätze von offener Marktwirtschaft und freiem Wettbewerb des Art. 119 I, III AEUV nehmen auch

---

[21] Näher *Riesenhuber*, Europäisches Arbeitsrecht, § 2 Rn. 13 ff.
[22] Ebenso Calliess/Ruffert/*Krebber*, Art. 38 GRCh Rn. 6.
[23] Wohl a. M. Calliess/Ruffert/*Krebber*, Art. 38 GRCh Rn. 7. Optimistischer als hier auch *Mörsdorf*, JZ 2011, 759 ff., (mit Blick auf die Auswirkungen auf das nationale Privatrecht), der freilich nur abstrakt eine Unterschreitung oder Herabsetzung des Schutzniveaus erörtert; auch er kommt freilich nur zu einer marginalen Bedeutung von Art. 38 GRCh.
[24] EuGH Rs. C-283/11 *Sky Österreich*, noch nicht in Slg., Rn. 42 f.
[25] EuGH Rs. C-434/08 *Harms*, Slg. 2010, I-4431 Rn. 36 f.; Rs. C-240/97 *Kommission ./. Spanien*, Slg. 1999, I-6571 Rn. 99; Rs. C-215/97 *Bellone*, Slg. 1998, I-2191 Rn. 14 („Grundsatz der Formfreiheit" als Unterprinzip der Vertragsfreiheit); Rs. 151/78 *Sukkerfabriken Nykøbing*, Slg. 1979, 1 Rn. 19 f.; s. a.

die Konventserläuterungen zu Art. 16 GRCh Bezug. Nicht zuletzt ist die Selbstgestaltung der Rechtsverhältnisse durch den Einzelnen ein wesentlicher Aspekt der Menschenwürde, Art. 1 GRCh. Mit Art. 21 (Nichtdiskriminierung) und 38 (Verbraucherschutz) enthält die Charta freilich auch tendenziell gegenläufige Grundrechte, die mit Privatautonomie und Vertragsfreiheit in Ausgleich zu bringen sind.

4. Drittwirkung der Grundrechte

21 Die Frage einer Drittwirkung der Chartagrundrechte im Verhältnis zwischen Privatleuten ist, soweit ersichtlich, bislang noch nicht praktisch geworden.[26] Die Charta enthält dazu keine ausdrückliche Regelung. Allerdings nennt Art. 51 I GRCh allein die Union und die Mitgliedstaaten als Adressaten, nicht auch Private. Einzelne Grundrechte können freilich nur durch die Verpflichtung Privater verwirklicht werden;[27] zum Beispiel setzt der wirtschaftliche Verbraucherschutz (Art. 38 GRCh) regelmäßig eine Belastung von Unternehmern voraus. Zu diesem Zweck müssen die Privaten aber nicht selbst unmittelbar an die Grundrechte gebunden werden, sondern können sie vom Gesetzgeber durch einfache Gesetze in die Pflicht genommen werden. Auch für die EMRK ist eine Drittwirkung nicht anerkannt. Nach den Verfassungstraditionen der Mitgliedstaaten sind Grundrechte primär Abwehrrechte gegen den Staat und nicht auch Privatrechtssätze. Diese Erwägungen sprechen gegen eine unmittelbare Drittwirkung.[28] Zugleich weisen sie aber darauf hin, dass die Union und die Mitgliedstaaten Schutzpflichten treffen können, über die sich eine **mittelbare Drittwirkung** ergeben kann. Zur Drittwirkung der Grundfreiheiten, s. unten, Rn. 37.

IV. Die Grundfreiheiten des AEUV

22 Die Grundfreiheiten des AEUV kann man als spezielle Grundrechtsgewährleistungen für den grenzüberschreitenden Verkehr im Binnenmarkt ansehen. Sie haben indes zugleich eine besondere, für den Binnenmarkt konstituierende Funktion und für die Union grundlegende Bedeutung.

EuGH verb. Rs. C-90/90 und C-91/90 *Neu*, Slg. 1991, I-3617 Rn. 13; EuG Rs. T-24/90 *Automec*, Slg. 1992, II-2223 Rn. 51.

[26] Zur Drittwirkung der Grundrechte des deutschen GG nur *Canaris*, Grundrechte und Privatrecht (1999); *Wolf/Neuner*, Allgemeiner Teil, § 5 Rn. 11 ff. Rechtsvergleichend *Cherednychenko*, Fundamental Rights, Contract Law and the Protection of the Weaker Party (2007); *Neuner* (Hrsg.), Grundrechte und Privatrecht aus rechtsvergleichender Sicht (2007).

[27] Z. B. Art. 24 II GRCh: private Einrichtungen; Art. 24 III GRCh: Eltern; Art. 27 GRCh: Arbeitgeber; Art. 38 GRCh: Unternehmer.

[28] *Ehlers*, in: ders. (Hrsg.), Europäische Grundrechte und Grundfreiheiten, § 14 Rn. 54; Calliess/Ruffert/*Kingreen*, Art. 51 GRCh Rn. 18; Streinz/*ders./Michl*, Art. 51 GRCh Rn. 18.

IV. Die Grundfreiheiten des AEUV

1. Grundfreiheiten als Elemente des Binnenmarkts

„Die Union erlässt die erforderlichen Maßnahmen, um (...) einen **Binnenmarkt** zu verwirklichen und dessen Funktionieren zu gewährleisten. Der Binnenmarkt umfasst einen Raum ohne Binnengrenzen, in dem der freie Verkehr von Waren, Personen, Dienstleistungen und Kapital (...) gewährleistet ist", Art. 26 I, II AEUV. Die Grundfreiheiten sind die konstituierenden Elemente des Binnenmarktes: der freie Warenverkehr, Art. 28 ff., 34 ff. AEUV, die Arbeitnehmerfreizügigkeit, Art. 45 ff. AEUV, die Niederlassungsfreiheit, Art. 49 ff. AEUV, die Dienstleistungsfreiheit, Art. 56 ff. AEUV und die Kapitalverkehrsfreiheit, Art. 63 ff. AEUV. Als spezielle Gewährleistungen für den Binnenmarkt sichern die Grundfreiheiten nicht die *allgemeine* Handlungsfreiheit, sondern die Freiheit *im grenzüberschreitenden Verkehr*.

23

2. Struktur der Grundfreiheiten

a) Übersicht

Die Grundfreiheiten sind seit Ablauf einer Übergangszeit (am 1. 1. 1970) unmittelbar geltende Rechte, auf die sich der Einzelne gegenüber den Mitgliedstaaten und der Union berufen kann. Sie sind zwar in Einzelheiten unterschiedlich ausgestaltet, weisen aber eine **einheitliche Struktur** auf; man spricht auch von einer „Konvergenz der Grundfreiheiten". Einzelheiten gehören in die Lehrbücher zum Europarecht.[29] Hier sind lediglich die Grundzüge darzustellen.

24

(1) Erstens ist zu prüfen, ob der **Schutzbereich** (auch: Anwendungsbereich) einer Grundfreiheit eröffnet ist (z. B. Art. 34, 56 f. AEUV), und zwar der sachliche und der persönliche Schutzbereich. In sachlicher Hinsicht setzen die Grundfreiheiten stets einen grenzüberschreitenden Bezug voraus; rein innerstaatliche Sachverhalte fallen nicht in den Anwendungsbereich.

(2) Zweitens ist ein **Eingriff** in den Schutzbereich der Grundfreiheit durch einen der Adressaten zu prüfen. Adressaten (Verpflichtete) der Grundfreiheiten sind primär die Mitgliedstaaten (alle mitgliedstaatlichen Organe: Gesetzgebung, Verwaltung, Justiz!) und die Union selbst; zur Problematik der Drittwirkung unten Rn. 37. Die Grundfreiheiten verbieten zum einen (unmittelbare und mittelbare) Diskriminierungen aus Gründen der Staatsangehörigkeit; zum anderen verbieten sie Beschränkungen des jeweiligen Freiheitsrechts (näher sogleich, Rn. 25). Eingriffe kommen durch positives Tun in Betracht, also z. B. durch eine Einfuhrbeschränkung; sie können aber auch im Unterlassen liegen, soweit den Verpflichteten eine Schutzpflicht trifft.[30]

---

[29] *Ehlers*, in: ders. (Hrsg.), Europäische Grundrechte und Grundfreiheiten, § 7 bes. Rn. 58 ff., schematische Zusammenfassung Rn. 113; *Haratsch/Koenig/Pechstein*, Europarecht, Rn. 785 ff.; *Streinz*, Europarecht, Rn. 784 ff.

[30] Grundlegend EuGH Rs. C-265/95 *Kommission ./. Frankreich*, Slg. 1997, I-6959 Rn. 28 ff. („spanischer Erdbeerkrieg").

(3) Drittens ist das Vorliegen einer **Rechtfertigung** zu prüfen; wie in der deutschen Grundrechtsdogmatik kann man vom Schrankenbereich sprechen. Die Rechtfertigung kann sich aus den geschriebene Tatbeständen des AEUV ergeben (z. B. Art. 36, 62 i. V. m. 52 AEUV), zum anderen hat der EuGH für Beschränkungen den ungeschriebenen Rechtfertigungsgrund der zwingenden Gründe des Allgemeinwohls entwickelt. Diese Schranken sind ihrerseits wieder beschränkt („Schranken-Schranken") durch den Verhältnismäßigkeitsgrundsatz sowie durch die Unionsgrundrechte.

b) Das Beschränkungsverbot insbesondere

25 Während Diskriminierungen und unmittelbare Eingriffe in die Grundfreiheiten selten sind, spielen Beschränkungen auch nach wie vor eine erhebliche praktische Rolle. Der EuGH hat das Beschränkungsverbot weit gefasst. Grundlegend ist die ***Dassonville***-Entscheidung zur Warenverkehrsfreiheit. Art. 34 AEUV verbietet „mengenmäßige Einfuhrbeschränkungen sowie alle Maßnahmen gleicher Wirkung". Eine solche „Maßnahme gleicher Wirkung" ist nach der *Dassonville*-Formel „jede Maßnahme, die geeignet ist, den innergemeinschaftlichen Handel unmittelbar oder mittelbar, tatsächlich oder potentiell zu behindern".[31] Allerdings stellt die bloße Unterschiedlichkeit der mitgliedstaatlichen Rechtsordnungen keine Beschränkung dar.[32]

26 Der Tatbestand des Beschränkungsverbots ist damit außerordentlich weit. Dadurch könnte er – zweckwidrig – auf eine allgemeine Regulierungsprüfung hinauslaufen, unabhängig von ihrer Bedeutung für den Binnenmarkt (und zudem den EuGH überfordern). Zum Beispiel könnte eine nationale Vorschrift über Ladenöffnungszeiten nach *Dassonville* eine Grundfreiheitsbeschränkung darstellen und somit der Verhältnismäßigkeitskontrolle durch den EuGH unterliegen.[33] Der Gerichtshof hat daher in der ***Keck***-Entscheidung zur Warenverkehrsfreiheit eine Grenze gezogen. Danach bleibt die *Dassonville*-Formel grundsätzlich anwendbar, soweit es um *Produktvorschriften* über Bezeichnung, Form, Abmessung, Gewicht, Zusammensetzung, Aufmachung, Etikettierung oder Verpackung einer Ware geht. Hingegen ist „die Anwendung nationaler Bestimmungen, die bestimmte *Verkaufsmodalitäten* beschränken oder verbieten, auf Erzeugnisse aus anderen Mitgliedstaaten nicht geeignet, den Handel zwischen den Mitgliedstaaten im Sinn des Urteils *Dassonville* zu behindern, sofern diese Bestimmungen für alle Wirtschaftsteil-

---

[31] EuGH Rs. 8/74 *Dassonville*, Slg. 1974, 837 Rn. 5. S. a. EuGH Rs. C-55/94 *Gebhard*, Slg. 1995, I-4165 Rn. 37 (zur Niederlassungsfreiheit, aber allgemein formuliert: „Maßnahmen, die die Ausübung der durch den Vertrag garantierten grundlegenden Freiheiten behindern oder weniger attraktiv machen können").

[32] EuGH Rs. C-565/08 *Kommission ./. Italien*, Slg. 2011, I-2101 Rn. 49.

[33] EuGH Rs. C-145/88 *Torfaen*, Slg. 1989, 3851; Rs. C-312/89 *Conforama*, Slg. 1991, I-997; Rs. C-332/89 *Marchandise*, Slg. 1991, I-1027.

nehmer gelten, die ihre Tätigkeit im Inland ausüben, und sofern sie den Absatz der inländischen Erzeugnisse und der Erzeugnisse aus anderen Mitgliedstaaten rechtlich wie tatsächlich in der gleichen Weise berühren".[34] Das maßgebliche teleologische Kriterium hinter dieser Unterscheidung von Produktmodalitäten und Verkaufsmodalitäten liegt darin, dass erstere **Marktzutrittsschranken** aufbauen und damit spezifisch den Binnenmarkt gefährden.[35]

c) Rechtfertigung durch „zwingende Gründe des Allgemeinwohls"

Ungeachtet der *Keck*-Formel bleibt das Beschränkungsverbot außerordentlich weit. Über die geschriebenen Rechtfertigungsgründe des Vertrags hinaus hat der Gerichtshof daher bereits in *Dassonville* den Grund gelegt für einen ungeschriebenen Rechtfertigungstatbestand der „zwingenden Gründe des Allgemeinwohls". Dieser wird in der Entscheidung **Cassis de Dijon** konkretisiert: „In Ermangelung einer gemeinschaftlichen Regelung (...) ist es Sache der Mitgliedstaaten, alle (...) betreffenden Vorschriften für ihr Hoheitsgebiet zu erlassen. Hemmnisse für den Binnenhandel der Gemeinschaft, die sich aus den Unterschieden der nationalen Regelungen über die Vermarktung dieser Erzeugnisse ergeben, müssen hingenommen werden, soweit diese Bestimmungen notwendig sind, um zwingenden Erfordernissen gerecht zu werden, insbesondere den Erfordernissen einer wirksamen steuerlichen Kontrolle des Schutzes der öffentlichen Gesundheit, der Lauterkeit des Handelsverkehrs und des Verbraucherschutzes."[36] Vor allem der letztgenannte Aspekt des **Verbraucherschutzes** kann im Bereich des Vertragsrechts Bedeutung entfalten. Dass Verbraucherschutz als wichtiges Allgemeininteresse eine Einschränkung der Grundfreiheiten begründen kann, lässt sich heute auch aus dem Grundsatz des Art. 38 GRCh begründen (s. o. Rn. 19).

27

3. Grundfreiheiten und Vertragsrecht

Grundfreiheiten sind nach diesen Vorüberlegungen ein scharfes Schwert (vor allem) gegen mitgliedstaatliche Beschränkungen des grenzüberschreitenden Verkehrs. Wer im Binnenmarkt über die Grenzen hinweg Kauf- oder Dienstverträge schließen will, kann sich gegenüber mitgliedstaatlichen Beschränkungen auf die Grundfreiheiten berufen. Grundfreiheiten erweisen sich hier als spezifische Binnenmarktgrundrechte. Darüber hinaus sind mit den Grundfreiheiten aber noch weitere Fragen des Europäischen Vertragsrechts verbunden. Erstens ist die bereits erwähnte *Cassis de Dijon*-Entscheidung des Gerichtshofs ein Grundpfeiler des so-

28

---

[34] EuGH verb. Rs. C-267/91 und C-268/91 *Keck*, Slg. 1993, I-6097 Rn. 16 (Hervorhebung hinzugefügt). Zur Dienstleistungsfreiheit EuGH Rs. C-384/93 *Alpine Investments*, Slg. 1995, I-1141 Rn. 36–38; Rs. C-415/93 *Bosman*, Slg. 1995, I-4921 Rn. 102 f.
[35] EuGH Rs. C-565/08 *Kommission ./. Italien*, Slg. 2011, I-2101 Rn. 45 f. m. w. N.
[36] EuGH Rs. 120/78 *Rewe*, Slg. 1979, 649 Rn. 8.

genannten Informationsmodells des Verbraucherschutzes. Zweitens können wir uns die Frage stellen, inwieweit das mitgliedstaatliche Vertragsrecht eine Beschränkung der Grundfreiheiten darstellen kann. Diese Frage ist zugleich für die Rechtsetzungskompetenzen der Union von Bedeutung. Und schließlich stellt sich auch hier die Frage der Drittwirkung, ob also die Grundfreiheiten auch Private verpflichten und m. a. W. zugleich Privatrechtssätze darstellen.

a) Cassis de Dijon als Grundlage des Informationsmodells

29   Die Entscheidung *Cassis de Dijon*[37] ist nicht nur für die Grundfreiheitendogmatik grundlegend (soeben, Rn. 29), sondern auch für die Verbraucherschutzregulierung der Union. Hier legt der Gerichtshof die Grundlagen für das sogenannte Informationsmodell des Verbraucherschutzes.[38] In der Entscheidung ging es um die Einfuhr von französischem Johannisbeerlikör, *Cassis de Dijon*, nach Deutschland. Der Likör war in Frankreich rechtmäßig auf den Markt gebracht worden. Die Einfuhr nach Deutschland wurde dem Importeur versagt mit der Begründung, der Likör habe einen zu geringen Alkoholgehalt. Nach deutschem Recht mussten Fruchtsaftliköre einen Alkoholgehalt von 25% Vol. aufweisen, der französische *Cassis* enthielt nur 15–20% Vol.

30   Die Mindestalkoholvoraussetzung stellte eine Maßnahme gleicher Wirkung wie eine mengenmäßige Einfuhrbeschränkung i. S. d. heutigen Art. 34 AEUV dar. Sie bedurfte daher der Rechtfertigung, die in zwingenden Gründen des Allgemeininteresses zu finden sein konnte. Die Bundesrepublik berief sich zur Rechtfertigung auf den Schutz der öffentlichen Gesundheit und der Verbraucher, die grundsätzlich als legitime Zwecke anerkannt werden können. Zum Gesundheitsschutz führte die Bundesrepublik aus, der Mindestalkoholgehalt solle vor einer Überschwemmung des deutschen Marktes mit alkoholischen Getränken mit nur mäßigem Alkoholgehalt schützen, denn derartige Erzeugnisse führten leichter zur Gewöhnung (eine Argumentation, die europaweit Schmunzeln hervorrief). Das verwarf der EuGH als nicht stichhaltig, weil man auch in Deutschland Getränke mit geringem oder mittlerem Alkoholgehalt kaufen und im Übrigen auch hochprozentige Getränke verdünnt trinken kann.

31   Als Rechtfertigung trug die Bundesrepublik zweitens vor, die gesetzliche Festlegung eines Mindestalkoholgehalts diene im Interesse der Verbraucher dem lauteren Wettbewerb. Da Alkohol der teuerste Bestandteil dieser Getränke sei, könne sich ein Anbieter durch Absenkung des Alkoholgehaltes einen Wettbewerbsvorteil verschaffen. Dahinter steht auch die Annahme, die Verbraucher könnten irregeführt werden, da sie sich darauf verließen, dass Likör einen bestimmten Alkoholgehalt hat. Der Gerichtshof anerkannte zwar, dass eine solche Standardisierung dem Ver-

---

[37] EuGH Rs. 120/78 *Rewe*, Slg. 1979, 649 Rn. 8.
[38] *Grundmann*, JZ 2000, 1133 ff.; *Grundmann/Kerber/Weatherill* (Hrsg.), Party Autonomy and the Role of Information in the Internal Market; krit. etwa *Schön*, FS Canaris, S. 1198 f.

braucherschutz dienen kann, wies aber darauf hin: „eine angemessene Unterrichtung der Käufer lässt sich ohne Schwierigkeiten dadurch erreichen, dass man die Angabe von Herkunft und Alkoholgehalt auf der Verpackung des Erzeugnisses vorschreibt".[39]

Information ist hier m. a. W. der „inhaltlichen" Festlegung der Produktmerkmale als **milderes Mittel** im Rahmen der Verhältnismäßigkeitsprüfung vorzuziehen. Der Gerichtshof verkennt dabei nicht, dass damit erhöhte Anforderungen an die **Selbstverantwortung** des Verbrauchers gestellt werden, dem es dann auch obliegt, sich zu informieren und mit neuen Produkten aus anderen Mitgliedstaaten vertraut zu machen. Das ist indes ein unvermeidbares Element des Binnenmarktes, der gerade darauf gerichtet ist, das Produktangebot zu vergrößern. 32

b) Privatrecht als Beschränkung der Grundfreiheiten

Beschränkungen des grenzüberschreitenden Verkehrs sind meist öffentlich-rechtlicher Natur. Die „mengenmäßigen Einfuhrbeschränkungen" von Art. 34 AEUV kommen im Privatrecht nicht vor. Produktstandards oder andere Beschränkungen können sich aber ebenso aus dem Privatrecht ergeben, aus dem Gesetz ebenso wie aus richterlicher Rechtsfortbildung.[40] Zum Beispiel können sich Produktsicherheitsanforderungen auch aus der zivilrechtlichen Produkthaftung ergeben. Im Fall **Buet** sah der Gerichtshof das französische Verbot des Haustürvertriebs von Unterrichtsmaterial als – freilich aus Gründen des Verbraucherschutzes gerechtfertigtes – Einfuhrhindernis i. S. d. heutigen Art. 34 AEUV an.[41] Dabei spielte es keine Rolle, dass dieses Verbot im konkreten Fall strafbewehrt (also öffentlich-rechtlicher Natur) war; die Entscheidung wäre ebenso ausgefallen, wenn das Verbot zivilrechtlich sanktioniert gewesen wäre (§ 134 BGB). In **CMC Motorradcenter** ging es um die aus den Grundsätzen der *culpa in contrahendo* (heute §§ 311 II, III, 241 II BGB) abgeleitete vorvertragliche Pflicht des Parallelimporteurs, den Kunden über faktische Behinderungen von Parallelimporten durch Vertragshändler zu informieren. Eine solche Pflicht kann grundsätzlich durchaus eine Beschränkung der Warenverkehrsfreiheit i. S. der *Dassonville*-Formel bedeuten. Im konkreten Fall hielt der Gerichtshof die behindernden Wirkungen der Aufklärungspflicht allerdings für „zu ungewiss und zu mittelbar, als dass diese Verpflichtung als geeignet angesehen werden könnte, den Handel zwischen den Mitgliedstaaten zu behindern".[42] 33

Vertragsrecht wird freilich i.S. der ***Keck*-Dichotomie** (oben, Rn. 26) zumeist nicht als Produktstandard anzusehen, sondern den Vertriebsmodalitäten zuzuord- 34

---

[39] EuGH Rs. 120/78 *Rewe*, Slg. 1979, 649 Rn. 13.
[40] Analyse einzelner Bereiche zwingenden Vertragsrechts bei *Remien*, Zwingendes Vertragsrecht und Grundfreiheiten des EG-Vertrages, S. 225 ff.
[41] EuGH Rs. 382/87 *Buet*, Slg. 1989, 1235.
[42] EuGH Rs. C-92/93 *CMC-Motorradcenter*, Slg. 1993, I-5009.

nen sein.⁴³ Allerdings können auch vertragsrechtliche Regeln Produktstandards aufstellen. Das kommt insbesondere bei sog. Rechtsprodukten wie Versicherungen in Betracht: Hier gestaltet das Versicherungsvertragsrecht das Produkt „Versicherung" mit. Aber auch Vertriebsmodalitäten können nach *Keck* noch der Grundfreiheitenkontrolle unterliegen. Zum Beispiel hat der Gerichtshof im Fall *Alpine Investments* das Verbot des *cold calling*, also der unangekündigten gewerblichen Kontaktaufnahme per Telefon, zwar als Vertriebsmodalität angesehen, aber gleichwohl am Maßstab der Dienstleistungsfreiheit (heute Art. 56 AEUV) gemessen, da dieses Verbot unmittelbar den Zugang zum Dienstleistungsmarkt beeinflusse.⁴⁴ Ebenso dürfte das Verbot des Haustürvertriebs von Unterrichtsmaterialien von *Buet* (Rn. 33) auch nach *Keck* der Grundfreiheitenkontrolle unterliegen: Der betroffene Anbieter (*Buet*) erzielte mit dem Direktvertrieb 90% seiner Umsätze. Das französische Verbot, diese Vertriebsmethode zu verwenden, wirkte für *Buet* daher wie eine Marktzutrittsschranke.

35   Umstritten ist, ob das **dispositive Vertragsrecht** eine Beschränkung der Grundfreiheiten darstellen kann.⁴⁵ Nach unseren Vorüberlegungen (soeben, Rn. 34) käme das freilich nur in Betracht, soweit die dispositive Norm, als zwingende gedacht, eine beschränkend wirkende Produktregelung i. S. d. *Keck*-Dichotomie enthielte. Dispositives Recht kommt zur Anwendung, wenn die Parteien nichts anderes vereinbaren. Regelmäßig soll es zwar den typischen Parteiwillen abbilden, wenn es ohne Zutun der Parteien zur Anwendung kommt, wirkt es aber doch wie eine heteronome Bestimmung. Eine Beschränkung liegt demnach nicht in dem jeweiligen Normgehalt. Die spezifische Last des dispositiven Rechts liegt darin, dass man sich darüber informieren und ggf. eine abweichende Bestimmung treffen und verhandeln muss. Diese Lasten sind indes nur Ausdruck der Selbstverantwortung, die als Kehrseite von der Vertragsfreiheit untrennbar ist. Dispositives Vertragsrecht unterliegt daher nicht der Grundfreiheitenkontrolle.

---

⁴³ *Remien*, Zwingendes Vertragsrecht und Grundfreiheiten des EG-Vertrages, S. 193 ff.; *Riesenhuber*, System und Prinzipien des Europäischen Vertragsrechts, S. 94 ff.; *Franzen*, Privatrechtsangleichung durch die EG, S. 135 f.; a. M. *Steindorff*, EG-Vertrag und Privatrecht, S. 99, 107.

⁴⁴ EuGH Rs. C-384/93 *Alpine Investments*, Slg. 1995, 1141 Rn. 23 ff.; s. a. EuGH Rs. C-565/08 *Kommission ./. Italien*, Slg. 2011, I-2101 Rn. 45 f.

⁴⁵ Bejahend etwa *Langner* RabelsZ 65 (2001) 222, 227 ff.; *Tassikas*, Dispositives Recht und Rechtswahlfreiheit als Ausnahmebereiche der EG-Grundfreiheiten (2004); verneinend *Grundmann*, JZ 1996, 274, 278 f.; *Herresthal*, in: Langenbucher (Hrsg.), Europäisches Privat- und Wirtschaftsrecht, § 2 Rn. 66 ff. (aber a. M. Rn. 71 ff. im Hinblick auf die „bloße" internationale Dispositivität; dazu sogleich im Text Rn. 36); *Körber*, Grundfreiheiten und Privatrecht, S. 399 ff.; *Perner*, Grundfreiheiten, Grundrechte-Charta und Privatrecht, S. 100 ff.; *Riesenhuber*, System und Prinzipien des Europäischen Vertragsrechts, S. 96 ff., 99 ff.; W.-H. *Roth*, ZEuP 1994, 5, 28; differenzierend (im Grundsatz ebenfalls verneinend) *Bachmann*, AcP 210 (2010), 424, 444 ff.; *Möslein*, Dispositives Recht (2011), S. 398 ff.

IV. Die Grundfreiheiten des AEUV

Entsprechende Überlegungen gelten auch für das **international dispositive Vertragsrecht**.⁴⁶ Bei grenzüberschreitenden Verträgen gibt das internationale Privatrecht den Parteien weitgehend die Möglichkeit, das anwendbare Recht zu wählen (näher unten, §4 Rn. 14). Die Rechtswahl ermöglicht ihnen, eine Rechtsordnung insgesamt zu vermeiden, einschließlich ihrer zwingenden Regeln. Dafür gibt es aber Grenzen. Bestimmte Vorschriften, z.B. des Verbraucherschutzes, setzen sich auch gegen eine Rechtswahl durch, sind also „international zwingend". Unsere Frage lautet also: Unterliegt national zwingendes Recht auch dann der Grundfreiheitenkontrolle, wenn es international dispositiv ist, also mittels Rechtswahl vermieden werden kann? Der EuGH hat diese Frage in der Entscheidung *Altshom Atlantique* angesprochen, allerdings eher *obiter*. *Alsthom Atlantique* hatte von *Sulzer* Schiffsmotoren gekauft, die sich als mangelhaft erwiesen. Gegen die Gewährleistungsansprüche des Käufers konnte sich *Sulzer* nach dem anwendbaren (besonders strengen) französischen Kaufrecht auch nicht auf einen vereinbarten Haftungsausschluss berufen. *Sulzer* sah darin eine Beschränkung der Ausfuhrfreiheit (heute Art. 35 AEUV). Der Gerichtshof folgte dem aus verschiedenen Gründen nicht und untermauerte dies mit der ergänzenden Erwägung: „Im Übrigen steht es den Parteien eines internationalen Kaufvertrags im allgemeinen frei, das auf ihre Vertragsbeziehungen anwendbare Recht zu bestimmen und so die Unterwerfung unter das französische Recht zu vermeiden."⁴⁷

36

c) Drittwirkung der Grundfreiheiten

Die von den Grundrechten bekannte Frage der Drittwirkung stellt sich in ähnlicher Weise bei den Grundfreiheiten. Während sie in der Literatur umstritten bleibt, hat der EuGH eine Drittwirkung in einzelnen Entscheidungen sehr weitreichend bejaht.

37

Wortlaut, Systematik und Zweck der Grundfreiheiten sprechen **gegen** die Annahme einer **unmittelbaren Drittwirkung** der Grundfreiheiten.⁴⁸ Zwar verbieten die Grundfreiheiten in recht allgemeinen Worten „Maßnahmen" oder „Beschrän-

38

---

⁴⁶ Neben den in Fn. 45 Genannten *Remien*, Zwingendes Vertragsrecht und Grundfreiheiten des EG-Vertrages, S. 186 ff.
⁴⁷ EuGH Rs. C-339/89 *Alsthom Atlantique*, Slg. 1991, I-107.
⁴⁸ Eingehend *Canaris*, Drittwirkung der gemeinschaftsrechtlichen Grundfreiheiten, in: Bauer/Czybulka/Kahl/Voßkuhle (Hrsg.), Umwelt, Wirtschaft und Recht (2002), S. 29 ff. S. ferner *Ehlers*, in: ders. (Hrsg.), Europäische Grundrechte und Grundfreiheiten, § 7 Rn. 53; *Körber*, Grundfreiheiten und Privatrecht, S. 631 ff., 721 ff.; *Herresthal*, in: Langenbucher (Hrsg.), Europäisches Privat- und Wirtschaftsrecht, § 2 Rn. 77; *Langenbucher*, ebd., § 1 Rn. 33 ff; *Perner*, Grundfreiheiten, Grundrechte-Charta und Privatrecht, S. 141 ff.; *Riesenhuber*, System und Prinzipien des Europäischen Vertragsrechts, S. 101 ff. Differenzierend (mit unterschiedlichen Ansätzen) etwa *Bachmann*, AcP 210 (2010), 424, 465 ff.; *Herresthal*, in: Neuner (Hrsg.), Grundrechte und Privatrecht aus rechtsvergleichender Sicht, S. 177 ff. (unmittelbare Wirkung des Verbots der Nationalitätendiskriminierung von Art. 18 AEUV); W.-H. *Roth*, FS Medicus (2009), S. 393 ff.; *ders.*, EWS 2012, 16 ff. (zu seinem Ansatz noch unten, Rn. 42); *Steindorff*, EG-Vertrag und Privatrecht, S. 277 ff.

kungen", worunter man auch privates Handeln verstehen könnte. Die geschriebenen Rechtfertigungsgründe weisen jedoch darauf hin, dass die Vertragsgeber an staatliches Verhalten gedacht haben. Privatpersonen handeln in aller Regel nicht „aus Gründen der öffentlichen Sittlichkeit, Ordnung und Sicherheit" (Art. 35 AEUV) und könnten sich auch nicht auf den ungeschriebenen Rechtfertigungsgrund der „zwingenden Gründe des Allgemeinwohls" berufen; sie handeln aus individuellen Privatinteressen. Wer eine unmittelbare Drittwirkung befürwortet, muss daher neue Rechtfertigungsgründe schaffen, z. B. in Form der Grundrechtskollision.[49] Für private Marktabgrenzungen enthält der AEUV mit dem Wettbewerbsrecht der Art. 101 ff. eine spezielle Regelung.[50] Auch Art. 106 AEUV zeigt, dass die Vertragsgeber es durchaus verstanden, Mitgliedstaaten und (private) Unternehmen differenziert zu binden. Nicht zuletzt spricht der Zweck der Grundfreiheiten als spezielle Gewährleistung der Privatautonomie für den grenzüberschreitenden Verkehr dagegen, sie in eine Bindung Privater zu verkehren.

39   Lehnt man eine unmittelbare Drittwirkung ab, so ist damit – ebenso wie aus der nationalen Grundrechtsdogmatik bekannt – doch die Möglichkeit einer **mittelbaren Drittwirkung** nicht ausgeschlossen. Diese kann sich in der Tat dogmatisch schlüssig aus den Schutzpflichten der Mitgliedstaaten ergeben, die der EuGH in seiner Rechtsprechung anerkannt hat (oben, Rn. 37). Vermittelt über die Schutzpflichten der Mitgliedstaaten, die die nationalen Gesetzgeber, Verwaltungen und Gerichte binden, können sich daher die Grundfreiheiten auch auf das Verhalten Privater auswirken.

40   Der EuGH hat in seiner **Rechtsprechung** allerdings eine unmittelbare Drittwirkung der Grundfreiheiten in einer Reihe von Fällen anerkannt, freilich für lange Zeit ohne klare Linie.[51] Eine Bindung hat der Gerichtshof zunächst für *Sportverbände* bejaht, deren autonome Regeln für internationale Wettbewerbe die Berufsausübung der Sportler regeln.[52] Hier sieht man eine innere Rechtfertigung für die unmittelbare Bindung an die Grundfreiheiten oft darin, dass diese Verbände kollektive Regeln setzen und sich als „intermediäre Gewalten" darstellten.[53]

---

[49] So etwa *Schmid*, Die Instrumentalisierung des Privatrechts durch die EU, S. 538 f.
[50] Diese greift allerdings, worauf Befürworter einer unmittelbaren Drittwirkung hinweisen, im Bereich der Arbeitnehmerfreizügigkeit nicht Platz; *Schmid*, Die Instrumentalisierung des Privatrechts durch die EU, S. 539 ff.
[51] Gute Übersicht über die Entwicklung, kritische Würdigung und Neuordnung bei W.-H. *Roth*, FS Medicus (2009), S. 393 ff. Der Rechtsprechung zustimmend etwa *Schmid*, Die Instrumentalisierung des Privatrechts durch die EU, S. 524 ff.
[52] EuGH Rs. 36/74 *Walrave*, Slg. 1974, 1405 (Nationalitätenvorgaben für sog. Steherrennen); Rs. 13/76 *Donà*, Slg. 1976, 1333 (Profispieler können nach Verbandsregeln nur Inländer sein); verb. Rs. C-51/96 und C-191/97 *Deliège*, Slg. 2000, I-2549 (Auswahlregeln eines Verbands für die Teilnahme an Wettkämpfen); Rs. C-415/93 *Bosman*, Slg. 1995, I-4921 (Verbandsregeln über den Transfer von Fußballspielern).
[53] Etwa W.-H. *Roth*, FS Everling (1995), S. 1231 ff.

IV. Die Grundfreiheiten des AEUV

Für die Arbeitnehmerfreizügigkeit hat der EuGH im Fall ***Angonese*** eine weitgehende Bindung auch privater Arbeitgeber angenommen.[54] Eine private Bank in der Provinz Bozen verlangte von Bewerbern einen Zweisprachigkeitsnachweis in Form einer bestimmten, nur vor Ort zu erwerbenden Bescheinigung. Für Außenstehende ist die Bescheinigung verhältnismäßig schwer zu bekommen, da die erforderliche Prüfung nur in der Provinz Bozen stattfindet; die Einheimischen erwerben sie hingegen routinemäßig „als ein[en] praktisch zwangsläufige[n] Schritt in einer normalen Ausbildung". Herr Angonese war zwar „vollkommen zweisprachig", wurde aber beim Auswahlverfahren nicht berücksichtigt, weil er die Bescheinigung nicht hatte. Der EuGH beurteilt den Fall am Maßstab des Diskriminierungsverbots der Arbeitnehmerfreizügigkeit (heute Art. 45 AEUV). Das Diskriminierungsverbot richte sich nicht speziell an die Mitgliedstaaten. Seine Anwendung auf Private sei auch aus teleologischen Erwägungen geboten; die Freizügigkeit würde gefährdet, wenn Privatleute die Schranken wieder errichten könnten, die die Mitgliedstaaten abschaffen. So wie auch das Verbot der Geschlechtsdiskriminierung des (heutigen) Art. 157 AEUV müsse auch das Diskriminierungsverbot des (heutigen) Art. 45 AEUV auch Privatpersonen binden. Im vorliegenden Fall sah der EuGH in dem Erfordernis der speziellen Zweisprachigkeitsbescheinigung deswegen eine Diskriminierung der Staatsangehörigen anderer Mitgliedstaaten, weil die Einheimischen die Bescheinigung unschwer erlangen konnten, dies aber für Bewerber von außen erheblich erschwert war. Eine solche Einstellungsbedingung könne nur gerechtfertigt werden, wenn sie auf „sachliche Erwägungen" gestützt wäre. Sei auch ein berechtigtes Interesse des Arbeitgebers an einem Zweisprachigkeitsnachweis anzuerkennen, so erweise sich doch das Erfordernis, diesen Nachweis durch die spezielle Bescheinigung zu erbringen, als unverhältnismäßig.[55]

41

Ausgehend von dem Befund, dass die Rechtsprechung des Gerichtshofs mittlerweile verfestigt und daher nicht mehr sinnvoll in Frage zu stellen ist, hat W.-H. *Roth* die Drittwirkungsentscheidungen des Gerichts kürzlich kritisch gewürdigt und sie in einer differenzierten Analyse in ein Gesamtkonzept eingefügt.[56] Eine unmittelbare Drittwirkung sei dort gerechtfertigt, wo es nicht um das Verhalten der am Austauschprozess beteiligten Personen (also z. B. der Vertragspartner) am Markt geht, sondern wo Privatpersonen als Dritte in den Austauschprozess anderer eingreifen (also z. B. Sportverbände oder Gewerkschaften).[57] Darüber hinausgehend seien Arbeitgeber stets an das Diskriminierungsverbot der Arbeitnehmerfreizügigkeit gem. Art. 39 II AEUV gebunden, da der Arbeitsmarkt, wie Art. 157 AEUV zu entnehmen sei, eine Sonderstellung einnehme und nicht der Steuerung durch die Marktkräfte überlassen sei. Bei den Rechtfertigungsgründen sei umgekehrt der Rechtsprechung

42

---

[54] EuGH Rs. C-281/98 *Angonese*, Slg. 2000, I-4139.
[55] Zu einer anderen dogmatischen Erklärung *Riesenhuber*, System und Prinzipien des Europäischen Vertragsrechts, S. 117 f.
[56] W.-H. *Roth*, FS Medicus (2009), S. 393 ff.; ders., EWS 2012, 16 ff. In diese Richtung auch *Bachmann*, AcP 210 (2010), 424, 473 f.; ff.; *Perner*, Grundfreiheiten, Grundrechte-Charta und Privatrecht, S. 168 ff.
[57] Auch insoweit gibt W.-H. *Roth*, FS Medicus (2009), S. 410 ff., allerdings eine Beschränkung auf kollektive Tatbestände zu bedenken.

eine Öffnung zu entnehmen. So anerkenne der EuGH in *Angonese* – über die geschriebenen Rechtfertigungsgründe und zwingende Allgemeininteressen hinaus – auch „sachliche Erwägungen" als mögliche Rechtfertigung an. Darüber hinaus könnten sich Private als Adressaten der Grundfreiheiten anders als der Staat zur Rechtfertigung auch auf gegenläufige Grundrechte berufen. In diesem Zusammenhang sei auch die Privatautonomie des Einzelnen zu berücksichtigen. Die Schutzpflichten von Union und Mitgliedstaaten bleiben von dieser Drittwirkung unberührt.

§ 3 Rechtsetzungskompetenzen

Literatur: *Basedow*, Über Privatrechtsvereinheitlichung und Marktintegration, FS Mestmäcker (1996), S. 347 ff.; *Conrad*, Das Konzept der Mindestharmonisierung – Eine Analyse anhand der Verbrauchervertragsrichtlinien (2004); *Everling*/W.-H. *Roth*, Mindestharmonisierung im Europäischen Binnenmarkt (1997); *Gsell/Herresthal* (Hrsg.), Vollharmonisierung im Privatrecht: Die Konzeption der Richtlinie am Scheideweg (2009); *Hähnchen*, Die Rechtform des CFR und die Frage nach der Kompetenz, in: Schmidt-Kessel (Hrsg.), Der gemeinsame Referenzrahmen (2008), S. 147 ff.; *Jung/Baldus* (Hrsg.), Differenzierte Integration im Gemeinschaftsprivatrecht (2007); *Ludwigs*, Rechtsangleichung nach Art. 94, 95 EG-Vertrag – Eine kompetenzrechtliche Untersuchung unter besonderer Berücksichtigung des Europäischen Privatrechts (2004); *Mittwoch*, Vollharmonisierung und Europäisches Privatrecht – Methode, Implikationen und Durchführung (2013); *Reich*, Von der Minimal- zur Voll- zur „Halbharmonisierung", ZEuP 2010, 7 ff.; *Riesenhuber*, Der Vorschlag für eine Verordnung über ein „Gemeinsames Europäisches Kaufrecht" – Kompetenz, Subsidiarität, Verhältnismäßigkeit, EWS 2012, 7 ff.; W.-H. *Roth*, Der „Vorschlag für eine Verordnung über ein Gemeinsames Europäisches Kaufrecht", EWS 2012, 12 ff.; *ders.*, Rechtsetzungskompetenzen für das Privatrecht in der Europäischen Union, EWS 2008, 401 ff.; *Strese*, Die Kompetenzen der Europäischen Gemeinschaft zur Privatrechtsangleichung im Binnenmarkt (2005); *Vogenauer/Weatherill*, Eine empirische Untersuchung zur Angleichung des Vertragsrechts in der EG, JZ 2005, 870 ff.

I. Grundlagen

Anders als die Nationalstaaten hat die Europäische Union keine umfassende Kompetenz für die Rechtsetzung, sondern nur begrenzte Zuständigkeiten, Art. 5 I 1 EUV. „Nach dem **Grundsatz der begrenzten Einzelermächtigung** wird die Union nur innerhalb der Grenzen der Zuständigkeiten tätig, die die Mitgliedstaaten ihr in den Verträgen zur Verwirklichung der darin niedergelegten Ziele übertragen haben. Alle der Union nicht in den Verträgen übertragenen Zuständigkeiten verbleiben bei den Mitgliedstaaten", Art. 5 II AEUV. Von den zur Verfügung stehenden Rechtsgrundlagen muss der Gesetzgeber die richtige nach objektiven, gerichtlich überprüfbaren Kriterien mit Blick auf Ziel und Inhalt des Rechtsakts auswählen.[1]

1

---

[1] EuGH Rs. C-233/94 *Deutschland ./. Parlament und Rat*, Slg. 1997, I-2405 Rn. 12 (Einlagensicherungssysteme); Rs. C-268/94 *Portugal ./. Rat*, Slg. 1996, I-6177 Rn. 22; Rs. C-84/94 *Vereinigtes Königreich ./. Rat*, Slg. 1996 I-5755, Rn. 25; Rs. C-155/91 *Kommission ./. Rat*, Slg. 1993, I-939 Rn. 7 (Abfallrichtlinie 91/156); Rs. C-300/89 *Kommission ./. Rat*, Slg. 1991, 2867 Rn. 10 (Titandioxid).

Die Auswahl der Rechtsgrundlage und die Wahrung der Kompetenzgrenzen unterliegen voller gerichtlicher Kontrolle durch den EuGH. Allerdings erfordern die Tatbestände der Kompetenznormen durchgehend eine wirtschaftspolitische Bewertung durch die Rechtsetzungsorgane der Union, die einer rechtlichen Nachprüfung nur eingeschränkt zugänglich ist. Dem Unionsgesetzgeber kommt insoweit eine Einschätzungsprärogative zu.

2   In den Bereichen, die – wie ganz überwiegend das Vertragsrecht – nicht in ihre ausschließliche Zuständigkeit fallen, wird die Union nach dem **Subsidiaritätsprinzip** nur tätig, sofern und soweit die Ziele der in Betracht gezogenen Maßnahmen auf Ebene der Mitgliedstaaten nicht ausreichend erreicht werden können und daher wegen ihres Umfangs oder ihrer Wirkung besser auf Unionsebene zu verwirklichen sind, Art. 5 III/1 EUV. Rechtsangleichungsakte müssen außerdem nach dem **Verhältnismäßigkeitsprinzip** zur Erreichung der Vertragsziele geeignet sein und dürfen über das zu ihrer Erreichung Erforderliche nicht hinausgehen, Art. 5 IV AEUV. Bei der Bestimmung der besseren Regelungsebene und der Erforderlichkeit steht dem Gesetzgeber ein gewisser Beurteilungsspielraum zu, soweit diese von Bewertungen und Prognosen abhängt. Auch insoweit darf der Gerichtshof nicht seine eigene Einschätzung an die Stelle jener des Gesetzgebers setzen, sondern kann einen Verstoß – „allenfalls" – dann feststellen, wenn die gesetzgeberische Auswahl offenkundig unrichtig oder das Ergebnis der Regelung völlig unverhältnismäßig ist. Prozedurale Aspekte von Subsidiaritätsgrundsatz und Verhältnismäßigkeitsgrundsatz werden im „Protokoll über die Anwendung der Grundsätze der Subsidiarität und der Verhältnismäßigkeit" näher konkretisiert.[2]

II. Rechtsetzungskompetenzen für das Vertragsrecht

1. Übersicht

3   Für eine Rechtsetzung im Bereich des Vertragsrechts kommen verschiedene Kompetenzgrundlagen in Betracht.

4   Die wichtigste darunter ist die **Binnenmarktkompetenz** des Art. 114 AEUV; sie wurde erst durch die Einheitliche Europäische Akte von 1986 als Art. 100a in den EWGV eingefügt. Art. 114 AEUV dient der „Verwirklichung der Ziele des Art. 26", der den Binnenmarkt als einen Raum definiert, in dem die Grundfreiheiten gewährleistet sind. Die Kompetenz des Art. 114 AEUV ermöglicht die Angleichung von Vorschriften, die die Errichtung und das Funktionieren des Binnenmarktes zum Gegenstand haben. Anwendbar ist das ordentliche Gesetzgebungsverfahren, das eine Entscheidung mit qualifizierter Mehrheit ermöglicht (unten, Rn. 8). Die ganz überwiegende Zahl der Rechtsakte des Europäischen Vertragsrechts wurde auf die Binnenmarktkompetenz des heutigen Art. 114 AEUV gestützt, insbesonde-

---

[2] ABl. 2007 C 306/150.

re die Fernabsatzrichtlinie sowie die Finanz-Fernabsatzrichtlinie, die Verbraucherrechterichtlinie, die AGB-Richtlinie, die Verbrauchsgüterkaufrichtlinie, die Pauschalreise- und die Timesharingrichtlinie, die Verbraucherkreditrichtlinie, die UGP-Richtlinie, die E-Commerce-Richtlinie, die Zahlungsverzugsrichtlinie und die Unterlassungsklagenrichtlinie.

Ähnlichen Zielen dient die nahe verwandte Kompetenz des Art. 115 AEUV, deren Vorläufer sich bereits als Art. 100 im ursprünglichen EWGV von 1957 findet. Auf diese Vorschrift können nur Richtlinien (nicht allgemein „Maßnahmen") gestützt werden, die sich „unmittelbar auf die Errichtung oder das Funktionieren des Binnenmarktes auswirken". Hier findet nicht das „ordentliche", sondern ein „besonderes Gesetzgebungsverfahren" (Art. 289 II AEUV) Anwendung, das eine einstimmige Entscheidung des Rates nach Anhörung von Parlament und Wirtschafts- und Sozialausschuss (WSA) erfordert. Auf die Kompetenznorm des Art. 100 EWGV wurden aus dem Vertragsrecht nur die älteren Vorschriften der Werberichtlinie von 1984, der Haustürgeschäfterichtlinie von 1985 und der Handelsvertreterrichtlinie von 1986 gestützt, für die die 1987 in Kraft getretene Kompetenz des Art. 100a EWGV/114 AEUV noch nicht zur Verfügung stand. Heute hat Art. 115 AEUV nur noch die Rolle einer „subsidiären Auffangnorm".[3]

Die durch den Amsterdamer Vertrag von 1997 eingeführte Vorschrift des (heutigen) Art. 19 I AEUV gibt der Union die Kompetenz, „Vorkehrungen zu treffen" zur **Bekämpfung von Diskriminierungen** aus Gründen des Geschlechts, der Rasse, der ethnischen Herkunft, der Religion oder der Weltanschauung, einer Behinderung, des Alters oder der sexuellen Orientierung. Die Rechtsetzung erfolgt einstimmig und in einem besonderen Gesetzgebungsverfahren (Art. 289 II AEUV). Auf die Kompetenz des (heutigen) Art. 19 I AEUV wurden insbesondere die Rassendiskriminierungsrichtlinie und die Geschlechtsdiskriminierungsrichtlinie gestützt. 5

„Maßnahmen zur Gewährleistung der Anwendung des Grundsatzes der Chancengleichheit und der **Gleichbehandlung von Männern und Frauen in Arbeits- und Beschäftigungsfragen**" können Parlament und Rat gem. Art. 157 Abs. 3 AEUV im ordentlichen Gesetzgebungsverfahren beschließen. 6

Art. 169 AEUV, die einzige Vorschrift in Titel XV über **Verbraucherschutz**, enthält nur in Absatz 2 lit. b) eine eigenständige Kompetenznorm und verweist in lit. a) lediglich auf die Zuständigkeit des Art. 114 AEUV. Art. 169 II b) AEUV ist eine bloße „Unterstützungskompetenz". Entsprechende Maßnahmen beschließen Parlament und Rat nach Anhörung des Wirtschafts- und Sozialausschusses im ordentlichen Gesetzgebungsverfahren gem. Art. 289 II, 294 AEUV. 7

Die durch den Amsterdamer Vertrag von 1997 eingefügte Vorschrift des Art. 81 AEUV enthält Zuständigkeiten im Bereich der **Justiziellen Zusammenarbeit**. In unserem Zusammenhang sind davon die Zuständigkeiten im Bereich des Internationalen Privat- und Verfahrensrechts gem. Art. 81 II a)–f) hervorzuheben. Maß- 8

---

[3] Calliess/Ruffert/*Kahl*, Art. 115 AEUV Rn. 3 sowie Rn. 14 f.

nahmen in diesen Bereichen beschließen Parlament und Rat ebenfalls im ordentlichen Gesetzgebungsverfahren nach Art. 289 II, 294 AEUV. Auf Art. 81 AEUV hat die Union insbesondere die Rom-Verordnungen zum IPR gestützt.

9   Die **Ergänzungs- oder Abrundungskompetenz** des Art. 352 AEUV eröffnet eine Zuständigkeit für den Fall, dass ein Tätigwerden der Union erforderlich erscheint, um eines der Ziele des Vertrags zu verwirklichen, die erforderlichen Befugnisse aber fehlen. Die Vorschrift, die in einem gewissen Spannungsverhältnis zum Prinzip der begrenzten Einzelermächtigung des Art. 5 I AEUV steht, „soll einen Ausgleich in Fällen schaffen, in denen den [Unionsorganen] durch spezifische Bestimmungen des Vertrages ausdrücklich oder implizit verliehene Befugnisse fehlen und gleichwohl Befugnisse erforderlich erscheinen, damit die [Union] ihre Aufgaben im Hinblick auf die Erreichung eines der vom Vertrag festgelegten Ziele wahrnehmen kann."[4] Es geht m. a. W. um die Schließung von Lücken (daher „Abrundung"), nicht um die Ausweitung der Kompetenzen der Union. Diesem Zweck entsprechend ist die Kompetenz des Art. 352 AEUV nachrangig; auf sie kann die Union nur zurückgreifen, „wenn keine andere Vertragsbestimmung den [Unionsorganen] die zum Erlass dieses Rechtsakts erforderliche Befugnis verleiht".[5]

2. Die Binnenmarktkompetenz, Art. 114 AEUV

10   Im Vertragsrecht (allgemeiner: im Privatrecht) ist die Binnenmarktkompetenz des Art. 114 AEUV mit Abstand die wichtigste Kompetenznorm.[6] Tatbestandlich setzt sie eine Rechtsangleichung zu Binnenmarktzwecken voraus. Eröffnet ist die Kompetenz zum Erlass von „Maßnahmen". Bei ihren Vorschlägen geht die Kommission gem. Abs. 3 der Vorschrift von einem hohen Verbraucherschutzniveau aus.

a) Voraussetzung: Binnenmarktzweck

11   Art. 114 AEUV gibt der Union die Kompetenz, die Maßnahmen zu erlassen, welche die Errichtung und das Funktionieren des Binnenmarktes zum Gegenstand haben. Mit Rücksicht auf das Prinzip der begrenzten Einzelermächtigungen (Art. 5 I 1, II EUV; oben, Rn. 1) kann man Art. 114 AEUV nicht als eine *allgemeine* Kompetenz zur Regelung des Binnenmarktes verstehen.[7]

12   Der **Binnenmarkt** umfasst nach Art. 26 II AEUV einen Raum, der durch die Gewährleistung der **Grundfreiheiten** und das Fehlen von Binnengrenzen gekenn-

---

[4] EuGH Gutachten 2/94 *EMRK-Beitritt*, Slg. 1996, I-1759 Rn. 29.
[5] EuGH Rs. C-436/03 *Europäisches Parlament ./. Rat*, Slg. 2003, I-3733 Rn. 36.
[6] Einführend *Herresthal*, in: Langenbucher (Hrsg.), Europäisches Privat- und Wirtschaftsrecht, § 2 Rn. 27 ff.; *Heiderhoff*, Euopäisches Privatrecht, Rn. 13 ff.; monographisch etwa *Ludwigs*, Rechtsangleichung nach Art. 94, 95 EG-Vertrag (2004).
[7] EuGH Rs. C-376/98 *Deutschland ./. Parlament und Rat*, Slg. 2000, I-8419 Rn. 83 (Tabakwerberichtlinie).

zeichnet ist. „Raum ohne Binnengrenzen" bedeutet, wie der EuGH einer systematischen Auslegung im Hinblick auf die Aufgaben und Ziele der Union entnimmt, einen Raum, in dem **unverfälschte Wettbewerbsbedingungen** herrschen.[8] Nur gegenwärtige oder wahrscheinlich künftig auftretende[9] Störungen der Grundfreiheiten oder des unverfälschten Wettbewerbs begründen daher die Kompetenz, die bloße Feststellung von Unterschieden zwischen den nationalen Regelungen reicht dafür nicht aus.[10] Die Union kann daneben andere Ziele wie z. B. Gesundheitsschutz verfolgen, wenn die Kompetenz einmal begründet ist.[11] Darüber hinaus darf der Gesetzgeber auch ergänzende, dem Binnenmarkt nicht unmittelbar dienende Vorschriften erlassen, soweit dies etwa zur Verhinderung von Umgehungen erforderlich ist.[12] Indes steht Art. 114 AEUV nicht zur Verfügung, wenn der zu erlassende Rechtsakt die Marktbedingungen in der Gemeinschaft nur „nebenbei" harmonisiert, eigentlich aber andere Zwecke verfolgt.[13] Im Kern muss die Rechtsangleichung dem Freiverkehr dienen.[14]

Zur **Gewährleistung der Grundfreiheiten** kann eine Rechtsangleichung insbesondere erforderlich sein, wenn die Grundfreiheiten selbst Hindernisse für den grenzüberschreitenden Verkehr nicht ausräumen können. Das ist zum einen dort der Fall, wo bestimmte „leichtere" Beschränkungen durch das tatbestandliche Raster der *Keck*-Entscheidung fallen, also „nur" bestimmte Vertriebsmodalitäten betreffen (§ 2 Rn. 26). Zum anderen kann eine Rechtsangleichung geboten sein, wenn mitgliedstaatliche Beschränkungen nach den geschriebenen Tatbeständen des Vertrags oder aus zwingenden Gründen des Allgemeinwohls gerechtfertigt sind (§ 2 Rn. 27). Für das Vertragsrecht ist vor allem an das Verbraucherschutzrecht zu denken, das als zwingendes Vertragsrecht beschränkend wirken kann, aber im Rahmen des Erforderlichen mit den Grundfreiheiten vereinbar ist. 13

Die Angleichungskompetenz zur Gewährleistung der Grundfreiheiten ist indessen nicht auf diesen engeren Bereich beschränkt, in dem der Gesetzgeber die nach der Grundfreiheitenrechtsprechung nicht zu beanstandenden, aber doch spürbaren Beschränkungen beseitigt.[15] Das folgt schon aus dem Wortlaut der Kompetenznorm, ergibt sich aber auch aus der unterschiedlichen Aufgabenstellung von Ge- 14

---

[8] EuGH Rs. C-300/89 *Kommission ./. Rat*, Slg. 1991, 2867 Rn. 14 a. E. (Titandioxid). S. jetzt Protokoll Nr. 27 zum Vertrag von Lissabon, ABl. 2012 C 326/309. S. a. *Strese*, Die Kompetenzen der Europäischen Gemeinschaft zur Privatrechtsangleichung im Binnenmarkt, S. 135 ff.
[9] EuGH Rs. C-376/98 *Deutschland ./. Parlament und Rat*, Slg. 2000, I-8419 Rn. 84–86; Rs. C-350/92 *Spanien ./. Rat*, Slg. 1995, I-1985 Rn. 35; Rs. C-434/02 *Arnold André*, Slg. 2004, I-11825, Rn. 31; Rs. C-210/03 *Swedish Match*, Slg. 2004, I-11893 Rn. 30.
[10] EuGH Rs. C-376/98 *Deutschland ./. Parlament und Rat*, Slg. 2000, I-8419 Rn. 84; Rs. C-434/02 *Arnold André*, Slg. 2004, I-11825 Rn. 30; Rs. C-210/03 *Swedish Match*, Slg. 2004, I-11893 Rn. 29.
[11] EuGH Rs. C-376/98 *Deutschland ./. Parlament und Rat*, Slg. 2000, I-8419 Rn. 88.
[12] EuGH Rs. C-376/98 *Deutschland ./. Parlament und Rat*, Slg. 2000, I-8419 Rn. 100.
[13] EuGH Rs. C-70/88 *Parlament ./. Rat*, Slg. 1991, I-4529 Rn. 17; Rs. C-155/91 *Kommission ./. Rat*, Slg. 1993, I-939 Rn. 19; Rs. C-187/93 *Parlament ./. Rat* Slg. 1994, I-2857 Rn. 25.
[14] EuGH Rs. C-376/98 *Deutschland ./. Parlament und Rat*, Slg. 2000, I-8419 Rn. 100–105.
[15] S. a. W.-H. *Roth*, EWS 2008, 401, 408 ff. (kritisch zur „Gleichklang-These"), 412.

setzgebung und Rechtsprechung. Nach dem Wortlaut der Kompetenznorm dient die Rechtsangleichung nach Art. 114, 26 AEUV der *Gewährleistung* der Grundfreiheiten. Diese Gewährleistung geht aber über den bloßen Abbau von Beschränkungen hinaus, zu diesem Zweck kann die Union als demokratisch legitimierter Gesetzgeber auch gestaltend tätig werden, etwa um die Ausübung der Grundfreiheiten („nur") zu erleichtern oder (positiv) zu fördern. So darf er die Rechte der Mitgliedstaaten etwa auch mit dem Ziel angleichen, die Rechtssicherheit im grenzüberschreitenden Verkehr zu fördern[16] oder das Vertrauen der Verkehrsteilnehmer dadurch zu stärken, dass er die mitgliedstaatlichen Rechte vereinheitlicht und die Rechtsstellung der Verkehrsteilnehmer verbessert.[17] Bei der Beurteilung, welche Erleichterung oder Förderung geboten ist, hat der Gesetzgeber einen Beurteilungsspielraum.

15 **Wettbewerbsverzerrungen** zu vermeiden, die auf unterschiedlichen Schutzstandards beruhen, ist, wie das Beispiel des Art. 157 AEUV zeigt (§ 1 Rn. 15), eines der Grundanliegen der Union. In einem allgemeinen Sinn kann man sagen, dass Wettbewerbsverzerrungen vorliegen, wenn konkurrierende Anbieter verschiedener Mitgliedstaaten infolge der Unterschiedlichkeit der mitgliedstaatlichen Rechtsordnungen – die auch in einem Regelungsmangel liegen kann – einseitig Vor- oder Nachteile haben. Das kann den Wettbewerb insoweit verfälschen, als eines der Angebote infolge solcher Nachteile weniger günstig ist (z. B. höherer Preis wegen strengerer Kaufgewährleistungsregeln) oder weniger günstig erscheint (z. B. vermeintlich höherer Kreditzins wegen strengerer Regeln über die Berechnung für Zwecke der Kundenwerbung). Da aber der Vertragsgeber vorausgesetzt hat, dass die Rechtsordnungen der Mitgliedstaaten in zahlreichen Hinsichten verschieden sind und es auch bleiben können (vertikale Gewaltenteilung zwischen Union und Mitgliedstaaten nach dem Subsidiaritätsprinzip!), kann nicht jeder Regelungsunterschied eine relevante Wettbewerbsverfälschung darstellen. Die Kompetenz des Art. 114 AEUV ist nicht zur Herstellung vollständig *gleicher* Wettbewerbsbedingungen eröffnet. Der Gerichtshof hat die Angleichungskompetenz daher beschränkt auf Fälle *spürbarer* Wettbewerbsverzerrung.[18] Dass z. B. die liberalere Werbungsregelung eines Mitgliedstaats sich für die dortigen Anbieter in Größenvorteilen auswirkt, bedeutet eine nur ganz entfernte und mittelbare Auswirkung auf den Wettbewerb und rechtfertigt daher die Rechtsangleichung nicht.[19] Ebenso dürfte die aus einer vertragsrechtlichen dispositiven Regelung (z. B. über die Kaufgewährleistung) folgende Verhandlungslast einer Seite (z. B. des französischen Verkäufers wegen der strengen gesetzlichen Haftung) keine spürbare Wettbewerbsverzerrung darstellen, die eine

---

[16] So z. B. BE 2 HVertrRL; BE 2 ÜwRL.; vgl. jetzt BE 2–4 ZDRL. Kritisch *Grundmann*, Europäisches Schuldvertragsrecht, 3.60 Rn. 15.
[17] So z. B. BE 5 AGBRL; BE 5 VKRL.
[18] EuGH Rs. C-376/98 *Deutschland ./. Parlament und Rat*, Slg. 2000, I-8419 Rn. 106 f. S. a. W.-H. *Roth*, EWS 2008, 401, 408 („Daumenregel").
[19] EuGH Rs. C-376/98 *Deutschland ./. Parlament und Rat*, Slg. 2000, I-8419 Rn. 109.

Angleichung nach Art. 114 AEUV rechtfertigt. Weithin anerkannt ist daher, dass eine weiterreichende oder gar umfassende Kodifikation (auch nur) des Vertragsrechts nicht unter Berufung auf Wettbewerbsverfälschungen durch disparate nationale Regelungen auf Art. 114 AEUV gestützt werden kann.[20]

b) Rechtsangleichung

Die Binnenmarktkompetenz begründet die Zuständigkeit zur Rechtsangleichung. 16
Im Normalfall setzt das voraus, dass **disparate Vorschriften** der Mitgliedstaaten so verändert werden, dass sie einander angenähert sind. Rechtsangleichung ist ein Kontinuum, das von der rahmenhaften **Annäherung** bis hin zur **Vereinheitlichung** reicht. Rechtsangleichung bezieht sich primär auf *bestehende* Vorschriften, doch kann auf Art. 114 AEUV auch eine *präventive Rechtsangleichung* gestützt werden, mit der einer heterogenen Rechtsentwicklung *vorgebeugt* werden soll. Voraussetzung ist, dass eine solche Entwicklung wahrscheinlich ist und die Maßnahme gerade deren Vermeidung bezweckt.[21] Auch wenn nur einzelne Mitgliedstaaten einen Sachverhalt – z.B. ein neues technisches Phänomen – bislang regeln oder auch wenn es noch *keine nationalen Regeln* gibt, unterschiedliche einzelstaatliche Normierungen aber drohen, kommt demnach eine Rechtsangleichung in Betracht. Dies war z.B. bei der E-Commerce-Richtlinie und bei der Signaturrichtlinie der Fall.

Von der Rechtsangleichung hat der Gerichtshof insbesondere die **Schaffung** 17
neuer, europäischer Rechtsformen oder Rechtstitel unterschieden (wie sie jetzt Art. 118 I AEUV für den Bereich des geistigen Eigentums ermöglicht). Die Einführung der Europäischen Genossenschaft (*Societas Cooperativa Europaea*, SCE)[22] als eine eigenständige europäischen Gesellschaftsform, die die nationalen Rechtsformen „überlagert", konnte der Gesetzgeber daher nicht auf den heutigen Art. 114 AEUV stützen, sondern wurde zu Recht auf die Vorgängervorschrift von Art. 352 AEUV gegründet.[23]

c) Rechtsetzungsinstrumente: Maßnahmen

Art. 114 I AEUV ermöglicht den Erlass von „Maßnahmen" und nicht nur, wie 18
Art. 115 AEUV, von „Richtlinien". Dem Unionsgesetzgeber steht damit das gesamte Instrumentarium des Art. 288 AEUV zu Gebote: Verordnung, Richtlinie, Beschluss, Empfehlung, Stellungnahme. Für eine Angleichung der Rechts- und Ver-

---

[20] W.-H. *Roth*, EWS 2008, 401 ff. A. M. *Basedow*, AcP 200 (2000), 445, 473 ff.
[21] EuGH Rs. C-436/03 *Europäisches Parlament ./. Rat*, Slg. 2003, I-3733 Rn. 39.
[22] Verordnung (EG) Nr. 1435/2003 des Rates vom 22.7. 2003 über das Statut der Europäischen Genossenschaft (SCE), ABl. 2003 L 207/1; Richtlinie 2003/72/EG des Rates vom 22.7. 2003 zur Ergänzung des Statuts der Europäischen Genossenschaft hinsichtlich der Beteiligung der Arbeitnehmer, ABl. 2003 L 207/25.
[23] EuGH Rs. C-436/03 *Europäisches Parlament ./. Rat*, Slg. 2003, I-3733 Rn. 40–46.

waltungsvorschriften kommen freilich vor allem die Empfehlung,[24] die Richtlinie und die Verordnung in Betracht. Bei der Auswahl des Instruments hat der Gesetzgeber ein Ermessen.[25] Zu berücksichtigen ist indes, dass die Richtlinie das spezifische Instrument zur Rechtsangleichung ist, daher wird die Wahl anderer Instrumente regelmäßig begründungsbedürftig sein.

d) Inhaltliche Anforderungen: Hohes Verbraucherschutzniveau

19 Als mit der Vorgängervorschrift von Art. 114 AEUV erstmals das Mehrheitsprinzip für die Rechtsangleichung im Binnenmarkt eingeführt werden sollte, bestand die Sorge, dies könne zu einer Absenkung von Schutzstandards führen: einzelne Länder könnten ihr hohes Schutzniveau nicht mehr durch ein Veto verteidigen. Dem begegnet Art. 114 III AEUV. Danach geht die Kommission in ihren Vorschlägen für Maßnahmen gem. Art. 114 AEUV in den Bereichen Gesundheit, Sicherheit, Umweltschutz und – für das Vertragsrecht von Bedeutung – Verbraucherschutz von einem hohen Schutzniveau aus, und auch Parlament und Rat streben dieses Ziel an. Eine entsprechende Bindung folgt ebenso aus Art. 169 I, II a) AEUV (unten, Rn. 29).

20 Diese inhaltliche Vorgabe ist nicht nur für das Rechtssetzungsverfahren von Bedeutung, sondern auch für die Auslegung der auf Art. 114 AEUV gestützten Regelungsvorschläge. Sie ist indes im Zusammenhang mit den übrigen Voraussetzungen von Art. 114 AEUV zu lesen: Die Rechtsangleichung nach Art. 114 AEUV muss stets **primär der Errichtung und dem Funktionieren des Binnenmarktes** dienen. Nur in diesem Rahmen streben die Rechtsetzungsorgane ein hohes Schutzniveau an. Anzustreben ist zudem zwar ein hohes Schutzniveau, nicht aber das höchste. Und auch das hohe Schutzniveau ist mit anderen Zielen der Rechtsangleichung in Ausgleich zu bringen. „Verbraucherschutz (ist) zwar eines der Ziele der Gemeinschaft, offenkundig aber nicht ihr einziges Ziel".[26]

e) Methoden der Rechtsangleichung

21 Auf der Grundlage von Art. 114 AEUV kommen unterschiedliche Methoden der Rechtsangleichung in Betracht, die man nach der **Harmonisierungsintensität** unterscheiden kann.[27] Die im Bereich des Vertragsrechts wichtigsten Methoden sind die Mindestharmonisierung und die Vollharmonisierung. Darüber hinaus steht

---

[24] Zu den Rechtswirkungen, die Empfehlungen ungeachtet ihrer Unverbindlichkeit zukommt, EuGH Rs. C-322/88 *Grimaldi*, Slg. 1989, 4407 Rn. 18 (Berücksichtigungspflicht).

[25] EuGH Rs. C-66/04 *Vereinigtes Königreich ./. Parlament und Rat*, Slg. 2005, I-10553 Rn. 45 f.; Rs. C-217/04 *Vereinigtes Königreich ./. Parlament und Rat*, Slg. 2006, 3771 Rn. 43 f.; Rs. C-58/08 *Vodafone*, Slg. 2010, I-4999 Rn. 35.

[26] EuGH Rs. C-233/94 *Deutschland ./. Parlament und Rat*, Slg. 1997, I-2405 Rn. 48.

[27] Näher Calliess/Ruffert/*Kahl*, Art. 114 AEUV Rn. 15 f.; Streinz/*Leible/Schröder*, Art. 114 AEUV Rn. 25 ff.

dem Gesetzgeber mit der gegenseitigen Anerkennung als gleichwertig ein besonders zurückhaltender Ansatz zur Verfügung.

Im Vertragsrecht war lange Zeit die **Mindestharmonisierung** vorherrschend. 22
Die Rechtsangleichung erfolgt dabei durch Richtlinien, die den Mitgliedstaaten Mindestvorgaben machen, den Erlass strengerer Vorschriften – hier: zum Verbraucherschutz – aber ausdrücklich zulässt (sog. „Mindeststandardklausel"). Die Mindestharmonisierung hat den Vorzug, den Mitgliedstaaten noch Spielräume offen zu lassen, wenn auch nur in eine Richtung. Sie wirft aber Fragen der Grundfreiheitenkontrolle, der Binnenmarktpolitik und der Kompetenz auf. Wenn die Richtlinie schon (auf einem hohen Niveau, oben, Rn. 19) Mindestvorgaben macht, inwieweit können dann weitergehende Schutzvorschriften aus Gründen des Verbraucherschutzes erforderlich sein (s. § 2 Rn. 19)? Und wenn die Richtlinienvorgaben nur Mindestvorgaben machen, wo liegt dann die Förderung des Binnenmarktes? Damit hängt drittens die Frage zusammen, inwieweit Art. 114 AEUV überhaupt eine Mindestharmonisierung rechtfertigen kann (s. noch unten, Rn. 39).

Es sind nicht zuletzt solche Fragen, die zu Vorschlägen geführt haben, zu einer 23
Vollharmonisierung überzugehen (s. o. § 1 Rn. 40 m. N.). Hier sind die Richtlinienvorgaben nicht nur *Untergrenze* für das mitgliedstaatliche Recht, sondern zugleich *Obergrenze*. Sie geben also etwa das Mindestmaß des Verbraucherschutzes (z. B. Widerrufsfrist von 14 Tagen) vor, zugleich aber auch das Höchstmaß, über das die Mitgliedstaaten nicht hinausgehen dürfen. Diese Vorgehensweise ist für die Mitgliedstaaten ungleich einschneidender. Werden so nationale Gestaltungsspielräume genommen, so entfällt damit zugleich die Möglichkeit, unterschiedliche Regulierungsmodelle in der Praxis zu testen und konkurrieren zu lassen. Für das nationale Privatrecht kann die Vollharmonisierung infolge von Systemzusammenhängen weitreichende und einschneidende Folgerungen haben. Bislang hat der Gesetzgeber diese Methode der Rechtsangleichung nur in Teilbereichen genutzt, nämlich in der Verbraucherrechterichtlinie (Art. 4 VRRL) und der Verbraucherkreditrichtlinie (Art. 22 VerbrKrRL).

Die mildeste Form der Rechtsangleichung kann man in der legislativen **gegen-** 24
seitigen Anerkennung als gleichwertig sehen. Eine solche gesetzlich angeordnete gegenseitige Anerkennung hatte die durch den Amsterdamer Vertrag aufgehobene Vorschrift des Art. 100b EWGV noch spezifisch ermöglicht. Sie sie kommt grundsätzlich auch auf der Grundlage von Art. 114 AEUV in Betracht.[28] Den Grundgedanken hatte der Gerichtshof in *Cassis de Dijon* (dazu bereits § 2 Rn. 27) aus den Grundfreiheiten entwickelt: Der in Frankreich rechtmäßig auf den Markt gebrachte Likör durfte bei der Einführung nach Deutschland nicht zusätzlich den inländischen Vermarktungsvoraussetzungen unterworfen werden.[29] Während diese auf

---

[28] *Ludwigs*, Rechtsangleichung nach Art. 94, 95 EG-Vertrag, S. 221 ff.; *Oppermann/Classen/Nettesheim*, Europarecht, § 32 Rn. 6; *Riesenhuber*, System und Prinzipien des Europäischen Vertragsrechts, S. 142 ff.
[29] EuGH Rs. 120/78 *Rewe*, Slg. 1979, 649.

nationale Produkte weiterhin anwendbar sind, können sie Produkten, die in anderen Mitgliedstaaten rechtmäßig auf den Markt gebracht sind, nicht entgegengehalten werden. Zugrunde liegt ein Prinzip gegenseitigen Vertrauens[30] darauf, dass die Schutzvorschriften der anderen Mitgliedstaaten ebenso wirksam sind wie die eigenen: dass sie als gleichwertig anerkannt werden. Das ist deswegen zumutbar, weil das Vertrauen erst verlangt wird, wenn sich die nationalen Vorschriften nicht mehr als erforderliche Regeln zum Schutz wichtiger Allgemeininteressen verstehen lassen.

25 Die Anerkennung ausländischer Vorschriften als gleichwertig ist einerseits eine „sanftere" Form der Rechtsangleichung, da ein unmittelbarer Eingriff in das nationale Rechtssystem nicht erfolgt. Andererseits kann auch die gegenseitige Anerkennung sehr einschneidende Wirkungen haben. Denn die Anerkennung ausländischer Regelungen als gleichwertig bedeutet, dass Inländer bei ausländischen Angeboten nur den Schutz der Rechtsvorschriften des Herkunftslandes genießen und sich auf den etwa weitergehenden Schutz nationaler Rechtsvorschriften demgegenüber nicht berufen können. Zudem kann die Anerkennung ausländischer Rechtsvorschriften zu einem Deregulierungsdruck für die inländische Rechtsordnung führen, da die an die nationalen Regelungen gebundenen inländischen Anbieter im Wettbewerb mit Konkurrenten aus anderen Mitgliedstaaten benachteiligt werden („Inländerdiskriminierung"). Als (ergänzendes) Rechtsetzungsinstrument hat die gegenseitige Anerkennung keine nennenswerte Bedeutung erlangt. Indes handelt es sich um ein unionsrechtliches Grundkonzept von einiger Bedeutung. Manche sahen in der gegenseitige Anerkennung die „zweitbeste" oder sogar eine vorzugswürdige Form der Rechtsangleichung.[31]

26 Auf der Grundlage von Art. 114 AEUV kann die Rechtsangleichung nach wie vor mit einer gegenseitigen Anerkennung „im Übrigen" verbunden werden.[32] Wie *Cassis de Dijon* zeigt, dient gerade auch die gegenseitige Anerkennung nationaler Standards dem Binnenmarkt. Selbst wenn sich die gegenseitige Anerkennung bereits aus den Grundfreiheiten ergeben mag, kann ihre legislative Bestätigung den guten Sinn haben, im grenzüberschreitenden Verkehr für Rechtssicherheit zu sorgen.

3. Die Verbraucherschutzkompetenz, Art. 169 AEUV

27 Auf die Kompetenzgrundlage des Art. 169 II b) AEUV oder ihre Vorgänger hat die Union, soweit ersichtlich, noch keinen Rechtsakt im Europäischen Vertragsrecht gestützt. Sie hat lediglich in einigen Richtlinien pauschal auf die Verbraucherschutzziele von Art. 169 AEUV verwiesen.[33] Nur die Verbraucherpreisangabenrichtlinie wurde auf der Grundlage der Vorgängervorschrift des Art. 129a II EGV erlassen.

---

[30] Vgl. EuGH Rs. 25/88 *Wurmser*, Slg. 1989, 1105 Rn. 18; *Oppermann/Classen/Nettesheim*, Europarecht, § 32 Rn. 6.
[31] *Oppermann*, Europarecht (3. Aufl. 2005), § 18 Rn. 19; vgl. auch *Oppermann/Classen/Nettesheim*, Europarecht, § 32 Rn. 6.
[32] Calliess/Rufffert/*Kahl*, Art. 114 AEUV Rn. 16.
[33] BE 1 VKRL, BE 1 UGPRL, BE 3 VRRL.

II. Rechtsetzungskompetenzen für das Vertragsrecht

Die Vorschrift ist im **Zusammenhang** mit der Querschnittsklausel des Art. 12 AEUV und dem sozialen Grundrecht auf Verbraucherschutz von Art. 38 GRCh zu lesen. Nach Art. 12 AEUV wird den Erfordernissen des Verbraucherschutzes bei der Festlegung und Durchführung der anderen Unionspolitiken und Maßnahmen Rechnung getragen. Diese Regelung war bis zum Lissaboner Vertrag noch in der Vorgängervorschrift von Art. 169 AEUV enthalten und ist nun aus systematischen Gründen, aber wohl auch zur Hervorhebung des Verbraucherschutzes in den Grundsatzteil des Vertrags und in Zusammenhang mit den übrigen Querschnittsklauseln gestellt. Ein Vorrang des Verbraucherschutzes vor anderen Zielen der Union, insbesondere dem Binnenmarktziel, lässt sich (auch) daraus nicht ableiten.[34] Die Bedeutung des Verbraucherschutzes als „soziales Grundrecht" gem. Art. 38 GRCh ist unsicher (s. schon § 2 Rn. 19). Zwar ist damit eine gewisse Festlegung der Union verbunden, doch ergibt sich aus den Erläuterungen zu Art. 38 GRCh, dass nur auf Art. 169 AEUV Bezug genommen werden sollte. Auch aus Art. 38 GRCh lässt sich ein Vorrang des Verbraucherschutzes vor anderen Unionszielen nicht ableiten.

28

Art. 169 AEUV enthält lediglich in Absatz 2 lit. a) i. V. m. Absatz 3 eine Rechtsetzungskompetenz. Zur Erreichung der Verbraucherschutzziele von Art. 169 I AEUV leistet die Union einen Beitrag durch „Maßnahmen zur Unterstützung, Ergänzung und Überwachung der Politik der Mitgliedstaaten". Diese Maßnahmen der Union setzen damit eine Verbraucherschutzpolitik der Mitgliedstaaten voraus, der sie nachgeordnet sind. Gemäß Absatz 4 S. 1 erlässt die Union auf dieser Grundlage nur Mindeststandards.

29

4. Die Kompetenz im Bereich der Justiziellen Zusammenarbeit, Art. 81 AEUV

Durch den Amsterdamer Vertrag wurde die justizielle Zusammenarbeit in Zivilsachen mit grenzüberschreitendem Bezug des heutigen Art. 81 AEUV eingeführt. Schon primärrechtlich festgeschrieben ist der Grundsatz der gegenseitigen Anerkennung gerichtlicher und außergerichtlicher Entscheidungen, auf dem diese Zusammenarbeit beruht, Art. 81 I 1 Hs. 2 AEUV. Darüber hinaus eröffnet die justizielle Zusammenarbeit in Zivilsachen eine besondere Rechtsangleichungszuständigkeit, die seit dem Lissaboner Vertrag nur mehr lose mit dem Binnenmarktzweck („*insbesondere* (!) wenn dies für das reibungslose Funktionieren des Binnenmarktes erforderlich ist") verbunden ist, Art. 81 I 1, II AEUV. Für das Zivilrecht allgemein von Bedeutung ist die Kompetenz des Art. 81 II c) AEUV zum Erlass von Maßnahmen, die „die Vereinbarkeit der in den Mitgliedstaaten geltenden Kollisionsnormen" sicherstellen soll, also für das **IPR**. Die Union hat auf dieser Grundlage u. a. das internationale Vertragsrecht der Mitgliedstaaten durch die Rom I-Verordnung weitgehend vereinheitlicht (zu ihr unten, § 4). Darüber hinaus eröffnet Art. 81

30

---

[34] Calliess/Ruffert/*Krebber*, Art. 12 AEUV Rn. 1.

II a), b), d)–h) AEUV Rechtsetzungsbefugnisse für das internationale Zivilverfahrensrecht. Auf den Vorläufer von lit. a) der Vorschrift wurde insbesondere die praktisch wichtige Gerichtsstands- und Vollstreckungsverordnung (EuGVVO; auch Brüssel I-VO) gestützt; deren Neufassung zitiert lit. a), c) und e).

III. Das ordentliche Gesetzgebungsverfahren – Übersicht

31 Das Gesetzgebungsverfahren ist im Einzelnen Gegenstand der Darstellungen zum Europarecht (Primärrecht).[35] Wir verschaffen uns nur einen Überblick über die Schritte des sog. ordentlichen Gesetzgebungsverfahrens. Nach Art. 289 I AEUV besteht dieses in der gemeinsamen Annahme einer Verordnung, einer Richtlinie oder eines Beschlusses durch Parlament und Rat auf Vorschlag der Kommission. Im Einzelnen ist das Verfahren in Art. 294 AEUV geregelt.

32 Initiiert wird das Verfahren durch einen **Vorschlag**, den die Kommission Parlament und Rat unterbreitet (Initiativrecht; Änderungsrecht gem. Art. 293 II AEUV; s. a. Art. 225, 241 AEUV: Aufforderungsrecht von Parlament und Rat). Daran schließt sich ein Dialog von Parlament und Rat an, der bis zu drei „Lesungen" und eine „Vermittlung" umfassen kann. In der Sache geht es um den Austausch und die Annäherung der wechselseitigen Standpunkte zum Vorschlag der Kommission.

33 In der **ersten Lesung** legt das Parlament seinen Standpunkt fest und übermittelt ihn dem Rat. Diese Festlegung des Standpunktes kann auch den Vorschlag von Änderungen umfassen. Billigt der Rat den Standpunkt des Parlaments, so ist der Rechtsakt erlassen, Art. 294 IV AEUV. Sonst legt der Rat nunmehr seinen Standpunkt „in erster Lesung" fest und übermittelt ihn wiederum an das Parlament. Die Kommission nimmt dazu Stellung.

34 Im Verfahren der **zweiten Lesung** hat das Parlament nunmehr gem. Art. 294 VII AEUV drei Möglichkeiten: Es kann den Standpunkt des Rates billigen, dann ist der Rechtsakt in dieser Form erlassen; oder es lehnt den Standpunkt des Rates mehrheitlich ab, dann ist er nicht erlassen; oder aber das Parlament schlägt Änderungen vor, dann geht die geänderte Fassung zurück an den Rat und, zur Stellungnahme, auch an die Kommission. Billigt nunmehr der Rat den so geänderten Vorschlag, so ist er erlassen; sonst beruft der Ratspräsident im Einvernehmen mit dem Präsidenten des Parlaments den Vermittlungsausschuss ein, Art. 294 VIII AEUV.

35 Der **Vermittlungsausschuss** hat die Aufgabe, auf der Grundlage der Standpunkte zweiter Lesung von Parlament und Rat eine Einigung zu erzielen. Die Kommission nimmt an den Arbeiten des Vermittlungsausschusses beratend und vermittelnd teil, Art. 294 XI AEUV. Für die Vermittlung stehen sechs Wochen zu Verfü-

---

[35] *Haratsch/Koenig/Pechstein*, Europarecht, Rn. 324 ff.; *Oppermann/Classen/Nettesheim*, Europarecht, § 11 Rn. 50 ff.; *Streinz*, Europarecht, Rn. 548 ff.

gung. Wird in dieser Frist eine Einigung nicht erzielt, so ist der vorgeschlagene Rechtsakt nicht erlassen, Art. 294 XII AEUV.

Kommt der Vermittlungsausschuss in der Sechs-Wochen-Frist zu einer Einigung, so führt das zur **dritten Lesung**, Art. 249 XIII, XIV AEUV. Parlament und Rat haben dann weitere sechs Wochen Zeit, um den Rechtsakt in der Form des Vermittlungsvorschlags zu erlassen. Dafür ist im Parlament die einfache, im Rat die qualifizierte Mehrheit erforderlich. Werden diese Mehrheiten nicht erreicht, so ist der Vorschlag endgültig gescheitert.

36

IV. Kompetenzfragen zu einzelnen Rechtsakten[36]

1. Die Haustürgeschäfterichtlinie und die Verbraucherrechterichtlinie

Die Haustürgeschäfterichtlinie von 1985 wurde noch auf die „alte" Zuständigkeit für Rechtsangleichung für Binnenmarktzwecke des Art. 100 EWGV gestützt. Die Begründungserwägungen weisen darauf hin, dass der Direktvertrieb in den Mitgliedstaaten gebräuchlich sei, die nationalen Regelungen aber unterschiedlich ausgestaltet seien, BE 1 HtRL. „Die Unterschiede zwischen diesen Rechtsvorschriften können sich unmittelbar auf das Funktionieren des Gemeinsamen Marktes auswirken. Daher ist es nötig, die einschlägigen Bedingungen anzugleichen", BE 2 HtRL.[37] Die Begründungserwägungen verweisen im Übrigen auf das Erste Programm der EWG für eine Politik zum Schutz und zur Unterrichtung der Verbraucher,[38] mithin auf ein genuines Verbraucherschutzanliegen (im Gegensatz zu einem Binnenmarktziel).

37

Naheliegender Einwand gegen die Binnenmarktkompetenz ist, dass gerade Haustürvertrieb keinen grenzüberschreitenden Bezug aufweise. Das dürfte indes, wie das Beispiel des Falles *Buet* zeigt,[39] nicht zutreffen.[40] Dort erzielte der Verkäufer den weit überwiegenden Teil seiner Einnahmen in verschiedenen Ländern mit Direktvertrieb, und aus diesem Grund wäre nach unseren Vorüberlegungen das Verbot des Haustürvertriebs auch nach *Keck* noch als kontrollfähige Grundfreiheitenbeschränkung anzusehen (s. o. § 2 Rn. 26).[41]

38

Aus *Buet* ergibt sich aber ein anderer Einwand.[42] Der Gerichtshof hielt ein nationales Verbot des Haustürvertriebs von Unterrichtsmaterial ungeachtet der Rechts-

39

---

[36] S. a. *Strese*, Die Kompetenzen der Europäischen Gemeinschaft zur Privatrechtsangleichung im Binnenmarkt, S. 236 ff.
[37] Krit. gegenüber der bloß formelhaften Begründung *Strese*, Die Kompetenzen der Europäischen Gemeinschaft zur Privatrechtsangleichung im Binnenmarkt, S. 236 f.
[38] ABl. 1975 C 92/2.
[39] EuGH Rs. 382/87 *Buet*, Slg. 1989, 1235.
[40] S. a. *Grundmann*, Europäisches Schuldvertragsrecht, 2.01 Rn. 6.
[41] A.M. *Strese*, Die Kompetenzen der Europäischen Gemeinschaft zur Privatrechtsangleichung im Binnenmarkt, S. 237.
[42] Zum Folgenden *Weatherill*, EU Consumer Law and Policy, S. 82.

angleichung durch die Haustürgeschäfterichtlinie für zulässig, nicht zuletzt deswegen, weil diese nur eine Mindestharmonisierung bewirke und strengere nationale Vorschriften zulasse.[43] Dann aber stellt sich die Frage, welchen Beitrag die Richtlinie zu Errichtung und zum Funktionieren des Binnenmarktes leistet.[44] In der grundlegenden Entscheidung zur *Tabakwerbung* hatte der Gerichtshof u.a. daran Anstoß genommen: Wenn die Richtlinie strengere nationale Vorschriften zulässt und keine Bestimmung enthält, die den freien Handel der ihren Vorgaben entsprechenden Erzeugnisse gewährleistet, kann die Wahl der Rechtsgrundlage des heutigen Art. 114 AEUV nicht mit der Erwägung gerechtfertigt werden, Hemmnisse für den grenzüberschreitenden Verkehr zu beseitigen.[45] Wenn also die Haustürgeschäfterichtlinie als Mindestharmonisierung den grenzüberschreitenden Anbietern keine Rechtssicherheit gibt, trägt sie dann zum Abbau von Hemmnissen des Binnenmarktes bei?[46]

40 Für die Haustürgeschäfterichtlinie, die jetzt durch die (auf Art. 114 AEUV gestützte) Verbraucherrechterichtlinie ersetzt ist, hat sich die Frage erledigt. Der letztgenannte Einwand trifft die Verbraucherrechterichtlinie nicht, soweit es sich dabei um eine Vollharmonisierung handelt, strengere Schutzbestimmungen zugunsten des Verbrauchers also nicht zugelassen sind, Art. 4 VRRL. Freilich werden aus anderen Erwägungen Zweifel an der Kompetenz für die Verbraucherrechterichtlinie geäußert.[47]

2. Der Vorschlag eines Gemeinsamen Europäischen Kaufrechts

41 Die Verordnung über ein Gemeinsames Europäisches Kaufrecht soll nach dem Vorschlag der Kommission ebenfalls auf Art. 114 AEUV gestützt werden. Das Einheitliche Kaufrecht soll für Unternehmer den zentralen Vorteil bringen, dass es für alle grenzüberschreitenden Geschäfte einheitlich anwendbar ist, insbesondere auch ohne Interferenzen der nationalen Verbraucherschutzrechte (wie sie sich aus dem Günstigkeitsprinzip von Art. 6 Rom I-VO ergeben können; dazu unten, § 4 Rn. 32). Dadurch sollen nach der Vorstellung der Kommission nicht zuletzt im Interesse der Verbraucher neue Märkte erschlossen werden (die Unternehmer vielleicht bislang wegen der Rechtsunsicherheit meiden). Für die Verbraucher soll ein hoher Schutzstandard vorteilhaft sein. So ist ein Beitrag der Verordnung zur Errichtung und zum Funktionieren des Binnenmarktes plausibel, zumal im Rahmen des dem Gesetzgeber zukommenden Ermessens.

---

[43] EuGH Rs. 382/87 *Buet*, Slg. 1989, 1235 Rn. 16.
[44] *Weatherill*, EU Consumer Law and Policy, S. 81. Vgl. auch *Grundmann*, Europäisches Schuldvertragsrecht, 2.01 Rn. 6, der die Richtlinienvorgaben für den grenzüberschreitenden Verkehr als Höchststandards versteht.
[45] EuGH Rs. C-376/98 *Deutschland ./. Parlament und Rat*, Slg. 2000, I-8419 Rn. 100–105.
[46] Näher W.-H. *Roth*, EWS 2008, 401, 413 f.
[47] *Lerm*, GPR 2012, 166 ff.

IV. Kompetenzfragen zu einzelnen Rechtsakten

Zweifelhaft ist indes, ob die damit von der Kommission intendierte „Schaffung einer fakultativen zweiten Vertragsrechtsregelung in jedem Mitgliedstaat" (BE 9 V-GEKVO) von der Zuständigkeit zur *Angleichung* mitgliedstaatlicher Rechts- und Verwaltungsvorschriften gedeckt ist (oben, Rn. 16).[48] Die nationalen Kaufrechte der Mitgliedstaaten sollen von der geplanten Verordnung unberührt bleiben. Den Erwägungen des EuGH in der SCE-Entscheidung (oben, Rn. 17) folgend, kann eine solche Schaffung einer neuen Rechtsform nicht auf Art. 114 AEUV gestützt werden. Als Rechtsgrundlage käme nur Art. 352 AEUV in Betracht. Diese Kompetenzgrundlage erfordert freilich Einstimmigkeit im Rat. 42

---

[48] Näher *Riesenhuber*, EWS 2012, 7 ff.; W.-H. *Roth*, EWS 2012, 12 ff.

§ 4 Internationales Vertragsrecht

Literatur: *Canaris*, Die Stellung der „Unidroit Principles" und der „Principles of European Contract Law" im System der Rechtsquellen, in: Basedow (Hrsg.), Europäische Vertragsrechtsvereinheitlichung (2000), S. 5 ff.; *Corneloup*, Der Anwendungsbereich des Optionalen Instruments, die Voraussetzungen seiner Wahl und das Verhältnis zur Rom I-VO, ZEuP 2012, 705 ff.; *Dutta*, Das Statut der Haftung aus Vertrag mit Schutzwirkung für Dritte, IPRax 2009, 294 ff.; *Ferrari/Kieninger/Mankowski* u.a., Internationales Vertragsrecht – Kommentar (2. Aufl. 2012; zitiert Ferrari/*Bearbeiter*); *Giuliano/Lagarde*, Bericht über das Übereinkommen über das auf vertragliche Schuldverhältnisse anzuwendende Recht, ABl. 1980 C 282/1–47; *Grundmann*, Binnenmarktkollisionsrecht – vom klassischen IPR zur Integrationsordnung, RabelsZ 64 (2000), 457 ff.; *ders.*, Law merchant als lex lata Communitatis, FS Rolland (1999), S. 145 ff.; *v. Hein*, Die culpa in contrahendo im europäischen Privatrecht, GPR 2007, 54 ff.; *Kieninger*, Der grenzüberschreitende Verbrauchervertrag zwischen Richtlinienkollisionsrecht und Rom I-Verordnung, FS Kropholler (2008), S. 499 ff.; *ders./Remien* (Hrsg.) Europäische Kollisionsrechtsvereinheitlichung (2012); *Kroll-Ludwigs*, Die Rolle der Parteiautonomie im europäischen Kollisionsrecht (2013); *Leible*, (Hrsg.), Das Grünbuch zum Internationalen Vertragsrecht (2004); *Lüttringhaus*, Grenzübersschreitender Diskriminierungsschutz (2010); *Mankowski*, Dépecage unter der Rom I-VO, FS Spellenberg (2010), S. 261 ff.; *ders.*, Interessenpolitik und europäisches Kollisionsrecht, 2011; *ders.*, Pauschalreisen und europäisches Internationales Verbraucherschutzrecht, TranspR 2011, 70 ff.; *Magnus*, Die Rom I-Verordnung, IPRax 2010, 27 ff.; *Martiny*, Neuanfang im Europäischen Internationalen Vertragsrecht mit der Rom I-Verordnung, ZEuP 2010, 747 ff.; *ders.*, Neues deutsches internationales Vertragsrecht, RIW 2009, 737 ff.; *Maultzsch*, Rechtswahl und ius cogens im Internationalen Schuldvertragsrecht, RabelsZ 75 (2011), 60 ff.; *Michaels*, Die europäische IPR-Revolution, FS Kropholler (2008), S. 151 ff.; *Nehne*, Methodik und allgemeine Lehren des europäischen Internationalen Privatrechts (2012); *Pfeiffer*, Neues Internationales Vertragsrecht, EuZW 2008, 622 ff.; *Plender/Wilderspin*, The European Private International Law of Obligations (3. Auflage 2009); *Reithmann/Martiny* (Hrsg.), Internationales Vertragsrecht (7. Aufl. 2010); W.-H. *Roth*, Europäische Kollisionsrechtsvereinheitlichung, EWS 2011, 314 ff.; *ders.*, Handelsvertretervertrag und Rom I-Verordnung – Eine Skizze, FS Spellenberg (2010), S. 309 ff.; *Rühl*, Die rechtsaktübergreifende Auslegung im europäischen Internationalen Privatrecht, GPR 2013, 122 ff.; *Schinkels*, Binnenmarktkollisionsrecht (2006); *ders.*, „Horizontalrichtlinie" und kollisionsrechtlicher Verbraucherschutz, in M. Stürner (Hrsg.), Vollharmonisierung im Europäischen Verbraucherrecht? (2010), S. 113 ff.; *Wendehorst*, Internationales Privatrecht, in: Langenbucher (Hrsg.), Europarechtliche Bezüge des Privatrechts (2. Aufl. 2008), § 8.

I. Sachfragen

Das internationale Privatrecht (IPR) oder Kollisionsrecht bestimmt, welche nationale Privatrechtsordnung bei einem Sachverhalt mit grenzüberschreitendem Bezug Anwendung findet. Das internationale Vertragsrecht ist das IPR des Vertragsrechts.[1]

Das internationale Privatrecht ist herkömmlich nationales Recht und daher – ungeachtet mancher gemeinsamen Rechtstradition und Prinzipien – von Land zu Land verschieden; jedes Gericht wendet sein nationales IPR an. Unter diesen Umständen kann je nach anwendbarem IPR ein anderes nationales Vertragsrecht zur Anwendung kommen kann. Das erhöht für die Vertragsparteien die Rechtsunsicherheit und schafft für den gewieften Vertragspartner im Konfliktfall u.U. die Möglichkeit, durch die Wahl des anzurufenden Gerichts noch nachträglich Einfluss zu nehmen, welches Recht Anwendung findet (sog. *forum shopping*). Im Binnenmarkt ist daher die Annäherung der Kollisionsregeln ein grundlegendes Desiderat,[2] manche sehen darin im Vergleich zur Harmonisierung des materiellen Vertragsrechts eine vorzugswürdige Rechtsangleichung. In der EU ist das internationale Vertragsrecht durch die Rom I-Verordnung von 2008 heute weitgehend vereinheitlicht.

1

2

II. Übersicht über die Entwicklung[3]

Bereits 1967 ging von den Benelux-Ländern die Initiative aus, das internationale Vertragsrecht zu vereinheitlichen. Die Kommission griff diesen Vorschlag auf und unterstützte ihn, doch sah man mangels Rechtsetzungskompetenz keine Möglichkeit, das Vorhaben auf Gemeinschaftsebene umzusetzen. Die Mitgliedstaaten wählten deshalb den Weg eines separaten völkerrechtlichen Vertrags: 1980 verabschiedeten sie in Rom das Übereinkommen über das auf vertragliche Schuldverhältnisse anzuwendende Recht von 1980[4] **Europäisches Vertragsrechtsübereinkommen**, EVÜ; auch „Rom-Übereinkommen". Obwohl es sich formal um einen selbständigen völkerrechtlichen Vertrag handelte, war das Übereinkommen doch aufs engste mit dem Gemeinschaftsrecht verbunden: Nur Mitgliedstaaten der Gemeinschaft konnten ihm beitreten, neue Mitgliedstaaten mussten ihm beitreten, es

3

---

[1] Wir erörtern das Europäische internationale Vertragsrecht als Grundlage und Bestandteil des Europäischen Vertragsrechts. Dabei kann es nur um einen Übersicht gehen; für Einzelheiten und die systematischen Zusammenhänge ist auf die Lehrbücher zum IPR zu verweisen. S. etwa *Rauscher*, Internationales Privatrecht (4. Aufl. 2012).

[2] Vgl. EuGH Rs. C-133/08 *Intercontainer Interfrigo*, Slg. 2009, I-9687 Rn. 22 f.

[3] Zum internationalen Vertrags- und Obligationenrecht eingehend *Plender/Wilderspin*, The European Private International Law of Obligations, Ch. 1; allgemein zur Entwicklung des Europäischen Kollisionsrechts *Mansel/Thorn/Wagner*, IPRax 2012, 1 ff.

[4] Konsolidierte Fassung ABl. 1998 C 27/34.

war gegenüber gemeinschaftsrechtlichen Kollisionsregeln subsidiär und als Teil des Gemeinschaftsrechts auszulegen; am Schluss hatte zudem der EuGH eine Auslegungszuständigkeit für das EVÜ.

4 Als 1997 der Amsterdamer Vertrag eine **Zuständigkeit** für das IPR begründete (heute Art. 81 AEUV),[5] machte sich die Gemeinschaft zügig daran, das EVÜ „in ein Gemeinschaftsinstrument zu überführen" und auch darüber hinaus das Kollisionsrecht zu vereinheitlichen.[6] In Anlehnung an den Ursprung des EVÜ werden die Regelungen (mit amtlichem Titel!) als „Rom"-Verordnungen bezeichnet. Bereits 2007 wurde die Rom II-Verordnung über das Kollisionsrecht der außervertraglichen Schuldverhältnisse verabschiedet;[7] sie betrifft u. a. auch die Anknüpfung der *culpa in contrahendo*, Art. 2 I, 12 Rom II-VO (s. a. Art. 1 II i) Rom I-VO). Die Rom I-Verordnung von 2008[8] löst das EVÜ als Regelung des internationalen Vertragsrechts ab.

5 Zu beachten ist aber, dass „Mitgliedstaaten" i. S. der Rom I-VO nach Art. 1 IV 1 grundsätzlich nur die Mitgliedstaaten der Union bezeichnet, auf die diese Verordnung anwendbar ist. **Dänemark** gehört nach Art. 1, 2 Protokoll Nr. 5 zum Amsterdamer Vertrag[9] nicht dazu (sog. differenzierte Integration).[10] Zu Art. 3 IV, 1 IV 2 Rom I-VO, s. Rn. 20.

III. Anwendungsbereich der Rom I-VO

1. Der Anwendungsbereich nach Art. 1, 2 Rom I-VO

6 Die Rom I-Verordnung „gilt für vertragliche Schuldverhältnisse in Zivil- und Handelssachen, die eine Verbindung zum Recht verschiedener Staaten aufweisen", Art. 1 I/1 Rom I-VO.

7 „**Vertrag**" wird in Anlehnung an die Rechtsprechung des EuGH zu EuGVO und EuGVÜ autonom ausgelegt und dahin verstanden, dass er eine besonders enge Verbindung der Parteien aufgrund einer Selbstverpflichtung voraussetzt.[11] Von den vertraglichen Schuldverhältnissen sind die außervertraglichen zu unterscheiden,

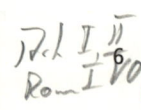

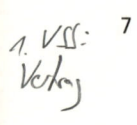

---

[5] Eingehend W.-H. *Roth*, in: Kieninger/Remien (Hrsg.), Europäische Kollisionsrechtsvereinheitlichung, S. 17 ff.

[6] *Michaels*, FS Kropholler (2008), 151 ff. („IPR-Revolution").

[7] Verordnung 864/2007 des Europäischen Parlaments und des Rates vom 11. 7. 2007 über das auf außervertragliche Schuldverhältnisse anzuwendende Recht (Rom II), ABl. 2007 L 199/40.

[8] Verordnung 593/2008 des Europäischen Parlaments und des Rates vom 17. 6. 2008 über das auf vertragliche Schuldverhältnisse anzuwendende Recht (Rom I), ABl. 2008 L 177/6.

[9] Protokoll (Nr. 5) über die Position Dänemarks v. 2. 10. 1997 ABl. 1997 C 340/101.

[10] Dazu *Magnus*, IPRax 2010, 27, 30 f.; *Martiny*, ZEuP 2010, 747, 750.

[11] Grundlegend EuGH Rs. 34/82 *Peters*, Slg. 1983, 987 Rn. 9–15 (Zahlungsansprüche aus dem Vereins-Mitgliedschaftsverhältnis als „aus Vertrag"); ferner Rs. 9/87 *Arcando*, Slg. 1988, 1551 Rn. 10–15 (Ansprüche auf Provision, auf Schadensersatz wegen missbräuchlicher Vertragsauflösung, auf Einhaltung der Kündigungsfrist des Handelsvertretervertrags sind solche „aus Vertrag"); Rs. C-26/91 *Handte*, Slg. 1992, I-3967 Rn. 10, 15–20 (Regress des Zweiterwerbers gegen den Hersteller nicht „aus Vertrag"); Rs. C-51/97 *Réunion européenne*, Slg. 1998, I-6534 Rn. 15 ff. (Erfordernis der

zu denen, wie wir gesehen haben, insbesondere auch vorvertragliche Schuldverhältnisse (*culpa in contrahendo*, cic) gehören; vgl. Art. 1 II i) Rom I-VO.[12] Für sie gilt Art. 12 Rom II-VO, der freilich grundsätzlich wieder auf das Vertragsstatut verweist (s. a. BE 30 Rom II-VO). Ebenso wird man ein Schuldverhältnis aus der Dritthaftung aus cic oder aus der vertraglichen Schutzwirkung für Dritte als außervertraglich einzuordnen haben.[13]

Instruktiv ist das Beispiel des **Diskriminierungsschutzes**, der im vorvertraglichen oder außervertraglichen Bereich nach der Rom II-VO angeknüpft wird, im vertraglichen Bereich nach der Rom I-VO.[14]

8

Weitere Voraussetzung ist, dass das Schuldverhältnis eine **Verbindung zum Recht verschiedener Staaten** aufweist. Im „Normalfall" besteht diese darin, dass die Parteien in unterschiedlichen Staaten sitzen, also z. B. der deutsche Verbraucher vom französischen Verkäufer Wein kauft. Wie sich aus Art. 3 III Rom I-VO ergibt, kann der grenzüberschreitende Bezug aber auch allein in der Wahl fremden Rechts liegen: Die Vorschrift enthält eine Sonderregelung für den Fall, dass „alle anderen Elemente des Sachverhalts [sc.: außer der Rechtswahl] zum Zeitpunkt der Rechtswahl in einem anderen als demjenigen Staat belegen (sind), dessen Recht gewählt wurde" und setzt damit voraus, dass auch in diesem Fall der Anwendungsbereich der Verordnung eröffnet ist.

9

Negative Voraussetzung für die Anwendbarkeit der Rom I-VO ist, dass keine der **Ausnahmen** von Art. 1 II eingreift. Ausgenommen sind insbesondere Schuldverhältnisse aus einem Familienverhältnis (lit. b), aus ehelichen Güterständen und aus Testament (lit. c) sowie Fragen betreffend das Gesellschafts- und Vereinsrecht (lit. f). Eigens hervorgehoben ist auch hier, dass „Schuldverhältnisse aus Verhandlungen vor Abschluss des Vertrags" vom Anwendungsbereich der Rom I-VO ausgenommen sind (lit. i).

10

Die Rom I-Verordnung findet einheitlich auf alle Sachverhalte Anwendung, unabhängig davon, ob es sich um „interne" Sachverhalte der Mitgliedstaaten handelt oder um Drittstaatensachverhalte (sog. ***loi uniforme***). Und das von ihr berufene Recht ist unabhängig davon anzuwenden, ob es das Recht eines Mitgliedstaats oder eines dritten Staates ist (sog. **universelle Anwendung**), Art. 2 Rom I-VO. Spezifisch nationale oder mitgliedstaatliche Interessen können ggf. durch die Anwendung (intern) zwingender Vorschriften gem. Art. 3 III und IV Rom I-VO oder von Eingriffsnormen gem. Art. 9 Rom I-VO zur Geltung gebracht werden.

11

„Freiwilligkeit"); Rs. C-334/00 *Tacconi*, Slg. 2002, I-7357 Rn. 19, 23; Rs. C-265/02 *Frahuil*, Slg. 2004, 1546 Rn. 22, 24.

[12] Vgl. auch EuGH Rs. C-334/00 *Tacconi*, Slg. 2002, I-7357 Rn. 6, 23 f. (zum EuGVÜ). Einzelheiten sind streitig; *Heiderhoff*, Europäisches Privatrecht, Rn. 512.

[13] *Dutta*, IPrax 2009, 294 ff. (Deliktsstatut, Art. 4 Rom II-VO); *Pfeiffer*, EuZW 2008, 622, 624.

[14] Eingehend *Lüttringhaus*, Grenzübersrschreitender Diskriminierungsschutz (2010).

2. Vorbehalt spezieller unionsrechtlicher Kollisionsnormen

12 Den Vorbehalt spezieller gemeinschaftsrechtlicher Kollisionsnormen in Art. 23 Rom I-VO kann man schon als einen Aspekt des Anwendungsbereichs verstehen: Die Verordnung berührt nicht die Anwendung von Vorschriften des „Gemeinschaftsrechts" (Unionsrechts), die in besonderen Bereichen Kollisionsnormen für vertragliche Schuldverhältnisse enthalten. Man kann das als Ausdruck des **Spezialitätsgrundsatzes** ansehen: *lex specialis derogat legi generali*. Im Bereich des Vertragsrechts geht es dabei ausschließlich um Verbraucherschutzvorschriften, daher greifen wir die Vorschrift in diesem Zusammenhang wieder auf (Rn. 34).

13 Die Beibehaltung spezieller Kollisionsnormen kompromittiert das Vereinheitlichungsanliegen der Rom I-Verordnung. In der Sache ist umstritten, ob es der Aufrechterhaltung der speziellen Kollisionsregeln (noch) bedarf, zumal die Rom I-Verordnung den damit verfolgten Schutzzwecken zumindest teilweise schon entspricht (Rn. 34). Zudem führt das Nebeneinander mehrerer Kollisionsnormen zu wenig fruchtbaren Konkurrenzfragen (Rn. 39). Gute Gründe sprechen daher *de lege ferenda* dafür, auf die speziellen Normen zu verzichten.[15]

IV. Bestimmung des anwendbaren Rechts

1. Übersicht

14 Grundsätzlich haben es die Vertragspartner in der Hand, das anwendbare Recht im Wege der Vereinbarung (Rechtswahl) zu bestimmen (2.). Nur mangels Rechtswahl erfolgt die Bestimmung nach objektiven Kriterien (3.). Die allgemeinen Vorschriften über die Rechtswahl und die objektive Anknüpfung werden zum Schutz von Verbrauchern modifiziert (4.). Eingriffsnormen können sich in jedem Fall durchsetzen (5.). Den „Geltungsbereich" des anzuwendenden Rechts erörtern wir am Schluss nach unserer Übersicht über die Bestimmung des anwendbaren Rechts (6.).

2. Rechtswahl

a) Der Grundsatz der Parteiautonomie

15 Die Rom I-Verordnung beruht auf dem **Grundsatz der Parteiautonomie**: der freien Rechtswahl, Art. 3 I 1 Rom I-VO. Dies ist in den Worten des Gesetzgebers „einer der Ecksteine des Systems der Kollisionsnormen im Bereich der vertraglichen Schuldverhältnisse", BE 11 Rom I-VO.[16] So wie die Vertragsfreiheit im materiellen Recht

---

[15] Zur Diskussion etwa *Kieninger*, FS Kropholler (2008), S. 499 ff.; *Schinkels*, in M. Stürner (Hrsg.), Vollharmonisierung im Europäischen Verbraucherrecht? (2010), S. 113 ff.

[16] S. bereits *Giuliano/Lagarde*, ABl. 1980, C 282/1, 15. S. a. EuGH Rs. C-133/08 *Intercontainer Interfrigo*, Slg. 2009, I-9687 Rn. 24; Rs. C-381/98 *Ingmar*, Slg. 2000, I-9305 Rn. 15; Rs. 318/81 *CO.DE.MI.*, Slg. 1985, 3693 Rn. 20 f. Aus der Literatur: grundlegend jetzt *Kroll-Ludwigs*, Die Rolle der Partei-

beruht auch die kollisionsrechtliche Parteiautonomie auf dem Grundsatz der Privatautonomie, dem „Prinzip der Selbstgestaltung der Rechtsverhältnisse durch den Einzelnen nach seinem Willen" (*Flume*). Von der Vertragsfreiheit unterscheidet sich die Rechtswahlfreiheit dadurch, dass sie den Parteien im Grundsatz ermöglicht, eine gesamte Rechtsordnung einschließlich auch ihrer *zwingenden* Vorschriften „abzuwählen", freilich um den Preis der Wahl einer anderen Rechtsordnung (mit deren zwingenden Vorschriften). Allerdings gilt auch die Rechtswahlfreiheit nicht uneingeschränkt. Zwingende Vorschriften können sich gegen eine Rechtswahl durchsetzen. Insbesondere zum Schutz von Verbrauchern und Arbeitnehmern wird die Parteiautonomie eingeschränkt (s. unten, 4.).

b) Die Rechtswahl

Der Vertrag unterliegt daher primär dem von den Parteien gewählten Recht, Art. 3 I 1 Rom I-VO. Die Rechtswahl ist als **Verweisungsvertrag** eine vom Hauptvertrag zu unterscheidende selbständige Vereinbarung.[17] Sie kann sich auf den ganzen Vertrag oder auf (abspaltbare) Teile erstrecken (sog. *dépeçage*), Art. 3 I 3 Rom I-VO, z. B. auf Lieferung und Montage oder auf Vertragsschluss und Erfüllung (selten praktisch).[18] Sie kann auch nachträglich getroffen[19] oder geändert werden, Art. 3 II Rom I-VO (Ausnahme Formgültigkeit und Rechte Dritter). Wählbares „Recht" sind allerdings nur staatliche Rechtsordnungen, nicht auch private Regelwerke wie die *Principles of European Contract Law*, vgl. BE 13 f. Rom I-VO; dazu näher unten, Rn. 56.

16

Die Wahl kann **ausdrücklich oder konkludent** erfolgen. An die konkludente Rechtswahl werden indes hohe Anforderungen gestellt, sie muss sich „eindeutig aus den Bestimmungen des Vertrags oder aus den Umständen des Falles ergeben", Art. 3 I 2 Rom I-VO.[20] Indizien für eine Rechtswahl können z. B. die Vertragssprache, die Herkunft der Parteien, der Ort des Vertragsschlusses oder der intendierten Vertragsdurchführung, die Bezugnahme auf ein nationales Rechtssystem oder eine Gerichtsstandsvereinbarung (BE 12 Rom I-VO) sein. Bei der Heranziehung solcher „objektiven" Anhaltspunkte ist aber zu beachten, dass es um die Feststellung einer

17

---

autonomie im europäischen Kollisionsrecht (2013); *Maultzsch*, RabelsZ 75 (2011), 60, 63 ff.; *Plender/Wilderspin*, The European Private International Law of Obligations, Rn. 6–001 ff.; *Spickhoff*, in: Kieninger/Remien (Hrsg.), Europäische Kollisionsrechtsvereinheitlichung, S. 117 ff.

[17] Ferrari/*ders.*, Art. 3 Rom I-VO Rn. 6 ff.

[18] Dazu *Mankowski*, FS Spellenberg (2010), S. 261 ff. Z. B. LG Aurich, AWD 1974, 282 = IPRspr. 1973 Nr. 10; OLG Hamm, IPRspr. 1995, Nr. 36. Vgl. auch EuGH Rs. C-133/08 *Intercontainer Interfrigo*, Slg. 2009, I-9687 Rn. 41 ff. (zu Art. 4 I 2 EVÜ).

[19] BGH, IPRspr. 1996, Nr. 33.

[20] Zu den gegenüber dem EVÜ nochmals verschärften Anforderungen *Magnus*, IPRax 2010, 27, 33; *Martiny*, ZEuP 2010, 747, 755 f.

§ 4 Internationales Vertragsrecht

subjektiven Wahl der Parteien geht. Es ist m.a.W. nicht nach dem hypothetischen Parteiwillen zu suchen.[21]

18 Ob die Rechtswahlvereinbarung als Verweisungsvertrag gültig **zustande gekommen** und wirksam (z.B. Willensmängel) ist, beurteilt sich grundsätzlich nach dem gewählten Recht, Art. 3 V, 10 Rom I-VO („Vorgriff auf das gewählte Recht"). Für die Form der Rechtswahlvereinbarung gilt Art. 11, für die Rechts-, Geschäfts- und Handlungsfähigkeit Art. 13, 3 V Rom I-VO.

c) Beschränkung der Rechtswahl bei reinen „Inlandssachverhalten" und bei reinen Binnenmarktsachverhalten

19 Die Parteien können grundsätzlich auch eine sonst unbeteiligte Rechtsordnung wählen. Besonders dann, wenn alle übrigen Elemente des Sachverhalts mit einem Staat (A) verbunden sind, kann die Wahl des Rechts eines anderen Staates (B) die Regelungs- und Schutzinteressen des ersten Staates (A) berühren; es besteht die besondere Gefahr eines Missbrauchs der Rechtswahlfreiheit.[22] In einem solchen Fall kommen die zwingenden Vorschriften des ersten Staates (A), nämlich die, von denen nicht durch Vereinbarung abgewichen werden kann, ungeachtet der Rechtswahl zur Anwendung, Art. 3 III Rom I-VO.[23] Dieser Grundsatz war auch schon im EVÜ enthalten.

20 Neu eingefügt hat der Gesetzgeber mit der Rom I-VO eine entsprechende Vorschrift zum Schutz der Regelungsinteressen der Gemeinschaft (Union): Sind alle anderen Elemente des Sachverhalts in einem oder mehreren Mitgliedstaaten[24] belegen, so berührt die Wahl des Rechts eines Drittstaats nicht die Anwendung der zwingenden Bestimmungen des Gemeinschaftsrechts (bei Richtlinien: in Form des Umsetzungsrechts des Forumstaats; nicht aber überschießende Umsetzung)[25], Art. 3 IV Rom I-VO. Maßgeblich ist jeweils der Zeitpunkt der Rechtswahl. Da es um einen Schutz der nationalen oder unionalen Regelungs- und Schutzinteressen vor der Parteigestaltung geht, versteht sich, dass die Parteien dem nicht dadurch entgehen können, dass sie mit der Vereinbarung selbst einen zusätzlichen Auslandsbezug schaffen, z.B. durch eine Gerichtsstandsvereinbarung.

---

[21] Ferrari/*ders.*, Art. 3 Rom I-VO Rn. 27.
[22] *Spickhoff*, in: Kieninger/Remien (Hrsg.), Europäische Kollisionsrechtsvereinheitlichung, S. 128 f. (spezielle Ausprägung einer Abwehr der Gesetzesumgehung).
[23] Näher – mit krit. rechtspolitischer Würdigung – *Maultzsch*, RabelsZ 75 (2011), 60, 65 ff.
[24] Damit sind hier alle Mitgliedstaaten bezeichnet, einschließlich Dänemark, Art. 1 IV 2 Rom I-VO; s.o. Rn. 5.
[25] *Magnus*, IPRax 2012, 27, 34.

3. Objektive Anknüpfung

Mangels Rechtswahl muss das anwendbare Recht objektiv bestimmt werden. Dafür enthält Art. 4 Rom I-VO in Absätzen 1, 2 und 4 Vorschriften in zunehmender Generalität. Der Grundgedanke kommt in Absätzen 3 und 4 zum Ausdruck: Zur Anwendung kommen soll das Recht des Staates, zu dem **der Vertrag die engste Verbindung** hat.[26] Die engste Verbindung hat der Vertrag nach dem Grundsatz von Absatz 2 zu dem Staat, in dem die Partei ihren gewöhnlichen Aufenthalt (s. Art. 19 Rom I-VO) hat, die die **charakteristische Leistung** erbringt. Für praktisch wichtige Fälle konkretisiert Absatz 1 diesen Grundsatz: **Kaufverträge** über bewegliche Sachen unterliegen dem Recht des Staates, in dem der Verkäufer seinen gewöhnlichen Aufenthalt hat, **Dienstleistungsverträge** unterliegen dem Recht des Staates, in dem der Dienstleister seinen gewöhnlichen Aufenthalt hat usf.

21

Die **Rechtsanwendung** beginnt folglich mit der Prüfung, ob der Vertragstyp in Absatz 1 bereits eindeutig geregelt ist. Fällt der Vertrag nicht unter Absatz 1 oder hat er mehrere Bestandteile, die durch mehr als einen der Buchstaben a) bis h) des Absatzes 1 abgedeckt sind,[27] dann kommt es nach Absatz 2 in allgemeiner Form auf die charakteristische Leistung an. Zum Beispiel kommt es für den Rechtskauf (nicht von lit. a) erfasst), die Schenkung oder die Miete beweglicher Sachen (nicht von lit. c) erfasst), die Leihe, das Darlehen oder die Bürgschaft nach Absatz 2 auf die charakteristische Leistung an. Kann das anwendbare Recht weder nach Absatz 1 noch nach Absatz 2 bestimmt werden, kommt es nach Absatz 4 auf die engste Verbindung an.

22

Absatz 3 enthält eine **Ausweichklausel** (*escape clause; clause d'échappement*) für den Fall, dass der Vertrag „eine **offensichtlich engere Verbindung** zu einem anderen als dem nach Absatz 1 oder 2 bestimmten Staat aufweist": Dann ist das Recht dieses Staates anzuwenden. Die Ausweichklausel *bestätigt* also den Grundsatz der engsten Verbindung (Rn. 21).

23

4. Verbraucherverträge

a) Einführung und Übersicht

Für Verbraucherverträge – Verträge zwischen einem Unternehmer und einem Verbraucher – werden die Grundregeln von Art. 3 und 4 in Art. 6 Rom I-VO ergänzt. Der Grundgedanke des kollisionsrechtlichen Verbraucherschutzes ist, dass sich der Verbraucher bei Verträgen, die eine besondere räumliche Nähe zum Aufenthaltsstaat des Verbrauchers haben (situative Elemente in Art. 6 I a) und b) Rom I-VO);

24

---

[26] *Plender/Wilderspin*, The European Private International Law of Obligations, Rn. 7–002 ff. Vgl. auch EuGH Rs. C-133/08 *Intercontainer Interfrigo*, Slg. 2009, I-9687 Rn. 26 (zum EVÜ).

[27] Zur Problematik dieser Bestimmung *Martiny*, ZEuP 2010, 747, 759 („Wie aber soll in dieser Konstellation die charakteristische Leistung bestimmt werden?").

Rn. 25), auf den von dort vertrauten Schutzstandard verlassen können soll.[28] Sein Heimatrecht findet mangels Rechtswahl Anwendung (Art. 6 I Rom I-VO) und dessen zwingende Normen setzen sich auch gegen eine Rechtswahl durch (Art. 6 II Rom I-VO; sog. Günstigkeitsprinzip).

25 Der kollisionsrechtliche Verbraucherschutz beruht auf dem Grundgedanken, dass der **passive Verbraucher**, der in seinem Heimatland (Staat seines gewöhnlichen Aufenthalts) bleibt und dort mit dem Angebot eines ausländischen Unternehmers konfrontiert wird, besonders schutzwürdig ist. Umgekehrt wurde der **aktive Verbraucher**, der sich selbst ins Ausland begibt oder das Angebot ausländischer Unternehmer einholt, als weniger schutzbedürftig angesehen. Darin liegt ein Ausdruck des Selbstverantwortungsgrundsatzes, da der aktive Verbraucher, der sich eigeninitiativ in den Bereich einer fremden Rechtsordnung begibt, weniger schutzwürdig ist.[29] Er muss im Übrigen eher mit der Anwendbarkeit fremden Rechts rechnen. Welche Verbraucher in diesem Sinne als „aktiv" und „passiv" anzusehen sind, ergibt sich aus den Tatbeständen von Art. 6 I a) und b) Rom I-VO. Da der kollisionsrechtliche Verbraucherschutz nach der Rom I-VO (weitergehend als nach Art. 5 EVÜ) bereits dadurch ausgelöst wird, dass der Unternehmer seine gewerbliche Tätigkeit auf den Heimatstaat des Verbrauchers „ausrichtet" (näher Rn. 28), werden entsprechend weitergehend auch Verbraucher geschützt.[30]

b) Anwendungsbereich

26 Die spezielle objektive Anknüpfung und die Modifikation der Rechtswahl gem. Art. 6 I, II Rom I-VO finden Anwendung, wenn die persönlichen und situativen Voraussetzungen von Art. 6 I erfüllt sind. Sind sie nicht erfüllt, so bleibt es für die Rechtswahl bei Art. 3 und für die objektive Anknüpfung bei Art. 4, wie Art. 6 III Rom I-VO klarstellt. Der kollisionsrechtliche Verbraucherschutz von Art. 6 I, II Rom I-VO gilt grundsätzlich für **alle Verträge**;[31] lediglich einzelne Verträge sind in Absatz 4 der Vorschrift ausgenommen.

27 *Persönlich* setzt Art. 6 I Rom I-VO voraus, dass ein Vertrag zwischen einem Unternehmer und einem Verbraucher geschlossen wurde. **Verbraucher** i. S. der Vorschrift ist eine natürliche Person, die zu einem Zweck handelt, der nicht ihrer beruflichen oder gewerblichen Tätigkeit zugerechnet werden kann. **Unternehmer** ist eine (natürliche oder juristische) Person, die in Ausübung ihrer beruflichen oder gewerblichen Tätigkeit handelt.

28 *Situativ* ist vorausgesetzt, dass der Unternehmer seine berufliche oder gewerbliche **Tätigkeit** im Staat des gewöhnlichen Aufenthalts des Verbrauchers **ausübt** (lit. a) oder doch (zumindest auch) darauf **ausgerichtet** hat (lit. b) und der Vertrag in Ausübung dieser Tätigkeit geschlossen wurde[32], Art. 6 I Rom I-VO. Liegen die

---

[28] Ferrari/*Staudinger*, Art. 6 Rom I-VO Rn. 44.
[29] Vgl. auch *Kieninger*, FS Kropholler (2008), S. 505.
[30] Ferrari/*Staudinger*, Art. 6 Rom I-VO Rn. 48.
[31] Anders noch nach EVÜ; Ferrari/*Staudinger*, Art. 6 Rom I-VO Rn. 25; *Magnus*, IPRax 2012, 27, 38 f.
[32] *Pfeiffer*, EuZW 2008, 622, 627.

situativen Voraussetzungen von Absatz 1 lit. a) oder b) nicht vor, so bleibt es bei Art. 3 und 4 Rom I-VO, wie Art. 6 III Rom I-VO ausdrücklich klarstellt. Praktische Bedeutung hat vor allem die Frage, ob der **Internet-Auftritt** bereits die von Art. 6 I Rom I-VO vorausgesetzte Ausrichtung auf andere Mitgliedstaaten begründet. In einer Entscheidung zur Gerichtsstands- und Vollstreckungsverordnung[33] hat der Gerichtshof angenommen, die *bloße Zugänglichkeit der Website* in einem Mitgliedstaat reiche dafür noch nicht aus (BE 24 S. 3 Rom I-VO). Entscheidend kommt es auf die inhaltliche Ausgestaltung an. Zu den „Anhaltspunkten" für die Ausrichtung auf einen anderen Mitgliedstaat „gehören alle offenkundigen Ausdrucksformen des Willens, Verbraucher in diesem Mitgliedstaat als Kunden zu gewinnen". In einer nicht abschließenden Aufzählung nennt der Gerichtshof:

„der internationale Charakter der Tätigkeit, die Angabe von Anfahrtsbeschreibungen von anderen Mitgliedstaaten aus zu dem Ort, an dem der Gewerbetreibende niedergelassen ist, die Verwendung einer anderen Sprache oder Währung als der in dem Mitgliedstaat der Niederlassung des Gewerbetreibenden üblicherweise verwendeten Sprache oder Währung mit der Möglichkeit der Buchung und Buchungsbestätigung in dieser anderen Sprache, die Angabe von Telefonnummern mit internationaler Vorwahl, die Tätigung von Ausgaben für einen Internetreferenzierungsdienst, um in anderen Mitgliedstaaten wohnhaften Verbrauchern den Zugang zur Website des Gewerbetreibenden oder seines Vermittlers zu erleichtern, die Verwendung eines anderen Domänennamens oberster Stufe als desjenigen des Mitgliedstaats der Niederlassung des Gewerbetreibenden und die Erwähnung einer internationalen Kundschaft, die sich aus in verschiedenen Mitgliedstaaten wohnhaften Kunden zusammensetzt".[34]

29

Für bestimmte Verträge sieht Art. 6 IV Rom I-VO **Ausnahmen** vom kollisionsrechtlichen Verbraucherschutz vor. Dazu gehören Verträge über die Erbringung von **Dienstleistungen**, die dem Verbraucher ausschließlich in einem anderen als dem Staat seines gewöhnlichen Aufenthalts erbracht werden. Zum Beispiel kann man denken an Verträge über Hotelunterkunft, Segelkurs oder Fremdenführung am Urlaubsort. Auch wenn sich der Unternehmer gem. Absatz 1 an den Verbraucher wendet, begibt sich der Verbraucher hier doch auf den ausländischen Markt, so dass die Anwendung allgemeiner Kollisionsregeln gerechtfertigt ist. Ausgenommen sind weiterhin **Beförderungsverträge** (nicht aber Pauschalreiseverträge!)[35], für die Art. 5 Rom I-VO sowie internationale Übereinkommen gelten. Zu den ausgenommenen Verträgen gehören ferner solche, die ein dingliches Recht oder die Miete und Pacht **unbeweglicher Sachen** betreffen (nicht aber Timesharingverträge!).

30

---

[33] Zur einheitlichen Auslegung von Art. 15 EuGVVO (Art. 17 EuGVVO 2012) und Art. 6 Rom I-VO s. BE 24 Rom I-VO sowie *Rühl*, GPR 2013, 122 ff.
[34] EuGH verb. Rs. C-585/08 und C-144/09 *Pammer*, Slg. 2010, I-12527 Rn. 76 ff.
[35] Dazu *Mankowski*, TranspR 2011, 70 ff.

c) Objektive Anknüpfung

31 Mangels Rechtswahl unterliegt ein Verbrauchervertrag dem Recht des Staates, in dem der Verbraucher seinen gewöhnlichen Aufenthalt hat. Das ist im Hinblick auf die situativen Voraussetzungen folgerichtig. Wenn sich der Unternehmer auf den fremden Markt begibt und der Verbraucher „daheim bleibt", ist seine Erwartung berechtigt, das ihm vertraute Recht des gewöhnlichen Aufenthalts finde Anwendung.

d) Rechtswahl und Günstigkeitsprinzip

32 Auch bei Verbraucherverträgen können die Parteien gem. Art. 3 Rom I-VO im Wege der Vereinbarung bestimmen, welches Recht Anwendung finden soll, Art. 6 II 1 Rom I-VO. Die Rechtswahlfreiheit wird aber durch das **Günstigkeitsprinzip** eingeschränkt, wenn die Voraussetzungen von Art. 6 I Rom I-VO vorliegen (sonst: Art. 6 III). Sie darf dann nach Art. 6 II 2 Rom II-VO nicht dazu führen, dass dem Verbraucher der Schutz entzogen wird, der ihm durch diejenigen Bestimmungen gewährt wird, von denen nach dem objektiven Vertragsstatut des Art. 6 I Rom I-VO nicht durch Vereinbarung abgewichen werden darf. Im Ergebnis bedeutet das, dass auf den Verbrauchervertrag das gewählte Recht Anwendung findet, dieses aber um die zwingenden (Verbraucherschutz-) Vorschriften des Staates des gewöhnlichen Aufenthaltsortes des Verbrauchers ergänzt wird, soweit diese für den Verbraucher günstiger sind. Es kommt also zu einem *law mix*, der Anwendung eines „gemischten Rechts", das in dieser Form „eigentlich" in keinem Staat gilt.[36]

33 Zu den **zwingenden Vorschriften**, die auf diese Weise dem gewählten Recht beigemischt werden, gehören auch, aber nicht nur Verbraucherschutzregelungen wie z.B. die Vorschriften über Haustür- und Fernabsatzgeschäfte, über die AGB-Kontrolle, über Pauschalreisen oder Timesharingverträge. Dazu zählen aber auch sonstige zwingende Normen, die im Einzelfall dem Verbraucher zugutekommen, also etwa das Verbot sittenwidriger Rechtsgeschäfte (§ 138 BGB). Auch richterrechtlich entwickelte oder gewohnheitsrechtlich anerkannte Regeln (wie die vertragliche Schutzwirkung für Dritte) können zwingende Vorschriften i. S. v. Art. 6 II 2 Rom I-VO darstellen.

e) Verbraucherschutz in speziellen unionsrechtlichen Kollisionsnormen (Art. 23 Rom I-VO)

34 Nach ihrem Art. 23 berührt die Rom I-Verordnung nicht die Anwendung von Vorschriften des Gemeinschaftsrechts, die in besonderen Bereichen Kollisionsnormen

---

[36] Dies wird (mit beachtlichen Erwägungen) immer wieder kritisiert; s. etwa *Maultzsch*, RabelsZ 75 (2011), 60, 76 ff. (*de lege ferenda* für einen Ausschluss der Rechtswahlfreiheit und Beschränkung auf materiell-rechtliche Verweisung).

IV. Bestimmung des anwendbaren Rechts

für vertragliche Schuldverhältnisse enthalten (s. schon Rn. 12). Soweit in unserem Zusammenhang von Interesse, enthalten insbesondere folgende Rechtsakte spezielle Kollisionsnormen:

- Art. 6 II KlauselRL,
- Art. 12 II FFRL,
- Art. 7 II VKRL,
- Art. 22 IV VerbrKrRL,
- Art. 12 II TSRL.

Auch Art. 12 II FARL enthielt eine solche spezielle Kollisionsnorm für Drittstaatssachverhalte, nicht hingegen die ältere HtRL. Der Gesetzgeber der VRRL hat die Problematik gesehen, ihre Lösung aber den allgemeinen Kollisionsnormen der Rom I-VO überlassen, BE 58 VRRL. 35

Im Grundsatz bestimmen diese Vorschriften, dass dem Verbraucher der von den Richtlinien gewährte Schutz nicht durch die **Wahl des Rechts eines Drittstaats** entzogen werden darf, wenn der Vertrag einen **engen Zusammenhang** zum Gebiet der EU-Mitgliedstaaten aufweist.[37] Dieser spezielle kollisionsrechtliche Verbraucherschutz unterscheidet sich von den allgemeinen Schutzvorschriften in Art. 6 Rom I-VO daher in Tatbestand und Rechtsfolge.[38] Tatbestandlich kommt es insbesondere nicht auf die situativen Voraussetzungen von Art. 6 I Rom I-VO an, sondern nur auf den „engen Zusammenhang" zum Gebiet der Mitgliedstaaten. Rechtsfolge ist nicht eine Anwendung der Schutzvorschriften nach dem Günstigkeitsprinzip; unabhängig von der Günstigkeit (also auch, wenn es im Einzelfall weniger günstig ist) darf dem Verbraucher der richtliniendeterminierte Schutz nicht entzogen werden. In Deutschland sind diese Bestimmungen zusammenfassend in Art. 46b EGBGB umgesetzt. 36

Unter Geltung der Rom I-Verordnung hat dieses Richtlinienkollisionsrecht keine so große Bedeutung mehr (wie noch unter dem EVÜ).[39] Zum einen ist der situative Anwendungsbereich des kollisionsrechtlichen Verbraucherschutzes im Vergleich mit der Vorgängervorschrift im EVÜ erweitert. Zum anderen erledigt Art. 3 IV Rom I-VO (oben, Rn. 20) die Drittstaatenproblematik bereits zu einem guten Teil (wenngleich es nach dieser Vorschrift auf den ausschließlichen Unionsbezug ankommt [„alle anderen Elemente"], bei den Richtlinienregelungen hingegen auf den „engen Zusammenhang" mit dem Gebiet der Mitgliedstaaten). Zu Konkurrenzfragen, s. noch sogleich, Rn. 39. 37

Speziell geregelt ist auch der internationale Anwendungsbereich der **Fluggastrechteverordnung**, Art. 3 FlugGRVO. Sie gilt im Grundsatz für Fluggäste, die auf Flughäfen im Gebiet 38

---

[37] Zur Frage, welche Bedeutung Art. 23 Rom I-VO neben Art. 3 IV Rom I-VO entfalten kann, *Kieninger*, FS Kropholler (2008), S. 499 ff.; W.-H. *Roth*, FS Spellenberg (2010), S. 315 ff.
[38] S. i. E. Ferrari/*Kieninger*, Art. 23 Rom I-VO Rn. 6 f.
[39] *Schinkels*, in M. Stürner (Hrsg.), Vollharmonisierung im Europäischen Verbraucherrecht? (2010), S. 116 ff.

eines Mitgliedstaats ihren Flug antreten sowie für Fluggäste, die in einem Drittstaat einen Flug zu einem Flughafen im Unionsgebiet antreten; s. i. E. Art. 3 Abs. 1 FlugGRVO.

f) Konkurrenzen

39 Das Nebeneinander verschiedener Instrumente mit verbraucherschützender Wirkung wirft intrikate Konkurrenzfragen auf. Sie bestehen insbesondere im Verhältnis von Art. 6 zu Art. 3 IV Rom I-VO sowie im Verhältnis von Art. 6 zu Art. 23 Rom I-VO.[40] Zum einen betrifft die Rechtsangleichung im Vertragsrecht weitgehend das Verbraucherschutzrecht; daher hat der Unionsrechtsvorbehalt von Art. 3 IV Rom I-VO vor allem im Verbrauchervertragsrecht Bedeutung. Zum anderen bestehen auch spezielle Kollisionsnormen vor allem im Bereich des Verbrauchervertragsrechts; daher hat der Vorbehalt spezieller Regelungen von Art. 23 Rom I-VO ebenfalls vor allem im Verbrauchervertragsrecht Bedeutung. Gleichzeitig verfolgen die Schutznormen teils unterschiedliche Zwecke, haben sie unterschiedliche Tatbestände und Rechtsfolgen.

	Art. 6 II	Art. 3 IV	Art. 23
Tatbestand	(1) Verbrauchervertrag (2) Ausübung oder Ausrichtung der Unternehmertätigkeit auf den Staat des gewöhnlichen Aufenthalts des Verbrauchers	(1) Wahl des Rechts eines Drittstaats (2) alle anderen Elemente in einem oder mehreren MS belegen	(1) Wahl des Rechts eines Drittstaats (2) enger Zusammenhang des Vertrags mit dem Gebiet der Mitgliedstaaten
Rechtsfolge	Anwendung zwingenden Rechts des Staats des gewöhnlichen Aufenthalts nach dem Günstigkeitsprinzip	Anwendung zwingender gemeinschaftsrechtlicher Vorschriften, ggf. in der in Form des Umsetzungsrechts des MS des angerufenen Gerichts	Schutz des Verbrauchers vor Verlust der Richtlinien

40 Art. 6 II 1 Rom I-VO verweist auf Art. 3 insgesamt, also auch auf dessen Absatz 4. Wendet man allerdings, der Systematik von Art. 6 II Rom I-VO folgend, Art. 3 IV vorrangig an, so kann das dazu im Einzelfall dazu führen, dass der Verbraucher entgegen Art. 6 II 2 Rom I-VO nicht in den Genuss einzelner günstigerer Vorschriften des gewählten Drittstaatenrechts kommt. Die wohl h. M. vermeidet dieses Ergebnis, indem sie Art. 6 II 2 Rom I-VO im Bereich des Verbraucherschutzes als speziellere Norm vorrangig anwendet.[41] In ähnlicher Weise ist auch das Verhältnis von Art. 6 zu Art. 23 Rom I-VO umstritten und wird auch hier überwiegend ein Vorrang von Art. 6 Rom I-VO befürwortet.[42]

---

[40] Zum Verhältnis zu Art. 9 Rom I-VO, s. u. Rn. 41.
[41] *Kieninger*, FS Kropholler, S. 499, 514 f.; Ferrari/*Staudinger*, Art. 6 Rom I-VO Rn. 4. Wohl a. M. MünchKommBGB/*Martiny*, Art. 6 Rom I-VO Rn. 52.
[42] *Martiny*, RIW 2009, 737, 745; Ferrari/*Staudinger*, Art. 6 Rom I-VO Rn. 5; wohl auch Palandt/*Thorn*, Art. 6 Rom I-VO Rn. 2.

5. Eingriffsnormen und *ordre public*

a) Grundsätze

Die allgemeinen Bestimmungen der Art. 3 und 4 ebenso wie spezielle Bestimmungen, z. B. Art. 6 Rom I-VO, werden von Art. 9 Rom I-VO über Eingriffsnormen überlagert. **Eingriffsnorm** ist „eine zwingende Vorschriften, deren Einhaltung von einem Staat als so **entscheidend für die Wahrung seines öffentlichen Interesses,** insbesondere seiner politischen, sozialen oder wirtschaftlichen Organisation, angesehen wird, dass sie ungeachtet des nach [der Rom I-VO] auf den Vertrag anzuwendenden Rechts auf alle Sachverhalte anzuwenden ist", Art. 9 I Rom I-VO.[43] Sie sind sozusagen „mit einem kollisionsrechtlichen Eingriffsbefehl" ausgestattet. Diese Umschreibungen formulieren freilich nur die Frage mit anderen Worten. Als Anhaltspunkte für den unbedingten Geltungswillen werden u. a. genannt: ihre öffentlich-rechtliche Natur und ihre öffentlich-rechtlich Bewehrung,[44] insbesondere eine Strafsanktion; die ordnungspolitische Zielsetzung zur Steuerung des Wirtschafts- und Sozialebens im Gegensatz zu dem bloßen Zweck, Privatinteressen auszugleichen; für den Eingriffscharakter spricht Funktion zum Institutionenschutz, nicht bloß zum Gruppen- oder Individualschutz. Ungeachtet zahlreicher Zweifelsfragen ist ein Kernbereich von zwingenden Normen wenig umstritten. Dazu rechnen u. a. ordnungspolitische Vorschriften wie z. B. Ausfuhrverbote, Devisenvorschriften und Vorschriften zum Schutz von Marktordnung und Wettbewerb oder auch die (weitgehend europarechtlich determinierten; vgl. § 6) Diskriminierungsverbote[45].

41

Die Anwendung von **Eingriffsnormen des Rechts Forumstaats** (des Staats des angerufenen Gerichts, *lex fori*) berührt die Rom I-Verordnung nicht, Art. 9 II Rom I-VO. Das nationale Gericht muss sie nicht anwenden, ist dazu aber befugt.

42

Eingriffsnormen des Staates, in dem die vertraglichen Verpflichtungen erfüllt werden sollen oder erfüllt worden sind, kann Wirkung verliehen werden, soweit diese Eingriffsnormen die Erfüllung des Vertrags unrechtmäßig werden lassen, Art. 9 III 1 Rom I-VO.[46] Bei der hier fraglichen Anwendung ausländischer Eingriffsnormen handelt es sich mithin um eine Ermessensentscheidung. Dabei sind Art und Zweck dieser Normen sowie die Folgen zu berücksichtigen, die sich aus ihrer Anwendung oder Nichtanwendung ergeben würden, Art. 9 III 2 Rom I-VO.[47]

43

---

[43] Vgl. EuGH verb. Rs. C-369/96 und C-376/96 *Arblade*, Slg. 1999, I-8453 Rn. 30. *Pfeiffer*, EuZW 2008, 622, 628.

[44] Dies als alleiniges Kriterium vorschlagend *Maultzsch*, RabelsZ 75 (2011), 60, 88 ff.

[45] Dazu *Lüttringhaus*, Grenzüberschreitender Diskriminierungsschutz, S. 191 ff.

[46] *Pfeiffer*, EuZW 2008, 622, 628.

[47] W.-H. *Roth*, in: Kieninger/Remien (Hrsg.), Europäische Kollisionsrechtsvereinheitlichung, S. 43 ff. (mit dem Vorschlag, für die Auslegung auch den Solidaritätsgrundsatz von Art. 4 III EUV fruchtbar zu machen); *Spickhoff*, in: Kieninger/Remien (Hrsg.), Europäische Kollisionsrechtsvereinheitlichung, S. 134 f.

b) Verbraucherschutzvorschriften als Eingriffsnormen?

44 Kann man Verbraucherschutzvorschriften als Eingriffsnormen ansehen und so auch gegen eine Rechtswahl oder objektive Anknüpfung zur Geltung bringen? Das könnte vor allem dort eine Rolle spielen, wo die situativen Anwendungsvoraussetzungen von Art. 6 Rom I-VO (oben, Rn. 28) nicht erfüllt sind. In der Tat fand sich dafür in dem quasi-amtlichen Bericht zum EVÜ von *Giuliano/Lagarde* ein Anhaltspunkt.[48] Ganz herrschend wird das indes zu Recht abgelehnt.[49] Entstehungsgeschichtlich ist zu bedenken, dass der Gesetzgeber der Rom I-VO die schon zum EVÜ vorgeschlagene Erweiterung des Verbraucherschutzes kannte, aber im Wesentlichen nicht vorgenommen hat. Systematisch spricht die differenzierende Regelung des Art. 6 Rom I-VO dagegen, die sonst umgangen würde. Flankiert wird sie zudem durch Art. 3 III, IV Rom I-VO (s. o. Rn. 19 f.). Umgekehrt würde die einschränkende Definition der Eingriffsnormen überdehnt, wenn man auch Verbraucherschutzvorschriften darunter fassen würde. Haben Verbrauchervertragsvorschriften auch – schon der Definition des Verbrauchers durch seine Rolle am Markt – stets einen Marktbezug, so dienen sie doch primär dem Ausgleich der Individualinteressen der Beteiligten, nicht dem Institutionenschutz.[50]

c) Vorbehalt der öffentlichen Ordnung *(ordre public)*

45 Der *ordre public*-Vorbehalt des Art. 21 Rom I-VO ermöglicht, fundamentalen inländischen Wertvorstellungen Rechnung[51] zu tragen und eine Norm des nach Art. 3, 4, 6 Rom I-VO bestimmten Rechts nicht zu berücksichtigen[52], wenn deren Anwendung *offensichtlich* (schwerer Verstoß!) mit der öffentlichen Ordnung des Forumstaates unvereinbar ist. Neben den Vorschriften der Art. 6 und 9 Rom I-VO bleibt für den *ordre public*-Vorbehalt im Verbruacherrecht freilich nur wenig Raum.

---

[48] *Giuliano/Lagarde*, ABl. 1980 C 282/1, 28. Befürwortend etwa auch *Kohte*, EuZW 1990, 150, 154 f.; *Bülow*, EuZW 1993, 435, 436; für Binnenmarktsachverhalte auch *Jayme*, IPRax 1990, 220, 222.

[49] BGHZ 165, 248 ff. (Verbraucherkredit); anders aber BGHZ 165, 172 (Gewinnzusage). *Maultzsch*, RabelsZ 75 (2011), 60, 86 f.; MünchKommBGB/*Martiny*, Art. 9 Rom I-VO Rn. 88 ff.; *ders.*, ZEuP 2010, 747, 776 f.; *Spickhoff*, in: Kieninger/Remien (Hrsg.), Europäische Kollisionsrechtsvereinheitlichung, S. 132 f.; Palandt/*Thorn*, Art. 6 Rom I-VO Rn. 2 a. E.; *Riesenhuber*, System und Prinzipien des Europäischen Vertragsrechts, S. 128 ff.; s. a. *Heiderhoff*, Europäisches Privatrecht, Rn. 526.

[50] S. aber W.-H. *Roth*, EWS 2011, 314, 321 f.

[51] Zur Europäisierung des *ordre public*-Maßstabs *Spickhoff*, in: Kieninger/Remien (Hrsg.), Europäische Kollisionsrechtsvereinheitlichung, S. 137; zu europarechtliche Elementen (Grundfreiheiten) auch MünchKommBGB/*Martiny*, Art. 21 Rom I-VO Rn. 3.

[52] Art. 21 Rom I-VO schreibt nicht ausdrücklich vor, welche Regelung an die Stelle der nicht-berücksichtigten Norm tritt; dazu *Spickhoff*, in: Kieninger/Remien (Hrsg.), Europäische Kollisionsrechtsvereinheitlichung, S. 137.

6. Die *Ingmar*-Rechtsprechung des EuGH

In seiner *Ingmar*-Entscheidung hat der EuGH den Ausgleichsanspruch des Handelsvertreters nach Art. 17, 18 HVertrRL, der in Art. 19 der Richtlinie ausdrücklich nur für „national zwingend" erklärt wird, als international zwingend angesehen.[53] Der Gerichtshof begründet dies mit den sehr allgemeinen Erwägungen, der Ausgleichsanspruch sei zum Schutz des Handelsvertreters zwingend ausgestaltet und die Rechtsangleichung solle die Niederlassungsfreiheit sichern und vor Wettbewerbsverzerrungen schützen. Deswegen müsse einer „Umgehung" des Ausgleichsanspruchs vorgebeugt werden.

46

Die **Einordnung** dieser – vor Inkrafttreten der Rom I-VO und nicht unmittelbar zum EVÜ ergangenen – Entscheidung in die Systematik der Rom I-VO ist umstritten.[54] Zum einen wird erwogen, die Entscheidung könne heute in Art. 3 IV Rom I-VO kodifiziert sein; indes ging es in dem zugrunde liegenden Fall um eine Handelsvertretertätigkeit für ein Unternehmen mit Sitz in Kalifornien, so dass nicht alle Elemente des Sachverhalts in der Union belegen waren. Zum anderen könnte man die vom EuGH als international-zwingend verstandenen Bestimmungen der Handelsvertreterrichtlinie (oder die nationalen Umsetzungsnormen) als Eingriffsnormen ansehen; doch betrifft Art. 9 Rom I-VO das autonom-nationale Recht der Mitgliedstaaten. Drittens kann man die als international-zwingend ausgelegten Vorschriften der Handelsvertreterrichtlinie als („versteckte") spezielle unionsrechtliche Kollisionsnormen ansehen, die nach Art. 23 Rom I-VO Vorrang haben.

47

Die *Ingmar*-Entscheidung hat bislang keine Nachfolge gefunden. Führt man die Entscheidung des EuGH gestützt auf die beiden Begründungsstränge – Schutz des von der Richtlinie Begünstigten und Vermeidung von Wettbewerbsverzerrungen – folgerichtig weiter, so könnte sich daraus eine weiterreichende Sonderanknüpfung von **Verbraucherschutzvorschriften** ergeben.

48

7. „Geltungsbereich" des anzuwendenden Rechts

Das nach Art. 3 bis 8 Rom I-VO auf einen Vertrag anzuwendende Recht findet nach Art. 12 und 10 der Verordnung auf alle vertragsrechtlichen Folgen der Vereinbarung Anwendung („Prinzip der einheitlichen Anknüpfung von Voraussetzungen und Wirkungen eines Rechtsgeschäfts")[55]. Es ist nach der beispielhaften Aufzählung von Art. 12 der Verordnung insbesondere maßgebend für die **Auslegung** des Vertrags, die **Erfüllung** der Vertragspflichten (zur Aufrechnung: Art. 17 Rom I-VO), die Folgen der **Nichterfüllung,** die verschiedenen Arten des Erlöschens der Verpflichtung sowie die Verjährung und die Folgen der Nichtigkeit des Vertrags. Für die Modalitäten der Erfüllung (z. B. Berücksichtigung von Feiertagen und Höchstarbeitszeiten) und die vom Gläubiger im Falle mangelhafter Erfüllung zu treffender Maßnahmen (z. B. Modalitäten der Prüfung; Maßnahmen bei Zurückweisung) ist das Recht, in dem die Erfüllung erfolgt, zu berücksichtigen, Art. 12 II Rom I-VO.[56] **Zustandekommen und Wirksamkeit** des Vertrags beurteilen sich grundsätzlich ebenfalls nach dem Vertragsstatut: dem Recht, das im Falle der

49

---

[53] EuGH Rs. C-381/98 *Ingmar*, Slg. 2000, I-9305.
[54] S. nur W.-H. *Roth*, FS Spellenberg (2010), S. 309 ff. m. N. zum Meinungsstand.
[55] MünchKommBGB/*Martiny*, Art. 12 Rom I-VO Rn. 3.
[56] Vgl. *Giuliano/Lagarde*, ABl. 1980 C 282/1, 34.

Wirksamkeit anwendbar wäre, Art. 10 I Rom I-VO (Ausnahme in Abs. 2). Dasselbe gilt auch für die Rechtswahlvereinbarung, Art. 3 V Rom I-VO.

50 Die **Rechts-, Geschäfts- und Handlungsfähigkeit** fällt grundsätzlich nicht in den Anwendungsbereich der Verordnung, Art. 1 II a) und f) Rom I-VO. Davon macht Art. 13 Rom I-VO aus Gründen des Gutglaubensschutzes eine eng begrenzte Ausnahme.[57] Befanden sich die Vertragspartner bei Vertragsschluss in demselben Staat (kein Distanzvertrag), so kann sich eine natürliche Personen, die nach dem Recht dieses Staates rechts-, geschäfts- und handlungsfähig wäre, nur dann auf die nach dem Recht eines anderen Staates gegebene Rechts-, Geschäfts- oder Handlungs*unfähigkeit* berufen, wenn der andere Vertragsteil dieses Defizit bei Vertragsschluss kannte oder kennen musste.

51 Für die **Form** reicht es in jedem Fall aus, wenn der Vertrag die Formerfordernisse des auf ihn anwendbaren Rechts erfüllt (Art. 11 Abs. 1 und 2 Rom I-VO). Befinden sich die Vertragspartner bei Vertragsschluss in demselben Staat, so reicht ebenso aus, wenn die Formerfordernisse dieses Staates erfüllt sind; befinden sie sich bei Abschluss in verschiedenen Staaten, reicht die Beachtung der Formerfordernisse eines dieser Staaten.

52 **Beweisfragen** unterliegen dem Recht des Forumstaates (*lex fori*). Nach Art. 18 I Rom I-VO ist das nach der Verordnung anwendbare Recht indes auch insoweit anzuwenden, als es für vertragliche Schuldverhältnisse *Vermutungen aufstellt* oder die *Beweislast verteilt*.

V. Kollisionsrecht und Harmonisierungskonzept

53 Das Kollisionsrecht stellt eine zentrale Grundlage für die Rechtsangleichung und -vereinheitlichung in der EU dar. Nur weil und soweit das durch das IPR koordinierte nationale Vertragsrecht das Funktionieren des Binnenmarktes noch beeinträchtigt, ist eine weitergehende Rechtsangleichung erforderlich. Umgekehrt liefert das Kollisionsrecht einen Schlüssel zum Verständnis des Harmonisierungskonzepts.

1. Rechtsangleichung und zwingender Verbraucherschutz

54 Nach Art. 6 Rom I-VO setzen sich zwingende Verbraucherschutzregeln des Rechts des gewöhnlichen Aufenthalts des Verbrauchers unter bestimmten Voraussetzungen nach dem **Günstigkeitsprinzip** gegen eine Rechtswahl durch (oben, Rn. 32). Daraus ergibt sich für den Unternehmer, der seine Waren und Dienstleistungen grenzüberschreitend an Verbraucher vertreibt, ein ernstzunehmendes **Hindernis**. Er muss besorgen, dass jedes der Zielländer günstigere Verbraucherschutzvor-

---

[57] S. nur *Giuliano/Lagarde*, ABl. 1980 C 282/1, 34.

schriften enthält als sein nationales Recht. Ist das der Fall, dann muss er seine Vertriebspraxis für jedes Zielland neu überprüfen und ggf. neu gestalten. Unterschiedliche Verbraucherschutzstandards können z. B. unterschiedliche Abläufe erfordern, etwa im Hinblick auf Informationspflicht, Erstattungspflichten oder die Gestaltung von AGB. Zu den Unsicherheiten über den Inhalt des ausländischen Rechts kommt die weitere, ob die dortigen Vorschriften sich als „günstiger" durchsetzen.

Die Rechtsangleichung trägt dem Rechnung, soweit sie sich gerade auf die Regelungen bezieht, die international zwingend sind. Tatsächlich hat die Union das spezifische **Verbrauchervertragsrecht** (also abgesehen von den verbraucherschützenden Regeln des allgemeinen Vertragsrechts) in den 1980er bis 2000er Jahren weitgehend flächendeckend angeglichen. Die Rechtsangeleichung erfolgte allerdings weitgehend in Form einer bloßen **Mindestharmonisierung**, die den Mitgliedstaaten die Möglichkeit lässt, zugunsten der Verbraucher strengere Vorschriften vorzusehen. Strengere nationale Vorschriften setzen sich dann aber wieder im Rahmen von Art. 6 Rom I-VO gegen eine Rechtswahl durch. Unter diesem Gesichtspunkt ist eine **Vollharmonisierung** vorzugswürdig, wie sie die EU 2008 mit der Reform der Verbraucherkreditrichtlinie und 2011 mit der Verbraucherrechterichtlinie vorgenommen hat. Sie begegnet freilich anderen Bedenken, namentlich wegen ihrer systematischen Folgewirkungen im mitgliedstaatlichen Recht (s. die Hinweise in § 1 Rn. 40 m. N.). 55

2. Die Wahl nichtstaatlicher („privater") Regelwerke

Eine **Alternative zur Rechtsangleichung durch die Union** kann (in gewissen Bereichen und Grenzen) eröffnet werden, wenn das Unionskollisionsrecht nicht nur die Wahl staatlicher Rechte als anwendbares Recht zulässt, sondern auch die Wahl privater Regelwerke wie etwa der *Principles of European Contract Law* oder des *Draft Common Frame of Reference*. Über das soeben, Rn. 55, erörterte Problem der Interferenzen durch strengere Verbraucherschutzvorschriften hilft freilich die Wählbarkeit privater Regelwerke nicht hinweg. Ob eine solche Wahl zulässig ist, war unter dem EVÜ noch umstritten,[58] insbesondere im Hinblick auf die Wählbarkeit der *Principles of European Contract Law*. Der Gesetzgeber der Rom I-VO hat sich bewusst dagegen entschieden, vgl. BE 13 f. Rom I-VO (vgl. auch Art. 1 I Rom I-VO: „Recht verschiedener *Staaten*").[59] Davon unberührt bleibt die Möglichkeit, solche Regelwerke im Wege einer materiellen Verweisung heranzuziehen, sie also 56

---

[58] Dazu noch *Canaris* in: Vertragsrechtsvereinheitlichung, S. 17 ff. (ablehnend); *Grundmann* FS Rolland, S. 145 ff.; *ders*. ZHR 163 (1999) 635 ff.; *Leible* ZVglRWiss 97 (1998) 286, 307 ff.; *Mankowski*, in: Leible (Hrsg.), Das Grünbuch zum Internationalen Vertragsrecht (2004), S. 90 ff. (befürwortend).

[59] *Ferrari/ders.*, Art. 3 Rom I-VO Rn. 18 ff.; Reithmann/Martiny/*Martiny*, Rn. 100 ff.; *Pfeiffer*, EuZW 2008, 622, 624; *Plender/Wilderspin*, European Private International Law of Obligations, Rn. 6–011 ff.; ff.; *Spickhoff*, in: Kieninger/Remien (Hrsg.), Europäische Kollisionsrechtsvereinheitlichung, S. 121 f. Anders noch Art. 5 II des Kommissionsvorschlags, KOM(2005) 650 endg., S. 5 f., 16.

wie AGB zu verwenden, dann freilich auch mit entsprechender Kontrolle durch das anwendbare staatliche Recht.[60]

57 **Rechtspolitisch** kann man darüber nach wie vor streiten, ob die Wahl nicht-staatlichen Rechts zugelassen werden sollte. Die wohl überwiegende Meinung lehnt eine Wählbarkeit privater Regelwerke ab. Es ist nicht nur ein formaler Mangel, dass es sich dabei nicht um „Recht" i. S. v. Art. 3 I Rom I-VO handelt, damit verbunden ist auch der Mangel einer demokratischen Legitimation. Eine solche Legitimation hat durchaus auch im Bereich des Vertragsrechts ihre Berechtigung, in dem sonst weithin Vertragsfreiheit regiert. Jedenfalls die regulierenden Elemente des Vertragsrechts, insbesondere der Verbraucherschutz, bedürfen der Legitimation.

3. Kollisionsrecht und das GEK

58 Eines der zentralen Anliegen des Vorschlags für ein Gemeinsames Europäisches Kaufrecht (§ 1 Rn. 44) ist es, ein Instrument zur Verfügung zu stellen, das im grenzüberschreitenden Verkehr **einheitlich angewandt** werden kann, insbesondere ohne dass strengere Schutzvorschriften des Heimatlandes des Verbrauchers nach Art. 6 II 2 Rom I-VO dazwischenfunken. Die Kommission hat gleich auf mehreren Wegen versucht, das sicherzustellen.

59 Erstens soll das GEK nach Vorschlag der Kommission als eine „**fakultative zweite Vertragsrechtsregelung** in jedem Mitgliedstaat" etabliert werden (BE 9 V-GEKVO). Es entsteht gewissermaßen eine „Parallelgesetzgebung" in allen Mitgliedstaaten. Zur Anwendung kommt das GEK dann im Wege eines **zweistufigen Vorgehens** (BE 10 V-GEKVO; s. schon § 1 Rn. 48). In einem ersten Schritt wählen die Parteien nach Art. 3 I Rom I-VO eine nationale Rechtsordnung als das auf ihren Vertrag anwendbare Recht. Innerhalb dieses nationalen Rechts „vereinbaren" sie dann die „Verwendung" des GEK. Dazu erläutert die Kommission: „Die Vereinbarung über die Verwendung des Gemeinsamen Europäischen Kaufrechts sollte daher keine Rechtswahl im Sinne der Kollisionsnormen darstellen und nicht mit einer solchen verwechselt werden; sie sollte unbeschadet der Kollisionsnormen gelten", BE 10 S. 2 V-GEKVO. Handelt es sich bei der „Vereinbarung" des GEK nicht um eine kollisionsrechtliche Rechtswahl, dann soll, so kann man annehmen, nach dem Willen der Kommission auch das Günstigkeitsprinzip von Art. 6 Rom I-VO keine Anwendung finden.

60 Zweitens erwägt die Kommission: Das GEK enthalte „einen vollständigen Satz voll harmonisierter zwingender Verbraucherschutzvorschriften" (BE 11, 12 V-GEKVO). Wenn aber jedes mitgliedstaatliche Recht das GEK als „zweite Vertragsrechtsregelung" enthält und diese jeweiligen „zweiten Vertragsrechtsregelungen" identische „vollständige Sätze voll harmonisierter zwingender Verbraucherschutzvorschriften" enthalten, dann **läuft der Günstigkeitsvergleich** von Art. 6 II 2

---

[60] *Magnus*, IPRax 2010, 27, 33.

V. Kollisionsrecht und Harmonisierungskonzept

Rom I-VO praktisch **leer**. Die Kommission geht m. a. W. davon aus, nur die Wahl erster Stufe sei eine kollisionsrechtliche Rechtswahl und der Günstigkeitsvergleich beziehe sich dann allein auf einen Vergleich der jeweiligen „zweiten Vertragsrechtsregelungen" innerhalb der nationalen Rechtsordnungen. Da dies aber im einen wie im anderen Fall das GEK ist, gibt es keine „günstigeren" Vorschriften, die Vorschriften sind identisch.

Die Kommission verfolgt mit diesen Konstruktionen ein anerkennenswertes Ziel, nämlich den verbraucherschützenden Günstigkeitsvergleich des Art. 6 II 2 Rom I-VO zugunsten von Binnenmarktzielen auszuschalten. Die Konstruktionen, die die Kommission zu diesem Zweck wählt, erscheinen als unnötig kompliziert und in der Sache nicht überzeugend.[61] Der Sache nach stellt die „Vereinbarung" des GEK eine Rechtswahl dar. Angesichts des vergleichsweise hohen Verbraucherschutzniveaus des GEK kann man mit guten Gründen dafür streiten, auf den kollisionsrechtlichen Verbraucherschutz des Art. 6 Rom I-VO zu verzichten. Dass es dabei um eine **Abwägungsentscheidung** geht, bei der die **Binnenmarktzwecke** (die wirtschaftlich auch Verbrauchern zugutekommen sollen) **gegen** den vertragsrechtlichen **Verbraucherschutz** abgewogen werden, sollte man dabei offenlegen.

61

---

[61] S. etwa *Corneloup*, ZEuP 2012, 705, 712 ff. (S. 716: „eine zu komplizierte Lösung […], die in vielen Fällen die Vertragsparteien in die Irre führen kann").

§ 5 Unternehmer und Verbraucher – Dogmatik, Rechtspolitik, Harmonisierungskonzept

Literatur: *Ben-Shahar/Schneider*, The Failure of Mandated Disclosure, U.Pa.L.Rev. 159 (2011), 101 ff.; *G.-P. Calliess*, Grenzüberschreitende Verbraucherverträge (2006); *Dauner-Lieb*, Verbraucherschutz durch Ausbildung eines Sonderprivatrechts für Verbraucher (1983); *Denkinger*, Der Verbraucherbegriff (2007); *Drexl*, Die wirtschaftliche Selbstbestimmung des Verbrauchers (1998); *Eidenmüller*, Der homo oeconomicus und das Schuldrecht: Herausforderungen durch Behavioural Law and Economics, JZ 2005, 216 ff.; *ders.* et al., Revision des Verbraucher-*acquis* (2011); *Gottschalk*, Verbraucherbegriff und Dual-use-Verträge, RIW 2006, 576 ff.; *Grundmann*, Privatautonomie im Binnenmarkt – Information als Instrument, JZ 2000, 1133 ff.; *ders.*, Verbraucherrecht, Unternehmensrecht, Privatrecht – warum sind sich UN-Kaufrecht und EU-Kaufrechts-Richtlinie so ähnlich?, AcP 202 (2002), 40 ff.; *Grunewald/Peifer*, Verbraucherschutz im Zivilrecht (2010); *Heiderhoff*, Grundstrukturen des nationalen und europäischen Verbrauchervertragsrechts (2004); *Herresthal*, Scheinunternehmer und Scheinverbraucher im BGB, JZ 2006, 695 ff.; *Hoon/Mak*, Consumer Empowerment Strategies, ZEuP 2011, 518 ff.; *Hommelhoff*, Verbraucherschutz im System des deutschen und europäischen Privatrechts (1996); *Kind*, Grenzen des Verbraucherschutzes durch Information (1998); *Kohte*, Verletzliche Verbraucher, VuR 2012, 338 ff.; *Leistner*, Der Beitrag der Verhaltensökonomie zum Recht des unlauteren Wettbewerbs, in: Fleischer/Zimmer (Hrsg.), Beitrag der Verhaltensökonomie (Behavioral Economics) zum Handels- und Wirtschaftsrecht (2011), S. 122 ff.; *Loacker*, Der Verbrauchervertrag im internationalen Privatrecht (2006); *ders.*, Verbraucherverträge mit gemischter Zwecksetzung, JZ 2013, 234 ff.; *ders.*, Verhaltensökonomik als Erkenntnisquelle für die Rechtsetzung, in: Verschraegen (Hrsg.), Interdisziplinäre Studien zur Komparatistik und zum Kollisionsrecht Bd. III (2012), S. 45 ff.; *Martinek*, Unsystematische Überregulierung und kontraintentionale Effekte im Europäischen Verbraucherschutzrecht, in: Grundmann (Hrsg.), Systembildung und Systemlücken in Kerngebieten des Europäischen Privatrechts (2000), S. 511 ff.; *Medicus*, Schutzbedürfnisse (insbesondere Verbraucherschutz) und das Privatrecht, JuS 1996, 761 ff.; *Meller-Hannich*, Verbraucherschutz im Schuldvertragsrecht (2005); *Micklitz*, Brauchen Konsumenten und Unternehmen eine neue Architektur des Verbraucherrechts? Verhandlungen des 69. Deutschen Juristentages Band I: Gutachten/Teil A (2012); *ders./Reich/Rott*, Understanding EU Consumer Law (2009); *Peintinger*, Der Verbraucherbegriff im Lichte der [VRRL] und des [GEK-Vorschlags], GPR 2013, 24 ff.; *Pfeiffer*, Verbraucherrecht mit vielen Säulen, NJW 2012, 2609 ff.; *Purnhagen*, Die Auswirkungen der neuen EU-Richtlinie auf das deutsche Verbraucherrecht, ZRP 2012, 36 ff.; *Reich/Micklitz*, Europäisches Verbraucherrecht (4. Aufl. 2003); *Rehberg*, Der staatliche Umgang mit Information – Das Europäische Informationsmodell im Lichte von Behavioral Economics, in: Eger/Schäfer (Hrsg.), Ökonomische Analyse der europäischen Zivilrechtsentwicklung (2007), S. 284 ff.; *Riesenhuber*, Kein Zweifel für den Verbraucher, JZ 2005, 829 ff.; *ders./v. Vogel*, Sind Arbeitnehmer Verbraucher i. S. v. § 13 BGB?,

JURA 2006, 81 ff.; *Rösler*, Europäisches Konsumentenvertragsrecht (2004) (dazu *meine* Besprechung in ZHR 169 (2005), 103 ff.); *ders.*, Primäres EU-Verbraucherrecht: Vom Römischen Vertrag bis zum Vertrag von Lissabon, EuR 2008, 800 ff.; *ders.*, Schutz des Schwächeren im Europäischen Vertragsrecht, RabelsZ 73 (2009), 889 ff.; K. *Schmidt*, Verbraucherbegriff und Verbrauchervertrag – Grundlage des § 13 BGB, JuS 2006, 1 ff.; *Schmidt-Kessel*, Vom Beruf unserer Zeit für Gesetzgebung und Wissenschaft auf dem Gebiete des Verbraucherrechts, VuR 2012, 350 ff.; *Schön*, Zwingendes Recht oder informierte Entscheidung – zu einer (neuen) Grundlage unserer Zivilrechtsordnung, FS Canaris (2007), S. 1191 ff.; *Schürnbrand*, Zwingender Verbraucherschutz und das Verbot unzulässiger Rechtsausübung, JZ 2009, 133 ff.; *Sedlmeier*, Rechtsgeschäftliche Selbstbestimmung im Verbrauchervertrag (2012); *Study Group on Social Justice in European Private Law*, Social Justice in European Contract Law: a Manifesto, ELJ 10 (2004), 653 ff.; *Tamm*, Verbraucherschutzrecht: Europäisierung und Materialisierung des deutschen Zivilrechts und die Herausbildung eines Verbraucherschutzprinzips (2011); *Ultsch*, Der einheitliche Verbraucherbegriff (2005); *v. Vogel*, Verbrauchervertragsrecht und allgemeines Vertragsrecht (2006); *Wagner*, Die soziale Frage und der Gemeinsame Referenzrahmen: ZEuP 2007, 180 ff.; *Weatherill*, EU Consumer Law and Policy (2005); s. a. die Literaturhinweise zu § 3 zur Mindest- und Vollharmonisierung

I. Sachfragen und Übersicht

1. Sachfragen

Europäisches Vertragsrecht ist durchgehend auf Unternehmer anwendbar, in weiten Teilen auch auf Verbraucher und in manchen Teilen auf jedermann. 1

Unternehmer-Verbraucher	Jedermann-Jedermann	Unternehmer-Unternehmer
HtRL*	RDRL†	HVertrRL
FARL*	GDRL†	WerbRL
VRRL*	EComRL	ZVerzRL
KlauselRL*	PRRL	
VKRL*	Rom I-VO, Rom II-VO	
VerbrKrRL*		
TSRL*		
UGPRL		

* Es handelt sich um Mindestvorgaben, das nationale Recht kann den persönlichen Schutzbereich auch auf Nicht-Verbraucher erweitern.
† Wie sich aus Art. 3 I GDRL und Art. 3 I h) RDRL ergibt, verpflichten die Richtlinien nur den Anbieter von Gütern und Dienstleistungen, die der Öffentlichkeit ohne Ansehen der Person zur Verfügung stehen. Im Ergebnis läuft auch das auf eine Unternehmer-Verbraucher-Regelung hinaus.

„Unternehmer" und „Verbraucher" sind daher Grundkonzepte des Europäischen 2 Vertragsrechts, die der Gesetzgeber weithin zur Bestimmung des persönlichen Anwendungsbereichs verwendet. Die Definition und Abgrenzung der Begriffe ist daher zunächst für das geltende Recht zentral (II.1.). Das Verbraucherschutzkonzept des Europäischen Vertragsrechts (V.), das sich auf dieser Grundlage aus der Verwendung der spezifischen Verbraucherschutzinstrumente ergibt (III.), ist Gegenstand andauernder rechtspolitischer Diskussion (II.2.). Das sog. Verbraucherleitbild hat sowohl rechtspolitische als auch rechtsdogmatische Bedeutung (Rn. 34.) und verdeutlicht in Zusammenschau mit den Verbraucherschutzinstrumenten das Verbraucherschutzkonzept. Die Ausgestaltung des Europäischen Vertragsrechts als Unternehmer- und Verbraucherrecht ist nicht zuletzt für das Verständnis des Harmonisierungskonzepts von Bedeutung (VI.). Bevor wir uns diesen Einzelfragen zuwenden, ist kurz in Erinnerung zu rufen, welche primär- und kollisionsrechtlichen Grundlagen sich in den voranstehenden Kapiteln für die Ausgestaltung des Europäischen Vertragsrechts als Unternehmer- und Verbraucherrecht ergeben haben.

2. Resümee: Unternehmer und Verbraucher im Primär- und Kollisionsrecht

3   Verbraucherschutz ist in Art. 38 GRCh als ein **soziales Grundrecht** ausgewiesen, das freilich weitgehend konturlos bleibt (näher § 2 Rn. 19). Art. 38 GRCh bezieht sich auf Art. 169 AEUV, der seinerseits Verbraucherschutz als ein **Ziel der Union** benennt, das zum einen im Rahmen der **Rechtsangleichung** zur Verwirklichung des Binnenmarktes gem. Art. 114 AEUV verfolgt wird (dort bindet Art. 114 III AEUV die Rechtsetzungsorgane, von einem hohen Verbraucherschutzniveau auszugehen), zum anderen im Rahmen einer besonderen „Unterstützungskompetenz" (näher § 3 Rn. 29). Nach der **Querschnittsklausel** des Art. 12 AEUV wird den Erfordernissen des Verbraucherschutzes bei der Festlegung und Durchführung der anderen Unionspolitiken und -maßnahmen Rechnung getragen.

4   Im Rahmen der Grundfreiheiten hat sich einerseits gezeigt, dass mitgliedstaatliche Verbraucherschutzvorschriften **Beschränkungen** für den grenzüberschreitenden Verkehr darstellen können. Andererseits gehört Verbraucherschutz zu den „zwingenden Gründen des **Allgemeininteresses**", die, im Rahmen der Verhältnismäßigkeit, Beschränkungen der Grundfreiheiten rechtfertigen können (näher § 2 Rn. 27). Soweit mitgliedstaatliche Verbraucherschutzvorschriften zur Erreichung dieses Schutzzwecks verhältnismäßig sind, können sie daher ungeachtet ihrer beschränkenden Wirkung auch Anbietern aus anderen Mitgliedstaaten entgegengehalten werden; die deregulierende Wirkung der Grundfreiheiten versagt hier. Im Rahmen der **Verhältnismäßigkeit** kann der Verbraucherschutz durch **Information** im Vergleich zur inhaltlichen Beschränkung das mildere Mittel darstellen (sog. Informationsmodell, § 2 Rn. 29).

5   Unternehmer können Beschränkungen, die sich aus nationalen Verbraucherschutzvorschriften ergeben, auch nicht durch **Rechtswahl** vermeiden. Die Schutzvorschriften des Staates des gewöhnlichen Aufenthalts des Verbrauchers setzen sich nach dem **Günstigkeitsprinzip** auch gegen eine Rechtswahl durch, Art. 6 II 2 Rom I-VO (§ 4 Rn. 32). Gerade aus diesen Gründen kann eine Rechtsangleichung zur

Verwirklichung des Binnenmarktes (Art. 114 AEUV) geboten erscheinen (näher § 3 Rn. 11 ff.).

II. Persönliche und sachliche Abgrenzung

1. Unternehmer- und Verbraucherbegriff

a) Definitionen

Die Definitionen von Unternehmer und Verbraucher variieren in den seit 1985 sukzessive verabschiedeten Regelungen des Europäischen Vertragsrechts etwas, sind aber im Kern gleich.[1] Zuletzt hat der Gesetzgeber die Begriffe in der Verbraucherrechterichtlinie definiert.[2]

6

„**Unternehmer**" ist nach Art. 2 Nr. 2 VRRL „jede natürliche oder juristische Person, unabhängig davon, ob letztere öffentlicher oder privater Natur ist, die bei von dieser Richtlinie erfassten Verträgen selbst oder durch eine andere Person, die in ihrem Namen oder Auftrag handelt, zu Zwecken tätig wird, die ihrer gewerblichen, geschäftlichen, handwerklichen oder beruflichen Tätigkeit zugerechnet werden können". Mit der Aufzählung „gewerblicher, geschäftlicher, handwerklicher oder beruflicher" Tätigkeiten (*trade, business, craft or profession*; *commerciale, industrielle, artisanale ou libérale*) soll das *selbständige Handeln am Markt* umfassend erfasst werden. Ungeachtet der missverständlichen deutschen Sprachfassung ist auch mit der Bezeichnung als „beruflich" nur die selbständige berufliche Tätigkeit etwa eines Rechtsanwalts oder Maklers erfasst, nicht die unselbständige des Arbeitnehmers.[3] Zusammenfassend kann man sagen: Erfasst werden die **professionell** Handelnden, unabhängig von ihrer Rechtsform.

7

Art. 2 Nr. 2 VRRL enthält eine **Zurechnungsregel** für den Fall, dass eine Person *durch eine andere Person*, die in ihrem Namen handelt, zu Zwecken tätig wird, die ihrer gewerblichen, geschäftlichen, handwerklichen oder beruflichen Tätigkeit zugerechnet werden können. Ob der Dritte selbst Unternehmer oder Verbraucher ist, ist irrelevant. Für die Haustürgeschäfterichtlinie hatte der EuGH zudem klargestellt, dass es für die Anwendung der Richtlinie nicht darauf ankommt, ob der Hintermann wusste oder wissen musste, dass der Vertrag in

8

---

[1] S. etwa *Meller-Hannich*, Verbraucherschutz im Schuldvertragsrecht, S. 73 f.; *Ultsch*, Der einheitliche Verbraucherbegriff (2005). Divergenzen bestehen zwischen den Verbraucherbegriffen des Primär- und Sekundärrechts, des IPR und der nationalen Rechte; für eine Vereinheitlichung *Peintinger*, GPR 2013, 24 ff.

[2] Dazu *Purnhagen*, ZRP 2012, 36 ff. S. ferner die Definitionsnormen der Art. 2 HtRL, Art. 2 Nr. 2 und 3 FARL, Art. 2 c) und d) FFRL, Art. 2 e) EComRL, Art. 2 d) WerbRL, Art. 2 a) und b) UGPRL, Art. 2 b) und c) AGBRL, Art. 1 II a) und c) VKRL, Art. 3 a) und b) VerbrKrRL, Art. 2 Nr. 3 ZVerzRL; vgl. auch Art. 1 II HVertrRL. Zu Art. 2 Nr. 4 PRRL unten, Rn. 17, zu Art. 2 Sps. 3 und 4 TSRL unten Rn. 18.

[3] MünchKommBGB/*Micklitz*, § 14 BGB Rn. 30 ff.; a.M. *Gregor*, GPR 2007, 73 ff.; Wolf/Lindacher/Pfeiffer/*Wolf*, AGB-Recht (5. Aufl. 2009), Art. 2 RL Rn. 15.

einer Haustürsituation geschlossen wurde.⁴ Anders als noch nach Art. 2 a. E. HtRL wird Dritte, der im Namen und für Rechnung eines Unternehmers (Gewerbetreibenden) handelt aber nicht selbst als Unternehmer definiert.⁵ Insoweit erfolgt eine Kanalisierung auf den Hintermann. Das kann etwa bei „Kunden werben Kunden"-Aktionen von Bedeutung sein.

9 **„Verbraucher"** ist „jede natürliche Person, die bei von dieser Richtlinie erfassten Verträgen zu Zwecken handelt, die außerhalb ihrer gewerblichen, geschäftlichen, handwerklichen oder beruflichen Tätigkeit liegen", Art. 2 Nr. 1 VRRL. Positiv gewendet geht es hier um den **„privat"** Handelnden. Hier kommen freilich nur *natürliche Personen* in Betracht, nicht auch juristische Personen.⁶ *Arbeitnehmer* als solche sind europarechtlich keine Verbraucher, doch schließt das nicht aus, sie nach nationalem Recht als Verbraucher zu behandeln.⁷

10 Eine Regelung für die **Zurechnung** von Verhalten Dritter fehlt hier, indes ohne dass man dieses Schweigen als negative Regelung in dem Sinne verstehen dürfte, eine Zurechnung sei ausgeschlossen.⁸ Handelt ein Unternehmer als Dritter, z. B. ein beruflich tätiger Vermittler, im eigenen Namen (mittelbare Stellvertretung, Treuhand), so spricht das formal ebenso wie in der Sache (Interessen der Beteiligten: des Dritten sowie des Unternehmers auf der anderen Seite) gegen die Anwendbarkeit der Verbraucherschutzvorschriften. Bei Stellvertretung durch einen Unternehmer ist der Verbraucherschutz nur formal begründet, sachlich indes nicht. Selbstverständlich kann der Vertrag zwischen Verbraucher und Vermittler seinerseits verbraucherschützenden Regelungen unterliegen, z. B. wenn er an der Haustür oder im Fernabsatz geschlossen wird. Umgekehrt ist nach Sinn und Zweck der Vorschriften (und nach dem Effektivitätsgebot) im nationalen Recht Umgehungskonstruktionen vorzubeugen, etwa im Falle einer vom Unternehmer veranlassten oder gesteuerten Einschaltung eines Verbrauchergehilfen.

11 Entscheidend für die Zuordnung zu der einen oder anderen Kategorie, Unternehmer oder Verbraucher, ist mithin die **Zwecksetzung** des Handelns. Im Hinblick auf die Zwecksetzung handelt es sich um („echte") Alternativen: entweder man handelt zu gewerblichen, geschäftlichen, handwerklichen oder beruflichen Zwecken oder nicht, *tertium non datur*. Da indes nur natürliche Personen als Verbraucher qualifiziert werden können, bleibt als dritte Kategorie die Gruppe der **juristischen Personen, die zu privaten Zwecken handeln**, also etwa der Idealverein (Kleingartenverein, Sportverein, ...).⁹ Die Zwecksetzung muss auf Verträge bezogen sein (Art. 2 Nr. 1 und 2 VRRL: „*bei* von dieser Richtlinie erfassten Verträgen" *in relation to contracts covered by this Directive*; Art. 1 VRRL: „in Bezug auf Verträge"). Da es

---

⁴ EuGH Rs. C-229/04 *Crailsheimer Volksbank*, Slg. 2005, I-9273 Rn. 41 ff.
⁵ A. M. *Purnhagen*, ZRP 2012, 36, 38.
⁶ Zu Art. 2 b) AGBRL EuGH verb. Rs. C-541/99 und C-542/99 *Cape und Idealservice*, Slg. 2001, I-9049 Rn. 15–17.
⁷ Dazu nur *Riesenhuber/v. Vogel*, JURA 2006, 81 ff.; K. *Schmidt*, JuS 2006, 1, 5 f.
⁸ Erwägungen dazu etwa bei MünchKommBGB/*Micklitz*, § 13 BGB Rn. 24.
⁹ Aus diesem Grund ist es nur im Hinblick auf die Zwecksetzung richtig, von „konträren Gegensätzen" zu sprechen, wie *Gregor*, GPR 2007, 73 ff. vorschlägt. Mit guten Gründen (rechtspolitisch) kritisch K. *Schmidt*, JuS 2006, 1, 4 f. (auch zur Frage der Behandlung der BGB-Außengesellschaft und der Wohnungseigentümergemeinschaft).

vielfach um vorvertragliche Pflichten geht, versteht sich, dass es nicht darauf ankommt, dass der Vertrag schon geschlossen wurde; der Schutz setzt bereits vorvertraglich bei **Vertragsanbahnung** und, im Lauterkeitsrecht, Werbung ein.[10]

Unsicher ist, ob der Unternehmer i. S. dieser Definitionen auch derjenige ist, der ein **branchenfremdes Nebengeschäft** abschließt, also etwa den Firmenwagen an einen Verbraucher verkauft. Der BGH hat das im Hinblick auf den Verbraucherkredit sowie den Verbrauchsgüterkauf bejaht.[11] Dasselbe Ergebnis legt für das Europäische Vertragsrecht der weit gefasste Wortlaut der Unternehmerdefinition nahe, wonach es darauf ankommt, ob die Person „zu Zwecken tätig wird, die ihrer gewerblichen, geschäftlichen, handwerklichen oder beruflichen Tätigkeit *zugerechnet werden* können". Demgegenüber tritt in den Hintergrund, dass der Unternehmer bei branchenfremden Nebengeschäften keine besondere Expertise hat und der Verbraucher diese auch nicht erwartet. 12

b) „Scheinunternehmer"

Die Verbraucherdefinition lässt nicht erkennen, ob es auf die *objektive oder subjektive Zwecksetzung* ankommt, daher ist unklar, wie Geschäfte zu behandeln sind, bei denen eine natürliche Person ihre private Zwecksetzung verschleiert und **sich als Unternehmer ausgibt**, z.B. um in den Genuss von Händler-Vorzugsbedingungen zu kommen. Für das deutsche Recht hat der BGH dem Verbraucher die Berufung auf seine Verbrauchereigenschaft als treuwidriges *venire contra factum proprium* versagt.[12] Wenn man dasselbe Ergebnis nicht schon europarechtlich begründet, so dürfte es mit den Umsetzungspflichten vereinbar sein, vorausgesetzt, dass entsprechende Rechte nationaler Herkunft ebenso begrenzt sind und der Verbraucherschutz dadurch nicht ausgehebelt wird (Äquivalenz- und Effektivitätsgebot; s. o. § 1 Rn. 35).[13] Unter dem Gesichtspunkt der Effektivität dürfte die Treuwidrigkeitsschranke etwa in Kollusionsfällen (einvernehmliches Zusammenwirken von Unternehmer und Verbraucher zum Zweck der Vermeidung des Verbraucherschutzes) nicht eingreifen.[14] 13

c) Verträge mit doppelter Zwecksetzung

Wenn eine natürliche Person zugleich zu beruflichen und privaten Zwecken handelt, etwa ein Handwerker oder Rechtsanwalt einen Computer zugleich fürs Büro und für Privatnutzung kauft, stellt sich die Frage, ob sie sich ungeachtet der auch-beruflichen Zwecke auf den Verbraucherschutz berufen kann; sog. **Problema- 14

---

[10] *Purnhagen*, ZRP 2012, 36, 38.
[11] BGHZ 179, 126; BGH, NJW 2011, 3435.
[12] BGH, NJW 2005, 1045; *Harke*, Besonderes Schuldrecht, Rn. 21 (i. Erg. ebenso, aber konstruktiv anders); *Wolf/Neuner*, Allgemeiner Teil, § 15 Rn. 17; differenzierend *Herresthal*, JZ 2006, 695 ff.; abl. *Schürnbrand*, JZ 2009, 133 ff.
[13] Vgl. auch *Herresthal*, JZ 2006, 695, 705 ff.
[14] So schon nach nationalem Recht K. *Schmidt*, JuS 2006, 1, 8.

tik der doppelten Zwecksetzung (*dual use*). In einer Entscheidung zur EuGVO hat der EuGH ein Geschäft mit doppelter Zwecksetzung nicht als Verbrauchervertrag angesehen; anderes komme nur in Betracht, wenn der berufliche oder gewerbliche Zweck völlig untergeordnet ist (*Vernachlässigbarkeitstest*).[15] In den Begründungserwägungen zur Verbraucherrechterichtlinie hat sich der Gesetzgeber jetzt für eine Lösung nach dem **Schwerpunkt** der Zwecksetzung ausgesprochen (*Schwerpunkttest*):[16] Wer einen Vertrag mit doppeltem Zweck schließt, ist Verbraucher, wenn nicht der gewerbliche Zweck im Gesamtzusammenhang des Vertrags überwiegt, BE 17 VRRL. Dabei schwebt dem Gesetzgeber offenbar sogar eine Vermutung für die Verbrauchereigenschaft vor, wie sich aus der negativen Formulierung („nicht überwiegend") ergibt. Diese Erwägungen finden sich zwar im verfügenden Teil der Richtlinie nicht ausdrücklich wieder, lassen sich aber bei der Auslegung der Verbraucherdefinition von Art. 2 Nr. 1 VRRL (wenn man die Wortlautgrenze für überschritten hält: bei deren analoger Anwendung zur Lückenschließung) berücksichtigen. Rechtspolitisch kann über die Angemessenheit dieser Lösung streiten.[17] Zum einen kann man schon bei „auch-beruflichem" Handeln die höheren Verhaltensforderungen erwarten, die an professionell Handelnde gestellt werden. Zum anderen wirft eine Schwerpunkt-Lösung in der Praxis Abgrenzungs- und Beweisfragen auf.

15 Eine weite Auslegung des Verbraucherbegriffs ist eine **zweischneidige Sache**. „Unternehmer" und „Verbraucher" sind weitgehend echte Alternativen (s. o., Rn. 11): Wer nicht Unternehmer ist, ist Verbraucher. Das bedeutet, dass man den Verbraucherbegriff nur auf Kosten des Unternehmerbegriffs ausdehnen kann. Da aber weiterhin die Anwendung von Verbraucherschutzvorschriften im Vertragsrecht regelmäßig voraussetzt, dass ein Vertrag zwischen Unternehmer und Verbraucher geschlossen wird, kann die *Erweiterung des Verbraucherbegriffs zur Verengung des Anwendungsbereichs des Verbraucherschutzrechts* führen.[18] Der Handwerker, der beim Kauf des Computers Verbraucherschutz genießt, ist auch bei der Weiterveräußerung an einen „anderen" Verbraucher nicht Unternehmer.

d) Verbraucher im formellen und im materiellen Sinne

16 Bei zwei Richtlinien fällt die Abgrenzung des persönlichen Anwendungsbereichs aus diesem Rahmen. Die Pauschalreiserichtlinie schützt „Verbraucher", bezeichnet damit aber der Sache nach den Reisenden (*Verbraucher im formellen Sinn*). Und die Timesharingrichtlinie schützt den „Erwerber", bezeichnet damit aber der Sache nach Verbraucher (*Verbraucher im materiellen Sinn*). Es kommt darin die bekannte

---

[15] EuGH Rs. C-464/01 *Gruber*, Slg. 2005, I-439 Rn. 30 ff.; dazu etwa *Gottschalk*, RIW 2006, 576 ff. Für das deutsche Recht ebenso (und mit Nachweisen zur Gegenmeinung) *Wolf/Neuner*, Allgemeiner Teil, § 15 Rn. 13.

[16] Dafür etwa auch *Sedlmeier*, Rechtsgeschäftliche Selbstbestimmung im Verbrauchervertrag, S. 384 ff. m. w. N.

[17] Krit. zuletzt *Loacker*, JZ 2013, 234 ff.

[18] *Gottschalk*, RIW 2006, 576, 578; *Loacker*, JZ 2013, 234, 237 (mit Hinweis auf daraus resultierende Umsetzungsfragen).

Relativität der Rechtsbegriffe zum Ausdruck, die zwar methodisch keine Schwierigkeiten bereitet, im Interesse der Rechtssicherheit und Rechtsklarheit aber bei sachlich zusammengehörigen oder eng verwandten Rechtsakten vermieden werden sollte. Bei näherer Hinsicht erweist sich, dass der Gesetzgeber mit den besonderen Begriffsbestimmungen dieser Richtlinien spezielle rechtsetzungstechnische Interessen verfolgt hat.

Nach Art. 2 Nr. 4 **Pauschalreiserichtlinie** ist Verbraucher [1] die Person, welche die Pauschalreise bucht oder zu buchen sich verpflichtet („der Hauptkontrahent"), oder [2] jede Person, in deren Namen der Hauptkontrahent sich zur Buchung der Pauschalreise verpflichtet („die übrigen Begünstigten"), oder [3] jede Person, der der Hauptkontrahent oder einer der übrigen Begünstigten die Pauschalreise abtritt („der Erwerber"). Der Verbraucherbegriff wird hier zu dem rechtsetzungstechnischen Zweck verwendet, die verschiedenen Gruppen geschützter Personen mit einem Wort zu erfassen. Mit der sonst gebräuchlichen Verwendung des Begriffs hat das nichts zu tun.   17

Nach Art. 2 Sps. 3 **Timesharingrichtlinie** ist „Erwerber" [1] jede natürliche Person, [a] der das im Vertrag vorgesehene Recht übertragen wird oder [b] zu deren Gunsten es begründet wird und die [2] bei den unter diese Richtlinie fallenden Vertragsabschlüssen für einen Zweck handelt, der als außerhalb ihrer Berufsausübung liegend betrachtet werden kann. Hier nimmt der Gesetzgeber mit dem zweiten Halbsatz die für den herkömmlichen Verbraucherbegriff kennzeichnende Beschränkung des persönlichen Anwendungsbereichs auf privat Handelnde vor. Der erste Halbsatz nimmt zum einen Bezug auf den spezifischen Gegenstand des Timesharingvertrags, zum anderen dient er rechtstechnisch dazu, Drittbegünstigte in die Definition einzubeziehen.   18

2. Der sachliche Anwendungsbereich des Verbraucherschutzes

Die Verbrauchereigenschaft ist zwar notwendige, aber nicht hinreichende Voraussetzung für den Verbraucherschutz im europäischen Vertragsrecht. Natürliche Personen, die zu privaten Zwecken handeln, werden nur bei bestimmten Vertriebsformen, bei der Vertragsgestaltung durch AGB sowie bei bestimmten Geschäften geschützt.[19]   19

a) Schutz bei bestimmten Vertriebsformen

An bestimmte Vertriebsformen knüpften die **Haustürgeschäfterichtlinie** und die **Fernabsatzrichtlinie**(n) an, die jetzt in der **Verbraucherrechterichtlinie** aufgegangen sind. Bei „Haustürgeschäften" sieht man die besondere Schutzbedürftigkeit in der Überrumpelung des Verbrauchers begründet, die ihm eine informierte Ent-   20

---

[19] S.a. *Meller-Hannich*, Verbraucherschutz im Schuldvertragsrecht, S. 73 f. und *passim*.

scheidung erschwert (näher § 8 Rn. 14). Problematischer ist die Begründung des Verbraucherschutzes beim Fernabsatz, der in seiner heute wichtigsten Form des Internetvertriebs eine informierte Entscheidung in vielerlei Hinsicht erleichtert. In einer Hauptbegründung sieht man den Verbraucherschutz deshalb als gerechtfertigt an, weil der Verbraucher beim Warenkauf im Fernabsatz anders als beim Ladengeschäft im Vorhinein keine Inspektionsmöglichkeit hat (näher § 8 Rn. 10). Die Verbraucherrechterichtlinie enthält jetzt freilich auch Schutzvorschriften für andere als außerhalb von Geschäftsräumen und im Fernabsatz geschlossene Verträge.

21   In der Rechtssache *Dietzinger* war dem EuGH die Frage gestellt, ob auch die Bürgschaft eines Verbrauchers („Verbraucherbürgschaft") in den Schutzbereich der Haustürgeschäfterichtlinie fällt.[20] Das war zweifelhaft weil die Richtlinie „für Verträge (gilt), die zwischen einem Gewerbetreibenden, der Waren liefert oder Dienstleistungen erbringt, und einem Verbraucher geschlossen werden", Art. 1 I HtRL. Der Gerichtshof bejaht das nur eingeschränkt: Erfasst sei nur die Verbraucherbürgschaft für eine Verbraucherhauptschuld, sowohl Bürgschaftsvertrag als auch der Vertrag, aus dem die Hauptschuld herrührt, müssten Verbraucherverträge sein.[21] In der Entscheidung *Berliner Kindl* hat der Gerichtshof die Frage *obiter* noch einmal angesprochen – allerdings eher undeutlich – und wohl bestätigt.[22] Durch die Verbraucherrechterichtlinie dürfte die Frage jetzt obsolet sein, denn diese gilt nach Art. 3 I „für jegliche Verträge, die zwischen einem Unternehmer und einem Verbraucher geschlossen werden".

b) Schutz bei bestimmten Formen der Vertragsgestaltung

22   An die Vertragsgestaltung knüpft die **AGB-Richtlinie** an, die nicht-ausgehandelte Vertragsklauseln einer Inhaltskontrolle unterwirft. Dass diese Inhaltskontrolle im Grundsatz sachlich gerechtfertigt ist, ist weithin anerkannt. Zweifelhaft ist indes, ob es sich dabei um ein Problem des Verbraucherschutzes handelt. Sieht man die gerichtliche Inhaltskontrolle darin begründet, dass bei vorformulierten Klauseln, insbesondere bei AGB die Marktkontrolle nicht funktioniert (Marktversagen), so ist das kein Spezifikum von Verbraucherverträgen (s. noch sogleich Rn. 26 und unten § 10 Rn. 2).

c) Schutz bei bestimmten Geschäften

23   An bestimmte Geschäfte knüpfen vor allem die Timesharingrichtlinie und die Verbraucherkreditrichtlinie, die Pauschalreiserichtlinie und die Verbrauchsgüterkaufrichtlinie an. Beim **Timesharing** geht es um einen Vertrag, der als Rechtsprodukt verhältnismäßig komplex ist. Die weitere Begründung eines besonderen Verbraucherschutzes, dass solche Verträge oft unüberlegt im Urlaub geschlossen würden,

---

[20] EuGH Rs. C-45/96 *Dietzinger*, Slg. 1998, I-1199.
[21] Krit. Diskussion etwa bei *Sedlmeier*, Rechtsgeschäftliche Selbstbestimmung im Verbrauchervertrag, S. 437 ff.
[22] EuGH Rs. C-208/98 *Berliner Kindl*, Slg. 2000, I-1741 Rn. 24.

wird zwar durch die Entscheidungspraxis der Gerichte belegt, findet aber in den Schutzinstrumenten der Richtlinie keine Berücksichtigung. Bei der **Verbraucherkreditrichtlinie** geht es um einen Vertrag, der für Verbraucher wegen der zeitlich verschobenen Belastung besondere Verlockungswirkung hat (näher § 12).

Nur begrifflich dem Verbraucherrecht zugeordnet ist die **Pauschalreiserichtlinie**, deren Schutz, wie wir gesehen haben (Rn. 17), jedermann zukommt, auch dem Geschäftsreisenden, der eine Mehrheit von Reiseleistungen „kauft" (näher § 13). Das kann man mit der Erwägung rechtfertigen, dass auch von professionell Handelnden in diesem Bereich keine Expertise zu erwarten ist und die Dienstleistung des Pauschalreiseanbieters spezifisch darin liegt, diese Expertise zur Verfügung zu stellen. Dem Gesetzgeber dürfte indes vor Augen gestanden haben, dass es in der Praxis nur um Urlaubsreisen privat Handelnder gehen wird. Durch die Schutzvorschriften soll vor allem der Erholungsurlaub sichergestellt werden. 24

Auch die **Verbrauchsgüterkaufrichtlinie** knüpft an einen speziellen Vertragstyp an, den Kaufvertrag. Dieser weist indes keine spezifischen Gefahrenelemente für Verbraucher auf, und in der Tat entsprechen die Regeln der Richtlinie weitgehend den allgemeinen kaufrechtlichen Regeln, ja sogar den Regeln des UN-Kaufrechts CISG, das für grenzüberschreitende Kaufverträge zwischen Unternehmern konzipiert ist.[23] Der Grund für die Begrenzung des persönlichen Schutzbereichs auf Verbraucher wird daher eher in den beschränkten Kompetenzen der Union gesehen, das Angleichungsziel eher darin, das Verbrauchervertrauen durch unionsweit verlässliche Mindeststandards zu stärken (BE 5 VKRL) (näher § 11). 25

d) Unternehmensgründungsgeschäfte und Unternehmensgrundgeschäfte

Grenzbereiche stellen Unternehmensgründungsgeschäfte wie z.B. die Aufnahme eines Gründungsdarlehens und Unternehmensgrundgeschäfte, z.B. im Zusammenhang mit der Veräußerung eines Unternehmens, dar. In der Rechtssache *Di Pinto* war dem EuGH die Frage gestellt, ob der Vertrag über ein Inserat, mit dem der Kunde sein Unternehmen zum Verkauf anzeigte, in den Anwendungsbereich der Haustürgeschäfterichtlinie fällt.[24] Der EuGH verneint das mit den überzeugenden Erwägungen, dass die den **Unternehmensverkauf** vorbereitenden Geschäfte zwar Ausnahmecharakter haben und letztendlich die Beendigung der beruflichen oder gewerblichen Tätigkeit vorbereiten, aber dennoch mit dieser Tätigkeit in Zusammenhang stehen. Es gehe um die Befriedigung anderer als familiärer oder persönlicher Bedürfnisse. Dem Einwand der Kommission, der Unternehmer sei bei einem Haustürgeschäft zum Zweck des Verkaufs seines Gewerbebetriebs ähnlich unvorbereitet „wie ein einfacher Verbraucher", folgt der Gerichtshof zu Recht nicht. „[E]in durchschnittlich erfahrener Gewerbetreibender (kennt) den Wert seines Ge- 26

---

[23] *Grundmann*, AcP 202 (2002), 40 ff.
[24] EuGH Rs. C-361/89 *Di Pinto*, Slg. 1991, I-1189. Zu Art. 13 EuGVÜ ebenso EuGH Rs. C-269/95 *Beninacasa*, Slg. 1995, I-3767 Rn. 11 ff.

werbebetriebs und die Bedeutung aller Rechtsgeschäfte, die dessen Verkauf erfordert, (...) so dass er entsprechende Verpflichtungen nicht unüberlegt und nur aufgrund eines Überraschungseffekts eingehen wird". (Freilich lasse die Mindeststandardklausel der Richtlinie zu, dass das mitgliedstaatliche Recht den Schutz auch auf Unternehmer erstrecke.)

27 Bereits seit längerem erörtert wird die Erstreckung von Verbraucherschutzvorschriften auf **Unternehmensgründer**.[25] Dabei ist vor allem an die Qualifizierung des Gründungsdarlehens als Verbraucherkredit zu denken. *De lege lata*, aber auch rechtspolitisch ist das abzulehnen. Beim Erwerb eines neuen Fernsehgerätes mag sich ein Verbraucher verlocken lassen, bei der Gründung eines Unternehmens muss der angehende Unternehmer nüchtern kalkulieren.[26]

28 Noch weitergehend wird außerdem die Erweiterung des Verbraucherschutzes auf auch kleine und mittlere Unternehmen (KMU) diskutiert.[27] Zum Beispiel kann man an den Erwerb von Büromaterial an der Haustür oder im Fernabsatz oder an die Kontrolle von AGB im Unternehmensverkehr denken. Tatsächlich sieht man im deutschen Recht die AGB-Kontrolle nicht als spezifisches Verbraucherschutzproblem an, sondern als Frage des allgemeinen Vertragsrechts, vgl. § 310 I BGB. Im Übrigen erscheint die Erweiterung des Verbraucherschutzes indes als bedenklich. Soweit es um den Schutz vor unüberlegten (uninformierten) Entscheidungen geht, gilt wiederum: Den Unternehmer zeichnet gerade die nüchterne Erwägung seiner Geschäftsangelegenheiten aus. Von Unternehmen ist ein erhöhtes Maß an Selbstverantwortung zu erwarten, im Verhältnis zwischen Unternehmen auch aus Gründen der Verlässlichkeit und der Leichtigkeit des Geschäftsverkehrs.

III. Die Instrumente des Verbraucherschutzes[28]

29 Das zentrale Instrument des Verbraucherschutzes im Europäischen Vertragsrecht ist **Information** (Informationsmodell).[29] Sowohl die vertriebsbezogene Verbrau-

---

[25] Zum deutschen Recht nur *Wolf/Neuner*, Allgemeiner Teil, § 15 Rn. 12.
[26] *Riesenhuber*, in: ders. (Hrsg.), Das Prinzip der Selbstverantwortung, S. 218 f.; *Sedlmeier*, Rechtsgeschäftliche Selbstbestimmung im Verbrauchervertrag, S. 393 ff.; K. *Schmidt*, JuS 2006, 1, 5. Tendenziell positiver noch *Riesenhuber*, System und Prinzipien des Europäischen Vertragsrechts, S. 264.
[27] Für KMU enthalten sowohl das europäische wie auch das nationale Recht vielfach besondere Vorschriften. Eine **Definition** der KMU findet sich in der Empfehlung der Kommission vom 6. 5. 2003 betreffend die Definition der Kleinstunternehmen sowie der kleinen und mittleren Unternehmen, ABl. 2003 L 124/36. Darauf nimmt auch der Vorschlag der Kommission für ein GEK Bezug, Art. 7 II und BE 21 V-GEKVO.
[28] S. inbes. *Drexl*, Die wirtschaftliche Selbstbestimmung des Verbrauchers, S. 445 ff. (mit einem „verbraucherschutzrechtlichen Verhältnismäßigkeitsprinzip").
[29] Zum Informationsmodell im Europäischen Vertragsrecht grundlegend *Grundmann*, JZ 2000, 1133 ff.; *Grundmann/Kerber/Weatherill* (Hrsg.), Party Autonomy and the Role of Information in the Internal Market (2001); krit. *Martinek*, in: Grundmann (Hrsg.), Systembildung und Systemlücken in Kerngebieten des Europäischen Privatrechts (2000), S. 511 ff.; *Rehberg*, in: Eger/Schäfer (Hrsg.), Öko-

III. Die Instrumente des Verbraucherschutzes

cherrechterichtlinie als auch die vertragstypbezogenen Richtlinien (PRRL, TSRL, VerbrKrRL) enthalten eingehende **vorvertragliche Informationsvorschriften** (näher § 7). Zweck der Regelungen ist weithin, dem Verbraucher eine informierte Entscheidung zu ermöglichen und so seine Selbstbestimmung der Sache nach („materiell") zu stärken.

Widerrufsrechte geben dem Verbraucher die Möglichkeit, den konsentierten Vertragsschluss noch einmal zu überdenken (im Einzelnen § 8). Im Vordergrund steht der Schutz vor einer unüberlegten Entscheidung, wie sie vor allem bei der Überrumpelung an der Haustür vorkommen kann (und dort zudem vom Vertragspartner zurechenbar veranlasst ist). Bei Haustürgeschäften kann der Verbraucher das Angebot zudem nicht mit konkurrierenden Angeboten vergleichen, so dass hier zugleich ein Informationsdefizit vorliegt. Die Widerrufsfrist ermöglicht ihm, den Vergleich nachzuholen. Beim Fernabsatz eröffnet zwar in der praktisch wichtigsten Form das Internet zusätzliche Informationsmöglichkeiten, kann man aber Informationsdefizite darin finden, dass der Verbraucher die Ware nicht inspizieren und wegen ihrer Eigenschaften oder der Einzelheiten der Dienstleistung nicht unmittelbar nachfragen kann (näher unten, § 8 Rn. 9). Beim Verbraucherkredit führen die Konsumverlockung und die zeitliche Verschiebung der Belastung leicht zu unbedachten Entscheidungen (näher unten, § 12 Rn. 1). Ähnliche Gefahren sieht man bei Timesharingverträgen. Widerrufsrechte sollen demnach eine überlegte und informierte Entscheidung ermöglichen.[30] Wiederum geht es um die Stärkung der Selbstbestimmung des Verbrauchers. 30

Vertragliche Informationsvorschriften dienen hingegen der ordnungsgemäßen Durchführung des Vertrags und der Zweckerreichung (im Einzelnen § 9 Rn. 23 f.). Das spielt vor allem bei Verbraucherkreditverträgen (§ 12) und Pauschalreiseverträgen (§ 13) eine Rolle. 31

Die **Kontrolle nicht-ausgehandelter Klauseln** stellt einen Ausgleich dafür dar, dass in diesem Bereich keine Marktkontrolle erfolgt (im Einzelnen § 10). Verbraucher können AGB vernünftigerweise nicht im Einzelnen zur Kenntnis nehmen und daher auch nicht sinnvoll vergleichen. Ein Wettbewerb „konkurrierender AGB" findet nicht statt. Zum Ausgleich dieses Marktversagens werden die nicht-ausgehandelten Klauseln in Verbraucherverträgen gerichtlich auf ihre Angemessenheit überprüft. Auch hier kann man im Hintergrund ein Informationsproblem sehen: Über nicht-ausgehandelte Klauseln, insbesondere AGB, kann man sich nicht sinnvoll informieren, darüber kann man nicht sinnvoll entscheiden. Die Inhaltskontrolle ist so ein Ausgleich für die mangelnde Selbstbestimmungsmöglichkeit. Wei- 32

---

nomische Analyse der europäischen Zivilrechtsentwicklung, S. 284 ff.; differenzierend *Schön*, FS Canaris (2007), S. 1191 ff.; krit. auch *Kroll-Ludwigs*, ZEuP 2010, 509 ff.; *Schmidt-Kessel*, VuR 2012, 350, 353.

[30] Zu Unrecht sieht daher *Kroll-Ludwigs*, ZEuP 2010, 509, 514 und *passim* einen Gegensatz zwischen Informationsmodell und Widerrufsrechten.

tergehend sieht der Gerichtshof die Klauselrichtlinie zudem als Insturment zum Schutz der informierten Vertragsentscheidung an (§ 10 Rn. 5).

33 Schließlich sieht das Europäische Vertragsrecht teilweise (**anfänglich**) **zwingende Rechtsbehelfe** vor, so vor allem in der Verbrauchsgüterkaufrichtlinie und der Pauschalreiserichtlinie (unten, §§ 11, 13). Rechtsbehelfe dienen primär der Durchsetzung des Vereinbarten. Mit der Angleichung der Rechtsbehelfe will der Gesetzgeber das Verbrauchervertrauen stärken. Bei der Pauschalreiserichtlinie geht es zentral um die Erreichung des Vertragszwecks und den Schutz des Erholungsurlaubs. Die Vorgaben der Verbrauchsgüterkaufrichtlinie kann man auch als Informationsvorschriften verstehen: Wenn der Verkäufer Ware minderer Qualität anbietet, muss er das offenlegen. Und über die anfänglich zwingenden Rechtsbehelfe kann der Verbraucher erst disponieren, wenn er den Mangel kennt und die Bedeutung der Disposition abschätzen kann.

34 Information ist demnach das hervorragende Schutzinstrument im Europäischen Vertragsrecht (und auch außerhalb des Vertragsrechts im Europäischen Verbraucherrecht). Von Seiten der Vertragsrechtstheorie hat der Schutz mittels Information besonders deswegen Zuspruch gefunden, weil der damit verbundene Eingriff in die Vertragsfreiheit vergleichswese milde ausfällt.[31] Information ermöglicht „Hilfe zur Selbsthilfe". Sie ermöglicht (im Idealfall) eine informierte eigene Entscheidung und stärkt so („material") die Selbstverantwortung, ohne sie dem Einzelnen vollständig abzunehmen; s. schon § 5 Rn. 29. In jüngerer Zeit ist Information als Schutzinstrument indes zunehmend umstritten. Zumal mit einer zunehmenden Zahl von Informationspflichten (*information overload*") droht das Ziel, eine eigenverantwortliche Entscheidung zu ermöglichen, vereitelt zu werden. Empirische Untersuchungen deuten an, dass Informationspflichten ihre Zwecke oft nicht erreichen und sogar zu unerwünschten Folgen führen.[32]

IV. Das Verbraucherleitbild

35 In unterschiedlichen Zusammenhängen ist vom Verbraucherleitbild die Rede. Der EuGH hat in seiner Grundfreiheitenrechtsprechung ein solches Leitbild entwickelt und zugrundegelegt. In der UGP-Richtlinie wird darauf Bezug genommen. Und schließlich spielt es auch in der Rechtspolitik eine Rolle.

36 Ein Verbraucherleitbild lässt sich zunächst der **Grundfreiheitenrechtsprechung** des EuGH entnehmen. Ansatzpunkte dafür enthält bereits die für das Informationsmodell grundlegende *Cassis de Dijon*-Entscheidung des Gerichtshofs, nach der

---

[31] S. etwa *Canaris*, AcP 200 (2000), 273, 303 f. und öfter; *Riesenhuber*, System und Prinzipien des Europäischen Vertragsrechts, S. 557 ff., 572 ff.

[32] S. etwa *Ben-Shahar/Schneider*, U. Pa. L. Rev. 159 (2011), 101 ff.; *Kind*, Grenzen des Verbraucherschutzes durch Information; *Loacker*, in: Verschraegen (Hrsg.), Interdisziplinäre Studien zur Komparatistik und zum Kollisionsrecht Bd. III (2012), S. 64 ff.; *Martinek*, in: Grundmann (Hrsg.), Systembildung und Systemlücken in Kerngebieten des Europäischen Privatrechts, S. 523 ff.; *Rehberg*, in: Eger/Schäfer (Hrsg.), Ökonomische Analyse der europäischen Zivilrechtsentwicklung (2007), S. 284 ff.

IV. Das Verbraucherleitbild

Information über den Alkoholgehalt von Fruchtlikör gegenüber der Festlegung eines Mindestalkoholgehalts ein milderes Mittel zum Zweck des Verbraucherschutzes darstellt (s.o. § 2 Rn. 29).[33] Der Verbraucher wird durch Information ausreichend geschützt; die Fähigkeit, mit der durch den Binnenmarkt vergrößerten Produktvielfalt umzugehen, wird ihm zugetraut und zugemutet, die Eigenverantwortung, sich zu informieren wird ihm abverlangt.

Diese Grundgedanken hat der Gerichtshof vor allem in seiner Grundfreiheiten-Rechtsprechung zum nationalen Lauterkeitsrecht weiter ausgeführt. Namentlich das deutsche Lauterkeitsrecht ging früher vom Leitbild eines flüchtigen Verbrauchers aus. Entsprechend niedrig war die Schwelle, Werbung oder Produktbezeichnungen für irreführend zu halten und so zu beschränken. Für den grenzüberschreitenden Verkehr hat der EuGH dem das **Leitbild eines mündigen Verbrauchers** entgegengestellt. Beurteilungsmaßstab ist daher die Erwartung eines durchschnittlich informierten, aufmerksamen und verständigen Durchschnittsverbrauchers. 37

Diesen Maßstab hat der Gerichtshof folgerichtig auch für die Auslegung der **Werberichtlinie** herangezogen.[34] Der Gesetzgeber hat ihn in der **UGP-Richtlinie** übernommen, wenn dort vom „Durchschnittsverbraucher" die Rede ist, Art. 5 II b), III, 6 I, II, 7 I, II, 8 sowie BE 18 f. UGPRL. Im Grundsatz geht die Richtlinie von einem Durchschnittsverbraucher aus, der „angemessen gut unterrichtet und angemessen aufmerksam und kritisch" ist, BE 18 UGPRL. 38

Besonders die Grundfreiheitenrechtsprechung macht deutlich, dass es keineswegs um ein empirisch ermitteltes, sondern um ein **normatives Leitbild** geht.[35] geht. Der Gerichtshof legt damit die Verhaltensanforderungen fest, die von dem Verbraucher im Hinblick auf den Binnenmarkt verlangt werden. Es handelt sich gleichsam um den Preis, der für die vom Binnenmarkt erhofften Vorteile zu bezahlen ist. Der Binnenmarkt führt zu größerer Produktvielfalt, die dem Verbraucher zugutekommt, mit der er aber auch eigenverantwortlich umgehen muss. Fruchtlikör mag einen anderen als den vertrauten Alkoholgehalt haben, Bier andere Zutaten als gewohnt: zum Schutz des Verbrauchers reicht es im Grundsatz aus, wenn er auf diese Dinge hingewiesen wird; von dem Verbraucher ist zu erwarten, dass er die Hinweise zur Kenntnis nimmt und sich, auf diese Weise informiert, verantwortlich entscheidet. 39

Das Verbraucherleitbild ist demnach ein **Hilfsmittel** für die Rechtsanwendung. Mit seiner Hilfe wird der Ausgleich widerstreitender rechtlicher Interessen „bild- 40

---

[33] EuGH Rs. 120/78 *Rewe*, Slg. 1979, 649 Rn. 13. S. a. EuGH Rs. 178/84 *Kommission ./. Deutschland*, Slg. 1987, 1227 Rn. 35 (Reinheitsgebot); Rs. C-470/93 *Mars*, Slg. 1995, I-1923 Rn. 24.
[34] EuGH Rs. C-220/98 *Estée Lauder*, Slg. 2000, I-117 Rn. 27; Rs. C-303/97 *Kessler*, Slg. 1999, I-513 Rn. 36; Rs. C-210/96 *Gut Springenheide und Tusky*, Slg. 1998, I-4657 Rn. 31 f.
[35] *Drexl*, Die wirtschaftliche Selbstbestimmung des Verbrauchers, S. 397 ff., 430 f. In jüngerer Zeit begründet vor allem die Verhaltensökonomik Kritik an normativen Anforderungen; s. z. B. *Eidenmüller*, JZ 2005, 216 ff.; *Rehberg*, in: Eger/Schäfer, Ökonomische Analyse der europäischen Zivilrechtsentwicklung, S. 284 ff.

lich" veranschaulicht. Soweit das Leitbild nicht, wie jetzt in der UGP-Richtlinie, vom Gesetzgeber selbst festgelegt ist, hat es demnach keine selbständige Bedeutung. Eine Entscheidung lässt sich letztlich nicht aus dem Verbraucherleitbild selbst, sondern nur aus den zugrundeliegenden Wertungen rechtfertigen, z. B. aus den Grundfreiheiten und dem Verbraucherschutz als gegenläufigem Allgemeininteresse. Das Verbraucherleitbild kann m. a. W. nicht mehr begründen, als man hineinlegt.

41 Für die **Rechtspolitik** können Verbraucherleitbilder unterschiedliche Funktionen haben. Hier gibt es in der Tat eine *Mehrzahl* von unterschiedlich begründeten Verbraucherleitbildern, die namentlich auch empirisch, soziologisch, psychologisch oder ökonomisch begründet sein können und deren Umsetzung in das geltende Recht die Vorgaben des Verfassungs- und des EU-Primärrechts beachten müssen. Für den Sekundärrechtsgesetzgeber ergeben sich freilich aus den Grundfreiheiten keine starren Vorgaben für das Verbraucherleitbild: Das nationale Lauterkeitsrecht mag bei Verwendung des Leitbilds eines flüchtigen Verbrauchers für den grenzüberschreitenden Verkehr beschränkend wirken; dasselbe muss aber nicht gelten, wenn dieses Leitbild einheitlicher Maßstab in allen Mitgliedstaaten ist.

42 In der (Europäischen) Verbraucherschutzpolitik etabliert sich seit einiger Zeit eine **neue Kategorie** des Verbraucherleitbilds, der „**verletzliche**" oder auch „**besonders schutzbedürftige**" **Verbraucher** (*vulnerable consumer*).[36] In das Europäische Vertragsrecht hat dieses Leitbild bereits mit der Verbraucherrechterichtlinie Einzug gefunden. Zu den vorvertraglichen Informationspflichten bei Fernabsatz- und außerhalb von Geschäftsräumen geschlossenen Verträgen gem. Art. 6 VRRL (dazu § 7 Rn. 34) erläutert BE 34 S. 2 VRRL, der Unternehmer solle bei der Bereitstellung der Informationen „den besonderen Bedürfnissen von Verbrauchern Rechnung tragen, die aufgrund ihrer geistigen oder körperlichen Behinderung, ihrer psychischen Labilität, ihres Alters oder ihrer Leichtgläubigkeit in einer Weise besonders schutzbedürftig sind, die für den Unternehmer vernünftigerweise erkennbar ist". Freilich ist unklar, wie dem im Rahmen von Art. 6 VRRL Rechnung zu tragen ist. In der UGP-Richtlinie (zu ihr § 7 Rn. 8) ist das differenzierende Leitbild des besonders schutzbedürftigen Verbrauchers bereits ansatzweise umgesetzt. Art. 5 III 1 UGPRL bestimmt: „Geschäftspraktiken, die voraussichtlich in einer für den Gewerbetreibenden vernünftigerweise vorhersehbaren Art und Weise das wirtschaftliche Verhalten nur einer eindeutig identifizierbaren Gruppe von Verbrauchern wesentlich beeinflussen, die aufgrund von geistigen oder körperlichen Gebrechen, Alter oder Leichtgläubigkeit im Hinblick auf diese Praktiken oder die ihnen zugrunde liegenden Produkte besonders schutzbedürftig sind, werden aus der Perspektive eines durchschnittlichen Mitglieds dieser Gruppe beurteilt."

---

[36] Vgl. *Kommission*, Mitteilung an das Europäische Parlament, den Rat, den Europäischen Wirtschafts- und Sozialausschuss und den Ausschuss der Regionen: „Eine Europäische Verbraucheragenda für mehr Vertrauen und mehr Wachstum", KOM(2012) 225 endg.; *Kohte*, VuR 2012, 338 ff.; *Micklitz*, Brauchen Konsumenten und Unternehmen eine neue Architektur des Verbraucherrechts? S. A 38 ff.

V. Verbraucherschutzkonzepte

Die Übersicht über Verbraucherschutzinstrumente und Verbraucherleitbilder weist aus, dass der Verbraucherschutz im Europäischen Vertragsrecht im Grundsatz einem **liberalen Konzept** folgt.[37] Zentrales Anliegen ist die Stärkung der Selbstbestimmung, zentrales Instrument ist der Schutz durch Information. Die Verantwortung für die eigene Entscheidung bleibt aber am Ende, wenn bestimmte vom Gesetzgeber wahrgenommene Defizite ausgeglichen sind, beim Verbraucher. Wenn er informiert ist, dann ist es seine Sache, über den Vertragsschluss und den Widerruf zu entscheiden. Der Verbraucherschutz ist damit primär prozedural angelegt: als besondere Ausgestaltung der Vertragsmechanismen, nicht materiell als inhaltlicher Einfluss auf den Vertrag.

43

Nicht zu leugnen ist freilich, dass auch diese Instrumente die Selbstverantwortung des Verbrauchers zurückdrängen.[38] Und nicht zu übersehen ist, dass es Ansätze für tiefer einschneidende Schutzmechanismen gibt. Namentlich die Reform der Verbraucherkreditrichtlinie hat zu einer Vervielfachung der Schutzinstrumente geführt. Dabei wurde insbesondere unter dem Aspekt der „verantwortungsvollen Kreditvergabe" eine erhebliche Verlagerung der Verantwortung auf den Kreditgeber erörtert (näher unten, § 12 Rn. 9).

44

VI. Verbraucherschutz und Harmonisierungskonzept

Nach der Grundlegung in §§ 2–4 und im vorliegenden Kapitel können wir jetzt auf die eingangs (§ 1 Rn. 37) aufgeworfene und seither wiederholt aufgegriffene Frage zurückkommen, welches Harmonisierungskonzept dem Europäischen Vertragsrecht zugrunde liegt: dem geltenden EU-Vertragsrecht und dem geplanten Gemeinsamen Europäischen Kaufrecht.[39]

45

1. Das Harmonisierungskonzept des geltenden Europäischen Vertragsrechts

Der verbindende Aspekt wird oft im **Verbraucherschutz** gesehen.[40] Tatsächlich sind die zentralen vertragsrechtlichen Rechtsakte „Verbraucherverträgen" gewid-

46

---

[37] Grundlegend *Dauner-Lieb*, Verbraucherschutz durch Ausbildung eines Sonderprivatrechts für Verbraucher (1983). Übersicht über Verbraucherschutzkonzepte etwa bei *Denkinger*, Der Verbraucherbegriff, S. 133 ff. (mit rechtsvergleichenden Hinweisen); *Sedlmeier*, Rechtsgeschäftliche Selbstbestimmung im Verbrauchervertrag, S. 81 ff.
[38] *Riesenhuber*, in: ders. (Hrsg.), Das Prinzip der Selbstverantwortung, S. 213, 222 ff., 234 ff.
[39] Übersicht über die rechtspolitische Diskussion bei *Riesenhuber*, System und Prinzipien des Europäischen Vertragsrechts, S. 171 ff.
[40] *Reich/Micklitz*, Europäisches Verbraucherrecht (4. Aufl. 2003); *Rösler*, Europäisches Konsumentenvertragsrecht (2004); auch *Meller-Hannich*, Verbraucherschutz im Schuldvertragsrecht

met, also Verträgen zwischen einem Unternehmer und einem Verbraucher. Sie erfassen in ihrer Gesamtheit zudem weithin umfassend all jene Bereiche, die man im Verbraucherschutz heute für regelungsbedürftig hält. Allerdings gibt es auch Richtlinien wie die Handelsvertreterrichtlinie und die Zahlungsverzugsrichtlinie, die ausschließlich Unternehmer betreffen. Auch bei den Diskriminierungsrichtlinien geht es nicht (primär, sondern höchstens reflexartig) um Verbraucherschutz. Verbraucherschutz für sich kann indes aus Gründen der Kompetenz nicht das Harmonisierungskonzept des Europäischen Vertragsrechts begründen. Die Union hat im Verbraucherschutz lediglich eine Unterstützungskompetenz (Art. 169 II b) AEUV) und verwirklicht Verbraucherschutzziele im Übrigen im Rahmen der Verwirklichung des Binnenmarktes (Art. 114 I, III i. V. m. Art. 169 II a) AEUV). Da die ganz überwiegende Zahl der Rechtsakte im Europäischen Vertragsrecht auf die Binnenmarktkompetenz des (heutigen) Art. 114 AEUV gestützt wurde, ist in diesem Hauptzweck auch der Schlüssel für das Harmonisierungskonzept zu suchen.

47 *Grundmann* hat vorgeschlagen, das Europäische Vertragsrecht als **Recht der Unternehmensgeschäfte** zu verstehen.[41] Ausgangspunkt seines Konzepts ist die Feststellung, dass sämtliche Rechtsakte auf Unternehmer anwendbar sind. Die Regelungen zum materiellen Vertragsrecht betreffen – weitgehend vollständig – die Bereiche des „international zwingenden" Rechts, von dem der Unternehmer auch durch eine kollisionsrechtliche Rechtswahl nicht abweichen kann, namentlich den Bereich des Verbraucherschutzes (Art. 6 II 2 Rom I-VO; dazu oben, § 4 Rn. 32). Die daraus resultierenden Beschränkungen werden auch durch die Grundfreiheiten nicht beseitigt, soweit sie zur Erreichung zwingender Allgemeininteressen, wozu auch der Verbraucherschutz zählt, erforderlich sind (dazu oben, § 2 Rn. 27). Das eröffnet die Rechtsangleichungskompetenz des Art. 114 AEUV (dazu oben, § 3 Rn. 10). Auf ihrer Grundlage erfolgt die Angleichung gem. Absatz 3 der Vorschrift auf einem hohen Verbraucherschutzniveau. *Grundmann* nimmt an, auch soweit es sich bei den Verbraucherschutzrichtlinien um bloße Mindeststandards handelt, begründeten sie doch mit Rücksicht auf die Grundfreiheiten für den grenzüberschreitenden Verkehr Höchststandards; weitergehende Beschränkungen des grenzüberschreitenden Verkehrs, die sich aus strengeren mitgliedstaatlichen Schutzvorschriften ergeben würden, wären auch zum Zwecke des Verbraucherschutzes nicht mehr als verhältnismäßig zu rechtfertigen. Im Ergebnis bedeutet das, dass der Unternehmer für Verträge mit Verbrauchern ein „allgemeines" Vertragsrecht seiner Wahl (z. B. seines Heimatstaates) verwenden kann und sich für die *regulierenden* Vorschriften des Verbraucherschutzes nur auf zwei Standards einstellen muss: den Standard des Europäischen Vertragsrechts für grenzüberschreitende Geschäfte und einen ggf. höheren Standard seines Heimatstaates für Inlandsgeschäfte (für

---

(2005) (die freilich vor allem dem inneren System im Spannungsfeld von formaler und materialer Vertragsfreiheit und formaler und materialer Vertragsgerechtigkeit nachspürt).

[41] *Grundmann*, Europäisches Schuldvertragsrecht (1999); s. a. *ders.*, AcP 202 (2002), 40 ff.; *Riesenhuber*, System und Prinzipien des Europäischen Vertragsrechts, S. 211 ff.

VI. Verbraucherschutz und Harmonisierungskonzept

diese gelten die Grundfreiheiten nicht!). Noch einfacher kann er es sich machen, wenn er für interne wie für grenzüberschreitende Verträge sein Heimatrecht anwendet, das mit den Vorgaben des Europäischen Vertragsrechts übereinstimmt (und ggf. darüber hinausgeht).

Grundmanns Verdienst ist es, das Europäische Vertragsrecht nicht nur als Ganzes gesehen, sondern zugleich ein schlüssiges und in sich überzeugendes Harmonisierungskonzept entwickelt zu haben. Die kritische Stelle dieser Konzeption liegt allerdings in der Mindestharmonisierung. Sprechen auch gute Gründe dafür, auch mindestharmonisierende Richtlinien im grenzüberschreitenden Verkehr als Höchststandards zu verstehen, so ist doch umstritten, ob sie mit der Grundfreiheitenrechtsprechung des EuGH vereinbar ist.[42] 48

Rechtspolitisch kann man eine gewisse Bestätigung dieses Konzepts in der sich abzeichnenden Tendenz sehen, die Rechtsangleichung als **Vollharmonisierung** auszugestalten, wie das insbesondere mit der Verbraucherrechterichtlinie (Art. 4 VRRL) und der Finanz-Fernabsatzrichtlinie (vgl. BE 13 FFRL), der UGP-Richtlinie (vgl. BE 5, 6),[43] der Verbraucherkreditrichtlinie (BE 9 und Art. 22 I VerbrKrRL) und der Timesharingrichtlinie (vgl. BE 3 TSRL) erfolgt ist. Auch das führt zu verlässlichen Standards für den grenzüberschreitenden Verkehr. Allerdings wird damit den Mitgliedstaaten weitergehend auch die Befugnis genommen, für den internen Verkehr höhere Schutzstandards zu etablieren. Damit wird der bei der Mindestharmonisierung verbliebene Freiraum zum experimentieren beschränkt. „Vollharmonisiert" ist der Sache nach auch das Verbraucherrecht im vorgeschlagenen **GEK**, vgl. BE 11 f. V-GEKVO. Freilich darf man nicht übersehen, dass es dabei nicht um eine Angleichung der nationalen Rechte geht, sondern jenen ein konkurrierendes wählbares Kaufgesetz als Alternative zur Seite gestellt wird. Ein Anliegen ist dabei auch hier, Unternehmern ein Vertragsrecht zur Wahl zu stellen, auf dessen Regeln sie sich für alle grenzüberschreitenden Geschäfte im Binnenmarkt verlassen können. 49

2. Das Harmonisierungskonzept des GEK

Im GEK-Vorschlag übernimmt die Kommission die Definitionen von Unternehmer und Verbraucher aus der Verbraucherrechterichtlinie, Art. 2 e) und f) V-GEKVO. Das GEK soll auf grenzüberschreitende Kaufverträge **Anwendung** finden, wenn der Verkäufer Unternehmer und der Käufer Verbraucher ist oder wenn beide Parteien Unternehmer und eine von ihnen ein KMU ist (s. bereits oben, § 1 Rn. 46), Art. 7 V-GEKVO. Die Mitgliedstaaten haben aber die Option, das GEK 50

---

[42] Abl. etwa Streinz/*Leible*/*Schröder*, Art. 114 AEUV Rn. 30 (Diese Konzeption verkehre die Mindestharmonisierung in ihr Gegenteil); *Conrad*, Das Konzept der Mindestharmonisierung (2004), S. 148 ff.

[43] EuGH verb. Rs. C-261/07 und C-299/07 *VTB-VAB und Galatea*, Slg. 2009, I-2949 Rn. 51 f.

§ 5 Unternehmer und Verbraucher

auch für interne Verträge und auch für Verträge, an denen kein KMU beteiligt ist anwendbar zu machen.

51   Wie wir bereits im Zusammenhang mit dem IPR gesehen haben (oben, § 4 Rn. 59), soll das GEK durch eine **zweistufige Wahl** zur Anwendung kommen, nämlich durch kollisionsrechtliche Wahl eines nationalen Rechts gem. Art. 3 I Rom I-VO und sodann durch „**Vereinbarung**" des GEK als eines von zwei nationalen Kaufrechtsregimen, Art. 8 V-GEKVO; s. o. § 4 Rn. 59. Wenn ein Verbraucher beteiligt ist, erfordert die Vereinbarung dessen ausdrückliche Zustimmung, Art. 8 II V-GEKVO. Das GEK kann in diesem Fall nur in seiner Gesamtheit zur Anwendung kommen, Art. 8 III V-GEKVO. Um dem Verbraucher eine **informierte Entscheidung** zu ermöglichen, ist er im Vorhinein durch ein Informationsblatt auf das GEK hinzuweisen, Art. 9 V-GEKVO.

52   Der **Verbraucherschutz im** vorgeschlagenen **GEK** entspricht (in seinem Anwendungsbereich: Kaufvertrag) im Wesentlichen dem des *acquis* des Europäischen Vertragsrechts: (1) Bei den vorvertraglichen Informationspflichten sind besondere Pflichten des Unternehmers gegenüber dem Verbraucher vorgesehen, Art. 13–22 V-GEK. (2) Der Verbraucher hat im Fall von außerhalb von Geschäftsräumen sowie im Fernabsatz geschlossenen Verträgen ein Widerrufsrecht, Art. 40–47 V-GEK. (3) Die allgemein vorgesehene AGB-Kontrolle ist bei Verbraucherverträgen intensiver als im Geschäftsverkehr, Art. 82–85 V-GEK. (4) Im Rahmen der Kaufgewährleistung enthält das vorgeschlagene GEK spezielle (und zwingende) Rechte und Pflichten für den Verbrauchsgüterkauf: (a) eine Vermutung der Vertragswidrigkeit, Art. 105 II V-GEK; (b) Vorschriften über die Abhilfe, Art. 106 III V-GEK; (c) das grundsätzliche Wahlrecht des Verbrauchers im Hinblick auf Reparatur und Ersatzlieferung, Art. 111 V-GEK; ein im Verhältnis zum Kauf zwischen Unternehmern erleichtertes Rücktrittsrecht, Art. 114 V-GEK; sowie spezielle Vorschriften über den Gefahrübergang, Art. 142 V-GEK.

53   Die Verbraucherschutzvorschriften des GEK sind **vollharmonisiert**, vgl. BE 11 f. V-GEKVO. Bei „Vereinbarung" des GEK soll das Günstigkeitsprinzip des kollisionsrechtlichen Verbraucherschutzes (Art. 6 II 2 Rom I-VO) keine Anwendung finden. Soweit das im Einzelfall eine Absenkung des Verbraucherschutzes im Vergleich zu dem Recht des gewöhnlichen Aufenthaltsortes des Verbrauchers bedeutet, wird dies durch die Binnenmarktvorteile für den Verkäufer aufgewogen und gegenüber dem Verbraucher durch seine informierte Zustimmung legitimiert.

54   Das Harmonisierungskonzept ist damit dem von *Grundmann* vorgeschlagenen (oben, Rn. 47) nicht unähnlich. Unternehmern wie Verbrauchern wird im Grundmodell zugemutet, mit zwei Kaufvertragsregimen umzugehen, dem nationalen für interne Geschäfte und dem des GEK für grenzüberschreitende. Für die grenzüberschreitenden Verträge wird praktisch der *acquis* zum Höchststandard erklärt. Einschränkend ist allerdings zu bemerken, dass das GEK bei weitem keine vollständige Regelung des Vertragsrechts enthält (s. o. § 1 Rn. 51). Eine bedenkenswerte Alternative zum GEK ist daher, zum Modell des Rechts der Unternehmensgeschäfte nach

Grundmann zurückzukehren und dieses dadurch zu vollenden, dass die mitgliedstaatlichen Vertragsrechte gegenseitig anerkannt und der *acquis* des Verbraucherschutzrechts im grenzüberschreitenden Verkehr als Höchststandard definiert wird.[44]

---

[44] Dazu schon *Riesenhuber*, GPR 2012, 2 ff.

2. Teil: Allgemeine und übergreifende Regelungen

§ 6 Diskriminierungsverbote

Literatur: *Basedow*, Der Grundsatz der Nichtdiskriminierung, ZEuP 2008, 230 ff.; G. S. *Becker*, The Economics of Discrimination (2. Aufl. 1971); *Bezzenberger*, Ethnische Diskriminierung, Gleichheit und Sittenordnung im bürgerlichen Recht, AcP 196 (1996), 395 ff.; *Canaris*, Die Bedeutung der iustitia distributiva im deutschen Vertragsrecht (1997); *Eidenmüller*, Privatautonomie, Verteilungsgerechtigkeit und das Recht des Vertragsschlusses im DCFR, in: Schulze/v. Bar/Schulte-Nölke (Hrsg.), Der akademische Entwurf für einen Gemeinsamen Referenzrahmen (2008), S. 73 ff.; *Epstein*, Forbidden Grounds – The Case Against Employment Discrimination Laws (1992); *Fredman*, Discrimination Law (2. Aufl. 2011); M. *Friedman*, Capitalism and Freedom (1962), S. 108 ff.; *Isensee* (Hrsg.), Vertragsfreiheit und Diskriminierung (2007); *Leible/Schlachter* (Hrsg.), Diskriminierungsschutz durch Privatrecht (2006); *Looschelders*, Aktuelle Auswirkungen des EU-Rechts auf das deutsche Versicherungsvertragsrecht, VersR 2011, 421 ff.; *Lüttringhaus*, Grenzübersschreitender Diskriminierungsschutz (2010; dazu auch § 4); *Neuner*, Diskriminierungsschutz durch Privatrecht, JZ 2003, 57 ff.; *Picker*, Antidiskriminierungsprogramme im freiheitlichen Privatrecht, in: E. Lorenz (Hrsg.), Karlsruher Forum 2004: Haftung wegen Diskriminierung nach derzeitigem und zukünftigem Recht (2004), S. 7 ff.; *Rädler*, Verfahrensmodelle zum Schutz vor Rassendiskriminierung (1999); *Riesenhuber*, Privatautonomie und Diskriminierungsverbote, in: ders./Nishitani (Hrsg.), Wandlungen oder Erosion der Privatautonomie? (2007), 19 ff.; *ders./Franck*, Verbot der Geschlechtsdiskriminierung im Europäischen Vertragsrecht, JZ 2004, 529 ff.; *Schiek*, Differenzierte Gerechtigkeit – Diskriminierungsschutz und Vertragsrecht (2000); R. *Schulze* (Hrsg.) Non-Discrimination in European Private Law (2011); *Schwintowski*, Geschlechtsdiskriminierung durch risikobasierte Versicherungstarife?, VersR 2011, 164 ff.; *Sunstein*, Why Markets Don't Stop Discrimination, in: ders., Free Markets and Social Justice (1997), S. 151 ff.; *Vandenberghe*, Non-discrimination on grounds of age and disability in private contracting for goods and services: Economic anaylsis of the European 2008 Proposal for a new Directive, ZEuP 2011, 235 ff.

I. Sachfragen

1   Privatautonomie – die Selbstgestaltung der Rechtsverhältnisse durch den Einzelnen nach seinem Willen, das Handeln in „**Selbstherrlichkeit**" (*Flume*) – und Vertragsfreiheit schließen die Freiheit ein, „in Ansehung der Person" zu entscheiden, etwa nach dem Geschlecht, der ethnischen Herkunft, der Religion oder Weltanschauung oder einer Behinderung. Zentraler Bestandteil der Privatautonomie und der individuellen Freiheit ist es, dass der Einzelne seine Entscheidungen nicht zu rechtfertigen, ja: nicht zu begründen braucht. Er kann „*for good cause, for bad cau-*

se or for no cause" handeln. Der Markt und eine offene Marktwirtschaft leben nicht zuletzt davon, dass Menschen unterscheiden – „diskriminieren". Eben der **Markt** ist es weithin auch, der diese Unterscheidungen wieder ausgleicht. Hat jemand einen „Geschmack für Diskriminierung" (*taste for discrimination*), so muss er dafür im Normalfall „einen Preis zahlen". Es wird andere geben, die nicht bereit sind, diesen Preis zu zahlen, und so gleicht sich die Diskriminierung insgesamt aus.[1] Ist ein Bäcker nicht bereit, an Frauen oder Türken zu verkaufen, so entgeht ihm dieses Geschäft; ein anderer Anbieter wird es sich nicht entgehen lassen.

Allerdings zeichnet sich ab, dass der Markt nicht immer so funktioniert. Zum Beispiel können Vorurteile stärker sein als ökonomische Rationalität. **Marktversagen** kann dazu führen, dass Diskriminierung nicht insgesamt ausgeglichen wird.[2] Verbreitete Diskriminierung einer Gruppe kann deren Privatautonomie und Vertragsfreiheit effektiv beschränken, z.B. wenn sich die Vermieter einer Region weigern, an Ausländer zu vermieten. Zudem kann Diskriminierung für den Betroffenen mit einer **Herabsetzung** verbunden sein und seine Persönlichkeitsinteressen verletzen. Und nicht zuletzt kann Diskriminierung gesellschaftlich unerwünscht sein.[3] 2

Selbstverständlich ist der **Staat** gebunden, alle Menschen gleich zu behandeln. Darüber hinaus sind Diskriminierungsverbote seit langem im **Arbeitsrecht** vorgesehen.[4] Seit nunmehr einiger Zeit enthält auch das (allgemeine) **Vertragsrecht** weitreichende Diskriminierungsverbote. 3

II. Diskriminierungsverbote im Primär- und Sekundärrecht – Übersicht

Diskriminierungsverbote sind ein Grundstein der EU. Die **Grundfreiheiten** umfassen stets auch ein Verbot der Diskriminierung aus Gründen der Staatsangehörigkeit, wie Art. 45 II AEUV für die Arbeitnehmerfreizügigkeit besonders deutlich ausdrückt: „Sie umfasst die Abschaffung jeder auf der Staatsangehörigkeit beruhenden unterschiedlichen Behandlung der Arbeitnehmer in Bezug auf Beschäftigung, Entlohnung und sonstige Arbeitsbedingungen." In allgemeiner Form ist nach Art. 18 I AEUV im Anwendungsbereich der Verträge „jede Diskriminierung aus Gründen der Staatsangehörigkeit verboten". Das spezielle Verbot der **Geschlechtsdiskriminierung** beim Arbeitslohn des (heutigen) Art. 157 AEUV war 4

---

[1] Grundlegend *Becker*, The Economics of Discrimination (2. Aufl. 1971). Ferner *Epstein*, Forbidden Grounds (1992); M. *Friedman*, Capitalism and Freedom, S. 108 ff. S. a. *Vandenberghe*, in: R. Schulze (Hrsg.), Non-Discrimination in European Private Law (2011), S. 9, 10 ff.

[2] *Sunstein*, Free Markets and Social Justice (1997), S. 151 ff.

[3] S. a. *Wolf/Neuner*, Allgemeiner Teil, § 48 Rn. 1 ff.

[4] Auf die besonders gelagerte Problematik der Gleichbehandlung im Gesellschaftsrecht ist an dieser Stelle nur hinzuweisen; dazu EuGH Rs. C-101/08 *Audiolux*, Slg. 2009, I-9823. Aus der Literatur etwa *Basedow*, FS Hopt (2010), S. 27 ff.; *Schön*, ebd. S. 1347 ff.

§ 6 Diskriminierungsverbote

bereits Bestandteil des EWG-Vertrags von 1957. Hatte dieses Verbot ursprünglich aus wirtschaftspolitischen Gründen Eingang in den Vertrag gefunden – nämlich weil Frankreich befürchtete, die im eigenen Land praktizierte Lohngleichbehandlung von Frauen könnte sich für seine Unternehmen als Standortnachteil erweisen –, so maß der EuGH der Vorschrift seit den 1970er Jahren auch eine grundrechtliche Komponente bei. Durch den Amsterdamer Vertrag wurde eine spezielle **Gesetzgebungskompetenz** zur Bekämpfung von Diskriminierung geschaffen, der heutige Art. 19 AEUV (s. oben, § 3 Rn. 5). Schließlich enthält auch die im Jahr 2009 in Kraft getretene **Grundrechtscharta** in Art. 21 und 23 Diskriminierungsverbote (s. oben, § 2 Rn. 7). Der EuGH hatte bereits mit der *Mangold*-Entscheidung ein Verbot der Altersdiskriminierung als Allgemeinen Rechtsgrundsatz (s. § 2 Rn. 4) von primärrechtlichem Rang kreiert.[5]

5   **Adressaten** dieser primärrechtlichen Diskriminierungsverbote sind zunächst die Mitgliedstaaten und die Union selbst. Indes legt, wie wir bereits bei der Erörterung der Grundrechte und Grundfreiheiten gesehen haben, der EuGH verschiedenen Normen eine unmittelbare Drittwirkung bei. Insbesondere das Diskriminierungsverbot der Arbeitnehmerfreizügigkeit hat der Gerichtshof in *Angonese* auch als Privatrechtssatz verstanden, der Arbeitgeber unmittelbar bindet (§ 2 Rn. 41).[6] Das Verbot der Geschlechtsdiskriminierung beim Lohn versteht der EuGH bereits seit der *Defrenne II*-Entscheidung auch im Horizontalverhältnis Privater untereinander als unmittelbar anwendbar.[7] In der Literatur wird eine unmittelbare Drittwirkung überwiegend abgelehnt und nur eine mittelbare Drittwirkung, vermittelt über die staatlichen Schutzpflichten, angenommen; im Einzelnen s. o. § 2 Rn. 37.

6   **Privatrechtliche Diskriminierungsverbote** hat der Europäische Gesetzgeber seit den 1970er Jahren erlassen, zunächst im Bereich des Arbeitsrechts. Ausgangspunkt bildet das Verbot der Geschlechtsdiskriminierung beim Lohn des damaligen Art. 119 EWGV (Art. 157 AEUV), das zunächst durch eine Richtlinie aus dem Jahr 1975 effektuiert werden sollte und durch eine weitere Richtlinie aus dem Jahr 1976 über den Zugang zur Beschäftigung und die Arbeitsbedingungen erweitert wurde. Eine praktisch bedeutsame Ergänzung zu diesen arbeitsrechtlichen Verboten der Geschlechtsdiskriminierung enthält die Beweislastrichtlinie von 1997: Macht ein angebliches Diskriminierungsopfer Tatsachen glaubhaft, die eine Geschlechtsdiskriminierung vermuten lassen, so muss sich der Beklagte entlasten.

7   Nachdem durch den Amsterdamer Vertrag von 1997 eine spezielle Kompetenz für die Bekämpfung von Diskriminierung bestand, hat der Gesetzgeber Diskriminierungsverbote zum einen auch im Hinblick auf andere **Differenzierungsmerkmale** und zum anderen auch über den **sachlichen Anwendungsbereich** des Beschäftigungslebens hinaus erstreckt. Die Rassendiskriminierungsrichtlinie (RDRL) von 2000 verbietet Diskriminierung aus Gründen der Rasse oder ethni-

---

[5] EuGH Rs. C-144/04 *Mangold*, Slg. 2005, I-9981.
[6] EuGH Rs. C-281/98 *Angonese*, Slg. 2000, I-4139.
[7] EuGH Rs. 43/75 *Defrenne II*, Slg. 1976, 455.

schen Herkunft im Beschäftigungsbereich, aber auch „beim Zugang zu und der Versorgung mit Gütern und Dienstleistungen". Die Gleichbehandlungsrahmenrichtlinie verbietet Diskriminierung aus Gründen der Religion oder der Weltanschauung, einer Behinderung, des Alters oder der sexuellen Ausrichtung in Beschäftigung und Beruf. Die Geschlechtsdiskriminierungsrichtlinie (GDRL) von 2004 verbietet die Geschlechtsdiskriminierung beim Zugang zu und der Versorgung mit Gütern und Dienstleistungen. Eine arbeitsrechtliche Geschlechtsdiskriminierungsrichtlinie von 2006 schließlich hat die arbeitsrechtlichen Antidiskriminierungsrichtlinien in diesem Bereich (insbesondere die o. g. Richtlinien von 1975, 1976 und 1997) „kodifiziert", d.h. systematisch geordnet unter Berücksichtigung der Rechtsprechung des EuGH zusammengefasst. 2008 hat die Kommission einen „Vorschlag für eine Richtlinie des Rates zur Anwendung des Grundsatzes der Gleichbehandlung ungeachtet der Religion oder der Weltanschauung, einer Behinderung, des Alters oder der sexuellen Ausrichtung" vorgelegt, wonach Diskriminierung wegen dieser Merkmale auch im Bereich des Vertragsrechts verboten werden soll.[8] Der Vorschlag ist noch nicht verabschiedet und in der Sache umstritten. Vor allem die Verbote der Diskriminierung wegen Alters und Behinderung werfen spezifische Sachfragen auf.[9]

III. Diskriminierungsverbote im Vertragsrecht

1. Regelungen

Wenn Diskriminierungsverbote anwendbar sind „beim Zugang zu und der Versorgung mit Gütern und Dienstleistungen", dann gelten sie vor allem im **Vertragsrecht**. In einer Marktwirtschaft ist der Zugang zu und die Versorgung mit Gütern und Dienstleistungen grundsätzlich privatwirtschaftlich organisiert, und das Instrument dazu ist der Vertrag. Im Bereich des Vertragsrechts ist demnach die Diskriminierung wegen des Geschlechts und aus Gründen der Rasse und der ethnischen Herkunft verboten. 8

In seiner ***Mangold***-Entscheidung hat der Gerichtshof das Verbot der Altersdiskriminierung als Allgemeinen Rechtsgrundsatz begründet. Nach Ansicht des EuGH ist „der Grundsatz der Gleichbehandlung in Beschäftigung und Beruf *nicht* in der Richtlinie 2000/78 selbst verankert"; „das grundsätzliche Verbot (der Diskriminierung wegen der Religion oder der Weltanschauung, einer Behinderung, des Alters oder der sexuellen Ausrichtung) (hat) seinen Ursprung in verschiedenen völkerrechtlichen Verträgen und den gemeinsamen Verfassungstraditionen der Mitgliedstaaten (…). Das Verbot der Diskriminierung wegen des Alters ist somit als ein 9

---

[8] KOM(2008) 426 endg.
[9] Dazu etwa *Vandenberghe*, ZEuP 2012, 235 ff.

allgemeiner Grundsatz des Gemeinschaftsrechts anzusehen."[10] Allerdings greife der Allgemeine Rechtsgrundsatz erst ein, wenn ein Sachverhalt „in den Geltungsbereich des Unionsrechts fällt", wenn er also z. B. in den Anwendungsbereich einer Verordnung oder Richtlinie fällt[11] oder von der Gleichbehandlungsrahmenrichtlinie erfasst ist. Zudem geht der Gerichtshof davon aus, dass die der EU-Gesetzgebung vorgelagerten Diskriminierungsverbote durchaus durch die EU-Gesetzgebung ausgestaltet werden, namentlich in Hinblick auf die Diskriminierungstatbestände, die Rechtfertigungsgründe, die Beweislast oder die Sanktionen. So ist nicht ausgeschlossen, dass die auf einem Allgemeinen Rechtsgrundsatz beruhenden Diskriminierungsverbote im Vertragsrecht ebenfalls Platz greifen, z. B. wenn ein Sachverhalt von der Verbraucherrechterichtlinie erfasst ist.

2. Anwendungsbereich

10 Der sog. „Geltungsbereich" ist in der Geschlechts- und der Rassendiskriminierungsrichtlinie mit etwas unterschiedlichen Worten beschrieben, aber im Wesentlichen gleich umgrenzt. Sie finden Anwendung auf alle Personen, die der Öffentlichkeit Güter oder Dienstleistungen zur Verfügung stellen, und zwar in öffentlichen und privaten Bereichen, einschließlich öffentlicher Stellen, Art. 1, 3 I GDRL, im Grundsatz ebenso Art. 3 I h) RDRL. Erfasst sind damit auch hoheitliche Dienstleistungen (öffentlicher Bereich, öffentliche Stellen) wie etwa die Umweltzertifizierung eines Unternehmens oder die Ausstellung eines Reisepasses. Erfasst sind aber vor allem weite Teile des Vertragsrechts. **Güter und Dienstleistungen** sind dabei umfassend zu verstehen; der Dienstleistungsbegriff ist in dem weiten Sinne der Grundfreiheiten als ein Auffangtatbestand auszulegen. Auch die Vermietung von Wohnraum ist in diesem Sinne Dienstleistung; Art. 3 I h) RDRL hebt das deklaratorisch hervor.

11 Gebunden wird dabei aber **nur der Anbieter**, nicht der Nachfrager von Gütern und Dienstleistungen. In Art. 3 I GDRL kommt das schon im Wortlaut zum Ausdruck, wenn die Richtlinie gilt „für alle Personen, die Güter und Dienstleistungen bereitstellen". Dasselbe ist aber auch in Art. 3 I h) RDRL gemeint. Verbrauchern steht es frei, „beim Italiener" essen zu gehen, französischen Wein zu kaufen, den Arzt nach dem Geschlecht auszuwählen (oder dem Musiklehrer wegen seiner Religionszugehörigkeit oder sexuellen Orientierung zu kündigen)[12].

---

[10] EuGH Rs. C-144/04 *Mangold*, Slg. 2005, I-9981 Rn. 74 f. (Hervorhebung hinzugefügt). Bestätigt von EuGH Rs. C-555/07 *Kücükdeveci*, Slg. 2010, I-365 Rn. 20 ff.; für das Verbot der Diskriminierung wegen der sexuellen Ausrichtung EuGH Rs. C-147/08 *Römer*, Slg. 2011, I-3591 Rn. 59 ff.

[11] So im Fall *Mangold*: Befristungsrichtlinie; die Umsetzungsfrist für die Gleichbehandlungsrahmenrichtlinie war hier noch nicht abgelaufen.

[12] Diese letzteren Unterscheidungsgründe sind im Europäischen Vertragsrecht ohnehin nicht verboten, weil die Diskriminierungsrahmenrichtlinie nur für Beschäftigung und Beruf gilt, s. o. Rn. 6.

III. Diskriminierungsverbote im Vertragsrecht

Auch Anbieter werden nur erfasst, soweit es um Güter und Dienstleistungen geht, „die **der Öffentlichkeit** zur Verfügung stehen". Gebunden werden sollen damit vor allem die Anbieter, die sich an die Allgemeinheit wenden: Kaufhäuser, Hotels, Rechtsanwälte, Ärzte, Krankengymnasten, Handwerker, Gaststätten usf. Wenn die Witwe einzelne Zimmer in ihrer Wohnung an Studentinnen vermietet, mag das im Einzelfall schon kein Angebot sein, das der Öffentlichkeit zur Verfügung steht. Art. 3 I GDRL spricht klarstellend von Angeboten, die der Öffentlichkeit **ohne Ansehen der Person** zur Verfügung stehen. Die Witwe sucht sich ihre Mieter in Ansehung der Person aus. Auch der Musiker, der nebenher einzelne Schüler unterrichtet, bietet diese Dienstleistung nicht der Öffentlichkeit an, sondern wählt in Ansehung der Person aus. Anders liegen die Dinge bei der Musikschule. Ebenfalls nur klarstellend ist der Zusatz in Art. 3 I GDRL, erfasst würden nur Güter und Dienstleistungen, „die außerhalb des Bereichs des **Privat- und Familienlebens** und der in diesem Kontext stattfindenden Transaktionen angeboten werden". Dabei ging es dem Gesetzgeber darum, gegenläufige Grundrechte zu achten; BE 3 GDRL. Soweit diesem Anliegen nicht schon im Rahmen des Anwendungsbereichs Rechnung getragen ist, kann es bei der Rechtfertigung berücksichtigt werden, vgl. BE 16 GDRL und dazu unten Rn. 29 ff.

12

3. Systematik

Bevor wir uns Einzelheiten ansehen, werfen wir einen Blick auf die Systematik der Antidiskriminierungsrichtlinien. Ausgangspunkt ist der **Grundsatz der Gleichbehandlung**, Art. 4 GDRL, Art. 2 RDRL. Dieser besagt, dass jede *unmittelbare* (Art. 2 a) GDRL, 2 II a) RDRL) und *mittelbare Diskriminierung* (Art. 2 b) GDRL, 2 II b) RDRL) verboten ist. Dazu rechnet auch die *Belästigung* (Art. 2 c) GDRL, 2 III RDRL) und, unter dem Verbot der Geschlechtsdiskriminierung, die *sexuelle Belästigung* (Art. 2 d) GDRL) sowie die *Anweisung zur Diskriminierung* (Art. 4 IV GDRL, 2 IV RDRL). Für den Bereich des „allgemeinen" Vertragsrechts (im Gegensatz zum Arbeits[vertrags]recht) enthält allein die Geschlechtsdiskriminierungsrichtlinie einen **Rechtfertigungstatbestand** der Erforderlichkeit zur Erreichung eines legitimen Ziels (Art. 2 V GDRL). Nach beiden Richtlinien können „positive Maßnahmen" zulässig sein (Art. 6 GDRL, 5 RDRL, auch sog. *affirmative action*). Die **Rechtsbehelfe** sind in den Richtlinien nicht umfassend geregelt (s. bereits § 1 Rn. 27). Die Geschlechtsdiskriminierungsrichtlinie schreibt aber vor, dass dazu auch ein Anspruch auf Schadensersatz gehören muss (Art. 8 II GDRL). Im Übrigen müssen die Mitgliedstaaten verhältnismäßige, wirksame und abschreckende Sanktionen vorsehen (Art. 14 GDRL, 15 RDRL). Im Hinblick auf die **Rechtsdurchsetzung** ist Zugang zum Gerichts- oder Verwaltungsweg zu eröffnen (Art. 8 I GDRL, 7 I RDRL). Dabei kommt dem angeblichen Diskriminierungsopfer eine Beweiserleichterung zugute (Art. 9 GDRL, 8 RDRL). Wer sich gegen eine vermeinte Diskriminierung

13

zur Wehr setzt, darf deswegen nicht benachteiligt werden (sog. Viktimisierung, Art. 10 GDRL, 9 RDRL).

4. Verbotene Differenzierungsmerkmale

14 Verboten ist die Differenzierung nach dem Geschlecht und nach Rasse oder ethnischer Herkunft. **Geschlecht** ist zu unterscheiden von der sexuellen Identität.[13] Diskriminierung wegen Transsexualität hat der Gerichtshof jedoch als Geschlechtsdiskriminierung angesehen.[14]

15 Wenn die Rassendiskriminierungsrichtlinie vor Diskriminierung aufgrund der „**Rasse**" schützt, so will der Gesetzgeber damit nicht ausdrücken, es gebe unterschiedliche menschliche Rassen. „Die Europäische Union weist Theorien, mit denen versucht wird, die Existenz verschiedener menschlicher Rassen zu belegen, zurück. Die Verwendung des Begriffs ‚Rasse' in dieser Richtlinie impliziert nicht die Akzeptanz solcher Theorien", BE 6 RDRL. (In den USA wird der Begriff der Rasse übrigens ganz unbefangen verwandt; ganz selbstverständlich wird dort etwa bei der Schulanmeldung die „Rasse" des Kindes abgefragt.) Sprachlich bezeichnet Rasse die Herkunft oder den Stamm; **Ethnie** bedeutet das Volk oder den Volksstamm, allgemeiner die Menschengruppe (nicht beschränkt auf Volk oder Stamm), die eine einheitliche Kultur hat. Ethnische Gruppen sind also etwa Sinti und Roma, Sorben, Russlanddeutsche, Araber oder Japaner. „Schwarze", „Südländer", „Afrikaner" oder „Asiaten" sind keine ethnischen Gruppen in diesem Sinne. Wer nach diesen Merkmalen unterscheidet, meint aber doch eine Gesamtheit mehrerer ethnischer Gruppen und diskriminiert daher nach einem verbotenen Merkmal; Ignoranz nützt nicht. Mit „Türken" oder „Holländern" ist regelmäßig nicht (nur) eine Nationalität, bezeichnet, sondern auch eine ethnische Gruppe. Keine ethnischen Gruppen sind Ostdeutsche („Ossis"), Düsseldorfer oder Kölner.[15]

5. Diskriminierung

16 Der Grundsatz der Gleichbehandlung bedeutet, dass keine unmittelbare Diskriminierung erfolgen darf, Art. 4 I GDRL, 2 I RDRL. Als Diskriminierung gelten auch die Belästigung sowie die Anweisung zur Diskriminierung.

a) Unmittelbare Diskriminierung

17 Unmittelbare Diskriminierung liegt vor, wenn eine Person aufgrund ihres Geschlechts/ihrer Rasse oder ethnischen Herkunft in einer vergleichbaren Situation eine weniger günstige Behandlung erfährt, als eine andere Person erfährt, erfahren

---

[13] EuGH Rs. C-249/96 *Grant*, Slg. 1998, I-621 (zur GbLohnRL 1975 und Art. 119 EGV).
[14] EuGH Rs. C-13/94 *P ./. S*, Slg. 1996, I-2413 (zur GbAbRL 1976).
[15] MünchKommBGB/*Thüsing*, § 1 AGG Rn. 57.

hat oder erfahren würde, Art. 2 a) GDRL, 2 II a) RDRL. Das ist z. B. der Fall, wenn derselbe Haarschnitt für Frauen mehr kostet als für Männer; wenn Frauen beim Diskothekenbesuch keinen Eintritt zahlen müssen; wenn Türken der Zugang zur Gaststätte verweigert wird; wenn einer Frau die Mietwohnung nur gegen sexuelle Hingabe angeboten wird (zugleich sexuelle Belästigung, Rn. 25). Auch die Diskriminierung wegen der **Schwangerschaft** ist unmittelbare Geschlechtsdiskriminierung;[16] so z. B. wenn Schwangere ab der 36. Schwangerschaftswoche nur noch gegen Vorlage eines aktuellen ärztlichen Attests im Flugzeug befördert werden. Umgekehrt stellt indes die *Begünstigung* Schwangerer, z. B. die Beförderung in der 1. Klasse ohne Aufpreis oder ein bevorzugter Zugang zum Museum, keine Geschlechtsdiskriminierung von Männern dar, Art. 4 II GDRL.

Nach dem Willen des Gesetzgebers soll allerdings keineswegs jede unterschiedliche Behandlung eine tatbestandliche Diskriminierung darstellen. „Der Grundsatz der Gleichbehandlung beim Zugang zu Gütern und Dienstleistungen bedeutet **nicht**, dass Einrichtungen Männern und Frauen **in jedem Fall zur gemeinsamen Nutzung** bereitgestellt werden müssen, sofern dabei nicht Angehörige des einen Geschlechts besser gestellt sind als die des anderen", BE 17 GDRL. Bietet daher ein Schwimmbad einen Damenbadetag und einen Herrenbadetag an, so soll darin schon tatbestandlich keine Diskriminierung liegen. Wenn Männer an der Segregation kein Interesse haben, ist auch das „einseitige" Angebot einer Frauensauna nicht zu beanstanden. 18

Im Arbeitsrecht ist die Frage aufgetreten, ob es eine **Diskriminierung ohne Opfer** geben kann. Ein Arbeitgeber hatte Mitarbeiter gesucht, aber darauf hingewiesen, Menschen fremder Herkunft könne er nicht einstellen, da seine Kunden nicht bereit seien, diesen den für die Durchführung der Arbeiten erforderlichen Zugang zu ihrer Wohnung zu gewähren. Dagegen ging die nationale Antidiskriminierungsstelle vor. Mit Rücksicht auf die gesellschaftspolitischen Ziele der Rassendiskriminierungsrichtlinie hat der Gerichtshof auch in diesem Verhalten eine unmittelbare Diskriminierung gesehen, ungeachtet der Tatsache, dass eine „identifizierbare beschwerte Person" fehlte.[17] Das gilt entsprechend, wenn ein Vermieter nur an Türken vermieten will oder ein Gastwirt ankündigt, Türken nicht zu bedienen[18]. 19

b) Mittelbare Diskriminierung

Mittelbare Diskriminierung liegt vor, „wenn dem Anschein nach **neutrale Vorschriften**, Kriterien oder Verfahren Personen, die einem Geschlecht/einer Rasse oder ethnischen Gruppe angehören, in besonderer Weise (gegenüber Personen des 20

---

[16] S. die arbeitsrechtliche Rechtsprechung des EuGH, z. B. Rs. C-506/06 *Mayr*, Slg. 2008, I-1017; Rs. C-460/06 *Paquay*, Slg. 2007, I-8511; Rs. C-116/06 *Kiiski*, Slg. 2007, I-7643; Rs. C-32/93 *Webb*, Slg. 1993, I-3567; Rs. 177/88 *Dekker*, Slg. 1990, 3941.
[17] EuGH Rs. C-54/07 *Feryn*, Slg. 2008, I-5187.
[18] Vgl. OLG Frankfurt a. M., NJW 1985, 1720 f. („Türken dürfen dieses Lokal nicht betreten.").

anderen Geschlechts) benachteiligen können, es sei denn, die betreffenden Vorschriften, Kriterien oder Verfahren sind durch ein rechtmäßiges Ziel sachlich gerechtfertigt und die Mittel sind zur Erreichung dieses Ziels angemessen und erforderlich", Art. 2 b) GDRL, 2 II b) RDRL. Eine mittelbare Rassendiskriminierung kann z. B. vorliegen, wenn Wohnungen an „Akademiker" vermietet werden, im Einzugsbereich aber ganz überwiegend nur Deutsche, nicht aber Migranten dieses Kriterium erfüllen.[19] Auch die Beschränkung der Darlehensvergabe an Menschen mit regelmäßigem Einkommen oder der Zulassung zur Achterbahnfahrt ab einer Körpergröße von 1,80 m kann diskriminierend wirken.

21 Neutrale Kriterien können indes einen guten Sinn haben. Z. B. mag die Zulassung zur Achterbahn ab 1,80 m eine Sicherheitsanforderung sein. Wenn die neutralen Kriterien zur Erreichung eines **legitimen Zwecks erforderlich** sind, liegt schon tatbestandlich keine Diskriminierung vor.

c) Belästigung

22 Auch die Belästigung ist *als Diskriminierung* verboten. Belästigung lässt sich zwar durchaus auch als eigenes rechtswidriges Verhalten qualifizieren, unabhängig von einer Diskriminierung. Indes ist es durchaus treffend, darin auch eine Diskriminierung zu sehen, denn eine Belästigung kann ebenso wie ein Ausschluss wirken. Belästigung ist eine **unerwünschte Verhaltensweise** im Hinblick auf ein verbotenes Differenzierungsmerkmal gegenüber einer Person, wenn sie kumulativ zwei Voraussetzungen erfüllt: Sie muss bezwecken oder bewirken, dass (1) die Würde der betreffenden Person verletzt wird und (2) ein von Einschüchterungen, Anfeindungen, Erniedrigungen, Entwürdigungen oder Beleidigungen gekennzeichnetes (kurz: „feindseliges") Umfeld (*hostile environment*) geschaffen wird.

23 Ob eine Verhaltensweise „**unerwünscht**" ist, bestimmt sich nach dem Empfinden des Opfers. Allerdings folgt daraus nicht, dass nur ein trotz Widerspruch fortgesetztes Verhalten unerwünscht sein kann. Vielmehr kann sich die subjektive Unerwünschtheit auch ohne Äußerung des Opfers aus den im jeweiligen sozialen Umfeld üblichen Verhaltensstandards ergeben und damit schon den ersten Akt betreffen. Eine **Verletzung der Würde** liegt bei herabsetzenden Äußerungen oder sonstigen Verhaltensweisen vor. Da nicht nur die beabsichtigte Würdeverletzung erfasst ist, sondern ebenso die – unabhängig von der Intention – bewirkte, fallen etwa auch „gut gemeinte" Witze darunter. Freilich werden sie nicht ohne weiteres dazu angetan sein, ein feindseliges Umfeld zu schaffen. Zu beachten ist aber, dass auch ein von Erniedrigungen und Entwürdigungen gekennzeichnetes Umfeld schadet. Eine Belästigung liegt daher durchaus auch dann vor, wenn der Arbeitge-

---

[19] Vgl. den für das Konzept der mittelbaren Diskriminierung grundlegenden Fall *Griggs* v. *Duke Power*, 401 U. S. 424 (1965).

ber durch seine herabsetzenden Äußerungen die Arbeitskollegen zu einem ebensolchen Verhalten veranlasst. **Vorsatz** setzt die Belästigung nicht voraus.

Der Gesetzgeber der Gleichbehandlungsrichtlinie Ethnie ging davon aus, dass der **Tatbestand** der Belästigung **ergänzungsbedürftig** ist. Daher hat er die Vorgaben ausdrücklich als rahmenhaft gekennzeichnet und ihre Ausfüllung den Mitgliedstaaten überlassen (Art. 2 III 2 RDRL). Dasselbe dürfte für den Belästigungstatbestand der Geschlechtsdiskriminierungsrichtlinie gelten, wo dies nicht ausdrücklich normiert ist (Art. 2 I c) GDRL). Der Gemeinschaftsgesetzgeber hat hier wohl v. a. an die beispielhafte Konkretisierung gedacht. Hinter den Vorgaben der Richtlinie können die Mitgliedstaaten (selbstverständlich) nicht zurückbleiben.

24

d) Sexuelle Belästigung

Die nach Art. 4 III, 2 d) GDRL verbotene sexuelle Belästigung unterscheidet sich von der „einfachen" Belästigung zuerst dadurch, dass es hier um ein **unerwünschtes Verhalten „sexueller Natur"** geht. Dies kann sich in verbaler, nichtverbaler oder physischer Form äußern. Auch hier ist erforderlich, dass damit eine Verletzung der Würde der betreffenden Person bezweckt oder bewirkt wird. Anders als bei der „einfachen" Belästigung wird aber die Schaffung eines feindseligen Umfeldes als Fall der Würdeverletzung („insbesondere") angesehen. Die Schaffung eines feindseligen Umfeldes ist m. a. W. keine zusätzliche (kumulative) Voraussetzung. Ebenso wie bei der „einfachen" Belästigung setzt die **Unerwünschtheit** keinen expliziten Widerspruch voraus, sondern kann sich aus den üblichen Verhaltensstandards ergeben. Und so wie die einfache Belästigung setzt auch die sexuelle Belästigung **keinen Vorsatz** voraus.

25

e) Anweisung zur Diskriminierung

Der Diskriminierung ist ferner die „Anweisung zur Diskriminierung" gleichgestellt. Durch den Tatbestand wird verhindert, dass sich ein Geschäftsherr hinter seinen Gehilfen versteckt, eine Organisation (z. B. ein Arbeitgeberverband) hinter ihren Mitgliedern.

26

6. Versicherungsmathematische Faktoren insbesondere

Versicherungen unterscheiden herkömmlich in vielen Bereichen bei ihren Verträgen nach dem Geschlecht, sie ordnen Männer und Frauen verschiedenen **Risikokategorien** zu (vgl. BE 18 GDRL).[20] Frauen verursachen im Laufe der Zeit für die Krankenversicherung höhere Kosten und junge Männer höhere Kosten in der Autoversicherung. Die Geschlechtsdiskriminierungsrichtlinie verfolgt insoweit einen

27

---

[20] S. schon *Riesenhuber/Franck*, JZ 2004, 529, 533 ff. Zur *statistical discrimination* etwa *Vandenberghe*, in: R. Schulze (Hrsg.), Non-Discrimination in European Private Law (2011), S. 9, 17 ff.

differenzierenden Ansatz. Im Grundsatz darf bei neu abgeschlossenen Verträgen der Faktor Geschlecht bei der Berechnung von Prämien und Leistungen nicht zu unterschiedlichen Prämien und Leistungen führen, Art. 5 I GDRL. Die Mitgliedstaaten konnten jedoch – bis zu Ablauf der Umsetzungsfrist – dafür optieren, „proportionale Unterschiede bei den Prämien und Leistungen dann zuzulassen, wenn die Berücksichtigung des Geschlechts bei einer auf relevanten und genauen versicherungsmathematischen und statistischen Daten beruhenden Risikobewertung ein bestimmender Faktor ist", Art. 5 II GDRL. Die Kosten von Schwangerschaft und Mutterschaft sollten in jedem Fall von Männern und Frauen gleichmäßig getragen werden (BE 20), und „auf keinen Fall zu unterschiedlichen Prämien und Leistungen führen", Art. 5 III GDRL.

28 Die **Ausnahmeoption** von Art. 5 II GDRL hat der EuGH allerdings für mit Art. 21, 23 GRCh unvereinbar und daher **nichtig** („ungültig") erklärt.[21] Ausweislich BE 19 GDRL handele es sich um eine Ausnahme von der Regel des Art. 5 I GDRL. Mit der Grundregel von Art. 5 I GDRL habe der Gesetzgeber ausgedrückt, dass „die Lage von Frauen und die Lage von Männern in Bezug auf die Prämien und Leistungen der von ihnen abgeschlossenen Versicherungen vergleichbar sind". Aus diesem Grund liege in der Ausnahmeoption von Art. 5 II GDRL auch eine mit Art. 21, 23 GRCh unvereinbare Ungleichbehandlung von Männern und Frauen. Dass die Vorschrift diese Ungleichbehandlung auf Dauer ermögliche, sei mit den Grundrechten unvereinbar.

7. Rechtfertigung

29 Für das „allgemeine" Vertragsrecht enthält **nur die Geschlechtsdiskriminierungsrichtlinie** einen Rechtfertigungstatbestand, nicht auch die Rassendiskriminierungsrichtlinie. Ausnahmen vom Verbot der Rassendiskriminierung sind daher nur als Ausnahmen vom Anwendungsbereich oder, im Falle der mittelbaren Diskriminierung, als Ausnahmen vom objektiven Tatbestand zu begründen. Nicht alle Fälle lassen sich auf diese Weise befriedigend lösen. Sind z. B. spezielle Angebote der Hausaufgabenbetreuung oder Nachhilfe nur für Ausländer zulässig?[22]

30 Nach Art. 4 V GDRL schließt die Richtlinie eine unterschiedliche Behandlung nicht aus, wenn es zu einem **legitimen Zweck** sachlich gerechtfertigt ist, die Güter und Dienstleistungen ausschließlich oder vorwiegend für die Angehörigen eines Geschlechts bereitzustellen, und die Mittel zur Erreichung dieses Zwecks angemes-

---

[21] EuGH Rs. C-236/09 *Test-Achats*, Slg. 2011, I-773 (der Gerichtshof hat allerdings dem Vertrauensschutz durch eine Übergangsfrist Rechnung getragen und die Nichtigkeitsfolge erst fünf Jahre nach Ablauf der Umsetzungsfrist (21. 12. 2012) angeordnet). Die Entscheidung wird überwiegend kritisch gesehen; s. etwa *Effer-Uhe*, in: R. Schulze (Hrsg.), Non-Discrimination in European Private Law (2011), S. 109 ff.; *Looschelders*, VersR 2011, 421, 424 ff.; *Lüttringhaus*, EuZW 2011, 296 ff.; zu den Schlussanträgen *Armbrüster*, VersR 2010, 1578 ff.; *Schwintowski*, VersR 2011, 164 ff.

[22] *Riesenhuber*, in: Leible/Schlachter (Hrsg.), Diskriminierungsschutz durch Privatrecht (2006), S. 138.

III. Diskriminierungsverbote im Vertragsrecht

sen und erforderlich sind. Darüber, welche Zwecke als legitim in Betracht kommen, gibt BE 16 S. 2 GDRL Aufschluss:

„Ein legitimes Ziel kann beispielsweise sein: der **Schutz von Opfern** sexueller Gewalt (wie die Einrichtung einer Zufluchtsstätte für Personen gleichen Geschlechts), der Schutz der **Privatsphäre** und des **sittlichen Empfindens** (wie etwa bei der Vermietung von Wohnraum durch den Eigentümer in der Wohnstätte, in der er selbst wohnt), die **Förderung der Gleichstellung** der Geschlechter oder der Interessen von Männern und Frauen (wie ehrenamtliche Einrichtungen, die nur den Angehörigen eines Geschlechts zugänglich sind), die **Vereinsfreiheit** (Mitgliedschaft in privaten Klubs die nur den Angehörigen eines Geschlechts zugänglich sind) und die Organisation **sportlicher Tätigkeiten** (z. B. Sportveranstaltungen, zu denen ausschließlich die Angehörigen eines Geschlechts zugelassen sind)."

31

Der Fall *Feryn* (oben, Rn. 19) wirft die Frage auf, ob auch **Kundenpräferenzen** als Rechtfertigung für eine Diskriminierung in Betracht kommen. In der Tat muss man zur Kenntnis nehmen, dass sich die Gäste eines Lokals *nicht* rechtswidrig verhalten, wenn sie fernbleiben, weil „zu viele Ausländer" das Lokal besuchen, ebenso wenig wie die Mieter, die aus solchen Gründen ausziehen: Sie sind nicht Adressaten der Diskriminierungsverbote der Richtlinien (s.o., Rn. 11). Indes wäre es mit dem gesellschaftspolitischen Anliegen der Richtlinien unvereinbar, dem Gastwirt oder dem Vermieter eine Berufung auf diese Kundenpräferenzen zu gestatten.

32

8. Sanktionen

Die Antidiskriminierungsrichtlinien geben die Sanktionen für Verstöße gegen das Diskriminierungsverbot im Grundsatz **nicht spezifisch** vor, sondern binden die Mitgliedstaaten nur, das Verbot im nationalen Recht effektiv umzusetzen, nämlich mit „wirksamen, verhältnismäßigen und abschreckenden" Sanktionen zu versehen, Art. 14 GDRL, 15 RDRL. Das ist nichts anderes als sich schon aus den allgemeinen **Umsetzungspflichten** ergibt, aus dem Äquivalenzgebot und dem Effektivitätsgebot (§ 1 Rn. 35).[23] Im Antidiskriminierungsrecht haben diese Umsetzungspflichten besondere Bedeutung entfaltet.

33

Die Bundesrepublik hatte das arbeitsrechtliche Verbot der Geschlechtsdiskriminierung privatrechtlich sanktioniert, dafür aber anfänglich nur einen Anspruch auf Ersatz des sog. negativen Interesses vorgesehen. Danach hatte ein wegen Diskriminierung abgewiesener Bewerber Anspruch darauf, so gestellt zu werden als hätte er nicht auf die diskriminierungsfreie Auswahl vertraut.[24] In diesem Fall hätte sich das Diskriminierungsopfer nicht beworben, so dass ihm die Bewerbungskosten zu ersetzen waren. Diese umfassten aber regelmäßig nur das Porto und vielleicht noch die Kosten für eine Fahrkarte im Nahverkehr: Abschreckend war diese Sanktion nicht, und der EuGH hat sie daher als mit dem Effektivi-

34

---

[23] Ob privat- oder öffentlich-rechtliche Sanktionen vorzugswürdig sind, ist umstritten; dazu *Vandenberghe*, in: R. Schulze (Hrsg.), Non-Discrimination in European Private Law (2011), S. 9 ff.; *Reich*, ebd., S. 57 ff. S. a. *Rädler*, Verfahrensmodelle zum Schutz vor Rassendiskriminierung (1999).

[24] Vgl. noch BAG, NZA 1990, 21 ff.; BAG, NZA 1990, 24 f.

tätsprinzip unvereinbar angesehen.[25] Die Richtlinien gäben zwar nicht vor, dass die Diskriminierungsverbote zivilrechtlich umzusetzen seien; in Betracht komme ebenso eine öffentlich-rechtliche Sanktion, z. B. eine Bußgeld- oder Strafbewehrung. Wähle ein Mitgliedstaat aber die zivilrechtliche Entschädigung als Sanktion, so dürfe diese nicht nur symbolisch sein, sondern müsse den entstandenen Schaden voll ausgleichen; Haftungshöchstgrenzen sind damit unvereinbar.

35 Für das allgemeine Vertragsrecht geht die Geschlechtsdiskriminierungsrichtlinie darüber hinaus. Sie schreibt vor, dass die Mitgliedstaaten Verstöße gegen das Diskriminierungsverbot auch mit einem **Schadensersatzanspruch** bewehren müssen, Art. 8 II GDRL. Dieser Ersatzanspruch muss den entstandenen Schaden voll ausgleichen und darf nicht durch eine Höchstgrenze beschränkt sein.

36 Die Ausgestaltung im Einzelnen bleibt im Rahmen der Umsetzungspflichten Sache der Mitgliedstaaten. Eine praktisch bedeutsame Frage ist, ob die Mitgliedstaaten die Ansprüche und Rechte der Diskriminierungsopfer durch **Ausschlussfristen** begrenzen dürfen, wie sie z. B. § 21 Abs. 5 AGG vorsieht. Die Richtlinien enthalten darüber keine spezifischen Vorgaben, so dass es auch insoweit bei der „Verfahrensautonomie" der Mitgliedstaaten bleibt, die nur durch das Äquivalenzprinzip und das Effektivitätsprinzip (§ 1 Rn. 35) eingeschränkt wird. Für die arbeitsrechtlichen Diskriminierungsverbote hat der EuGH daher die entsprechende Ausschlussfrist von § 15 Abs. 4 AGG im Grundsatz gebilligt.[26]

9. Beweislast und Informationsanspruch

37 Für die Durchsetzung des zivilrechtlichen Diskriminierungsverbots kommt es entscheidend auf die **Beweislast** oder, allgemeiner, darauf an, welche Information derjenige hat, der glaubt, Opfer einer Diskriminierung geworden zu sein. Umgekehrt liegt gerade in der Beweislast eine kritische Einschränkung der Privatautonomie und Vertragsfreiheit. Wesentliches Kennzeichen der Privatautonomie ist es, dass der Einzelne sein Handeln nicht zu begründen und zu rechtfertigen braucht (s. o. Rn. 1). Gerade das aber wird von ihm verlangt, wenn man ihm die Beweislast für die „Reinheit" seiner Motivation auferlegt. Im Anschluss an eine Rechtsprechung des EuGH[27] bestimmen die Antidiskriminierungsrichtlinien: Wenn das angebliche Opfer Tatsachen glaubhaft macht, die das Vorliegen einer Diskriminierung vermuten lassen, obliegt es dem angeblichen Diskriminierungstäter, sich zu entlasten, Art. 9 GDRL, 8 RDRL. Praktisch bedeutet das, dass sich z. B. der Vermieter selbst Rechenschaft über seine diskriminierungsfreie Auswahl unter den Interessenten verschaffen und diese dokumentieren muss.

38 Nicht selten fehlt demjenigen, der sich für diskriminiert hält, indes schon die Information, um einen „Anfangsverdacht" zu begründen. Daher ist dem Gerichts-

---

[25] S. im Einzelnen EuGH Rs. 14/83 *von Colson und Kamann*, Slg. 1984, 1891; Rs. 79/83 *Harz*, Slg. 1984, 1921; Rs. C-460/06 *Paquay*, Slg. 2007, I-8511; Rs. C-180/95 *Draehmpaehl*, Slg. 1997, I-2195. Übersicht bei *Riesenhuber*, Europäisches Arbeitsrecht, § 8 Rn. 56 ff.
[26] EuGH Rs. C-246/09 *Bulicke*, Slg. 2010, I-7003.
[27] EuGH Rs. C-185/97 *Coote*, Slg. 1998, I-5199.

hof (im Arbeitsrecht) die Frage gestellt worden, ob die Richtlinien auch einen **Auskunftsanspruch** vorschreiben, z. B. einen Anspruch des qualifizierten Bewerbers über die Qualifikation oder Referenzen der übrigen oder der ausgewählten Bewerber.[28] Die Richtlinien schreiben einen solchen Anspruch nicht spezifisch vor, so dass er sich nur aus dem Effektivitätsgrundsatz oder dem Äquivalenzgrundsatz ergeben kann. Aus dem Effektivitätsgrundsatz könnte der Anspruch abzuleiten sein, wenn das Diskriminierungsverbot sonst praktisch leerliefe; und aus dem Äquivalenzgrundsatz, wenn das nationale Recht für ähnliche Fälle einen Auskunftsanspruch vorsieht. Der Gerichtshof hat einen solchen Auskunftsanspruch im Grundsatz *nicht* angenommen. Er weist aber darauf hin, dass die Auskunftsverweigerung ein Umstand sein kann, der eine Diskriminierung vermuten lässt. Das kommt einem faktischen Auskunftsanspruch nahe, da auf diese Weise die Beweislastumkehr ausgelöst würde.

IV. Diskriminierungsverbote im GEK

Im vorgeschlagenen Gemeinsamen Europäischen Kaufrecht sind **keine Vorschriften** über Diskriminierungsverbote enthalten, vgl. BE 19 V-GEKVO. Daher kommen die Diskriminierungsverbote über das vom IPR berufene nationale Recht zur Anwendung (vgl. § 4 Rn. 59).   39

Das Beispiel illustriert die *Löchrigkeit des GEK*, die praktischen Probleme, die sich daraus ergeben, und die Mängel des Harmonisierungskonzepts. Die Antidiskriminierungsrichtlinien sind in den Mitgliedstaaten unterschiedlich umgesetzt. Insbesondere gehen einige Mitgliedstaaten, darunter Deutschland, im Hinblick auf die verbotenen Diskriminierungsmerkmale über die Richtlinienvorgaben hinaus (s. § 19 AGG). Damit wird die einheitliche Anwendung des GEK gestört. Das gilt nicht nur, wenn mangels Rechtswahl bei unterschiedlichen (z. B. Verbraucher-) Verträgen unterschiedliche nationale Rechte zur Anwendung kommen, sondern auch im Falle einer Rechtswahl, wenn man die Diskriminierungsverbote als Eingriffsnormen i. S. v. Art. 9 Rom I-VO ansieht.[29]   40

Der dem GEK-Vorschlag vorangegangene **DCFR** hatte die Diskriminierungsverbote des *acquis communautaire* noch inkorporiert und in Art. II.-2:101 durch ein *Right not to be discriminated against* umgesetzt:[30] „*A person has a right not to be discriminated against on the grounds of sex or ethnic or racial origin in relation to a contract or other juridical act the object of which is to provide access to, or supply, goods, other assets or services which are available to the public.*" Dieses Persönlichkeitsrecht wird gem. Art. II.-2:104 zum einen durch deliktsrechtliche Ansprüche   41

---

[28] EuGH Rs. C-104/10 *Kelly*, Slg. 2011, I-6813; Rs. C-415/10 *Meister*, noch nicht in Slg.
[29] MünchKommBGB/*Thüsing*, Einleitung AGG Rn. 62 f.
[30] Dazu und zu den Acquis-Principles (ACQP) *Leible*, in: R. Schulze (Hrsg.), Non-Discrimination in European Private Law (2011), S. 27 ff.

bewehrt (*non-contractual liability for damage caused to another*), zum anderen durch Ansprüche wegen Nichterfüllung (*remedies for non-performance of an obligation*) einschließlich Schadensersatz für Nichtvermögensschäden.

§ 7 Vorvertragliche Rechte und Pflichten

Literatur: Chr. *Alexander*, Vertragsrecht und Lauterkeitsrecht unter dem Einfluss der Richtlinie 2005/29/EG über unlautere Geschäftspraktiken, WRP 2012, 515 ff.; *Breidenbach*, Die Voraussetzungen von Informationspflichten beim Vertragsschluss (1989); *Collins*, The Forthcoming EU Directive on Unfair Commercial Practices (2004); *ders.*, The Unfair Commercial Practices Directive, ERCL 2005, 417 ff.; *Eidenmüller* et al., Revision des Verbraucher-*acquis* (2011) (Beiträge von *Faust* und *Grigoleit*); *Fleischer*, Informationsasymmetrie im Vertragsrecht (2001); *ders.*, Vertragsschlussbezogene Informationspflichten im Gemeinschaftsprivatrecht, ZEuP 2002, 772 ff.; *Gomez*, The Unfair Commercial Practices Directive: a Law and Economics Perspective, ERCL 2006, 4 ff.; *Grundmann*, Die EU-Verbraucherrechte-Richtlinie, JZ 2013, 53 ff; *ders./Kerber/Weatherill* (Hrsg.), Party Autonomy and the Role of Information (2001); *Hall/Howells/Watson*, The Consumer Rights Directive – An Assessment of its Contribution to the Development of European Consumer Contract Law, ERCL 2012, 139 ff.; *v. Hein*, Die culpa in contrahendo im europäischen Privatrecht, GPR 2007, 54 ff.; *Heinig*, Verbraucherschutz – Schwerpunkte der EU-Verbraucherrechte-Richtlinie, MDR 2012, 323 ff.; *Henning-Bodewig*, Die Richtlinie 2005/29/EG über unlautere Geschäftspraktiken, GRUR Int. 2005, 629 ff.; *Jud/Wendehorst* (Hrsg.), Neuordnung des Verbraucherprivatrechts in Europa? – Zum Vorschlag einer Richtlinie über Rechte der Verbraucher (2009); *Lehmann*, E-Commerce in der EU und die neue Richtlinie über die Rechte der Verbraucher, CR 2012, 261 ff.; *Leistner*, Bestand und Entwicklungsperspektiven des Europäischen Lauterkeitsrechts, ZEuP 2009, 56 ff.; *ders.*, Der Beitrag der Verhaltensökonomie zum Rech des unlauteren Wettbewerbs, in: Fleischer/Zimmer (Hrsg.), Beitrag der Verhaltensökonomie (Behavioral Economics) zum Handels- und Wirtschaftsrecht (2011), S. 122 ff.; *ders.*, Richtiger Vertrag und lauterer Wettbewerb (2007); *Micklitz/Reich*, AGB-Recht und UWG, EWS 2012, 257 ff.; *Piers*, Pre-contractual Information Duties in the CESL, ZEuP 2012, 867 ff.; *Rehberg*, Der staatliche Umgang mit Information – Das Europäische Informationsmodell im Lichte von Behavioral Economics, in: Eger/Schäfer (Hrsg.), Ökonomische Analyse der europäischen Zivilrechtsentwicklung (2007), S. 284 ff.; *Schmidt-Kessel*, Zur Kollision von Informationspflichten aus EU-Richtlinien im Blick auf die Entwürfe zur Verbraucherrechterichtlinie, GPR 2011, 79 ff.; *Schön*, Zwingendes Recht oder informierte Entscheidung – zu einer (neuen) Grundlage unserer Zivilrechtsordnung, FS Canaris (2007), S. 1191 ff.; A. *Schwab/Giesemann*, Die Verbraucherrechte-Richtlinie: Ein wichtiger Schritt zur Vollharmonisierung im Binnenmarkt, EuZW 2012, 253 ff.; *Unger*, Die Richtlinie über die Rechte der Verbraucher – Eine systematische Einführung, ZEuP 2012, 270 ff.

§ 7 Vorvertragliche Rechte und Pflichten

I. Sachfragen

1 Vor Vertragsschluss kann man **zwei Phasen** unterscheiden, die der Werbung und die der Vertragsanbahnung. In beiden Phasen geht es wesentlich um Information. Eine marktwirtschaftliche Ordnung stellt Mindestanforderungen der Redlichkeit (Lauterkeit) an die Marktteilnehmer: Irreführende Werbung ist verboten, vergleichende Werbung darf berechtigte Interessen der Mitbewerber nicht verletzen. Die Redlichkeit des Geschäftsverkehrs dient dem Markt als Institution ebenso wie den Marktteilnehmern, auch den Verbrauchern. Bei der eigentlichen Vertragsanbahnung ergeben sich schon aus den Anforderungen an den Vertragsschluss Informationspflichten: Ohne Bestimmung der *essentialia negotii* - Parteien, Hauptleistung und Preis – kommt ein Vertrag nicht zustande. Weitergehende Pflichten können nach deutscher Vorstellung aus der allgemeinen Bindung an treugemäßes Verhalten fließen. Danach ist man verpflichtet, auf die Interessen des Kontrahenten Rücksicht zu nehmen, freilich ohne eigene gleichwertige Interessen hintanzustellen. Daraus kann sich etwa die Pflicht ergeben, den anderen Teil über Hindernisse der Zweckerreichung aufzuklären oder vor Gefahren zu warnen. Im regulierenden Europäischen Vertragsrecht geht es vor allem darum, dem Verbraucher eine selbstbestimmte Vertragsentscheidung zu ermöglichen. Während dem Verbraucher im Normalfall des Vertragsschlusses im Ladenlokal oder auf dem Wochenmarkt die eigenverantwortliche Entscheidung im Grundsatz ohne weiteres zugetraut wird, sieht der Gesetzgeber bei besonderen Vertriebsformen – im Fernabsatz und außerhalb von Geschäftsräumen – Unterstützungsbedarf.

2 Aus der Perspektive der **Marktordnung** kann die Angleichung oder Vereinheitlichung der vorvertraglichen Information dazu dienen, einen Markt erst zu eröffnen oder seine Funktionsfähigkeit zu unterstützen. Hervorragendes Beispiel ist die einheitliche Definition des Kreditpreises in Form des „effektiven Jahreszinses" durch die Verbraucherkreditrichtlinie, die erst den Preisvergleich ermöglicht. Das erörtern wir im Zusammenhang unten, § 12.

II. Vertragsanbahnung und lauterer Geschäftsverkehr

3 Das Europäische Lauterkeitsrecht hat, soweit in unserem Zusammenhang von Bedeutung, drei Elemente: Zum einen hatten wir bereits gesehen, dass sich aus den Grundfreiheiten Schranken für das nationale Lauterkeitsrecht ergeben können (sogleich 1.). Zweitens enthält die Werbungsrichtlinie allgemeine Regelungen über das Verbot irreführender und die grundsätzliche Erlaubnis vergleichender Werbung (2.). Und drittens regelt speziell die Richtlinie über unlautere Geschäftspraktiken (UGP-Richtlinie) das Wettbewerbsverhalten im Verhältnis zu Verbrauchern (3.).

II. Vertragsanbahnung und lauterer Geschäftsverkehr

1. Wiederholung: Grundfreiheiten als Schranke für Werbungsregelungen

Können divergierende mitgliedstaatliche Irreführungsverbote grundsätzlich Beschränkungen für den grenzüberschreitenden Verkehr darstellen,[1] so bestimmt sich ihre zulässige Reichweite danach, inwieweit sie aus Gründen des **Allgemeinwohls** – Lauterkeit des Handelsverkehrs oder Verbraucherschutzes – erforderlich sind (§ 2 Rn. 27). Die Erforderlichkeit hat der EuGH mit Rücksicht auf die besondere Bedeutung von Werbung für die **Information der Verbraucher** und für das Funktionieren des **Binnenmarktes** eng beschränkt und dabei den Grundsatz der *Selbstverantwortung* (gerade auch) des Verbrauchers betont. Dies kommt im Leitbild des mündigen Verbrauchers zum Ausdruck (§ 5 Rn. 37).

Zum **Beispiel** ist es danach Sache des Werbungsadressaten, dem Kaufanreiz zu widerstehen, der von befristeten Verkaufsaktionen oder Vorpreisvergleichen ausgeht, vorausgesetzt, dass die Angaben über Befristung und Vorpreis zutreffend, also nicht aufgrund ihrer Unrichtigkeit irreführend sind.[2] Er muss zwischen Verpackungsaufdruck und Verpackungsinhalt (Größe des Aufdrucks „10% mehr") unterscheiden.[3] Von einem Unternehmer ist zu erwarten, dass er sich von dem Aufdruck eines Zeichens für Warenzeichenregistrierung nicht irreführen lässt, sondern gegebenenfalls selbst im Register nachsieht.[4] Selbst wenn die Angaben des Anbieters für den Abnahmeinteressenten (Werbungsadressaten) potentiell irreführend sein können, wie z.B. die Angabe der Warenzeichenregistrierung „R", rechtfertigt dies doch dann keine lauterkeitsrechtliche Sanktion, wenn der Anbieter an der Angabe ein berechtigtes Interesse hat und sie die Vertragsentscheidung des Interessenten vernünftigerweise nicht beeinflusst.[5] Die Grenze des Selbstverantwortungsgrundsatzes ist aber erreicht, wenn die Werbung unrichtige Angaben enthält, denn diese können dem Informationsinteresse des Adressaten nicht dienen und daran kann nach dem Lauterkeitsprinzip auch der Werbende kein berechtigtes Interesse haben.

2. Die Werbungsrichtlinie: Verbot irreführender und Erlaubnis vergleichender Werbung

Im Lichte dieser Grundsätze hat der EuGH auch die Werbungsrichtlinie ausgelegt. Die Werbungsrichtlinie dient dem Schutz von Gewerbetreibenden vor irreführender Werbung sowie der Festlegung der Bedingungen für vergleichende Werbung. **Irreführende Werbung**[6], die die Adressaten täuscht oder zu täuschen geeignet ist

---

[1] EuGH Rs. 362/88 *GB-INNO*, Slg. 1990, I-667 Rn. 6-8.
[2] EuGH Rs. 362/88 *GB-INNO*, Slg. 1990, I-667 Rn. 18 f.; Rs. 126/91 *Yves Rocher*, Slg. 1993, I-2361 Rn. 16 f. Vgl. Art. 4 WerbRL.
[3] EuGH Rs. C-470/93 *Mars*, Slg. 1995, I-1923 Rn. 24.
[4] GA *Tesauro* Schlussanträge in EuGH Rs. 238/89 *Pall*, Slg. 1990, I-4827 Rn. 6.
[5] EuGH Rs. 238/89 *Pall*, Slg. 1990, I-4827 Rn. 19.
[6] Zum (weiten) Werbungsbegriff von Art. 2 Nr. 1 WerbRL 1984 und Art. 2 a) WerbRL EuGH

und dadurch deren wirtschaftliches Verhalten beeinflussen oder Konkurrenten schädigen kann (Art. 2 b) WerbRL), ist verboten, Art. 3, 5 WerbRL. Maßstab für die Beurteilung ist der normal informierte und angemessen aufmerksame und verständige Durchschnittsverbraucher.[7] **Vergleichende Werbung** (Art. 2 c) WerbRL)[8] ist demgegenüber grundsätzlich erlaubt.[9] Vergleichende Werbung kann, sofern sie nicht irreführend ist, eine wichtige Informationsfunktion ausüben, indem sie auch Nachteile von Konkurrenzprodukten aufzeigt, die deren Anbieter in ihrer Werbung naturgemäß nicht hervorheben. Wegen ihrer den Wettbewerb fördernden Funktion hat der Gerichtshof die an die vergleichende Werbung gestellten Anforderungen „in dem für die vergleichende Werbung günstigsten Sinn" ausgelegt.[10] Die Voraussetzungen für die Zulässigkeit vergleichender Werbung, die Art. 4 WerbRL „abschließend harmonisiert" (Art. 8 I/2 WerbRL),[11] dienen lediglich drei Zwecken: Sie sollen sicherstellen, dass (1) nicht der Vergleich irreführt (lit. a),[12] b),[13] c),[14] d); dass (2) (Konkurrenz-) Marken nicht beeinträchtigt werden (lit. d), e), f),[15] g),[16] h); und dass (3) der Vergleich nicht im Verhältnis zum Konkurrenten unlauter ist (lit. b), e).

7   Grundsätze für die Auslegung der sekundärrechtlichen Irreführungsverbote illustriert die *Nissan*-Entscheidung.[17] Dort ging es um die Anpreisung parallelimportierer Autos mit der Werbung „Kaufen Sie Ihren Neuwagen billiger", die zudem einen Hinweis auf die Herstellergarantie enthielt. Eine Irreführung wurde deswegen besorgt, (1) weil der Verkäufer die Autos als neu bezeichnet hatte, obwohl sie schon einmal zugelassen waren, (2) weil der Preisvorteil z. T. auf einer geringeren

---

Rs. C-112/99 *Toshiba*, Slg. 2001, I-7945 Rn. 28; Rs. C-657/11 *Belgian Electronic Sorting Technologie*, noch nicht in Slg. (Nutzung von Domain-Namen und sog. Metatags als Werbung).

[7] St. Rspr. EuGH Rs. C-356/04 *Lidl Belgium*, Slg. 2006, I-8501 Rn. 78; s. a. EuGH Rs. C-210/96 *Gut Springenheide und Tusky*, Slg. 1998, I-4657 Rn. 31; Rs. C-220/98 *Estée Lauder*, Slg. 2000, I-117 Rn. 27; Rs. C-99/01 *Linhart und Biffl*, Slg. 2002, I-9375, Rn. 31; Rs. C-44/01 *Pippig Augenoptik*, Slg. 2003, I-3095 Rn. 55.

[8] Grenzfall EuGH Rs. C-381/05 *De Landtsheer*, Slg. 2007, I-3115 Rn. 17 ff., 50 ff. (Vergleich mit einer Warengattung – „Champagnerbier").

[9] EuGH Rs. C-112/99 *Toshiba*, Slg. 2001, I-7945; Rs. C-44/01 *Pippig Augenoptik*, Slg. 2003, I-3095.

[10] St. Rspr., z. B. EuGH Rs. C-159/09 *Lidl*, Slg. 2010, I-11761 Rn. 21; Rs. C-381/05 *De Landtsheer*, Slg. 2007, I-3115 Rn. 35, 63; Rs. C-356/04 *Lidl Belgium*, Slg. 2006, I-8501 Rn. 22 m. w. N.

[11] EuGH Rs. C-159/09 *Lidl*, Slg. 2010, I-11761 Rn. 22; Rs. C-44/01 *Pippig Augenoptik*, Slg. 2003, I-3095 Rn. 44.

[12] EuGH Rs. C-159/09 *Lidl*, Slg. 2010, I-11761 Rn. 41 ff.

[13] EuGH Rs. C-356/04 *Lidl Belgium*, Slg. 2006, I-8501 Rn. 24 ff. (Zulässigkeit des Sortimentsvergleichs); Rs. C-159/09 *Lidl*, Slg. 2010, I-11761 Rn. 25 ff. (Lebensmittel).

[14] EuGH Rs. C-356/04 *Lidl Belgium*, Slg. 2006, I-8501 Rn. 40 ff. (Sortimentsvergleich auch ohne Einzelaufstellung der verglichenen Produkte und Preise); Rn. 55 ff. (Preise und Preisniveau als „nachprüfbare Eigenschaften"); Rn. 63 ff. (Nachprüfbarkeit der vergleichenden Aussagen für den Adressaten).

[15] EuGH Rs. C-381/05 *De Landtsheer*, Slg. 2007, I-3115 Rn. 57 ff.

[16] EuGH Rs. C-487/07 *L'Oréal*, Slg. 2009, I-5185; Rs. C-59/05 *Siemens*, Slg. 2006, I-2147; Rs. C-112/99 *Toshiba*, Slg. 2001, I-7945 Rn. 41 ff.

[17] EuGH Rs. C-373/90 *Ermittlungsverfahren gegen X*, Slg. 1992, I-131.

Grundausstattung beruhte und (3) weil mit der – freilich bestehenden – Herstellergarantie geworben wurde. Die Bezeichnung als neu war nach Einschätzung des Gerichts nicht irreführend; wie GA *Tesauro*[18] ausführt, macht die Erstzulassung einen Wagen nicht zum Gebrauchtwagen, sondern zu einem zugelassenen Wagen. Eine Irreführung könne lediglich dann angenommen werden, wenn die Bezeichnung als „neu" dazu diene, die Tatsache der Vorzulassung zu verschleiern, und diese Tatsache wiederum geeignet wäre, eine erhebliche Anzahl Interessenten vom Kauf abzuschrecken. Auch die Bezeichnung als „billiger" könne nur dann irreführen, wenn sie bewirke, dass eine erhebliche Anzahl Kaufinteressenten ihre Kaufentscheidung in Unkenntnis der im Vergleich zum nationalen Angebot geringeren Grundausstattung träfe. Bei einer verhältnismäßig großen wirtschaftlichen Entscheidung wie dem Autokauf sei davon auszugehen, dass der Käufer Preise und Leistungen verschiedener Anbieter sorgfältig vergleiche. Damit ist nicht nur eine tatsächliche Einschätzung vorgegeben, sondern vor allem ein normativer Maßstab: „*Vigilantibus non dormientibus iura succurrunt*" (Das Recht hilft den Wachsamen, nicht den Träumenden). Die Werbung mit der Herstellergarantie schließlich ist schon deswegen zur Irreführung nicht geeignet, weil sie der Wahrheit entspricht. Dieselben Grundsätze bestimmen auch die Auslegung spezieller Irreführungsverbote. So stellt der Gerichtshof bei der Anwendung der Werbungsrichtlinie „auf die mutmaßlichen Erwartung eines durchschnittlich informierten, aufmerksamen und verständigen Durchschnittsverbrauchers ab".[19]

3. Die UGP-Richtlinie: Werbung und Verbraucherinformation

Die Richtlinie über unlautere Geschäftspraktiken harmonisiert die nationalen Regeln über **Geschäftspraktiken im Verkehr zwischen Unternehmen und Verbrauchern** vollständig (Vollharmonisierung) und hat so übrigens auch *deregulierende* Wirkung entfaltet.[20] Diese **Geschäftspraktiken** sind weit definiert als „jede Handlung, Unterlassung, Verhaltensweise oder Erklärung, kommerzielle Mitteilung einschließlich Werbung und Marketing eines Gewerbetreibenden, die unmittelbar mit der Absatzförderung, dem Verkauf oder der Lieferung eines Produkts [das sind Waren und Dienstleistungen, Art. 2 c) UGPRL] an Verbraucher zusammenhängt", Art. 2 d) UGPRL.[21] Entsprechend weit ist der **Anwendungsbereich**: Die Richtlinie gilt für unlautere Geschäftspraktiken zwischen Unternehmen und Verbrauchern

8

---

[18] Schlussanträge in EuGH Rs. C-373/90 *Ermittlungsverfahren gegen X*, Slg. 1992, I-131.
[19] S. o. Rn. 6 sowie etwa EuGH Rs. C-44/01 *Pippig Augenoptik*, Slg. 2003, I-3095 Rn. 55.
[20] EuGH verb. EuGH Rs. C-261/07 und 299/07 *VTB-VAB und Galatea*, Slg. 2009, I-2949 Rn. 51 f., 63 (Unzulässigkeit eines strikten Koppelungsverbots); Rs. C-304/08 *Plus*, Slg. 2010, I-217 Rn. 41, 50 (Unzulässigkeit eines allgemeinen Gewinnspielverbots); Rs. C-540/08 *Mediaprint*, Slg. 2010, I-10909 Rn. 30 (Unzulässigkeit eines allgemeinen Zugabeverbots); Rs. C-288/10 *Wamo*, Slg. 2011, I-5835 Rn. 33 (Unzulässigkeit eines allgemeinen Verbots von Ankündigungen von Preisermäßigungen).
[21] EuGH verb. EuGH Rs. C-261/07 und 299/07 *VTB-VAB und Galatea*, Slg. 2009, I-2949 Rn. 48 ff.; Rs. C-304/08 *Plus*, Slg. 2010, I-217 Rn. 36 f.; Rs. C-540/08 *Mediaprint*, Slg. 2010, I-10909 Rn. 17 ff., 21;

"vor, während und nach Abschluss eines auf ein Produkt bezogenen Handelsgeschäfts", Art. 3 I UGPRL.²² Beteuert Art. 3 II UGPRL auch, die Richtlinie lasse „**das Vertragsrecht** und insbesondere die Bestimmungen über die Wirksamkeit, das Zustandekommen oder die Wirkungen eines Vertrags **unberührt**", so hängen ihre Bestimmungen doch der Sache nach – *prinzipiell* - damit aufs engste zusammen, besonders soweit es um die vorvertragliche Information geht.²³

9   **Unlautere Geschäftspraktiken** sind verboten, Art. 5 I UGPRL.²⁴ Nach der Generalklausel von Art. 5 II UGPRL ist eine Geschäftspraxis unlauter, wenn sie den Erfordernissen (a) der beruflichen Sorgfalt widerspricht und (b) das wirtschaftliche Verhalten des adressierten Durchschnittsverbrauchers wesentlich beeinflusst oder dazu geeignet ist. Regelbeispiele dafür enthalten Art. 6f. über *irreführende Handlungen und Unterlassungen* sowie Art. 8f. über *aggressive Geschäftspraktiken*. Weiter konkretisiert wird die Generalklausel durch die *Schwarze Liste* von Klauseln, „die unter allen Umständen als unlauter anzusehen sind" in Anhang I, Art. 5 V UGPRL.²⁵ Soweit Klauseln nicht in dieser Schwarzen Listen enthalten sind, können sie nicht „unter ellen Umständen", sondern nur nach einer konkreten Beurteilung im Einzelfall als unlauter bewertet werden.²⁶ *Sanktionen* bestimmen im Rahmen der Umsetzungspflichten (§ 1 Rn. 35) die Mitgliedstaaten.

10 Der zentrale **Maßstab** für die Beurteilung der Unlauterkeit ist auch hier das **Leitbild des mündigen Verbrauchers**, das der Gesetzgeber der Rechtsprechung des EuGH entnommen hat: „den Durchschnittsverbraucher, der angemessen gut unterrichtet und angemessen aufmerksam und kritisch ist", BE 18 S. 2 UGPRL.²⁷ Für die Auslegung der UGP-Richtlinie zieht der Gerichtshof daher auch seine Rechtsprechung zur Werbungsrichtlinie heran.²⁸ Der Gesetzgeber konkretisiert dieses Leitbild allerdings für den Fall, dass sich eine Geschäftspraxis an eine „eindeutig identifizierbare Gruppe von Verbrauchern" wendet, „die aufgrund von geistigen

---

Rs. C-453/10 *Pereničová und Perenič*, noch nicht in Slg., Rn. 38; Rs. C-288/10 *Wamo*, Slg. 2011, I-5835 Rn. 30f.

²² *Alexander*, WRP 2012, 515, 516. Insoweit geht der Anwendungsbereich über den Gegenstand dieses Kapitels hinaus.

²³ S. jetzt das Beispiel von EuGH Rs. C-453/10 *Pereničová und Perenič*, noch nicht in Slg. und dazu *Alexander*, WRP 2012, 515ff.; mit weitreichenden Folgerungen *Micklitz/Reich*, EWS 2012, 257ff.

²⁴ Zur Systematik EuGH verb. EuGH Rs. C-261/07 und 299/07 *VTB-VAB und Galatea*, Slg. 2009, I-2949 Rn. 53ff.; Rs. C-304/08 *Plus*, Slg. 2010, I-217 Rn. 42ff.; Rs. C-540/08 *Mediaprint*, Slg. 2010, I-10909 Rn. 31ff.; Rs. C-288/10 *Wamo*, Slg. 2011, I-5835 Rn. 34ff.

²⁵ S. z.B. EuGH Rs. C-428/11 *Purely Creatice Ltd.*, noch nicht in Slg. (zu Nr. 31 Anhang I UGPRL: Gewinnmitteilung).

²⁶ Vgl. EuGH Rs. C-343/12 *Euronics*, noch nicht in Slg., Rn. 24ff.

²⁷ Krit. *Leistner*, ZEuP 2009, 56, 71ff.; *ders.*, in: Fleischer/Zimmer (Hrsg.), Beitrag der Verhaltensökonomie (Behavioral Economics) zum Handels- und Wirtschaftsrecht, S. 160ff. (das am Informationsmodell orientierte Verbraucherschutzkonzept der Richtlinie gehe an neueren Erkenntnissen der Verhaltensökonomie vorbei).

²⁸ EuGH Rs. C-122/10 *Ving Sverige*, Slg. 2011, I-3903 Rn. 23.

II. Vertragsanbahnung und lauterer Geschäftsverkehr

oder körperlichen Gebrechen, Alter oder Leichtgläubigkeit (...) besonders schutzbedürftig sind", Art. 5 III UGPRL.

Der Zusammenhang zu den vorvertraglichen Pflichten sowie zu den Widerrufsrechten – die jeweils die Selbstbestimmung des Verbrauchers stärken sollen – ist bei den Tatbeständen der Irreführung durch Unterlassen und der aggressiven Geschäftspraktiken besonders deutlich. Nach Art. 7 I der Richtlinie[29] kann ein irreführendes Unterlassen darin liegen, dass das Unternehmen dem Verbraucher „wesentliche Informationen vorenthält, die der durchschnittliche Verbraucher je nach den Umständen benötigt, um eine informierte geschäftliche Entscheidung [Art. 2 k) UGPRL] zu treffen". Das ist nichts anderes als eine **vorvertragliche Informationspflicht**. Tatsächlich spezifiziert Art. 7 IV UGPRL für den Fall einer „Aufforderung zum Kauf" (Art. 2 i) UGPRL)[30] die „wesentlichen Informationen" in ganz ähnlicher Weise wie Art. 5 I VRRL (dazu nachfolgend, Rn. 27).[31] Nach Art. 8 UGPRL gilt eine Geschäftspraxis als aggressiv, wenn sie die Entscheidungs- oder Verhaltensfreiheit des Durchschnittsverbrauchers durch Belästigung, Nötigung oder durch unzulässige Beeinflussung beeinträchtigt. Es geht damit um Sachverhalte, wie sie von den Vorschriften über **Willensmängel** (wie in Deutschland § 123 BGB) und den Schutz vor **Überrumpelung** (insbesondere Widerrufsrecht bei „Haustürgeschäften") erfasst werden. Schließlich hat sich erwiesen, dass die Beurteilung einer Vertragsklausel als „irreführend" indizielle Wirkung für ihre Beurteilung als treuwidrig benachteiligend im Rahmen der **Inhaltskontrolle** gem. Art. 4 KlauselRL haben kann.[32]

11

4. Die Verbraucherpreisangabenrichtlinie

„Die Verpflichtung, den Verkaufspreis und den Preis je Maßeinheit anzugeben, trägt merklich zur Verbesserung der Verbraucherinformation bei, da sie den Verbrauchern auf einfachste Weise optimale Möglichkeiten bietet, die Preise von Erzeugnissen zu beurteilen und miteinander zu vergleichen und somit anhand einfacher Vergleiche fundierte Entscheidungen zu treffen.", BE 6 VPARL – Auch die Verbraucherpreisangabenrichtlinie ist primär dem Lauterkeitsrecht zuzuordnen, hat aber ganz unmittelbare Bezüge auch zum Vertragsrecht. Besonders klar kommt hier das Informationsmodell des Europäischen Privatrechts zum Ausdruck, das auf dem Leitbild eines mündigen Verbrauchers beruht (s. o. § 5 Rn. 37).

12

Anwendbar ist die Verbraucherpreisangabenrichtlinie auf das Verkaufsangebot von Erzeugnissen (*produits, products*) von Händlern an Verbraucher, vgl. Art. 1 Hs. 1 VPARL. Erzeugnisse sind dabei nach Wortlaut und Sinnzusammenhang bewegliche Sachen („Waren"). „Händler" ist jede natürliche oder juristische Person, die unter ihre kommerzielle oder be-

13

---

[29] Zur Systematik von Art. 7 und zur ratio von Abs. 4 EuGH Rs. C-122/10 *Ving Sverige*, Slg. 2011, I-3903 Rn. 24.

[30] Näher EuGH Rs. C-122/10 *Ving Sverige*, Slg. 2011, I- 3903 Rn. 27 ff. (restriktiv auszulegen), 35 ff. (auch „ab"-Preis), 42 ff. (auch Bezugnahme auf das Produkt in Wort und Bild).

[31] EuGH Rs. C-122/10 *Ving Sverige*, Slg. 2011, I-3903 Rn. 50 ff. (Verweis auf Website u. U. zulässig), 60 ff. (Angabe eines „ab"-Preises nicht *per se* irreführend).

[32] EuGH Rs. C-453/10 *Pereničová und Perenič*, noch nicht in Slg., Rn. 41 ff.

rufliche Tätigkeit fallende Erzeugnisse verkauft oder zum Verkauf anbietet", Art. 2 d) VPARL; das entspricht, mit sachgebietspezifischen Eingrenzungen, dem üblichen Unternehmerbegriff (dazu oben, § 5 Rn. 7). Entsprechendes gilt für den Verbraucherbegriff der Richtinie, Art. 2 e) VPARL.

14 Nach dem **Grundsatz** von Art. 3 I VPARL muss der Händler beim Angebot von Erzeugnissen den Verkaufspreis und den Preis je Maßeinheit angeben. Dabei ist der „Verkaufspreis" der Endpreis für eine Produkteinheit einschließlich aller Steuern, der „Preis je Maßeinheit" der Endpreis, einschließlich aller Steuern, je Kilogramm, Liter, Meter, Quadratmeter oder Kubikmeter oder einer anderen allgemein verwendeten und üblichen Maßeinheit, Art. 2 a), b) VPARL. Der Verkaufspreis zeigt dem Verbraucher, was er für die Produkteinheit zahlen muss, der Preis je Maßeinheit stellt die Vergleichbarkeit zwischen verschiedenen Angeboten in unterschiedlichen Produkteinheiten oder Maßen her. Um seinen Informationszweck zu erfüllen, muss der Verkaufspreis und der Preis je Maßeinheit „unmissverständlich, klar erkennbar und gut lesbar" angegeben werden, Art. 4 I 1 VPARL. Für verschiedene Fälle sieht die Richtlinie Ausnahmen von der Preisangabepflicht vor. Diese sind teils teleologisch begründet; so z.B. wenn bei in losem Zustand angebotenen Waren lediglich der Preis je Maßeinheit anzugeben ist, Art. 3 III VPARL; ferner Art. 5 I VPARL. Teils geht es darum, gegenläufigen Interessen Rechnung zu tragen; so z.B. bei der Ausnahmeoption für den Fall, dass bei Erbringen einer Dienstleistung (z.B. Reparatur des Abflusses) Waren geliefert werden, Art. 3 II Sps. 1 VPARL; oder auch bei der Ausnahmeoption für den Fall übermäßiger Belastung kleiner Einzelhandelsgeschäfte, Art. 6 VPARL.

15 Die Preisangabepflicht gilt nicht nur für die Warenauszeichnung, sondern auch für die **Werbung**, ähnlich wie bei der Verbraucherkreditrichtlinie (§ 12 Rn. 15) aber nicht für jegliche Werbung, sondern nur, wenn in der Werbung der Verkaufspreis genannt wird, Art. 3 IV VPARL.[33]

III. Vorvertragliche Informationspflichten

1. Überblick über die Regelung

16 Bei den **vertragsrechtlichen Informationspflichten** (in Abgrenzung zu den soeben, Rn. 11, erörterten lauterkeitsrechtlichen Informationspflichten) kann man seit der Verabschiedung der Verbraucherrechterichtlinie die darin enthaltenen „allgemeinen" Informationspflichten von den „besonderen" unterscheiden, die für einzelne Vertragstypen vorgeschrieben sind und die wir auch in den jeweiligen Zusammenhängen erörtern.[34] Die **allgemeinen Informationspflichten** sind vertragstypunabhängig vorgeschrieben. Punktuell betreffen sie alle Verbraucherverträge (Art. 22 VRRL; unten, 3). Sonst differenziert die Richtlinie zwischen (a) für „anderen als Fernabsatzverträgen oder außerhalb von Geschäftsräumen geschlossene Verträgen" einerseits (Art. 5 VRRL; unten, 4.) und (b) „Fernabsatz- und außerhalb von Geschäftsräumen geschlossene Verträgen" andererseits (Art. 6 VRRL; unten,

---

[33] Zum Zusammenhang mit Preiswerbung und Verbraucherschutz *Reich/Micklitz*, Europäisches Verbraucherrecht, § 9.

[34] Weithin ungeklärt ist dabei freilich das Verhältnis verschiedener Informationspflichten; mit Recht krit. *Schmidt-Kessel*, GPR 2011, 79 ff.

III. Vorvertragliche Informationspflichten

5.). Flankiert werden letztere durch „formale Anforderungen", bei denen ebenfalls Aspekte der Information im Vordergrund stehen (Art. 7, 8 VRRL; unten, 6.). **Spezielle Informationspflichten** enthalten vor allem die Pauschalreiserichtlinie (dazu § 13), die Timesharingrichtlinie (die wir hier nicht im Einzelnen erörtern) und die Verbraucherkreditrichtlinie (dazu § 12). Bevor wir die einzelnen Informationspflichten erörtern, werfen wir einen Blick auf den Anwendungsbereich der Richtlinie.

Das **GEK** übernimmt die verbraucherschützenden Informationspflichten der Sache nach weitgehend und versieht sie, über die Richtlinien hinausgehend, mit Sanktionen. Es enthält darüber hinaus Vorschriften des allgemeinen Vertragsrechts, aus denen sich vorvertragliche Informationspflichten oder -obliegenheiten ergeben können, namentlich den allgemeinen Grundsatz von Treu und Glauben, Art. 2 GEK, sowie die Vorschriften über Einigungsmängel in Art. 48 f. GEK.[35]   17

2. Anwendungsbereich der Verbraucherrechterichtlinie

a) Anwendungsbereich

Mit der Verbraucherrechterichtlinie **bezweckt** der Gesetzgeber, durch Angleichung – vor allem – von Vorschriften über vorvertragliche Information, Vertragsschluss und Widerrufsrechte ein hohes Verbraucherschutzniveau zu erreichen und dadurch zum Funktionieren des Binnenmarktes beizutragen, Art. 1 VRRL. Ihr **Anwendungsbereich** („Geltungsbereich") erstreckt sich im Grundsatz auf „jegliche Verträge, die zwischen einem Unternehmer und einem Verbraucher geschlossen werden", Art. 3 I 1 VRRL. Der persönliche Anwendungsbereich ist demnach durch **Unternehmer- und Verbraucherbegriff** bestimmt, Art. 2 Nr. 1 und 2 VRRL; dazu bereits oben, § 5 Rn. 8.[36] In den sachlichen Anwendungsbereich fallen zunächst **jegliche Verträge**, doch enthält die Richtlinie im Weiteren spezielle Regelungen für verschieden Vertriebsformen (unten, b)) sowie Ausnahmen.   18

Art. 3 III VRRL enthält in lit. a) bis m) eine recht lange Liste von **Ausnahmen** vom Anwendungsbereich, doch illustrieren die punktuellen Ausnahmen zugleich den grundsätzlich umfassenden Anwendungsbereich. Im Kernbereich des Vertragsrechts sind vor allem folgende Ausnahmen hervorzuheben: 19
– Verträge über **Finanzdienstleistungen** (lit. d);[37] dieser Bereich ist durch die Finanz-Fernabsatzrichtlinie von 2002 und die Verbraucherkreditrichtlinie, die seit der Reform von 2008 auch ein Widerrufsrecht enthält (im Einzelnen § 12) ausschnittsweise unionsrechtlich geregelt;

---

[35] Überblick bei *Piers*, ZEuP 2012, 867 ff.
[36] Die Erweiterung des Schutzes auf Personen die nicht „Verbraucher" i.S.v. Art. 2 Nr. 1 VRRL sind, steht den Mitgliedstaaten frei; deklaratorisch BE 13 S. 3 VRRL.
[37] Demgegenüber war der Realkreditvertrag von der Haustürgeschäfterichtlinie noch erfasst; anders noch EuGH Rs. C-481/99 *Heininger*, Slg. 2001, I-9945 Rn. 25 ff.

- Verträge über die Begründung, den Erwerb oder die Übertragung von Eigentum oder anderen **Rechten an Immobilien** (lit. e),[38]
- Verträge über den **Bau oder Umbau von Gebäuden** sowie über die **Wohnraummiete** (lit. f),
- **Pauschalreiseverträge** (lit. g); insoweit enthält das Unionsrecht mit der Pauschalreiserichtlinie von 1990 eine spezielle Regelung (im Einzelnen § 13);
- **Timesharingverträge** (lit. h), die durch die ursprünglich 1994 erlassene, 2008 reformierte Timesharingrichtlinie geregelt sind; und schließlich
- Verträge, die vor einem zur Unabhängigkeit und Unparteilichkeit verpflichteten Amtsträger (**Notar**) geschlossen werden (lit. i); hier sind die Schutzanliegen der Richtlinie auf anderem Wege verwirklicht.[39] Zwar hat das Haustürgeschäfte-Widerrufsrecht auch in Schrottimmobilien-Fällen eine Rolle gespielt, bei denen der Kaufvertrag der notariellen Beurkundung bedarf;[40] indes kann man daraus nicht schließen, dass das Informationspflichten und Widerrufsrecht hier geeignete Schutzinstrument wären.

20   Die **Geringwertigkeitsklausel** von Art. 3 IV VRRL ermöglicht den Mitgliedstaaten (fakultativ, Umsetzungsoption), von der Anwendung der Richtlinie auf *außerhalb von Geschäftsräumen geschlossene Verträge* (Rn. 24; nicht auch Fernabsatzverträge!) abzusehen, wenn die Gegenleistung des Verbrauchers **50 Euro** (wahlweise auch einen niedrigeren Schwellenwert) nicht überschreitet.

21   Im Grundsatz gleicht die Verbraucherrechterichtlinie die mitgliedstaatlichen Rechte „vollständig" an (**Vollharmonisierung**, Art. 4 VRRL), d.h., die Mitgliedstaaten dürfen nicht nur nicht hinter den Richtlinienvorgaben zurückbleiben, sondern sie auch nicht überschreiten (es sei denn, das wäre ausdrücklich zugelassen, wie z.B. in Art. 5 IV VRRL). Deswegen ist die Abgrenzung des Anwendungsbereichs von zentraler Bedeutung. Art. 3 V VRRL hebt hervor, dass die Richtlinie „das allgemeine innerstaatliche Vertragsrecht wie die Bestimmungen über die Wirksamkeit, das Zustandekommen oder die Wirkungen eines Vertrags" unberührt lässt, freilich nur „soweit Aspekte des allgemeinen Vertragsrechts in dieser Richtlinie nicht geregelt werden". Das grundsätzliche Verbot strengerer Schutzvorschriften trifft selbstverständlich nur die Mitgliedstaaten (an die die Richtlinie adressiert ist), nicht auch die Unternehmer, denen es im Rahmen ihrer Vertragsfreiheit frei

---

[38] Ähnlich schon Art. 3 II a) HtRL; dazu EuGH Rs. C-350/03 *Schulte*, Slg. 2005, I-9215 Rn. 64, 72 ff. (auch Verträge über den Verkauf von Immobilien, die lediglich Bestandteil eines kreditfinanzierten Kapitalanlagemodells sind). Auch bei der Entscheidung EuGH Rs. C-215/08 *E. Friz*, Slg. 2010, I-2947 Rn. 25–34 zur HtRL dürfte es bleiben, nach der die HtRL auch auf Vertrag über den Beitritt zu einem geschlossenen Immobilienfonds in Form einer Personengesellschaft anwendbar ist; in derselben Entscheidung hat der Gerichtshof die Beschränkung der Widerrufsfolgen auf ex nunc-Wirkung gebilligt.

[39] Krit. *Grundmann*, JZ 2013, 53, 57.

[40] So z.B. EuGH Rs. C-229/04 *Crailsheimer Volksbank*, Slg. 2005, I-9273 (Darlehens- und Immobilienkaufverträge); vgl. auch EuGH Rs. C-412/06 *Hamilton*, Slg. 2008, I-2382 (Darlehen zum Erwerb von Anteilen an einem Immobilienfonds).

steht, günstigere Bedingungen anzubieten, also z. B. eine längere Widerrufsfrist einzuräumen.

b) Grundbegriffe: Fernabsatz- und außerhalb von Geschäftsräumen geschlossene Verträge

Die Verbraucherrechterichtlinie betrifft zwar *jegliche Verträge*, als Nachfolgerin der Haustürgeschäfterichtlinie und der Fernabsatzrichtlinie regelt sie aber zentral diese Vertriebsformen. Diese Richtlinien enthielten auch schon die wesentlichen Schutzinstrumente, Informationspflichten und Widerrufsrechte. Mit der Verbraucherrechterichtlinie ist der Schutz aber nunmehr erweitert auf „andere als Fernabsatzverträge und außerhalb von Geschäftsräumen geschlossene Verträge".[41]

22

(Verbraucher-)Verträge		
Fernabsatzverträge	außerhalb von Geschäftsräumen geschlossene Verträge	andere als Fernabsatzverträge oder außerhalb von Geschäftsräumen geschlossene Verträge

Für den Fernabsatz übernimmt die Verbraucherrechterichtlinie in Art. 2 Nr. 7 im Wesentlichen die Definition der Fernabsatzrichtlinie. „**Fernabsatzvertrag**" ist jeder Vertrag, der zwischen dem Unternehmer und dem Verbraucher ohne gleichzeitige körperliche Anwesenheit der Parteien im Rahmen eines für den Fernabsatz organisierten Vertriebs- bzw. Dienstleistungssystems geschlossen wird, wobei bis einschließlich zum Zeitpunkt des Vertragsabschlusses ausschließlich ein oder mehrere Fernkommunikationsmittel (Internet, Post, Telefon, Fax) verwendet werden. Paradigmatisch ist heute der Warenkauf im Internet. Darunter fallen aber auch das Kataloggeschäft, z. B. die Buchung einer Pauschalreise oder die Versandhausbestellung aus dem Katalog, das Teleshopping oder der Telefonvertrieb. Entscheidend ist, dass *Verhandlungen und Vertragsschluss* (kumulativ) über Distanz erfolgen, vgl. BE 20 VRRL. Daher fällt darunter auch der Fall, in dem der Verbraucher sich erst im Ladenlokal umsieht, dann aber per Fernkommunikation kontrahiert; nicht aber jener, wo die Verhandlungen im Laden stattfinden und nur der eigentliche Vertragsschluss per Fernkommunikation; ebensowenig der Fall, dass die Verhandlungen per Fernkommunikation geführt, der Vertrag aber im Ladenlokal geschlossen wird. Wesentliche Voraussetzung ist, dass sich der Unternehmer eines *organisierten Vertriebs- oder Dienstleistungssystems* bedient. Dieses System kann er selbst betreiben, doch reicht es auch aus, wenn er das von einem Dritten System nutzt, z. B. eine Online-Plattform wie *ebay*, vgl. BE 20 S. 6 VRRL. Nicht ausreichend

23

---

[41] Zum durch die Definitionen bestimmten sachlichen Anwendungsbereich *Unger*, ZEuP 2012, 270, 277 ff. (S. 280 f. zu offen gebliebenen Bereichen zwischen den im Fernabsatz und außerhalb von Geschäftsräumen geschlossenen Verträgen).

ist hingegen, dass lediglich Informationen über den Unternehmer und seine Waren oder Dienstleistungen im Internet zur Verfügung gestellt werden, etwa in einem online-Branchenverzeichnis, vgl. BE 20 S. 7 VRRL.

24 Der „**außerhalb von Geschäftsräumen abgeschlossene Vertrag**" bezeichnet im Grundfall jeden Vertrag zwischen einem Unternehmer und einem Verbraucher, der bei gleichzeitiger körperlicher Anwesenheit der Parteien (Abgrenzung zum Fernabsatz) an einem Ort geschlossen wird, der *kein Geschäftsraum* des Unternehmers ist, Art. 2 Nr. 8 a) VRRL. Dabei sind freilich **Geschäftsräume** in Art. 2 Nr. 9 VRRL weit definiert als unbewegliche Geschäftsräume, in denen der Unternehmer seine Tätigkeit *dauerhaft* ausübt oder bewegliche, an denen er sie *gewöhnlich* ausübt. Bewegliche Geschäftsräume sind – über den engeren Wortlaut („Raum") hinaus, aber teleologisch überzeugend – etwa auch „Markt- und Messestände" oder „Verkaufsstätten, in denen der Unternehmer seine Tätigkeit saisonal ausübt, beispielsweise während der Fremdenverkehrssaison an einem Skiort oder Seebadeort", vgl. BE 22 S. 1, 2 VRRL. Umgekehrt sollen „der Öffentlichkeit zugängliche Orte wie Straßen, Einkaufszentren, Strände, Sportanlagen und öffentliche Verkehrsmittel, die der Unternehmer ausnahmsweise für seine Geschäftstätigkeiten nutzt, sowie Privatwohnungen oder Arbeitsplätze nicht als Geschäftsräume gelten", BE 22 S. 3 VRRL.[42] Das dahinterstehende teleologische Kriterium ist, ob der Verbraucher an dem Ort mit einer Geschäftstätigkeit des Unternehmers rechnen muss oder nicht. An der **Haustür** ist das so wenig der Fall wie in der Straßenbahn oder am Strand. Die weiteren Fälle von Art. 2 Nr. 8 VRRL betreffen das (den Verbraucher bindende!) Angebot des Verbrauchers (lit. b) und den Vertragsschluss in den Geschäftsräumen nach Ansprechen außerhalb von Geschäftsräumen (lit. c) sowie die sog. Kaffeefahrt (lit. d). Nach dieser Definition spielt es keine Rolle, ob der Verbraucher *den Unternehmer zu sich bestellt* hat. In einer sehr weitgehenden – und rechtspolitisch nicht überzeugenden – Pauschalierung nimmt der Gesetzgeber an, für den psychischen Druck bei Vertragsschluss außerhalb von Geschäftsräumen spiele es keine Rolle, ob der Verbraucher den Besuch des Unternehmers herbeigeführt hat, BE 21 S. 2 a. E. VRRL.[43] Nicht erfasst ist indes der Fall, in dem der Unternehmer in die Wohnung des Verbrauchers kommt, um Maße zu nehmen oder eine Schätzung vorzunehmen, der Vertrag aber erst später abgeschlossen wird, vgl. BE 21 S. 4 VRRL (Teil des „*light regime*" für Handwerker)[44].

---

[42] Krit. gegenüber der Erweiterung des sachlichen Anwendungsbereichs im Vergleich mit der FARL *Grundmann*, JZ 2013, 53, 56 f.

[43] Krit. auch *Grundmann*, JZ 2013, 53, 56 f.; befürwortend aber A. *Schwab/Giesemann*, EuZW 2012, 253, 254.

[44] *Unger*, ZEuP 2012, 270, 298.

3. Informationsobliegenheit im Hinblick auf „Extrazahlungen"

Schon nach allgemeinem Vertragsrecht hat der Bestimmtheitsgrundsatz und das Erfordernis, die *essentialia negotii* zu vereinbaren, auch eine Informationswirkung oder einen Informationsreflex. Das betrifft insbesondere auch Vergütungspflichten: Zu zahlen ist nur was vereinbart ist. Das schützt jeden Zahlungsschuldner, auch den Verbraucher. Im Hinblick auf das Entgelt für die Hauptleistung gibt es hier auch normalerweise keine Probleme: Auf den Preis achtet der Käufer oder Dienstleistungsempfänger von sich aus, hier funktioniert auch die Marktkontrolle. Weitere Vergütungspflichten können indes leicht der Aufmerksamkeit entgehen, und manche Unternehmer machen sich diesen Umstand im Verhältnis zu Verbrauchern zunutze. Dem will Art. 22 VRRL vorbeugen. Danach hat der Unternehmer vorab, bevor der Verbraucher durch den Vertrag oder sein Angebot gebunden ist, die „ausdrückliche Zustimmung des Verbrauchers zu jeder Extrazahlung einzuholen, die über das vereinbarte Entgelt für die Hauptleistung hinausgeht". Extrazahlungen sind mithin solche, die über das vereinbarte Entgelt für die Hauptleistung hinausgehen. Nach Satz 2 der Vorschrift hat der Verbraucher Anspruch auf Erstattung von (geleisteten) Zahlungen, wenn er der Vergütung nicht *ausdrücklich* zugestimmt hat, sondern der Unternehmer die (formale) Zustimmung nur dadurch herbeigeführt hat, dass er „Voreinstellungen verwendet hat, die vom Verbraucher abgelehnt werden müssen, wenn er die zusätzliche Zahlung vermeiden will". Der Gesetzgeber hat dabei vor allem an Vertragsschlüsse im Internet gedacht („Voreinstellungen"; Problem der sog. *pre-ticked-box*), die Regelung ist aber nicht darauf beschränkt, sondern greift etwa auch bei „opt out-Regelungen" im Bestell- oder Vertragsformular ein.

25

Die Regelung lässt vieles offen. Ausdrücklich ist nur ein Erstattungsanspruch vorgesehen, doch ist damit vorausgesetzt, dass schon eine Zahlungspflicht nicht besteht; ihr könnte entgegengehalten werden, *dolo agit qui petit quod statim redditurus est.* Nicht geregelt ist weiterhin das Schicksal der Sachleistung, z.B. einer Versicherungs- oder sonstigen Nebenleistung, für die die Extrazahlung vorgesehen war. Bezweckt die Vorschrift des Art. 22 VRRL, den Verbraucher vor zusätzlichen *Zahlungspflichten* zu schützen, so fordert die Regelung nicht, dass er die damit verbundenen zusätzlichen Leistungen erhalten oder behalten dürfte.

26

4. Information bei Verbraucherverträgen, die nicht im Fernabsatz oder außerhalb von Geschäftsräumen geschlossen wurden

Eine der wesentlichen Neuerungen der Verbraucherrechterichtlinie von 2011 ist, dass sie – sieht man von der UGP-Richtlinie ab (zur ihr oben, Rn. 8)[45] – in Art. 5 VRRL erstmals auch Regeln für den **Normalfall des Vertragsschlusses** im Ladenlokal enthält, den die Richtlinie durch die Abwesenheit besonderer Vertriebsme-

27

---

[45] Ungeklärt ist das Verhältnis der Informationspflichten der UGP-Richtlinie und der VRRL; krit. *Hall/Howells/Watson*, ERCL 2012, 139, 144, 145 f.

§ 7 Vorvertragliche Rechte und Pflichten

thoden definiert. Von daher betrachtet handelt es sich um „andere als Fernabsatzverträge [Art. 2 Nr. 7 VRRL] oder außerhalb von Geschäftsräumen geschlossene Verträge [Art. 2 Nr. 8 VRRL]" (Überschrift Kapitel II VRRL; eine positive Begriffsbestimmung enthält auch die Definitionsnorm von Art. 2 VRRL nicht).

28 Der Unternehmer muss den Verbraucher informieren über (etwas verkürzt, s. i. E. Art. 5 I VRRL):
a) die wesentlichen Eigenschaften der Waren oder Dienstleistungen;
b) die Identität des Unternehmers;
c) den Gesamtpreis der Waren oder Dienstleistungen einschließlich aller Steuern und Abgaben sowie ggf. über alle zusätzlichen Fracht-, Liefer- oder Versandkosten;
d) ggf. die Zahlungs-, Liefer- und Leistungsbedingungen;
e) ggf. das Bestehen und die Bedingungen von Kundendienstleistungen nach dem Verkauf und gewerbliche Garantien (zusätzlich zu dem Hinweis auf Bestehen eines gesetzlichen Gewährleistungsrechts für die Waren)[46];
f) ggf. die Laufzeit des Vertrags oder die Bedingungen der Kündigung unbefristeter Verträge oder sich automatisch verlängernder Verträge;
g) ggf. die Funktionsweise digitaler Inhalte, einschließlich anwendbarer technischer Schutzmaßnahmen für solche Inhalte;
h) ggf. – soweit wesentlich – die Interoperabilität digitaler Inhalte mit Hard- und Software.

29 Dieser Katalog erscheint ausgesprochen umfangreich,[47] doch sind die Vorschriften mit Blick auf zwei Einschränkungen und eine Ausnahmeoption zu lesen.[48] Zum einen sind die Informationen nur zu geben, sofern sie sich nicht bereits **aus den Umständen ergeben**. Im Ladenlokal oder an Imbisswagen (Geschäftsraum i. S. v. Art. 2 Nr. 9 b) VRRL) ist schon klar, wer der Verkäufer ist. Zum zweiten sind die Informationen gem. lit. d) bis h) nur „gegebenenfalls" zu geben, nämlich soweit sie **im Einzelfall eine Rolle spielen**. Am Würstlstand muss man nicht über die Laufzeit des Vertrags oder die Bedingungen der Kündigung unterrichten. Und schließlich *können* die Mitgliedstaaten bei **Bargeschäften des täglichen Lebens**[49] vollends darauf verzichten, die Informationspflichten vorzuschreiben, Art. 5 III VRRL.

---

[46] Bei der Vorschrift von lit. e) ist unklar, wie weit der Vorbehalt „gegebenenfalls" reicht, der hier nicht an den Anfang gestellt ist: Soll der Unternehmer *stets* auf gesetzliche Gewährleistungsrechte hinweisen (so wohl *Grundmann*, JZ 2013, 53, 60) oder nur *wenn* er Kundendienstleistungen anbietet. Letzteres entspricht der Regelung von Art. 6 II Sps. 1 VKRL (dazu § 11 Rn. 36) und dem allgemeinen Grundsatz, dass sich jeder selbst über seine Rechte informieren muss (zu letzterem *Riesenhuber*, System und Prinzipien des Europäischen Vertragsrechts, S. 382 f., 561).

[47] Krit. gegenüber vertragsinhaltsbezogenen Informationspflichten *Grigoleit*, in: Eidenmüller et al., Revision des Verbraucher-*acquis*, S. 236 ff.

[48] S. a. *Hall/Howells/Watson*, ERCL 2012, 193, 143 f.

[49] Zur Auslegung *Heinig*, MDR 2012, 323, 324.

Rechtspolitisch bestärken diese weiten Ausnahmeoptionen freilich die Zweifel an der Regelungstechnik. Sie legen nahe, dass es vorzugswürdig wäre, nur im Einzelfall sachlich begründete Informationspflichten vorzuschreiben.

30

Die geschuldeten Informationen umfassen in den lit. a)–c) zunächst im Kern die *essentialia negotii:* Ware/Dienstleistung, Parteien und Preis, gehen aber doch darüber hinaus. Es reicht nicht die Kennzeichnung der Warengattung (Apfel), darüber hinaus sind die wesentlichen Eigenschaften darzulegen (Boskop, Südtirol, Handelsklasse I). Über die Person des Unternehmers sind die Kontaktdaten, unter denen er erreichbar ist, anzugeben. Der Preis ist als Gesamtpreis anzugeben, ebenso alle Nebenkosten oder mindestens die Tatsache, dass solche anfallen können. Bei Ware/Dienstleistung und Preis geht es um die für eine **informierte Vertragsentscheidung** nach der Bewertung des Gesetzgebers wesentlichen Umstände; bei der Identität des Unternehmers um zentrale Daten für die Rechtsdurchsetzung. Wenn der Unternehmer neben dem Hinweis auf Kundendienst und gewerbliche Garantien auch auf die gesetzliche Gewährleistung hinweisen muss (lit. e), werden damit nicht nur typischerweise wichtige Entscheidungskriterien angesprochen, sondern auch der Schutz vor **Irreführung**. Andere Einzelheiten sollen neben einer informierten Entscheidung die **Zweckerreichung** gewährleisten; so vor allem die Angaben über die Funktionsweise digitaler Inhalte (lit. g) und die Interoperabilität (lit. h). Im Mittelpunkt steht die informierte Entscheidung. Sie ist bei dem hier erörterten Normalfall des Vertragsschlusses umso wichtiger, als es *kein Widerrufsrecht* gibt, der Verbraucher also keine „zweite Chance" hat, den Vertragsschluss zu bedenken.

31

Die vorvertraglichen Informationspflichten von Art. 5 I VRRL sind zwar weithin umfassend, aber ungeachtet der Vollharmonisierung (Art. 4 VRRL) nicht abschließend, Art. 5 IV VRRL. Im deutschen Recht können sich daher richtlinienkonform weitere Informationspflichten auch nach *culpa in contrahendo*-Grundsätzen der Generalklausel von §§ 311 II, III, 241 II BGB ergeben.

32

Der Unternehmer muss dem Verbraucher die Informationen zu einem **Zeitpunkt** geben bevor der Verbraucher gebunden ist, sei es durch einen Vertrag oder durch ein ihn bindendes Angebot. Das entspricht dem Hauptzweck, dem Verbraucher eine informierte Entscheidung zu ermöglichen. Über die **Modalitäten** sagt Art. 5 I VRRL, dass die Informationen klar und verständlich zu geben sind.[50] Das ergibt sich schon aus ihrem Zweck. Da eine bestimmte **Form** nicht vorgeschrieben ist, ist umstritten, ob dies eine Verweisung an die Mitgliedstaaten oder die Vorgabe der Formlosigkeit bedeutet.[51] Zwar sind die Informationspflichten von Art. 5 VRRL

33

---

[50] *Grundmann,* JZ 2013, 53, 60 nimmt an „Damit wird nunmehr für alle Verträge ein Transparenzgebot formuliert, wenn auch vordergründig nur für die ‚im Folgenden' aufgelisteten Informationsgehalte, nicht für weitere Angaben, die Anbieter machen." Aus der Regelung, die nur die *Modalitäten* einzelner Pflichten betrifft, lässt sich eine solche weitergehende Vorschrift m.E. nicht ableiten.

[51] S. nur *Unger,* ZEuP 2012, 270, 282f. m.w.N.

nach dessen Absatz 4 nicht abschließend, jedoch in ihrem Regelungsbereich durchaus gem. Art. 4 VRRL vollharmonisiert. Mit Rücksicht auf die außerordentliche Vielfalt der erfassten Verträge sprechen die besseren Gründe für eine Verweisung an die Mitgliedstaaten.

5. Information bei Fernabsatz- und außerhalb von Geschäftsräumen geschlossenen Verträgen

a) Inhalte

34   Die Liste der Informationen, die der Unternehmer gem. Art. 6 I lit. a)–t) VRRL dem Verbraucher beim Fernabsatz- oder außerhalb von Geschäftsräumen geschlossenen Vertrag zu geben hat, ist erheblich umfangreicher als bei sonstigen Verträgen (oben, Rn. 16). Das liegt indes auch daran, dass sie die Inhalte, über die im Normalfall des Vertragsschlusses zu informieren ist, vollständig (und nur mit kleinen Abweichungen oder sprachlichen Variationen) übernimmt (lit. a), b), c) und e) [jeweils mit Ergänzungen], g), l), m), r), s). Hinzu kommen Informationen über das Widerrufsrecht, die naturgemäß nur hier eine Rolle spielen (lit. h)–k); dazu näher im Zusammenhang nachfolgend § 8 Rn. 19). Die verbleibenden Sonderregeln betreffen nur mehr die Kosten für die Fernkommunikation (lit. f), etwa bestehende Verhaltenskodizes (lit. n), die Mindestdauer der Verpflichtung (lit. p), zu stellende Sicherheiten (lit. q) sowie ggf. offenstehende außergerichtliche Beschwerde- oder Rechtsbehelfsverfahren.

35   **Hauptzweck** der Informationspflichten ist hier wie im „Normalfall" des Vertragsschlusses die Ermöglichung und Unterstützung einer informierten Vertragsentscheidung und der **Selbstbestimmung** des Verbrauchers. Mit Rücksicht auf die durch die besonderen Vertriebsmethoden (außerhalb von Geschäftsräumen; Fernabsatz) eingeschränkten oder doch besonderen Informationslagen sind die Pflichten des Unternehmers hier noch etwas erweitert, freilich doch nur ein wenig. Bezweifeln kann man, ob es sachgerecht ist, Fernabsatzgeschäfte und andere außerhalb von Geschäftsräumen geschlossene Verträge gleich zu behandeln. Beide Gruppen sind zudem ausgesprochen disparat. Nimmt man den Warenkauf im Internet einerseits und das Haustürgeschäft andererseits als typische Fälle, so ist die Informationslage – und die Möglichkeit, sich selbst zu informieren – ganz verschieden. Allerdings kann man die Bewertung des Gesetzgebers teilen, dass eine Auskunft über die Daten des Katalogs von Art. 6 I VRRL in jedem Fall geboten ist.

36   Die Informationen nach Art. 6 I VRRL können nicht über die Einschränkung hinweghelfen, dass bei den paradigmatischen Fällen des Internet- und des Haustürkaufs die Inaugenscheinnahme und das Ausprobieren, wie sie typischerweise im Ladenlokal erfolgen können, nicht möglich sind. Dieses Defizit sollen die vorvertraglichen Informationspflichten nicht ausgleichen; dafür gibt es das Recht, den Vertrag innerhalb einer Frist von 14 Tagen zu widerrufen.

III. Vorvertragliche Informationspflichten

b) Modalitäten

Der Unternehmer muss den Verbraucher zu einem **Zeitpunkt** informieren, bevor er durch den Vertragsschluss oder auch durch Abgabe eines Angebots gebunden ist. Das entspricht dem Hauptzweck der Informationspflichten, die Selbstbestimmung des Verbrauchers zu stärken. Die Informationen sind – wiederum teleologisch selbstverständlich – „**klar und verständlich**" zu geben.

37

6. „Formale Anforderungen" für Fernabsatz- und außerhalb von Geschäftsräumen geschlossene Verträge

Unter der Bezeichnung „formale Anforderungen" regeln Art. 7 und 8 VRRL für Fernabsatz- und außerhalb von Geschäftsräumen geschlossene Verträge eine Reihe unterschiedlicher Gegenstände, nämlich:
– die Form der vorvertraglichen Information, Art. 7 I, 8 I VRRL;
– die Bestätigung des Vertragsschlusses, Art. 7 II, 8 VII VRRL (dazu § 9 Rn. 27);
– Dienstleistung oder Lieferung vor Ablauf der Widerrufsfrist, Art. 7 III, 8 VIII VRRL (dazu bereits oben Rn. 16 sowie § 8);
– besondere Aspekte des elektronischen und des telefonischen Geschäftsverkehrs, Art. 8 II-VI VRRL;
– *numerus clausus* der formellen vorvertraglichen Informationsanforderungen, Art. 7 V, 8 X VRRL.

38

a) Form der vorvertraglichen Information

Bei *außerhalb von Geschäftsräumen geschlossenen Verträgen* muss der Unternehmer dem Verbraucher die Informationen nach Art. 6 I VRRL (oben, Rn. 34) grundsätzlich auf **Papier** geben, mit Zustimmung des Verbrauchers kann er sie auf einem anderen dauerhaften Datenträger (Art. 2 Nr. 10 VRRL)[52] zur Verfügung stellen, Art. 7 I VRRL. Beim *Fernabsatz* passt das nicht; hier sind die Informationen in einer **den benutzten Fernkommunikationsmitteln angepassten Weise** zur Verfügung zu stellen, also etwa auf dauerhaftem Datenträger (vgl. BE 23 S. 2 VRRL: Papier, USB-Stick, CD-ROM., DVD, Speicherkarte, Festplatte, Email) oder auf der Website zum Abruf, Art. 8 I 1 VRRL.

39

Die Entscheidung *Content Services*[53] dürfte dem nicht entgegenstehen. Dort hat der Gerichtshof zwar darauf hingewiesen, die Begriffe „erteilen" und „erhalten" wiesen auf ein Übermittlungsverfahren hin, bei dem der Empfänger (Verbraucher) keine besonderen Handlungen vornehmen müsse, also etwa auch nicht einen Link abrufen. Zudem sei eine Website (nach derzeitigem Stand) kein „dauerhafter Datenträger". Nach Art. 8 I 1 VRRL

40

---

[52] Zu dem entsprechenden Begriff in Art. 5 I FARL (dort nicht besonders definiert) EuGH Rs. C-49/11 *Content Services*, noch nicht in Slg.
[53] EuGH Rs. C-49/11 *Content Services*, noch nicht in Slg.

reicht es indes, wenn der Unternehmer die Information „zur Verfügung stellt". Und Satz 2 der Vorschrift verlangt nicht die Bereitstellung eines „dauerhaften Datenträgers", sondern regelt nur die Modalitäten, *falls* ein solcher verwendet wird.

41   Beim Telefonvertrieb reicht auch der mündliche Hinweis.[54] Für beide Vertriebswege wiederholen die Vorschriften das Erfordernis, die Informationen in klarer und verständlicher Sprache sowie lesbar zu geben. Beim Fernabsatz greift das Erfordernis der Lesbarkeit naturgemäß nur dann, wenn die Informationen auf einem dauerhaften Datenträger bereitgestellt werden; beim Teleshopping kommt etwa auch die audiovisuelle Darstellung, beim Telefonvertrieb die nur mündliche Vermittlung in Betracht.

b) Besondere Aspekte des elektronischen und des telefonischen Geschäftsverkehrs

42   Bei *auf elektronischem Wege geschlossenen* Fernabsatzverträgen weist der Unternehmer den Verbraucher auf die Informationen gem. Art. 6 I a), e), o) und p) VRRL – die **Eigenschaft und Preis** sowie Laufzeit und Mindestdauer betreffen – in besonderer Weise hin, nämlich (a) klar und in hervorgehobener Weise und (b) unmittelbar bevor der Verbraucher seine Bestellung tätigt, Art. 8 II/1 VRRL (sog. *Button-Lösung*, vgl. schon § 312g II, III BGB).[55] Der Verbraucher soll die zentralen Vertragsbedingungen noch einmal vor Augen geführt bekommen, dies dient dem Schutz vor „Kostenfallen im Internet". Zudem muss der Unternehmer dafür sorgen, dass der Verbraucher *ausdrücklich bestätigt*, dass die **Bestellung mit einer Zahlungspflicht verbunden** ist, Art. 8 II/2. Websites können unübersichtlich sein und beim Navigieren durch die verschiedenen Schritte des Vertragsschlusses kann man leicht den Überblick verlieren und die Zahlungspflicht übersehen; – und hier besteht auch ein erhebliches Missbrauchspotential. **Lieferbeschränkungen und akzeptierte Zahlungsmittel** sind spätestens bei Beginn des Bestellvorgangs klar und deutlich anzugeben, Art. 8 III.

43   Den Vertragsschluss mit modernen Fernkommunikationsmittel, namentlich **Smartphones**, möchte der Gesetzgeber mit den umfangreichen Informationspflichten nicht vereiteln. Art 8 IV VRRL nimmt daher Rücksicht auf Verträge, die „mittels eines Fernkommunikationsmittels geschlossen (werden), auf dem für die Darstellung der Informationen nur begrenzter Raum bzw. begrenzte Zeit zur Verfügung steht" (s. a. BE 36). Ein Kern von Angaben steht nicht zur Disposition, im Übrigen sind sie in einer dem Fernkommunikationsmittel angepassten Weise zu geben.

44   Für **telefonisch geschlossene Fernabsatzverträge** können die Mitgliedstaaten (= optional!) vorsehen, dass der Unternehmer dem Verbraucher das Angebot bestätigen muss und der Verbraucher erst dann gebunden ist, wenn er das Angebot un-

---

[54] *Unger*, ZEuP 2012, 270, 284.
[55] *Heinig*, MDR 2012, 323, 325.

III. Vorvertragliche Informationspflichten

terzeichnet oder sein schriftliches Einverständnis übermittelt hat, Art. 8 VI 1 VRRL. Sie können nach Satz 2 der Vorschrift zudem vorsehen, dass die Bestätigung auf einem dauerhaften Datenträger erfolgen muss.

c) Erleichterte Anforderungen für außerhalb von Geschäftsräumen geschlossene Verträge über geringwertige Reparatur- und Instandhaltungsarbeiten

Als Bestandteil eines sog. *„light regime"* für Handwerker[56] (s. a. oben, Rn. 24) sind nach Art. 7 IV VerbrRL die Informationsanforderungen erleichtert für außerhalb von Geschäftsräumen geschlossene Verträge (1) über Reparatur- und Instandhaltungsarbeiten, die (2) auf ausdrückliche Anforderung des Verbrauchers zustandekommen, wenn (3) die Parteien ihre vertraglichen Verpflichtungen sofort erfüllen und (4) das vom Verbraucher zu zahlende Entgelt 200 € nicht übersteigt. Gedacht ist zum Beispiel an den beim Nachbarn arbeitenden Gärtner, den ich für kleinere Arbeiten zu mir herüberrufe. Freilich sind auch die für diesen Fall vorgesehenen formalen Anforderungen noch lebensfremd weitgehend. 45

Der Gärtner muss mir in diesem Fall auf Papier (wenn ich zustimme auch auf einem anderen dauerhaften Datenträger; wenig praktisch) Informationen über seine Identität und Anschrift sowie über die Höhe des Preises und die Art der Preisberechnung zusammen mit einem Kostenvoranschlag über die Gesamtkosten geben. Außerdem muss er mir die wesentlichen Eigenschaften der Dienstleistung mitteilen und mich über ein bestehendes Widerrufsrecht oder dessen Nichtbestehen unterrichten, im Grundsatz wieder auf Papier oder einem dauerhaften Datenträger (wenn ich darauf nicht ausdrücklich verzichte), Art. 7 IV/1 a) VRRL. Zusätzlich bleibt es bei der Nachweispflicht: Nach Vertragsschluss muss mir der Gärtner eine Bestätigung des Vertrags auf Papier gem. Art. 7 II VRRL geben, die die vollständigen Informationen von Art. 6 I VRRL enthält, Art. 7 IV/1 b) VRRL. 46

Diese Erleichterungen sind von der Richtlinie im Grundsatz vorgeschrieben, doch erlaubt Art. 7 IV/2 VRRL den Mitgliedstaaten einen *opt-out*. 47

d) Numerus clausus der formellen vorvertraglichen Informationsanforderungen

Wir hatten gesehen, dass die Mitgliedstaaten durchaus weitere Informationsinhalte vorschreiben können (oben, Rn. 32) und dass zudem den Unternehmern freisteht, zusätzliche Informationen zur Verfügung zu stellen (oben, Rn. 21) (freilich nur, solange die vorgeschriebenen Informationen dadurch nicht unklar oder unverständlich werden!). Die hier erörterten **formellen Anforderungen** an die Informationen legt die Richtlinie hingegen **abschließend** fest; Art. 7 V, 8 X VRRL. Dies dient dem Freiverkehrszweck der Richtlinie (s. o. Rn. 18), die so in einem wichtigen Bereich einheitliche Wettbewerbsbedingungen schafft. 48

---

[56] *Unger*, ZEuP 2012, 270, 298 f.

7. Rechtsfolgen der Verletzung vorvertraglicher Informationspflichten

49 Die Verbraucherrechterichtlinie gibt in einer Reihe von Einzelvorschriften schon spezifische Sanktionen für die Verletzung von Informationspflichten vor.[57] Im Übrigen bleibt es bei den allgemeinen Umsetzungspflichten (vgl. Art. 24 VRRL), also dem Effektivitäts- und dem Äquivalenzprinzip (§ 1 Rn. 35).[58]

50 Informationspflichten können zum einen dadurch verletzt werden, dass der Unternehmer die vorgeschriebenen Angaben **nicht oder nicht vollständig** macht.
- Weist der Unternehmer nicht auf die zusätzlichen oder sonstigen Kosten nach Art. 6 I e) VRRL oder die Rücksendekosten hin, muss der Verbraucher sie nicht tragen, Art. 6 VI, 14 I/2 Alt. 2 VRRL.
- Versäumt er über das Widerrufsrecht nach Art. 6 I h) VRRL zu belehren, verlängert sich die Widerrufsfrist um zwölf Monate; durch Nachholung der Belehrung kann der Unternehmer die Widerrufsfrist auf 14 Tage verkürzen; Art. 10 VRRL.
- Belehrt der Unternehmer den Verbraucher nicht nach Art. 6 I h) VRRL über sein Widerrufsrecht, so haftet er auch nicht für den Wertverlust von Waren Art. 14 II 2 VRRL.
- Belehrt der Unternehmer den Verbraucher nicht nach Art. 6 I j) VRRL über die Wertersatzpflicht, braucht der Verbraucher keinen Wertersatz zu leisten.

51 Darüber hinaus enthält Art. 6 V VRRL eine Sanktion für **unrichtige Information**. Danach werden die Informationen von Art. 6 I VRRL „fester Bestandteil" des Fernabsatz- oder außerhalb von Geschäftsräumen geschlossenen Vertrags. Der Vertrag kann insoweit nur durch (vom Unternehmer zu beweisende: „es sei denn") ausdrückliche Vereinbarung geändert werden. S. noch § 9 Rn. 13.

---

[57] *Unger*, ZEuP 2012, 270, 285 f.; s. a. (noch zum Entwurf) *Schmidt-Kessel*, GRP 2010, 129, 133 f.
[58] Eingehend zuletzt *Grigoleit*, in: Eidenmüller et al., Revision des Verbraucher-*acquis*, S. 250 ff.

§ 8 Widerrufsrechte

Literatur: *Bülow*, Haustürsituation und Kausalität, ZIP 2012, 1745 ff.; *Eidenmüller* et al., Revision des Verbraucher-*acquis* (2011) (Beiträge von *Eidenmüller* und *Zimmermann*); *Kroll-Ludwigs*, Die Zukunft des verbraucherschützenden Widerrufsrechts in Europa, ZEuP 2010, 509 ff.; St. *Lorenz*, Der Schutz vor dem unerwünschten Vertrag (1997); *Mankowski*, Beseitigungsrechte (2003); *Neumann*, Bedenkzeit vor und nach Vertragsabschluss (2005); *Reiner*, Der verbraucherschützende Widerruf im Recht der Willenserklärungen, AcP 203 (2003), 1 ff.; s.a. die Literaturhinweise zu § 7 zur Verbraucherrechterichtlinie

I. Sachfragen

In bestimmten Situationen und bei bestimmten Verträgen besteht eine erhöhte Gefahr, dass sich ein Vertragspartner (regelmäßig ein Verbraucher), durch äußeren Einfluss oder aufgrund eigenen Antriebs, „vorschnell" zum Vertrag entschließt: bevor er ausreichend Information über den Vertragsgegenstand oder konkurrierende Angebote hatte oder bevor er die Sache kühlen Kopfes erwogen hat. Ein Widerrufsrecht soll ihm dann die Möglichkeit, eine Widerrufsfrist die Zeit geben, die Entscheidung noch einmal zu bedenken; im Englischen spricht man auch von einer *cooling off-period*. Als Situationen, die die nüchterne Entscheidung beeinträchtigen, sieht man in Europa vor allem den Vertragsschluss „an der Haustür" und im Fernabsatz an. Als Vertragsarten, bei denen der Kunde zu unüberlegter Entscheidung neigt, sieht man den Verbraucherkreditvertrag, den Timesharingvertrag sowie den Lebensversicherungsvertrag an. In allen Fällen verpflichtet der Gesetzgeber den anderen Teil auch dazu, den zu schützenden Vertragspartner vorvertraglich über den Vertragsgegenstand zu informieren. Doch reichen solche vorvertraglichen Informationen nicht aus, um die Informations- oder Deliberationsdefizite auszugleichen. Deutlich ist das vor allem beim Haustürgeschäft. Auch wenn der Verbraucher akkurat über die Eigenschaften der an der Haustür angebotenen Ware und den Preis unterrichtet ist, bleibt er doch durch die Vertragsschlusssituation überrumpelt, unterliegt er möglicherweise einem „psychologischen Kaufzwang" und kann er doch keinen Vergleich mit konkurrierenden Angeboten durchführen.

1

II. Das Schutzinstrument des Widerrufsrechts

1. Charakteristika

2 Das Widerrufsrecht soll dem Begünstigten die Möglichkeit geben, seine Vertragsentscheidung noch einmal „ungestört" zu überdenken: in Kenntnis aller erforderlichen Information (konkurrierende Angebote), ohne psychologischen Kaufdruck und „nüchtern". Im Europäischen Vertragsrecht gibt es zwar einzelne weitreichende Widerrufsrechte, aber kein allgemeines Widerrufsrecht. Die Widerrufsrechte sind in ihrem Anwendungsbereich begrenzt, persönlich (z. B. auf Verbraucher) und sachlich (z. B. auf Fernabsatzverträge). Vom Anwendungsbereich abgesehen haben sie aber keine weiteren Voraussetzungen, man sagt auch (etwas verkürzend), sie seien **„tatbestandslos"**.[1] Das entspricht ihrem Zweck, dem Verbraucher ein Überdenken der Entscheidung zu ermöglichen. Er kann innerhalb einer Frist „frei" widerrufen, muss den Widerruf dementsprechend auch nicht begründen, und er kann (weitgehend) folgenlos widerrufen, den Vertrag und seine Wirkungen „wieder rückgängig machen". Das Widerrufsrecht ähnelt damit einem „Reurecht" und kann auch so genutzt werden. Dem Grundgedanken nach unterscheidet es sich aber dadurch von einem Reurecht, dass es nur unter bestimmten Voraussetzungen gegeben wird, in denen die Erstentscheidung nach Einschätzung des Gesetzgebers typischerweise noch nicht eigenverantwortlich getroffen wurde.

3 Ein Recht, aus bloßer Vertragsreue vom Geschäft Abstand zu nehmen, wird aus dem Widerrufsrecht nur für den, der ungeachtet der besonderen Umstände oder des besonderen Vertragsgegenstands bereits eigenverantwortlich entschieden hat. Es ist eine unvermeidliche Folge der Typisierung der Schutzvoraussetzungen, dass sie einerseits zu einem **Schutzübermaß**, andererseits zu einem **Schutzuntermaß** führen kann.[2]

2. Verhältnis zu Vertragsfreiheit und Selbstverantwortung

4 Vertragsfreiheit bedeutet nicht nur die Freiheit, Verträge zu schließen, sondern auch die Verantwortung für das eigene Handeln (Grundsatz der Selbstverantwortung) und die Bindung an das gegebene Wort (Grundsatz der Vertragsbindung, *pacta sunt servanda*). Die Widerrufsrechte negieren diese Grundsätze nicht, modifizieren sie aber. In dem vom Gesetzgeber zugrunde gelegten Normalfall haben die Parteien ein Mindestmaß an Information und Bedenkzeit. Das sollen die Widerrufsrechte dem Begünstigten sichern. Die Selbstverantwortung des Einzelnen wird damit insofern zurückgenommen, als er nicht mehr selbst für die Voraussetzungen seiner selbstbestimmten Entscheidung sorgen muss. Als prozedurales (nur das *Verfahren* des Vertragsschlusses betreffendes) Schutzinstrument belassen es die Wi-

---

[1] *Lorenz*, Der Schutz vor dem unerwünschten Vertrag (1997), S. 167; *Riesenhuber*, System und Prinzipien des Europäischen Vertragsrechts, S. 332 ff.

[2] *Lorenz*, Der Schutz vor dem unerwünschten Vertrag (1997), S. 166 ff., 200 ff.

derrufsrechte indes im Grundsatz bei einer formellen Vertragsfreiheit. Der Begünstigte kann zwar nicht sofort (also etwa an der Haustür oder im Fernabsatz) einen wirksamen, „unwiderruflichen" Vertrag schließen. Es steht ihm aber frei, die ihm gegebenen Informationen in den Wind zu schlagen und die Bedenkzeit ohne Überdenken der Entscheidung verstreichen zu lassen; der Vertrag wird auch dann „voll" (unwiderruflich) wirksam. Eingeschränkt wird auch die Vertragsbindung. Stellt das Widerrufsrecht auch einen prozeduralen („verfahrensmäßigen") Schutzmechanismus dar, so liegt dieser doch darin, dass der Verbraucher die einmal erreichte – und den anderen Teil ja auch unbedingt bindende – Einigung einseitig noch einmal beseitigen kann.³

3. Rechtspolitische Bewertung

Rechtspolitisch werden Widerrufsrechte unterschiedlich bewertet. Vom Standpunkt des Privatrechts wird hervorgehoben, dass mit dem prozeduralen Schutzinstrument, das die materielle Vertragsfreiheit stärken soll, nur ein verhältnismäßig geringer Eingriff in die Grundprinzipien der Vertragsrechtsordnung verbunden ist (s. soeben, Rn. 4).⁴ Ob die Abgrenzung der Widerrufstatbestände gelungen ist, insbesondere soweit es um den Schutz bei einzelnen Vertragstypen geht, wird bezweifelt.⁵ Ob das Widerrufsrecht zum Schutz der Selbstbestimmung ein geeignetes Instrument ist, ist angesichts einer offenbar erstaunlich niedrigen Widerrufsquote⁶ unsicher. Daher wird erwogen, ob nicht eine *warming up-period*, nach deren Ablauf der Verbraucher den Vertragsschluss positiv *bestätigen* müsste, der *cooling off-period* vorzuziehen ist, die das Widerrufsrecht bewirkt.⁷

5

III. Übersicht über die Regelung im Europäischen Vertragsrecht

Das Europäische Vertragsrecht sieht Widerrufsrechte zum einen bei bestimmten *Vertriebsmethoden* vor, zum anderen bei bestimmten Vertragstypen. Die Widerrufsrechte für bestimmte Vertriebsmethoden finden sich in Art. 9–16 der Verbraucherrechterichtlinie, die die Haustürgeschäfterichtlinie von 1985 und die Fernabsatzrichtlinie von 1997 ablöst. Den Anwendungsbereich der Widerrufsrechte hat die **Verbraucherrechterichtlinie** etwas erweitert, sie eröffnet diese jetzt bei Fernabsatzverträgen und außerhalb von Geschäftsräumen geschlossenen Verträgen (dazu bereits § 7 Rn. 22).

6

---

³ Krit. *Harke*, Allgemeines Schuldrecht, Rn. 82, 89 („ein anderes Vertragsmodell").
⁴ *Canaris*, AcP 200 (2000), 273, 343 ff.
⁵ *Harke*, Allgemeines Schuldrecht, Rn. 83.
⁶ *Eidenmüller*, in: ders. et al., Revision des Verbraucher-*acquis*, S. 119 ff., 151 ff.; *ders.*, JZ 2005, 216, 221 f.
⁷ *Eidenmüller*, wie vorigen Fn.; i. Erg. freilich zurückhaltend.

7   Widerrufsrechte für bestimmte *Vertragstypen* sehen die Timesharingrichtlinie, die Verbraucherkreditrichtlinie und die Lebensversicherungsrichtlinie vor.[8] Beim **Timesharing**, dem Teilzeitnutzungsrecht, geht es um einen Sachverhalt, der vom Gewicht einem Grundstückserwerb nahekommt. Bei Verträgen von erheblichem Gewicht sind besondere Warn- und Aufklärungsmechanismen bei Vertragsschluss nicht unüblich; s. nur § 311b II BGB. Zudem lassen sich die Menschen offenbar besonders in der Wohligkeit des Urlaubsgefühls zum Abschluss von Timesharingverträgen verleiten. Auch bei **Lebensversicherungsverträgen** geht es um besonders bedeutsame Verträge. Das sollte freilich dem Versicherten ohne weiteres vor Augen stehen. **Verbraucherkredite** schließlich haben zum einen als Vehikel zum Erwerb eines begehrten Konsumgegenstands eine besondere „Verlockungswirkung".[9] Zum anderen lässt sich der Verbraucher hier deswegen leicht zum Vertragsschluss hinreißen, weil er die damit einhergehenden Belastungen erst später zu spüren bekommt.[10]

8   Im Folgenden sehen wir uns die „allgemeinen", vertriebsbezogenen Widerrufsrechte der Verbraucherrechterichtlinie näher an. Von den vertragstypenabhängigen Widerrufsrechten erörtern wir jenes der Verbraucherkreditrichtlinie im Zusammenhang näher (unten, § 12).

IV. Anwendungsbereich und sachliche Rechtfertigung

1. Widerrufsrecht beim Fernabsatz

9   Ein Widerrufsrecht hat der Verbraucher zunächst beim Fernabsatzvertrag, Art. 9 I Alt. 1 VRRL. Das ist gem. i. S. v. Art. 2 Nr. 7 VRRL unabhängig von seinem Inhalt jeder Vertrag, der zwischen einem Unternehmer und einem Verbraucher ohne gleichzeitige körperliche Anwesenheit der Parteien im Rahmen eines für den Fernabsatz organisierten Vertriebs- bzw. Dienstleistungssystems geschlossen wird, wobei bis einschließlich zum Zeitpunkt des Vertragsabschlusses ausschließlich Fernkommunikationsmittel verwendet werden. Nicht nur die Inhalte solcher Verträge können damit ganz unterschiedlich sein (Warenkauf und Dienstleistungsverträge), es werden auch ganz unterschiedliche Vertriebsmethoden erfasst: der Vertragsschluss im Internet, die Katalogbestellung, das Teleshopping oder der Telefonvertrieb.

10 Eine *einheitliche* Begründung lässt sich für die unterschiedlichen Vertragsgegenstände und Vertriebsformen nicht finden. Die **sachliche Rechtfertigung** eines Wi-

---

[8] S. a. *Wolf/Neuner*, Allgemeiner Teil, § 43 Rn. 43 f., der den Sachgrund für die Widerrufsrechte in diesen Fällen nicht in der Komplexität des Vertrags, sondern der Langfristigkeit der Bindung sieht.

[9] *Canaris*, AcP 200 (2000), 273, 348 f.

[10] So schon *Heck*, Wie ist den Missbräuchen, welche sich bei den Abzahlungsgeschäften herausgestellt haben, entgegen zu wirken?, in: Verhandlungen des 21. Deutschen Juristentages, 2. Band (1891), S. 180 ff.; darauf hinweisend *Canaris*, AcP 200 (2000), 273, 345 f.

derrufsrechts ist umstritten.¹¹ Beim **Warenkauf** im Internet oder aus dem Katalog sieht man eine sachliche Rechtfertigung darin, dass der Verbraucher die Ware nicht im Vorhinein ansehen und prüfen kann; BE 37 S. 1 VRRL.¹² Das ist indes auch beim Kauf im Ladenlokal nicht möglich, wenn die Ware dort verpackt ist. Zudem wird beim Kauf im Ladenlokal auch dann kein Widerrufsrecht begründet, wenn die Sache erst bestellt wird. Allerdings lässt sich nicht leugnen, dass die Inaugenscheinnahme eines Musters die Ware besser „erfahrbar" macht, als das die Beschreibung im Katalog oder im Internet könnte. Und selbst wenn die Ware nicht vorrätig ist und erst bestellt werden muss, kann die mündliche Beschreibung und persönliche Beratung des Verkäufers einen besseren Eindruck vermitteln als dies die schriftliche und bildliche Darstellung in Katalog und Internet könnte. Darin kann man – auch ungeachtet der ungleich besseren Vergleichsmöglichkeiten, die das Internet gegenüber dem Einkauf im Geschäftslokal bietet – nach wie vor eine Rechtfertigung für das Widerrufsrecht sehen. Schwieriger ist es, die sachliche Rechtfertigung für das Widerrufsrecht bei **Dienstleistungsverträgen** zu finden, die der Kunde auch im Ladenlokal nicht ansehen und prüfen kann. Beim **Teleshopping** und beim **Telefonvertrieb** wird eine gewisse „Aggressivität" der Vertriebsmethode besorgt. Das ist freilich nicht leicht einzusehen, da sich der Verbraucher dem durch Knopfdruck entziehen kann.

Insgesamt bleibt die sachliche Rechtfertigung des Widerrufsrechts bei Fernabsatzverträgen umstritten. 11

Angesichts der unsicheren sachlichen Legitimation des Widerrufsrechts beim Fernabsatz ist nicht erstaunlich, dass dieses auch **rechtspolitisch** höchst umstritten ist. Besonders die zwingende Ausgestaltung wird kritisiert, da sie wie eine „**Zwangsversicherung**" wirkt: Auch derjenige, der sich, z. B. beim wiederholten Kauf gleicher Waren, sicher ist, kein Widerrufsrecht zu benötigen, hat ein solches Recht – und muss dafür auch bezahlen. Auf diese Weise wird dem Markt die Möglichkeit genommen, differenzierte Angebote (zu unterschiedlichen Preisen!) zu entwickeln. Daher spricht viel für eine dispositive oder optionale Ausgestaltung des Widerrufsrechts.¹³ 12

2. Widerrufsrecht bei außerhalb von Geschäftsräumen geschlossenen Verträgen

Ein Widerrufsrecht steht dem Verbraucher in der zweiten Fallgruppe bei außerhalb von Geschäftsräumen geschlossenen Verträgen i. S. v. Art. 2 Nr. 8 VRRL zu. Darunter fallen, wie schon nach der Haustürgeschäfterichtlinie, Haustürgeschäfte 13

---

¹¹ S. etwa *Kroll-Ludwigs*, ZEuP 2010, 509, 527 ff.; *Riesenhuber*, System und Prinzipien des Europäischen Vertragsrechts, S. 327 ff.; *Schauer*, in: Jud/Wendehorst (Hrsg.), Neuordnung des Verbraucherprivatrechts in Europa? (2009), S. 100 f.; *Sedlmeier*, Rechtsgeschäftliche Selbstbestimmung im Verbrauchervertrag (2012), S. 289 ff. (die selbst die Schwierigkeiten, die Seriosität des Anbieters zu beurteilen, hervorhebt).
¹² S. etwa *Herresthal*, in: Langenbucher, Europäisches Privat- und Wirtschaftsrecht, § 2 Rn. 146.
¹³ S. zuletzt *Wagner*, in: Eidenmüller et al., Revision des Verbraucher-*acquis*, S. 27 ff.

(*doorstep selling*) sowie Geschäfte, die am Arbeitsplatz oder auf sog. Kaffeefahrten (Nr. 8 d) geschlossen werden. Zudem sind auch die Fälle erfasst, dass zwar nicht der Vertragsschluss, wohl aber das Angebot des Verbrauchers bei gleichzeitiger körperlicher Anwesenheit an einem Ort erfolgt, der kein Geschäftsraum des Unternehmers ist. Mit dem weiten Begriff des „außerhalb von Geschäftsräumen geschlossenen Vertrags" sind aber ferner auch Vertragsabschlüsse auf Messen oder ähnlichen Verkaufsveranstaltungen erfasst.

14 Der Sachgrund für das Widerrufsrecht wird seit jeher in der **Überrumpelung** des Verbrauchers gesehen, in dem „möglichen Überraschungsmoment und/oder psychologischen Druck", wie jetzt BE 37 S. 3 VRRL sagt. Durch die Erweiterung des sachlichen Schutzbereichs auf alle außerhalb von Geschäftsräumen geschlossenen Verträge werden freilich höchst unterschiedliche Sachverhalte erfasst und wird daher auch die sachliche Rechtfertigung problematisch.[14] Verhältnismäßig unproblematisch ist das Widerrufsrecht bei den an der **Haustür** oder am **Arbeitsplatz** geschlossenen Verträgen zu rechtfertigen. Hier rechnet man nicht mit einem Vertragsschluss und kann tatsächlich leicht überrumpelt sein. Zudem ist durch die Vertragsschlusssituation der Marktvergleich versperrt. Zwar könnte man auch hier eine eigenverantwortliche Selbstbehauptung des Verbrauchers erwarten (Tür schließen; „Hausieren verboten"), doch ist die Bewertung des Gesetzgebers rechtlich nicht zu beanstanden. Bei der **Butterfahrt** *weiß man*, dass man mit Verkaufsangeboten belämmert wird. Hier trifft eher die Erwägung des „psychologischen Drucks". Zwar kann man auch insofern die Selbstverantwortung hervorheben und erwarten, dass der Verbraucher dem Druck standhält. Doch kommt hinzu, dass bei solchen Veranstaltungen der Marktvergleich versperrt ist, daher ein Informationsdefizit besteht – und auch ein außerordentliches Missbrauchspotential. Außerhalb von (unbeweglichen oder beweglichen) Geschäftsräumen findet aber auch der Verkauf am **Marktplatz** und auf der **Verkaufsmesse** statt. Hier ist nicht ohne weiteres ersichtlich, wie es zu Überrumpelung, Überraschung, Druck oder Informationsdefiziten kommen können soll.

3. Ausnahmen vom Widerrufsrecht

15 Der Anwendungsbereich der Widerrufsrechte für Fernabsatz- und außerhalb von Geschäftsräumen geschlossene Verträge ist zum einen durch Ausnahmen vom Anwendungsbereich der Verbraucherrechterichtlinie gem. Art. 3 III VRRL begrenzt (dazu oben, § 7 Rn. 19), zum anderen durch spezifische Ausnahmen vom Widerrufsrecht in Art. 16 VRRL.

16 Art. 16 enthält eine Liste von dreizehn **Ausnahmen**. Sie sind überwiegend nicht aus dem Sinn und Zweck des Widerrufsrechts begründet, der in diesen Fällen eben-

---

[14] Mit Recht krit. *Eidenmüller*, in: ders. et al., Revision des Verbraucher-*acquis*, S. 141 ff.

so Platz greift, sondern aus **gegenläufigen Interessen**.¹⁵ So ist ein Widerrufsrecht nicht sinnvoll, wenn die Dienstleistung bereits vollständig erbracht ist, etwa bei einer telefonischen Beratung (lit. a); ähnlich lit. m). Der Verbraucher wird in diesem Fall allerdings noch dadurch geschützt, dass die Ausnahme nur eingreift, wenn die Dienstleistung mit seiner vorherigen ausdrücklichen Zustimmung und in Kenntnis erfolgt, dass er sein Widerrufsrecht verliert. Ein Widerrufsrecht würde den Unternehmer unzumutbar belasten, wenn es um Waren geht, die nach Kundenspezifikationen angefertigt werden (lit. c) oder um Waren oder Dienstleistungen, deren Preis Schwankungen auf dem Markt unterliegt (ungerechtfertigte Spekulationsmöglichkeit des Verbrauchers; lit. b), g). Bei leicht verderblichen Sachen kommt ein Widerrufsrecht „naturgemäß" nicht in Betracht (lit. d); auch nicht bei versiegelten Waren, die aus Gründen des Gesundheitsschutzes oder der Hygiene nicht zur Rückgabe geeignet sind und deren Versiegelung nach der Lieferung entfernt wurde (lit e). Bereits nach dem Zweck der Widerrufsrechte ist die Ausnahme für den Fall gerechtfertigt, dass der Verbraucher den Unternehmer ausdrücklich zu einem Besuch aufgefordert hat, um dringende Reparatur- oder Instandhaltungsarbeiten vorzunehmen (mit Unterausnahme für überschießende Leistungen) (lit. h).

Zu einer Vorgängervorschrift in Art. 3 II Sps. 2 FARL war umstritten, ob die dort ausgenommenen „Verträge über die Erbringung von Dienstleistungen [im Bereich] Beförderung" auch Mietwagenverträge erfasst. Der EuGH erläutert in diesem Zusammenhang die *ratio* der Ausnahmevorschriften allgemein. Der Gesetzgeber habe einen Schutz der Verbraucherinteressen, „aber auch einen Schutz der **Interessen der Anbieter bestimmter Dienstleistungen** einführen woll[en], damit diesen keine unverhältnismäßigen Nachteile durch die kostenlose und ohne Angabe von Gründen erfolgende Stornierung von Bestellungen von Dienstleistungen entstehen. (...) Artikel 3 II 2 der Richtlinie (ist) darauf gerichtet, die Erbringer von Dienstleistungen in bestimmten Tätigkeitssektoren deshalb auszunehmen, weil die Anforderungen der Richtlinie diese Lieferer **in unverhältnismäßiger Weise belasten** könnten, insbesondere in dem Fall, dass eine Dienstleistung bestellt worden ist und diese Bestellung kurz vor dem für die Erbringung der Dienstleistung vorgesehenen Zeitpunkt vom Verbraucher storniert wird."¹⁶ In Art. 16 lit. l) VRRL sind Mietwagen nun ausdrücklich genannt.

V. Das Schutzsystem der Widerrufsrechte

1. Übersicht

Die Verbraucherrechterichtlinie – und ebenso andere Richtlinien, die Widerrufsrechte begründen – stellt das Widerrufsrecht in ein **System weiterer Regelungen**, die es seinem Zweck entsprechend näher ausgestalten. Vor Vertragsschluss ist der Verbraucher über das Bestehen des Widerrufsrechts und seine Ausübung zu beleh-

---

¹⁵ Den Ausnahmekatalog als „Ergebnisse intensiver Lobbyarbeit" kritisierend *Reich/Micklitz*, EuZW 2009, 279, 283.
¹⁶ EuGH Rs. C-336/03 *easycar*, Slg. 2005, I-1947 Rn. 28 f.

ren, ebenso wie über eine etwaige Pflicht, die Rücksendekosten zu tragen oder die Vergütung auch bei Widerruf anteilig zu zahlen oder über den ausnahmsweisen Ausschluss des Widerrufsrechts, Art. 6 I h)–k) VRRL. Die Belehrungspflicht wird dadurch abgesichert, dass sich die Widerrufsfrist mangels Belehrung verlängert, Art. 10 VRRL. Die Ausübung des Widerrufsrechts ist formfrei möglich, und dem Verbraucher wird dafür die Verwendung eines Formulars angeboten, Art. 11 VRRL. Für die Rückabwicklung nach Widerruf ist eine rasche Erstattung der Zahlungen an den Verbraucher vorgeschrieben, Art. 13 VRRL, und sind die Pflichten des Verbrauchers gesetzlich beschränkt.

2. Belehrungsobliegenheit

19 Besteht ein Widerrufsrecht, so hat der Unternehmer den Verbraucher darüber sowie über weitere Einzelheiten im Rahmen seiner **vorvertraglichen Informationspflichten** (allgemein § 7 Rn. 16) zu belehren: über die Bedingungen, Fristen und Verfahren für die Ausübung des Widerrufsrechts (Artikel 11 I VRRL) sowie über das Muster-Widerrufsformular (Anhang I Teil B), Art. 6 h) VRRL. Das ist für die Effektuierung des Widerrufsrechts zentral, da das Bestehen eines Widerrufsrechts nach wie vor die Ausnahme und die Rechtsunkenntnis der Verbraucher offenbar groß[17] ist. Der Verbraucher ist ferner darüber zu informieren, wenn er im Widerrufsfall die Kosten der Rücksendung zu tragen hat (Art. 14 I/2; dazu unten, Rn. 38), lit. i). In bestimmten Fällen hat der Verbraucher ein Interesse, dass der Unternehmer mit der Dienstleistung oder Lieferung beginnt, bevor die Widerrufsfrist abläuft; im Falle des Widerrufs schuldet er dann eine anteilige Vergütung für die erhaltenen Leistungen (Art. 7 III, 8 VIII; s. unten, Rn. 46). Auch auf diese Vergütungspflicht ist er hinzuweisen, lit. j). Und endlich ist der Verbraucher auch darauf hinzuweisen, wenn er ausnahmsweise kein Widerrufsrecht hat oder er es unter bestimmten Umständen verlieren kann (v. a. Art. 16; s. oben Rn. 16), lit. k).

20 Die Belehrung über das Widerrufsrecht ist damit verhältnismäßig umfangreich und detailliert. Hier kann man leicht etwas falsch machen. Die daraus resultierende Belastung wird dem Unternehmer aber dadurch wieder erleichtert, dass er die Belehrungspflichten nach lit. h), i) und j) mittels **Muster-Widerrufsbelehrung** (freilich: zutreffend ausgefüllt!) erfüllen kann, die im Anhang I Teil A VRRL abgedruckt ist, Art. 6 IV VRRL. Darin liegt eine sinnvolle Bürokratiebeschränkung.

21 Belehrt der Unternehmer den Verbraucher nicht ordnungsgemäß, so verlängert sich die an sich 14tägige Widerrufsfrist um zwölf Monate (aber nicht mehr zeitlich unbeschränkt).[18] Holt der Unternehmer die Belehrung nach, so setzt dies die 14tägige Widerrufsfrist in Gang, Art. 10 VRRL.[19] Damit ist bereits eine **Sanktion** der

---

[17] Vgl. *Eidenmüller*, in: ders. et al., Revision des Verbraucher-*acquis*, S. 119 ff., 155 f.
[18] Krit. *Hall/Howells/Watson*, ERCL 2012, 139, 156 f.
[19] Anders noch zur HtRL, EuGH Rs. C-481/99 *Heininger*, Slg. 2001, I-9945 Rn. 41 ff. (absolute Frist von einem Jahr ab Vertragsschluss mit HtRL unvereinbar); s. a. EuGH Rs. C-412/06 *Hamilton*,

Belehrungspflicht vorgegeben. Die Höchstfrist von zwölf Monaten ist sinnvoll, danach sollte Rechtsfrieden einkehren – und kann sich der Verbraucher auch redlicherweise nicht mehr auf Unkenntnis des Widerrufsrechts berufen. Die Möglichkeit, die Frist durch Nachholung der Belehrung zu verkürzen, ist ein sinnvoller Anreizmechanismus für den Unternehmer.

Unsicher ist, ob die Mitgliedstaaten darüber hinaus noch **weitere Folgen** vorsehen können. An sich legt Art. 24 I VRRL die Sanktionen in die Hände der Mitgliedstaaten. Für die Haustürgeschäfterichtlinie hatte der EuGH auf ähnlicher Grundlage angenommen, es stehe den Mitgliedstaaten frei, bei Verstoß gegen die Belehrungspflicht auch von Amts wegen die Nichtigkeit des Vertrags festzustellen, selbst wenn der Verbraucher sich darauf nicht berufe.[20] Alternativ komme als Sanktion auch die Verlängerung der Widerrufsfrist in Betracht. Indes hatte der Gerichtshof sich zur Begründung wesentlich auch auf den Mindeststandardcharakter der Haustürgeschäfterichtlinie gestützt. Im Gegensatz dazu enthält die Verbraucherrechterichtlinie grundsätzlich eine Vollharmonisierung, Art. 4 VRRL. Die Nichtigkeitssanktion ist keine Ergänzung zur Verlängerung der Widerrufsfrist, sondern eine Alternative und kommt daher heute nicht mehr in Betracht. 22

3. „Tatbestandslosigkeit", Begründungs- und Formfreiheit

Der „**Tatbestand**" des Widerrufsrechts wird nach Art. 9 I VRRL allein durch den Anwendungsbereich der Richtlinie (Art. 3; dazu § 7 Rn. 18) und den Anwendungsbereich des Widerrufsrechts (Fernabsatzvertrag oder außerhalb von Geschäftsräumen geschlossener Vertrag, s. oben, § 8 Rn. 9 ff.; keine Ausnahme gem. Art. 16; s. oben, Rn. 16) sowie die Widerrufsfrist von 14 Tagen bestimmt. Der Widerruf setzt kein objektives Fehlverhalten und keine subjektive Sorgfaltspflichtverletzung des Unternehmers voraus, keine aktuelle Überrumpelung und kein aktuelles Informationsdefizit des Verbrauchers und dementsprechend auch keine Kausalität.[21] Folglich kann der Widerruf „**ohne Angabe von Gründen**" erklärt werden. Wenn der Unternehmer „interessehalber" (z. B. um sein Geschäftsverhalten oder die Qualität seiner Leistungen zu überprüfen) nach Gründen fragt, muss er dies auch so klarstellen, damit der Verbraucher dadurch nicht vom Widerruf abgeschreckt wird (Umsetzungspflichten). 23

Slg. 2008, I-2383 Rn. 32 ff. (Frist von einem Monat ab vollständiger Erbringung der Leistung mit HtRL vereinbar).
[20] EuGH Rs. C-227/08 *Martín Martín*, Slg. 2009, I-11939 Rn. 30–36.
[21] EuGH Rs. C-423/97 *Travel Vac*, Slg. 1999, I-2195 Rn. 43 (Das in der Haustürgeschäfterichtlinie vorgesehene Widerrufsrecht „steht (...) dem Verbraucher schon dann zu, wenn der objektive Tatbestand des Artikels 1 der Richtlinie erfüllt ist. Ein bestimmtes Verhalten oder eine Manipulationsabsicht des Gewerbetreibenden sind dagegen nicht erforderlich und brauchen somit nicht bewiesen zu werden".). S. a. *Bülow*, ZIP 2012, 1745 ff.

24 Der Widerruf ist **formfrei** möglich.²² Insbesondere ist das Muster-Widerrufsformular (Anhang I Teil B VRRL) nur ein Angebot, Art. 11 I/1 a) VRRL. Nach lit. b) der Vorschrift kann der Verbraucher die Erklärung auch „in beliebiger anderer Form abgeben". Auch an die Wortwahl der Erklärung dürfen keine formalen Anforderungen gestellt werden, er muss also nicht etwa das Wort „Widerruf" verwenden. Es reicht, dass aus der Erklärung „sein Entschluss zum Widerruf des Vertrags eindeutig hervorgeht". Immerhin ist aber – auch zum Schutz des Unternehmers, Art. 4 VRRL! – eine *eindeutige* Erklärung verlangt. Eine Anfrage, ob „dies die übliche Qualität" oder „ein Umtausch möglich" sei, ist kein Widerruf. Mit Rücksicht auf die Vollharmonisierung (Art. 4 VRRL) dürfte es nicht in Betracht kommen, im mitgliedstaatlichen Recht alternativ zur Widerrufserklärung auch die Rücksendung vorzusehen;²³ da indes der Widerruf in beliebiger Form erklärt werden kann, also auch konkludent, kann im Einzelfall durchaus der Rücksendung der eindeutige Widerrufsentschluss des Verbrauchers zu entnehmen sein, BE 44 S. 5 Hs. 1 VRRL. – Wählt der Verbraucher einen „formlosen" Widerruf, etwa durch Telefonanruf oder schlichte Rücksendung, so gehen die damit verbundenen Unsicherheiten (Beweisbarkeit; Auslegungsbedürftigkeit der Erklärung) zu seinen Lasten; Art. 11 IV, BE 44 S. 5 Hs. 2 VRRL.

25 Der Unternehmer kann dem Verbraucher *zusätzlich* die Möglichkeit einräumen, die **Widerrufserklärung auf der Website des Unternehmers** elektronisch abzugeben; dazu Art. 11 III VRRL.

26 Die **Beweislast für die Ausübung** des Widerrufsrechts trägt der Verbraucher, Art. 11 IV VRRL.

4. Widerrufsfrist

27 Die Widerrufsfrist beträgt jetzt einheitlich **14 Tage**, Art. 9 I VRRL, und ist damit doppelt so lang wie ursprünglich in der Haustürgeschäfterichtlinie (Art. 5 I HtWRL: sieben Tage) und in der Fernabsatzrichtlinie (Art. 6 I/1 FARL: mindestens sieben Werktage). Belehrt der Unternehmer den Verbraucher nicht ordnungsgemäß, so verlängert sich die Widerrufsfrist um **zwölf Monate**; holt er die Belehrung nach, setzt dies wiederum die 14-tägige Frist in Gang, Art. 10 VRRL und bereits oben, Rn. 21.

28 Art. 9 II VRRL bestimmt das *Ende* der Widerrufsfrist differenziert nach Vertragstypen (wobei dort eigentlich der **Fristbeginn** unterschiedlich geregelt wird). Der entscheidende Gesichtspunkt ist, dass eine etwa bestehende Überrumpelungs- oder Drucksituation beendet ist *und* der Verbraucher die erforderlichen Informationen hat, um den Vertragsschluss zu bedenken. Beim Warenkauf beginnt die Widerrufsfrist daher im Grundsatz, wenn der Verbraucher in den „physischen Besitz"

---

²² Vgl. schon EuGH Rs. C-423/97 *Travel Vac*, Slg. 1999, I-2195 Rn. 49–52 (zur HtRL, wo dies noch nicht ausdrücklich geregelt war).

²³ *Unger*, ZEuP 2012, 270, 289; wohl auch *Hall/Howells/Watson*, ERCL 2012, 139, 158.

der Waren gelangt, Art. 9 II b) (s. dort noch die Sonderregeln für (i) getrennte Lieferung mehrerer Waren einer einheitlichen Bestellung, (ii) die Lieferung einer Ware in Teillieferungen und (iii) für Verträge zur regelmäßigen Lieferung von Waren). Bei Dienstleistungsverträgen hingegen beginnt die Frist bereits mit Vertragsschluss; schon dann hat der Verbraucher die nötigen Informationen, um die Vertragsentscheidung zu überdenken, und die Möglichkeit, den Marktvergleich nachzuholen. Ebenfalls mit Vertragsschluss beginnt die Widerrufsfrist bei Verträgen über die Lieferung von Wasser, Gas oder Strom, wenn sie nicht in einem begrenzten Volumen oder in einer bestimmten Menge zum Verkauf angeboten werden, von Fernwärme oder von digitalen Inhalten, die nicht auf einem körperlichen Datenträger geliefert werden.

Für die **Fristwahrung** reicht die rechtzeitige **Absendung** (*dispatch rule*), Art. 11 II VRRL. Das bedeutet aber nicht, dass der Widerruf schriftlich oder sonst förmlich erklärt werden müsste; vgl. Art. 11 II/1 b) und oben, Rn. 24.[24]   29

5. Widerrufsfolgen

a) Allgemein

Mit der Ausübung des Widerrufs **enden die Pflichten der Parteien**, Art. 12 VRRL.[25] War der Vertrag schon zustande gekommen, enden die Vertragspflichten. Mit den Primärpflichten entfallen auch entsprechende Sekundärpflichten, nämlich der Anspruch auf Schadensersatz wegen Nichterfüllung des Vertrags.[26] Hatte nur der Verbraucher ein bindendes Vertragsangebot abgegeben, so endet die „Verpflichtung zum Abschluss des Vertrags", erlischt also m.a.W. das Angebot.   30

Weiterhin offen bleibt die Frage, ob der Widerruf den Vertrag mit Wirkung *ex nunc* oder *ex tunc* beendet.[27]   31

Für die Rückabwicklung verfolgt die Regelung zwei Grundanliegen, hinter beiden steht der Gedanke, dass der Verbraucher nicht von der Ausübung des Widerrufsrechts abgeschreckt werden soll: Zum einen soll der Verbraucher geleistete Zahlungen unverzüglich erstattet bekommen; zum anderen sollen seine eigenen Erstattungs-, Ersatz- und Vergütungspflichten vertretbar begrenzt werden.   32

b) Erstattung von Zahlungen

Der Unternehmer hat **alle Zahlungen**, die er vom Verbraucher erhalten hat, unverzüglich zu erstatten, Art. 13 I VRRL. Zu den zu erstattenden Zahlungen gehören auch die (Standard-) **Lieferkosten**, die der Verbraucher dem Unternehmer ersetzt   33

---

[24] EuGH Rs. C-423/97 *Travel Vac*, Slg. 1999, I-2195 Rn. 51.
[25] *Zimmermann*, in: Eidenmüller et al., Revision des Verbraucher-*acquis*, S. 175 f.
[26] EuGH Rs. C-423/97 *Travel Vac*, Slg. 1999, I-2195 Rn. 57–60.
[27] *Zimmermann*, in: Eidenmüller et al., Revision des Verbraucher-*acquis*, S. 169 f., 173.

hat. Nicht zu erstatten sind hingegen *zusätzliche* (d. h. über die Standard-Lieferkosten hinausgehende) Kosten, die entstanden sind, weil der Verbraucher ausdrücklich eine andere als die vom Verbraucher angebotene günstigste Standardlieferung gewählt hat.

34 Unter Art. 6 I/1 S. 2 FARL war noch unsicher, ob der Unternehmer dem Verbraucher die Lieferkosten im Fall des Widerrufs auferlegen darf. Nach den AGB der *Heinrich Heine* Handelsgesellschaft trug der Verbraucher einen pauschalen Versandkostenanteil von 4,95 €, der im Fall eines Widerrufs nicht zu erstatten war. Der EuGH nahm an, diese Frage werde schon von der FARL selbst beantwortet und nicht den Mitgliedstaaten zur Regelung überlassen. Schon nach dem Wortlaut der Regelung hätten die Verbraucher nur die unmittelbaren Rücksendekosten zu tragen. Hinzu komme die teleologische Erwägung, dass das Widerrufsrecht nach BE 14 FARL „mehr als ein bloß formales Recht" sein solle. Der Verbraucher dürfe daher von der Ausübung des Widerrufsrechts nicht durch eine Kostentragungspflicht abgeschreckt werden. Das bestimmt jetzt die nach Art. 25 der Richtlinie unabdingbare Vorschrift von Art. 13 I/1 VRRL.

35 **Unverzüglich** heißt, wie im deutschen Recht (§ 122 BGB), ohne schuldhaftes Zögern. Der Unternehmer hat die Zahlungen aber spätestens binnen **14 Tagen** ab Zugang des Widerrufs gem. Art. 11 VRRL zu erstatten. Art. 11 regelt freilich nicht den Zugang des Widerrufs, im Gegenteil reicht nach dessen Abs. 2 für die Fristwahrung die rechtzeitige Absendung. Für die Erstattungsfrist stellt Art. 13 I/1 indes mit Recht auf den Zeitpunkt ab, zu dem der Unternehmer *informiert* wird. Bei Kaufverträgen hat der Verkäufer ein **Zurückbehaltungsrecht** bis zu dem früheren der beiden Zeitpunkte: zu dem er die Ware zurückerhalten oder der Verbraucher den Nachweis für die Rücksendung erbracht hat.[28] Das Zurückbehaltungsrecht greift nicht ein, wenn der Unternehmer angeboten hat, die Ware selbst abzuholen; in diesem Fall hat der Unternehmer den Rückerhalt selbst in der Hand. Dem Unternehmer das Zurückbehaltungsrecht in diesem Fall vollständig zu versagen, auch für den Fall, dass der Verbraucher die umgehend unternommene Abholung vereitelt, ist indes nicht gerechtfertigt.

36 Die Rückzahlung hat der Unternehmer grundsätzlich unter Verwendung desselben **Zahlungsmittels** zu leisten, das der Verbraucher für die Zahlung eingesetzt hat. Die Parteien können etwas anderes vereinbaren, doch muss diese Vereinbarung *ausdrücklich* erfolgen und dürfen für den Verbraucher infolge der anderen Rückzahlung *keine Kosten* anfallen.

c) Rückgabe von Waren

37 Umgekehrt hat der Verbraucher erhaltene **Waren** innerhalb von 14 Tagen ab *Mitteilung* (= Absendung) des Widerrufs an den Unternehmer zurückzusenden oder zu übergeben, Art. 14 I VRRL. Beim Versand reicht die rechtzeitige Absendung. Wenn

---

[28] Krit. wegen der darin liegenden Verletzung des Zug-um-Zug-Prinzips (zu Lasten des Verbrauchers) *Zimmermann*, in: Eidenmüller et al., Revision des Verbraucher-*acquis*, S. 176 f.

der Unternehmer angeboten hat, die Waren selbst abzuholen, hat er sie ihm zu dem vereinbarten Zeitpunkt und an dem vereinbarten Ort zu übergeben.

Die unmittelbaren **Kosten der Rücksendung** trägt grundsätzlich der Verbraucher, Art. 14 I/2 VRRL.[29] Auf diese Pflicht hat der Unternehmer den Verbraucher bereits vorvertraglich hinzuweisen, Art. 6 I i) VRRL. Hat der Unternehmer diese Informationspflicht nicht erfüllt, ist der Verbraucher auch nicht verpflichtet die Kosten zu tragen. Selbstverständlich kann der Unternehmer die Rücksendekosten auch in allen anderen Fällen übernehmen.

d) Haftung für Wertverlust

Die Haftung für Wertverlust ist kritisch. Einerseits dient das Widerrufsrecht beim Warenkauf gerade auch dem Zweck, die Ware in Augenschein zu nehmen und – in gewissen Grenzen; etwa so wie im Ladenlokal – auszuprobieren. Andererseits ist einem Missbrauch vorzubeugen; es gibt Menschen, die bestellen ein Ballkleid, tragen es einmal, und widerrufen dann (s. BE 47!). Art. 14 II VRRL knüpft die Haftung für Wertverlust an diese Zwecke des Widerrufsrechts an. Das, was zur Prüfung der Beschaffenheit, Eigenschaften und Funktionsweise der Waren erforderlich ist, kann der Verbraucher auch tun, ohne für eine Wertminderung ersatzpflichtig zu werden. Für einen Wertverlust haftet er nur, wenn sein Umgang mit der Ware über das danach Erforderliche hinausgeht. Die Grenze kann man in einem Vergleich zum „Normalfall" des Kaufs im Ladenlokal ziehen. Dort kann man z. B. ein Kleid vorher *anprobieren*, aber nicht mitnehmen und zum Ball *tragen*. Bei übermäßigem Umgang mit den Waren (Kleid auf dem Ball getragen) haftet der Verbraucher *ohne weiteres*, also nicht nur bei Verschulden.[30] Hier bewegt er sich auf verbotenem Grund, so dass ihm die Folgen schon deshalb zugerechnet werden können. Bei notwendigem Umgang haftet er hingegen – wie auch beim Anprobieren im Ladenlokal – nur für jedes Verschulden, nicht aber für Zufall.[31]

Mit Recht wird darauf hingewiesen, dass sich die Ersatzpflicht des Verbrauchers bei übermäßigem Umgang in der **Praxis** eher als Appell an den Verbraucher denn als durchsetzbares Recht des Unternehmers erweisen dürfte.[32] Da der Unternehmer nur das Ergebnis sieht (zerknittertes Kleid), nicht, wie es dazu kam (Anprobieren oder Tanzen auf dem Ball?), wird ihm der Beweis übermäßigen Umgangs oft nicht gelingen.

Auch für einen Wertverlust aus übermäßigem Umgang haftet der Verbraucher nicht, wenn der Unternehmer ihn **nicht** gem. Art. 6 I h) VRRL **belehrt** hat, Art. 14

---

[29] Die Frage war im Gesetzgebungsverfahren umstritten, die Regelung ist ein Kompromiss; *Unger*, ZEuP 2012, 270, 291 f. S.a. *Zimmermann*, in: Eidenmüller et al., Revision des Verbraucher-acquis, S. 189 ff. (rechtspolitisch: grundsätzlich sollte jeder die Kosten für die Rückgewähr der jeweils empfangenen Leistungen tragen; ggf. anders bei Haustürgeschäften).
[30] A.M. *Unger*, ZEuP 2012, 270, 293: nur für Verschulden.
[31] Insoweit ebenso *Unger*, ZEuP 2012, 270, 293 f.
[32] *Hall/Howells/Watson*, ERCL 2012, 139, 161 f.

II 2 VRRL. Dahinter steht eine Interessenabwägung: Der Belehrungspflicht liegt die Erwägung zugrunde, dass der Verbraucher sein Widerrufsrecht nicht zu kennen braucht. Er „darf" daher mit der erworbenen Ware wie mit eigenen Dingen verfahren. Dann muss er zwar damit rechnen, Wertminderungen als Eigentümer zu tragen, nicht aber damit, sie dem Verkäufer zu erstatten.[33] Zudem könnte sein Widerrufsrecht, wenn er davon nachträglich erfährt, durch eine Belastung mit einer Wertersatzpflicht übermäßig erschwert werden.[34]

e) Nutzungsersatz

42 Nach wie vor **nicht ausdrücklich geregelt** ist die Frage, ob der Unternehmer vom Verbraucher im Falle des Widerrufs Ersatz für Nutzungen verlangen kann. Bei der regulären Widerrufsfrist von 14 Tagen spielt das praktisch keine erhebliche Rolle, zumal die Nutzungen in dieser Zeit auf das zur Prüfung der Ware Erforderliche beschränkt sind (vgl. Art. 14 II VRRL!). Wohl aber kann Nutzungsersatz von Interesse sein, wenn der Unternehmer den Verbraucher entgegen Art. 6 I h) VRRL nicht über das Widerrufsrecht belehrt hat mit der Folge, dass sich die Widerrufsfrist auf (bis zu) zwölf Monate verlängert, Art. 10 VRRL (oben, Rn. 27). In diesem Fall kommt, ohne dass dies dem Verbraucher vorwerfbar wäre, auch eine intensivere und länger andauernde Nutzung in Betracht.

43 So lagen die Dinge im Fall *Messner*.[35] Frau Messner kaufte am 2. Dezember 2005 über das Internet von Herrn Krüger (einem Unternehmer) ein gebrauchtes Notebook zum Preis von 278 €. Nachdem sich im August 2006 ein Defekt am Display zeigte und Herr Krüger sich weigerte, diesen kostenlos zu reparieren, widerrief Frau Messner den Vertrag am 7. November 2006. Der Klage auf Rückzahlung des Kaufpreises hielt Herr Krüger einen Anspruch auf Wertersatz für die Nutzung für acht Monate entgegen, den er nach dem durchschnittlichen Mietpreis für solche Geräte mit 316,80 € bezifferte. Der EuGH war gefragt, ob ein Anspruch auf Nutzungsersatz mit Art. 6 I/1 2, II FARL (vgl. Art. 14 I/2, II VRRL) vereinbar ist. Der Gerichtshof verneint das unter der Fernabsatzrichtlinie. Das Widerrufsrecht solle „mehr als bloß formales Recht" sein (BE 14 FARL). Es solle dem Verbraucher die Möglichkeit geben, die Ware zu inspizieren. Eine generelle Verpflichtung zum Nutzungsersatz sei damit unvereinbar. Zulässig sei es allerdings, wenn das mitgliedstaatliche Recht nach allgemeinen Grundsätzen einen Nutzungsersatz für den Fall vorsehe, dass der Verbraucher die Ware treuwidrig übermäßig nutze, oder um eine ungerechtfertigte Bereicherung zu vermeiden.

44 Mangels spezifischer Regelung wären Ansprüche auf Nutzungsersatz nach Art. 14 V VRRL ausgeschlossen. Allerdings wird vorgeschlagen, die Regelung des Art. 14 II VRRL über den Ersatz für Wertverlust unmittelbar[36] oder analog[37] heranzuziehen,

---

[33] *Zimmermann*, in: Eidenmüller et al., Revision des Verbraucher-*acquis*, S. 185 f.
[34] Vgl. den Fall von EuGH Rs. C-489/07 *Messner*, Slg. 2009, I-7315.
[35] EuGH Rs. C-489/07 *Messner*, Slg. 2009, I-7315.
[36] So wohl *Mörsdorf*, JZ 2010, 232, 236 (zu der Art. 14 II VRRL entsprechenden Vorschrift von Art. 17 II des Richtlinienvorschlags KOM[2008] 614).
[37] *Unger*, ZEuP 2012, 270, 294.

V. Das Schutzsystem der Widerrufsrechte

da zwischen Verschlechterung (Wertersatz nach Art. 14 II VRRL) und Gebrauchsvorteil (nicht ausdrücklich geregelt) regelmäßig ein enger Zusammenhang bestehe. Folgt man dem, so schuldet der Verbraucher keinen Nutzungsersatz für den zur Prüfung notwendigen Umgang mit der Ware, wohl aber für übermäßigen Umgang. Ein Nutzungsersatz kommt aber nur für die reguläre Widerrufsfrist in Betracht, da der Verbraucher nach Art. 14 II 2 VRRL nicht haftet, wenn er nicht über sein Widerrufsrecht belehrt wurde.

Mit gutem Grund wird bezweifelt, ob ein Nutzungsersatz nach Widerruf – oder auch nach Rücktritt – überhaupt sinnvoll ist. Den Parteien kommt es regelmäßig auf die Rückgabe der Leistungen an, der Wert von Nutzungen ist schwer zu bestimmen, und regelmäßig haben beide Parteien Nutzungen gezogen.[38] 45

f) Vergütung für Leistungen vor Ablauf der Widerrufsfrist

Der Verbraucher kann ein Interesse daran haben, dass der Unternehmer schon vor Ablauf der Widerrufsfrist mit der Erbringung von Leistungen beginnt. Widerruft er dann, so hat er redlicherweise für die bereits erhaltenen Leistungen eine anteilige Vergütung zu leisten, Art. 14 III VRRL. Die Richtlinie sieht für diesen Fall allerdings verschiedene Kautelen zum Schutz des Verbrauchers vor. Erstens ist der Verbraucher schon **vorvertraglich** auf diese Rechtsfolge hinzuweisen, Art. 6 j) VRRL. Zweitens muss er sein „Verlangen" nach einer Leistung vor Ablauf der Widerrufsfrist **ausdrücklich erklären**, und zwar auf einem dauerhaften Datenträger, Art. 7 III, 8 VIII VRRL. Hat der Unternehmer diese Obliegenheit nicht erfüllt, so ist der Verbraucher nicht zur Zahlung der anteiligen Vergütung verpflichtet, Art. 14 IV a) VRRL. 46

Für die **Bereitstellung digitaler Inhalte**, die nicht auf einem körperlichen Datenträger (CD, DVD) geliefert werden, vor Ablauf der Widerrufsfrist, ergibt sich aus Art. 16 m), 14 IV b) VRRL eine ähnliche Regelung. 47

g) Akzessorische Verträge

Anders als noch die Haustürgeschäfterichtlinie[39] enthält die Verbraucherrechterichtlinie auch eine Regelung für akzessorische Verträge (definiert in Art. 2 Nr. 15 VRRL). Widerruft der Verbraucher nach Art. 9ff. VRRL, so werden neben dem unmittelbar betroffenen Vertrag auch alle akzessorischen Verträge **automatisch beendet**, ohne dass dem Verbraucher dafür Kosten entstehen, Art. 15 I VRRL. Ausgenommen sind davon nur die oben erörterten Kosten nach Art. 13 II, 14 VRRL. Einzelheiten regeln die Mitgliedstaaten. 48

---

[38] *Zimmermann*, in: Eidenmüller et al., Revision des Verbraucher-*acquis*, S. 187 f. (mit dem Hinweis, dass die PICC aus diesen Erwägungen auf eine Regelung verzichtet haben!); *Martens*, Nutzungsherausgabe und Wertersatz beim Rücktritt, AcP 210 (2010), 689 ff.

[39] Dazu EuGH Rs. C-350/03 *Schulte*, Slg. 2005, I-9215.

§ 9 Vertragliche Pflichten – Vertragsauslegung und Vertragsinhalt

Literatur: *Canaris/Grigoleit*, Interpretation of Contracts, in: Hartkamp et al. (Hrsg.), Towards a European Civil Code (4. Aufl. 2011), S. 587 ff.; *Ferrari*, The Interpretation of Contracts from a European Perspective, in: Schulze/Ebers/Grigoleit (Hrsg.), Informationspflichten und Vertragsschluss im Acquis communautaire (2003), S. 117 ff.; *Dürrschmidt*, Werbung und Verbrauchergarantien (1997); *Krampe*, Die Unklarheitenregel (1983); *Lehmann*, Vertragsanbahnung durch Werbung (1981); *Neuner*, Vertragsauslegung – Vertragsergänzung – Vertragskorrektur, FS Canaris (2007), S. 901 ff. Zur *contra proferentem*-Regel, s. a. die Literaturhinweise zu § 10. Zu den einzelnen Inhaltsbestimmungen (unten, IV.), s. a. die Literaturhinweise zu § 7 betreffend die Verbraucherrechterichtlinie.

I. Sachfragen

1 Nach dem Grundsatz der Vertragsfreiheit (Inhaltsfreiheit) ist es Sache der Parteien, den Vertragsinhalt einvernehmlich zu bestimmen. Die Vertragsauslegung hebt den Willen der Parteien, so wie er redlicherweise zu verstehen war, hervor. Dabei werfen nicht ausgehandelte, vor allem vorformulierte Vertragsklauseln besondere Fragen auf. Gerade im Binnenmarkt kann auch die Vertragssprache Auslegungsfragen hervorrufen.

2 Vorvertraglich statuiert das Europäische Vertragsrecht eine Reihe von Informationspflichten, und darüber hinaus werben Unternehmer vor Vertragsschluss nicht selten auch aus eigenem Antrieb mit ihren Leistungen. Solche Angaben können bei der Auslegung fruchtbar gemacht werden, mitunter erklärt sie der Gesetzgeber aber auch schon ausdrücklich zum verbindlichen Vertragsinhalt.

3 (Dispositive oder zwingende) Inhaltsvorschriften gibt es im Europäischen Vertragsrecht nur vereinzelt. Sie begegnen teilweise für spezielle Vertragstypen (unten, §§ 11–13). Allgemeine Inhaltsvorschriften gibt es nur vereinzelt, vor allem in Form vertraglicher Informationsvorschriften.

II. Vertragsauslegung

Allgemeine Vorschriften über die Auslegung von Verträgen nach dem Muster der §§ 133, 157 BGB, der §§ 914, 915 ABGB oder der Art. 1156 ff. Code civil[1] findet man im geltenden Europäischen Vertragsrecht nicht. Einigen Vorschriften kann man aber allgemeine Grundsätze über die Vertragsauslegung entnehmen. Die vorgeschlagenen Einheitsregeln (§ 1 Rn. 38, 42) gehen darüber hinaus, Art. 5:101–107 PECL, II.-8:101–107 DCFR, 58–65 V-GEK.   4

1. Allgemeine Auslegungsgrundsätze

Die Vertragsgemäßheit von Verbrauchsgütern wird „vermutet", wenn sie „sich für einen bestimmten vom Verbraucher angestrebten Zweck eignen, den der Verbraucher dem Verkäufer bei Vertragsschluss zur Kenntnis gebracht hat und dem der Verkäufer zugestimmt hat", Art. 2 II b) VKRL (s. i. E. § 11 Rn. 7). Diese Vorschrift, die einer spezielleren Vereinbarung nachgeht und insofern dispositiv ist, kann man als Ausdruck einer Auslegungsregel verstehen. Eine Vereinbarung ist ihr zufolge nach dem **von einer Partei verfolgten, von der anderen konsentierten Zweck** auszulegen. *A maiore* muss gelten, dass der von beiden Parteien einvernehmlich verfolgte Zweck für die Auslegung heranzuziehen ist. Die Grundregel kann man Art. 5:101 I, II PECL, Art. II.-8:101 I, II DCFR entnehmen, die auch Art. 58 I, II V-GEK übernommen hat.   5

Verschiedene Vorschriften bestimmen, dass vorvertragliche Angaben des beruflich oder gewerblich Tätigen Vertragsbestandteil werden; Art. 2 II d), 6 I VKRL, Art. 3 II/2 PRRL, Art. 5 II/1 TSRL (näher sogleich, Rn. 12). Auch hier kann man die Grundlage der Regelung in einer Auslegungsregel finden, wonach die Vereinbarung mit Rücksicht auf die **berechtigten Erwartungen** des Adressaten vorvertraglicher Information auszulegen ist. Damit wird den Erfordernissen des Verkehrsschutzes Rechnung getragen. In diese Richtung weisen auch Art. 5:101 II PECL, II.-8:101 II DCFR, 58 II V-GEK.[2]   6

Bereits die Rücksicht auf vorvertragliche Information (soeben Rn. 6) weist auf eine weitere Regel hin, die Auslegung mit Rücksicht auf den Vertrag als Ganzes einschließlich der den Vertragsabschluss begleitenden Umstände. Nach Art. 4 I AGB-Richtlinie ist die Missbräuchlichkeit einer nicht-ausgehandelten Klausel „unter Berücksichtigung der Art der Güter oder Dienstleistungen, die Gegenstand des Vertrages sind, aller den Vertragsabschluss begleitenden Umstände sowie aller anderen Klauseln desselben Vertrages oder eines anderen Vertrages, von dem die   7

---

[1] Rechtsvergleichende Übersicht bei *Zimmermann*, The Law of Obligations, S. 621 ff.; *Zweigert/Kötz*, Einführung in die Rechtsvergleichung, § 30. Zum deutschen Recht nur *Wolf/Neuner*, Allgemeiner Teil, § 35 Rn. 1 ff.

[2] S. a. *Kötz*, Europäisches Vertragsrecht, § 7 II und III (S. 164–173).

Klausel abhängt, zum Zeitpunkt des Vertragsabschlusses" zu beurteilen.[3] Als allgemeinen Grundsatz schreiben das die Entwürfe für Einheitsregelungen vor: „In einem Vertrag verwendete Ausdrücke sind im Lichte des gesamten Vertrags auszulegen", Art. 5:105 PECL; II.-8:101 DCFR; 60 V-GEK.

2. Die Unklarheitenregel: *in dubio contra proferentem*

8 Ergeben sich bei der Auslegung nicht-ausgehandelter Vertragsklauseln Zweifel, so regiert die dem Verbraucher günstigste Variante, Art. 5 S. 2 KlauselRL. Vorangehen muss daher eine Auslegung anhand der allgemeinen Regeln, bei der am Ende noch Zweifel verbleiben.[4] Der Regelung liegt der Gedanke zugrunde, dass derjenige, der sich der Vorteile der Klauselgestaltung bedient, auch deren Lasten tragen muss; ihn trifft für Unklarheiten die Verantwortung (*interpretatio contra eum qui clarius loqui potuit*).[5] Der Grundsatz, der dem römischen Recht entstammt,[6] ist in den europäischen Rechtsordnungen weithin anerkannt.[7]

9 Auch Art. 5:103 PECL, 4.6 PICC folgen der *contra proferentem*-Regel, indes nicht beschränkt auf Verträge zwischen Unternehmern und Verbrauchern und mit der „weicheren" Rechtsfolgenanordnung, die Interpretation sei zu *bevorzugen*, die zu Lasten des Vertragsteils geht, der die Bedingung gestellt hat.[8] Im DCFR ist sie tatbestandlich erweitert worden. Sie findet nicht nur auf nicht individuell ausgehandelte Klauseln Anwendung, sondern auch auf solche, die unter dem beherrschenden Einfluss einer Vertragspartei vereinbart wurden, Art. II.-8:103 DCFR.[9] Im vorgeschlagenen GEK wird differenziert. In Verbraucherverträgen gehen Zweifel zugunsten des Verbrauchers, es sei denn, er hätte die Bestimmung gestellt, Art. 64 V-GEK. Sonst, d.h. in Verträgen zwischen Unternehmen, gilt für nicht individuell ausgehandelte Klauseln (Art. 7 V-GEK) die *contra proferentem*-Regel.

10 Für **individuell ausgehandelte** Vereinbarungen gilt Art. 5 S. 2 ABGRL nicht, ebenso wenig wie Art. 5:103 PECL, II.-8:103 DCFR; anders aber Art. 64 V-GEK. Die Vorschrift könnte aber

---

[3] Art. 4 Abs. 1 AGBRL. Grabitz/Hilf II/*Pfeiffer*, A 5 (AGBRL) Art. 5 Rn. 43.

[4] *Hellwege*, Allgemeine Geschäftsbedingungen, S. 498 f.; vgl. auch *Canaris/Grigoleit*, in: Hartkamp et al. (Hrsg.), Towards a European Civil Code, S. 596 ff. A. M. etwa *Kapnopolou*, Das Recht der missbräuchlichen Klauseln in der EU, S. 149 f. (Gleichrang mit nationalen Auslegungsregeln).

[5] *Canaris/Grigoleit*, in: Hartkamp et al. (Hrsg.), Towards a European Civil Code, S. 608 f.; *Knütel*, JR 1981, 221, 224; *Harke*, Allgemeines Schuldrecht, Rn. 63, 69; *Kötz*, Europäisches Vertragsrecht, § 7 IV (S. 175); *Krampe*, Die Unklarheitenregel, S. 14; *Wolf/Neuner*, Allgemeiner Teil, § 47 Rn. 47.

[6] *Harke*, Römisches Recht (2008), Rn. 5.23 ff.; *ders.*, Allgemeines Schuldreht, Rn. 69; *Krampe*, Die Unklarheitenregel, S. 11 ff.; *Zimmermann*, The Law of Obligations, S. 639 f.

[7] *Hellwege*, Allgemeine Geschäftsbedingungen, S. 132 f., 275 ff., 498 ff.; *Kötz*, Europäisches Vertragsrecht, § 7 IV (S. 174 f.); *Lando/Beale*, Principles of European Contract Law, Art. 5:103 Notes; *Collins*, Oxf. J. Leg. Stud. 14 (1994), 229, 247 f.

[8] Eine Auslegung zugunsten des Verwenders ist damit nicht ausgeschlossen; *Lando/Beale*, European Principles, Art. 5:103 Comment a. E.

[9] Kritisch *Canaris/Grigoleit*, in: Hartkamp et al. (Hrsg.), Towards a European Civil Code, S. 609; *Neuner*, FS Canaris (2007), S. 909.

auch insofern von Bedeutung sein, vor allem in den nicht seltenen Fällen der **Nachweispflichten**, die einen Vertragspartner binden, dem anderen die Bedingungen der Vereinbarung nachzuweisen (nachfolgend, Rn. 26). Denn die nachzuweisenden Bedingungen können durchaus auch individuell ausgehandelt sein, und auch hier kann sich eine Unklarheit ergeben. Indes passt die *contra proferentem*-Regel insoweit nicht. Das folgt formal schon daraus, dass entsprechende gesetzliche Anordnungen fehlen; insbesondere die arbeitsrechtliche Nachweisrichtlinie hat die rechtliche Bedeutung des erteilten Nachweises nahezu völlig offen gelassen.[10] In der Sache passt der Grundgedanke der *contra proferentem*-Regel, die Verbindung von Last und Vorteil, in diesem Fall nicht, da der Nachweisschuldner beim Nachweis individueller Bedingungen nicht zum eigenen Vorteil handelt, sondern zum Vorteil des Nachweisgläubigers, und bei der Abfassung des Nachweises gerade keinen Spielraum hat.

3. Auslegung und Sprache

Eine gängige Frage bei der Auslegung grenzüberschreitender Verträge ist, welcher von mehreren sprachlichen Fassungen im Fall der Divergenz der Vorrang gebührt. Zum Beispiel kann es vom Timesharingvertrag regelmäßig mehrere Sprachfassungen geben, Art. 5 I TSRL. Eine formale Antwort auf die Vorrangfrage gibt die *contra proferentem* Regel für den Fall, dass es – wie praktisch zumeist – um nicht-ausgehandelte Vereinbarungen geht. Danach gilt die dem Verbraucher günstigste Auslegung. Im Übrigen könnte man, mit Art. 5:107 PECL, II.-8:107 DCFR, 61 V-GEK, der Originalsprache den Vorzug geben. Das kann indes nur gelten, soweit die Parteien die Vertragssprache frei wählen können, nicht aber, wenn die Sprache zugunsten einer Partei vorgeschrieben oder einer Partei die Sprachwahl überlassen ist. Weil in diesen Fällen die Sprachvorschrift bzw. -wahl selbst eine Schutzfunktion hat, muss die vorgeschriebene bzw. gewählte Sprache regieren.

11

III. Bindung an vorvertragliche Angaben

In einer Reihe von Fällen schreibt das Europäische Vertragsrecht vor, dass vorvertragliche Angaben Vertragsbestandteil werden.[11] Solche Angaben können vom Vertragspartner, aber auch von Dritten stammen.

12

1. Übersicht über die Regelungen

Nach Art. 6 V VerbrRL werden die nach Absatz 1 der Vorschrift bei **Fernabsatz-** und **außerhalb von Geschäftsräumen** geschlossenen Verträgen vorvertraglich zu gebenden Informationen „fester Bestandteil" des Vertrags. Der Vertrag kann insoweit nur durch (vom Unternehmer zu beweisende: „es sei denn") ausdrückliche Vereinbarung geändert werden.

13

---

[10] Art. 6 NwRL; dazu *Riesenhuber*, Europäisches Arbeitsrecht, § 12 Rn. 32 ff.
[11] S.a. *Grigoleit*, in: Eidenmüller et al., Revision des Verbraucher-*acquis*, S. 250 ff.

§ 9 Vertragliche Pflichten – Vertragsauslegung und Vertragsinhalt

14   Wenn die Parteien beim **Verbrauchsgüterkauf** keine spezifische Vereinbarung getroffen haben, wird die **Vertragsmäßigkeit** nachrangig ermittelt nach der üblichen Qualität und Leistung, die der Verbraucher vernünftigerweise erwarten kann, Art. 2 II d) VKRL. Um die danach für die übliche Qualität maßgeblichen Verbrauchererwartungen zu ermitteln, sind auch die **öffentlichen Äußerungen** des Verkäufers, des Herstellers oder dessen Vertreters über konkrete Eigenschaften des Gutes in Betracht zu ziehen, insbesondere solche in der **Werbung** oder bei der **Etikettierung**. Die vorvertraglichen Angaben kommen demnach nur über zwei Stufen vermittelt zum Tragen: zur Bestimmung der „üblichen Qualität" wird darauf abgestellt, was der Verbraucher „vernünftigerweise erwarten kann", und dafür wiederum werden neben der Beschaffenheit der Ware „gegebenenfalls die (...) öffentlichen Äußerungen des Verkäufers/Herstellers (...) in Betracht gezogen". Wie Absatz 4 der Vorschrift ausweist, ging der Gesetzgeber davon aus, dass die öffentlichen Äußerungen den Verkäufer ganz unmittelbar binden können. Nach dieser Vorschrift ist der Verkäufer an die öffentlichen Äußerungen (nur dann) nicht gebunden, wenn er (a) sie nicht kannte und nicht kennen konnte, (b) sie vor Vertragsschluss berichtigt hat oder (c) sie die Kaufentscheidung nicht beeinflusst haben konnten.

15   Zu beachten ist freilich die begrenzte Reichweite dieser vertraglichen Bindung nach der Verbrauchsgüterkaufrichtlinie. Zwar knüpft daran die Gewährleistung des Verkäufers an, doch schreibt die Richtlinie den – von vielen für besonders wichtig gehaltenen – **Schadensersatzanspruch** *nicht* vor.

16   In ähnlicher Weise bindet eine vertragliche **Garantie** beim Verbrauchsgüterkauf denjenigen, der sie anbietet, zu den in der Garantieerklärung und der einschlägigen **Werbung** angegebenen Bedingungen, Art. 6 VKRL. Gebunden wird, wer die Garantie anbietet; das kann der Verkäufer, aber auch der Hersteller („Garantieschein") oder, theoretisch, ein Dritter sein. Nach dem weit gefassten Wortlaut kann auch die *Verkäufer*garantie inhaltlich durch die *Hersteller*werbung ausgestaltet werden und umgekehrt. Ausnahmen von der Bindung sieht die Regelung nicht vor.

17   Bei der **Pauschalreise** gibt es zwar keine Prospektpflicht, wenn der Veranstalter oder Vermittler aber einen Prospekt begibt, dann muss dieser nach Art. 3 II/1 PRRL bestimmte Mindestinhalte haben. Diese **Prospektangaben** binden den Veranstalter oder Vermittler dann grundsätzlich, Art. 3 II/2 PRRL. Die Bindung entfällt nur, wenn sich der Veranstalter oder Vermittler Änderungen im Prospekt ausdrücklich vorbehalten und diese dem Verbraucher vor Abschluss des Vertrags klar mitgeteilt hat oder wenn die Änderungen nachträglich zwischen den Parteien vereinbart wurden.

18   Beim **Timesharing** und verwandten Verträgen ist der Gewerbetreibende verpflichtet, dem Verbraucher vorvertraglich umfangreiche Informationen zur Verfügung zu stellen, Art. 4 I TSRL. Diese Informationen „sind fester Vertragsbestandteil und dürfen nicht geändert werden", Art. 5 II/1 TSRL. Ausnahmen sind nur möglich, wenn die Parteien dies „ausdrücklich" vereinbaren oder wenn die Änderun-

gen aus ungewöhnlichen und unvorhersehbaren Umständen resultieren, auf die der Gewerbetreibende keinen Einfluss hat und deren Folgen selbst bei aller gebotenen Sorgfalt nicht hätten vermieden werden können.

Art. 69 **V-GEK** enthält im Anschluss an Art. 6:101 PECL und Art. II.-9:102 DCFR eine allgemeine Regelung über „aus bestimmten vorvertraglichen Erklärungen abgeleitete Vertragsbestimmungen". Grundregel ist: Gibt der Unternehmer vor Vertragsschluss gegenüber der anderen Partei oder öffentlich eine Erklärung über die Eigenschaften der von ihm zu erbringenden Leistung ab, so wird diese Vertragsbestandteil. Anderes gilt nur, wenn (a) die andere Partei die Unrichtigkeit der Erklärung kannte oder kennen musste oder wusste, dass sie sich darauf nicht verlassen kann oder (b) die Erklärung ihre Vertragsentscheidung nicht beeinflusst hat. Dem Unternehmer werden dabei Erklärungen zugerechnet, die von ihm mit der Werbung oder Vermarktung beauftragte Unternehmen abgeben. Bei Verbraucherverträgen werden dem Verkäufer auch Erklärungen zugerechnet, „die im Vorfeld des Vertragsschlusses von oder im Auftrag des Herstellers oder einer anderen Person abgegeben wurde[n]", es sei denn, der Verkäufer kannte diese bei Vertragsschluss nicht und musste sie auch nicht kennen. 19

2. Grundgedanken

Mit den *Principles of European Contract Law* und dem *Draft Common Frame of Reference*, die jetzt im GEK-Vorschlag aufgegriffen werden, kann man hinter den Einzelregelungen einen **allgemeinen Gedanken** finden, der im Kern zum gemeinsamen Bestand der nationalen Vertragsrechte gerechnet wird.[12] Freilich wird dieselbe Sachfrage in verschiedenen Rechtsordnungen mit unterschiedlichen Instrumenten beantwortet, etwa durch die „Implikation" von Vertragsklauseln (*implied terms*), durch die Auslegung nach Treu und Glauben oder durch eine ergänzende Vertragsauslegung.[13] In weiten Bereichen lassen sich die Regelungen schon als Auslegung des von den Parteien (redlicherweise) Gewollten erklären. Das gilt gerade auch für eine verschärfte Bindung des professionell Handelnden (Unternehmers) gegenüber dem Laien (Verbraucher; bei der Pauschalreiserichtlinie über den engen Verbraucherbegriff hinaus, vgl. § 5 Rn. 17). Auf die Aussage des Fachmanns verlässt 20

---

[12] *Lando/Beale*, Principles of European Contract Law, Art. 6:101 Note 1. Für das deutsche Recht grundlegend *Lehmann*, Vertragsanbahnung durch Werbung (1981), der – nach damaligem Recht – nur im Einzelfall eine Verkäufergewährleistung auf Wandlung oder Minderung für gegeben hält und (daneben) eine cic-Haftung begründen möchte (freilich die Grenzen der cic zeitlich und inhaltlich ausdehnend; methodisch [angreifbar] u. a. gestützt auf ökonomischen Erwägungen); ferner *Dürrschmidt*, Werbung und Verbrauchergarantien (1997) (v. a. zur – praktisch unwirksamen – Regelung des § 13a UWG a. F. und ihrer Reform und Ergänzung durch einen Schadensersatzanspruch).

[13] S. *Kötz*, Europäisches Vertragsrecht, S. 179 ff.; *Schmidt-Kessel*, ZVglRWiss 96 (1997), 101 ff.; *Stölting*, Vertragsergänzung und implied terms (2009) (der der richtliniendeterminierten Regelung des § 434 I 2 BGB ein „Vertragsergänzungskonzept" entnimmt, das auch in anderen Bereichen fruchtbar gemacht werden könne).

§ 9 Vertragliche Pflichten – Vertragsauslegung und Vertragsinhalt

man sich in höherem Maße, jedenfalls wenn der Fachmann als solcher Vertrauen in Anspruch nimmt; der Laie verlässt sich mehr als derjenige, der selbst Fachmann ist. Auslegung ist freilich einzelfallbezogen. In den erörterten Regelungen ist ein solcher Einzelfallbezug indes nur rudimentär erkennbar, sie tritt vor allem in dem Ausnahmetatbestand mangelnder Kausalität hervor. Die Pauschalierung dient demgegenüber der Herstellung einheitlicher Wettbewerbs- und Verbraucherschutzbedingungen.

21 Die Regelungen lassen sich daher im Ansatz genuin vertragsrechtlich verstehen, sie dienen jedoch darüber hinaus weiteren, regulierenden Zwecken. Sie sind Teil der **Informationsordnung** des Europäischen Vertragsrechts. Die vorgeschriebenen (TSRL) oder üblichen (PRRL) Prospektangaben werden dadurch, dass sie zum Vertragsbestandteil erklärt werden, mit einer Erfüllungshaftung und damit einer besonders scharfen Sanktion unterlegt. Man kann auch von einer Prospektwahrheitspflicht sprechen. Dadurch wird nicht nur den berechtigten Erwartungen des anderen Teils Rechnung getragen, sondern zugleich die **Lauterkeit** des Geschäftsverkehrs gefördert (vgl. noch BE 7 TSRL 1994). Besonders deutlich ist dieses regulierende Element dort, wo nicht nur die vorvertraglichen Angaben verbindlich gemacht, sondern zudem die Möglichkeit eines Änderungsvorbehalts eingeschränkt wird. Damit soll ausgeschlossen werden, dass der Unternehmer zunächst viel verspricht und davon nach und nach abrückt. Ein milderes Informationsinstrument liegt darin, wenn Abweichungen nur unter besonders *alarmierenden* Voraussetzungen möglich sind, nämlich wenn sie anfänglich *ausdrücklich* vorbehalten waren oder wenn sie *ausdrücklich* vereinbart wurden.

22 Auch soweit dem Unternehmer **Äußerungen Dritter zugerechnet** werden, kann dies im Grundsatz vertragsrechtlich erklärt werden. Hintergrund ist, dass für den Vertragspartner, zumal den Verbraucher, die Arbeitsteilung oft nicht voll erkennbar ist. Umgekehrt ist diese Zurechnung dem Unternehmer auch zumutbar, wenn er die Äußerungen kennen kann, da er davon regelmäßig auch profitiert.

IV. Vertragliche Informationspflichten

23 Vertragliche Pflichten im Europäischen Vertragsrecht sind vor allem Informationspflichten. Dabei kann man die Information über Tatsachen (Informationspflichten i. e. S.) unterscheiden von der Belehrung über Rechte und Pflichten (Belehrungspflichten) und dem Nachweis der Vertragsvereinbarung (Nachweispflichten).

1. Informationspflichten i. e. S.

24 Vertragliche Informationspflichten i. e. S. gibt es nur vereinzelt; sie sind außerdem verständlicherweise vertragstypenbezogen konzipiert. Besonders ausgeprägt sind sie z. B. in der Pauschalreiserichtlinie und in der Verbraucherkreditrichtlinie. Nach

IV. Vertragliche Informationspflichten

Art. 4 I b) PRRL ist der Veranstalter oder Vermittler verpflichtet, dem Verbraucher rechtzeitig vor Beginn der Reise bestimmte Informationen zu geben, die die Durchführung der Reise betreffen. Es geht also um die Erreichung des Vertragszwecks. Auch die zwingenden Vertragsinhalte nach Art. 10 II VerbrKrRL kann man teilweise als Informationspflichten i. e. S. ansehen, z. B. wenn der Kreditvertrag nach lit. n) den Hinweis enthalten muss, dass Notargebühren anfallen. Der Durchführung des Vertrags dienen weiterhin etwa die Informationen, die der Unternehmer nach Art. 4 II HVertrRL dem Handelsvertreter zu geben hat.

2. Belehrungspflichten

Belehrungspflichten spielen bei **Widerrufsrechten** eine hervorragende Rolle: Widerrufsrechte sind die Ausnahme von der Regel der Vertragsbindung, und daher ist eine Belehrung darüber zu ihrer effektiven Durchsetzung erforderlich. Das haben wir bereits im Zusammenhang erörtert, § 8 Rn. 19. Nach der Verbrauchsgüterkaufrichtlinie muss die **Garantie** „darlegen, dass der Verbraucher (…) gesetzliche Rechte hat, und klarstellen, dass diese von der Garantie nicht berührt werden". Das dient dem Schutz vor Irreführung; näher § 11 Rn. 36. Die Pauschalreiserichtlinie schreibt eine Belehrung des Verbrauchers über seine **Anzeigeobliegenheit** vor; Art. 5 IV/2 PRRL. Sie ist Bestandteil des fein austarierten Leistungsstörungssystems der Richtlinie; dazu § 13 Rn. 36.

25

3. Nachweispflichten

Im Anschluss an die arbeitsrechtliche Nachweisrichtlinie bezeichnen wir die Pflicht eines Vertragspartners, den anderen über den Inhalt der vertraglichen Vereinbarung zu unterrichten, als Nachweispflicht. Nachweispflichten gibt es auch über die Nachweisrichtlinie hinaus im Europäischen Vertragsrecht. Funktional kann die Bindung, die Vereinbarung schriftlich zu treffen, einer Nachweispflicht entsprechen: Auch dadurch erhält der Vertragspartner eine Bestätigung über die vereinbarten Bedingungen.

26

Allgemeine Nachweispflichten enthält jetzt die Verbraucherrechterichtlinie für Fernabsatz- und außerhalb von Geschäftsräumen geschlossene Verbraucherverträge in Form einer **Bestätigungspflicht**, Art. 7 II, 8 VII VRRL (als Bestandteil der „formalen Anforderungen"; s. schon § 7 Rn. 38). Der Unternehmer hat dem Verbraucher danach den geschlossenen Vertrag schriftlich zu bestätigen: bei außerhalb von Geschäftsräumen geschlossenen Verträgen auf Papier oder, mit Zustimmung des Verbrauchers, auf einem anderen dauerhaften Datenträger; hier kann die Bestätigung auch durch eine Durchschrift des unterzeichneten Vertragsdokuments er-

27

§ 9 Vertragliche Pflichten – Vertragsauslegung und Vertragsinhalt

folgen; bei Fernabsatzverträgen auf einem dauerhaften Datenträger. Die Bestätigung muss die Informationen von Art. 6 I VRRL enthalten.[14]

28 Nach Art. 6 III VKRL hat der Verbraucherkäufer „auf Wunsch" Anspruch auf einen schriftlichen Nachweis der **Garantiebedingungen**. Eine **Vertragsabschrift** enthält der Verbraucher auch nach Art. 4 II b) **Pauschalreise**richtlinie. Dabei müssen alle Vertragsbedingungen schriftlich niedergelegt sein. Damit ist nicht die Schriftform i. S. einer Wirksamkeitsvoraussetzung statuiert, sondern förmliche Informationspflichten. Die Abschrift soll dem Verbraucher einen Nachweis über die Vereinbarung geben; s. näher noch § 13 Rn. 17. Für den **Timesharingvertrag** sieht Art. 5 I TSRL schon ein Schriftformgebot vor, das die Mitgliedstaaten noch durch bestimmte Spracherfordernisse ergänzen können. Dabei sind auch hier die Vertragsinhalte weitgehend vorgeschrieben und erhält der Verbraucher eine Kopie des Vertrags; Art. 5 II, III, V TSRL. In ähnlicher Weise statuiert die **Verbraucherkredit**richtlinie ein Schriftformgebot (zu Gültigkeitsvoraussetzungen: Art. 12 II/2 2 VerbrKrRL) in Verbindung mit zwingenden Vertragsinhalten und der Verpflichtung: „Alle Vertragsparteien erhalten eine Ausfertigung des Kreditvertrags." Faktisch läuft das auf eine Bindung des Kreditgebers hinaus, dem Verbraucher eine Ausfertigung des Vertrags zu geben. Funktional dient diese Pflicht ebenso dem Nachweis der Vertragsbedingungen.

29 Die Nachweispflichten dienen dem **Zweck**, den Begünstigten (hier stets den – freilich unterschiedlich definierten [§ 5 Rn. ff.] – Verbrauchern) seiner vertraglichen Rechte und Pflichten zu vergewissern. Sie geben ihm eine Grundlage, um sich ggf. beraten zu lassen und seine Rechte durchzusetzen.

V. Einzelne Inhaltsbestimmungen

30 Die Verbraucherrechterichtlinie enthält in Kapitel IV eine Handvoll Einzelregelungen, die überwiegend den Vertragsinhalt und das Leistungsstörungsrecht betreffen. Sie gelten teils nur für Kaufverträge,[15] teils für „Kauf- und Dienstleistungsverträge"[16] (wobei „Dienstverträge" im weiten Sinne eines Auffangtatbestands alle anderen als Kaufverträge bezeichnen; Art. 2 Nr. 5 und 6 VRRL). Die Vorschrift des Art. 22 VRRL über „Extrazahlungen" ist funktional eine vorvertragliche Informationsobliegenheit, und daher schon in diesem Zusammenhang erörtert (oben, § 7 Rn. 25).

---

[14] Für den Fernabsatz bestimmt das Art. 8 VII VRRL, für außerhalb von Geschäftsräumen geschlossene Verträge ist die Vorschrift redaktionell missglückt, kann man die Bestätigungsinhalte aber Art. 7 IV b) VRRL entnehmen; *Hall/Howells/Watson*, ERCL 2012, 139, 153 f.

[15] Ohne Verträge über die Lieferung von Wasser, Gas oder Strom, wenn sie nicht in einem begrenzten Volumen oder in einer bestimmten Menge zum Verkauf angeboten werden, von Fernwärme oder von digitalen Inhalten, die nicht auf einem körperlichen Datenträger geliefert werden.

[16] Einschließlich Verträge über die Lieferung von Wasser, Gas, Strom, Fernwärme oder digitalen Inhalten.

V. Einzelne Inhaltsbestimmungen

1. Lieferungszeitpunkt und Rücktritt wegen Verzögerung beim Kauf

Bei Verbraucherkaufverträgen über bewegliche Sachen (vgl. Art. 2 Nr. 5 VRRL) ist 31
der Unternehmer im **Grundsatz** verpflichtet, die Ware zu der *vereinbarten Zeit*, mangels Vereinbarung *unverzüglich*, spätestens innerhalb von *30 Tagen* nach Vertragsschluss zu „liefern", d. h. dem Verbraucher den physischen Besitz an oder die Kontrolle über die Waren zu übertragen. Liefert er auch auf eine nach Ablauf dieser Lieferfrist nicht innerhalb einer ihm vom Verbraucher gesetzten angemessenen zusätzlichen Frist (**Nachfrist**) nicht, kann der Verbraucher vom Vertrag **zurücktreten**. Mit dem Nachfristerfordernis nimmt der Gesetzgeber auf die Interessen des Unternehmers Rücksicht, etwa für den Fall, dass die Waren speziell für den Verbraucher hergestellt oder erworben wurden (BE 52 S. 3 VRRL).

Die **Nachfrist** ist allerdings in bestimmten Fällen **entbehrlich**, nämlich (1) wenn 32
der Unternehmer die Lieferung verweigert („Erfüllungsverweigerung"; vgl. BE 52 S. 6 „in einer unmissverständlichen Erklärung geweigert"), (2) wenn die Lieferung in der vereinbarten Frist wesentlich ist („relative Fixschuld", z. B. Hochzeitskleid, BE 52 S. 7), sei es, dass (a) dies dem Vertrag im Wege der Auslegung unter Berücksichtigung der den Vertragsschluss begleitenden Umstände zu entnehmen ist oder dass (b) der Verbraucher dem Unternehmer dies (unwidersprochen) vor Vertragsschluss mitgeteilt hat. In diesen Fällen ist der Verbraucher ohne Nachfrist zum Rücktritt berechtigt, wenn die Lieferung nicht innerhalb der vereinbarten oder gesetzlichen Frist erfolgt.

Tritt der Verbraucher zurück, hat ihm der Unternehmer unverzüglich alle in Er- 33
füllung des Vertrags gezahlten **Beträge zu erstatten**, Art. 18 III VRRL. Weitere Einzelheiten, z. B. die Rückabwicklung bereits erfolgter Teilleistungen, Nutzungs- und Schadensersatz, überlässt die Richtlinie dem nationalen Recht. Das nationale Recht kann neben dem Rücktrittsrecht auch weitere Rechtsbehelfe vorsehen, etwa einen Anspruch auf Schadensersatz; die Vorschrift ist m. a. W. nicht abschließend, wie Art. 18 IV VRRL klarstellt.

2. Entgelt für die Verwendung bestimmter Zahlungsmittel

Nach Art. 19 VRRL wird Unternehmern verboten, von Verbrauchern für die Nut- 34
zung von Zahlungsmitteln Entgelte zu verlangen, die über die den Unternehmern für diese Nutzung entstehenden Kosten hinausgehen. Die Vorschrift dient zuerst dem Schutz des Verbrauchers vor überhöhten oder versteckten Kosten. Sie bezweckt aber zugleich, „die Nutzung effizienter Zahlungsmittel zu fördern", und zwar durch einen „lauteren" Wettbewerb, bei dem nur die mit dem jeweiligen Zahlungsmittel verbundenen Kosten berücksichtigt werden, vgl. BE 54 VRRL. Freilich wird Unternehmern nicht vorgeschrieben, welche Zahlungsmittel sie akzeptieren müssen (auch das „entscheidet" letztlich der Wettbewerb) und hat der Verbraucher keinen Anspruch auf Verwendung bestimmter Zahlungsmittel. Für den Fernabsatz

im elektronischen Geschäftsverkehr, vgl. noch die Informationspflicht in Bezug auf die Zahlungsmittel gem. Art. 8 III VRRL.

35 Einzelheiten sind unklar. Die Kosten können aus tatsächlichen Gründen („Skaleneffekte") oder aufgrund vertraglicher Vereinbarung mit dem Finanzdienstleister (z. B. dem Kreditkartenunternehmen) von Umsatzzahlen abhängen. Vom Unternehmer kann in solchen Fällen nicht mehr als eine redliche Prognose erwartet werden.

3. Risikoübergang beim Warenkauf

36 Hat bei einem Warenkaufvertrag der Unternehmer die Versendung der Ware an den Verbraucher übernommen, so geht das „Risiko" für einen Verlust oder eine Beschädigung der Ware („Leistungsgefahr") auf den Verbraucher über, wenn er oder ein von ihm benannter Dritter (nicht der Beförderer) die Waren in Besitz nimmt, Art. 18 S. 1 VRRL. Das gilt auch dann, wenn es sich um eine von mehreren Lieferarten handelt, die der Verbraucher aus einer Reihe von Optionen auswählt, die der Unternehmer anbietet; vgl. BE 55 S. 3 VRRL. Bietet der Unternehmer keine Versandoption an („Holschuld") und beauftragt der Verbraucher den Beförderer, so geht das Risiko nach Satz 2 der Vorschrift bereits mit Übergabe der Ware an den Beförderer auf den Verbraucher über.

4. Kosten der telefonischen Kommunikation

37 Wenn der Unternehmer „eine Telefonleitung eingerichtet" hat, um mit dem Verbraucher in Zusammenhang mit dem *geschlossenen Vertrag* in Kontakt zu treten („Kunden-Hotline"), so darf dem Verbraucher für einen Anruf nur der Grundtarif in Rechnung gestellt werden, Art. 21 I VRRL. Die Vorschrift betrifft nur die Frage der Kostenverteilung zwischen Unternehmer und dem Verbraucher und betrifft nicht das Recht der Anbieter von Telekommunikationsdiensten, Entgelte für solche Anrufe zu berechnen.

38 Es geht bei der Vorschrift mithin um die Kosten des Kundendienstes. Warum diese nicht dem Wettbewerb überlassen bleiben, ist nicht leicht einzusehen. Auch hier könnte es um ein Problem versteckter Kosten gehen. Indes wäre das nur dann der Fall, wenn die telefonische Kontaktaufnahme praktisch unvermeidlich zur Vertragsdurchführung gehören würde. Zudem wäre in diesem Fall nicht zu beanstanden, wenn der Unternehmer die ihm entstehenden Kosten umlegt. Zweitens könnte es um eine Art Marktversagen gehen, nämlich wenn in diesem Bereich kein Konditionenwettbewerb stattfindet. Freilich könnte man auch hier auf Reputations- oder Lerneffekte und die Selbstverantwortung des Verbrauchers vertrauen. Im wirtschaftlichen Ergebnis bedeutet die Regelung, dass der Unternehmer die Kosten des telefonischen Kundendienstes einpreisen und damit auf alle Verbraucher umlegen muss („Zwangsversicherung").

§ 10 Inhaltskontrolle nach der Klausel-Richtlinie

Literatur: *Beale*, Legislative Control of Fairness: The Directive on Unfair Terms in Consumer Contracts, in: Beatson/Friedmann (Hrsg.), Good Faith and Fault in Contract Law (1995), S. 231 ff.; *Brandner/Ulmer*, EG-Richtlinie über missbräuchliche Klauseln in Verbraucherverträgen, BB 1991, 701 ff.; *Canaris*, Verfassungs- und europarechtliche Aspekte der Vertragsfreiheit in der Privatrechtsgesellschaft, FS Lerche (1993), S. 873 ff.; *Collins*, Good Faith in European Contract Law, Oxf. J. Leg. Stud. 14 (1994), 229 ff.; *ders.* (Hrsg.), Standard Contract Terms in Europe (2008); *Denkinger*, Allgemeine Geschäftsbedingungen und ihre rechtliche Bewältigung (2003); *Fastrich*, Richterliche Inhaltskontrolle im Privatrecht (1992); *Grundmann/Mazeaud* (Hrsg.), General Clauses and Standards in European Contract Law (2006); *Hommelhoff/Wiedenmann*, Allgemeine Geschäftsbedingungen gegenüber Kaufleuten und unausgehandelte Klauseln in Verbraucherverträgen, ZIP 1993, 545 ff.; *Hellwege*, Allgemeine Geschäftsbedingungen, einseitig gestellte Vertragsbedingungen und die allgemeine Rechtsgeschäftslehre (2010); *Henke*, Enthält die Liste des Anhangs der Klauselrichtlinie 93/13/EWG Grundregeln des Europäischen Vertragsrechts? (2010); *Jansen*, Klauselkontrolle, in: Eidenmüller et al., Revision des Verbraucher-*acquis* (2011), S. 53 ff. (im Wesentlichen auch abgedruckt in ZEuP 2010, 69 ff.); *Kapnopolou*, Das Recht der missbräuchlichen Klauseln in der EU (1997); *Kieninger*, Vollharmonisierung der Rechts der AGB – eine Utopie?, RabelsZ 73 (2009), 793 ff.; *Kötz*, Der Schutzweck der AGB-Kontrolle, JuS 2003, 209 ff.; *Leyens/Schäfer*, Inhaltskontrolle allgemeiner Geschäftsbedingungen, AcP 210 (2010), 771 ff.; *Loos*, Standard Contract Terms Regulation in the Proposal for a Common European Sales Law, ZEuP 2012, 776 ff.; *Möslein*, Kontrolle vorformulierter Vertragsklauseln, in: Schmidt-Kessel (Hrsg.), Ein einheitliches europäisches Kaufrecht? (2012), S. 255 ff.; *Miethaner*, AGB-Kontrolle versus Individualvereinbarung (2010); *Nebbia*, Unfair Contract Terms in European Law (2007); *Remien*, AGB-Gesetz und Richtlinie über missbräuchliche Verbrauchervertragsklauseln in ihrem europäischen Umfeld, ZEuP 1994, 34 ff.; *Riesenhuber*, Inhaltskontrolle von Vereinbarungen über Hauptleistung und Preis im Europäischen Vertragsrecht, GS M. Wolf (2011), S. 123 ff.; W.-H. *Roth*, Generalklauseln im Europäischen Privatrecht, FS Drobnig (1998), 135 ff.; *Röthel*, Die Konkretisierung von Generalklauseln, in: Riesenhuber (Hrsg.), Europäische Methodenlehre (2. Aufl. 2010), § 12; *dies.*, Missbräuchlichkeitskontrolle nach der Klauselrichtlinie, ZEuP 2005, 418 ff.; *dies.*, Normkonkretisierung im Privatrecht (2004); *Schilling*, Inequality of Bargaining Power versus Market for Lemons: Legal Paragidm Change and the Court of Justice's Jurisprudence on Directive 93/13 on Unfair Contract Terms, ELR 33 (2008), 336 ff.; Martin *Schmidt*, Die Konkretisierung von Generalklauseln im europäischen Privatrecht (2009); *Wackerbarth*, Unternehmer, Verbraucher und die Rechtfertigung der Inhaltskontrolle vorformulierter Verträge, AcP 200 (2000), 45 ff.

I. Sachfragen

1 Die staatliche (gerichtliche) Kontrolle des Vertragsinhalts steht im Widerspruch zur Inhaltsfreiheit als einem zentralen Aspekt der **Vertragsfreiheit**. Die Kontrolle des Vertragsinhalts ist aber auch regelmäßig unnötig, soweit der Vertragsmechanismus sowie Markt und Wettbewerb funktionieren. Der Vertragsmechanismus legitimiert den Vertragsinhalt durch das Einverständnis beider Parteien. Funktionierender Wettbewerb kontrolliert das Angebot, und der Markt kommuniziert die Informationen. Die Frage der „Richtigkeit" oder „Angemessenheit" des Vertragsinhalts stellt sich nach dem Prinzip der Privatautonomie im Grundsatz nicht: „Richtig" ist, was der Einzelne will, und die beiderseitige Zustimmung zum Vertrag legitimiert seinen Inhalt so als „richtig". Daran ändert sich auch nichts dadurch, dass der eine verkaufen muss (z.B. weil er Geld zum Erwerb anderer Gegenstände oder zur Begleichung von Schulden benötigt) oder der andere kaufen muss (z.B. um seine Familie zu ernähren). Nur in Extremfällen kann die Ausnutzung einer besonderen Über- oder Unterlegenheit den Vertragsinhalt diskreditieren, insbesondere wenn ein Vertragspartner aufgrund Täuschung seinen Willen nicht „frei" bilden konnte oder weil der Marktmechanismus wegen der Monopolstellung des Partners versagt. Bei validem Einverständnis und funktionierendem Markt und Wettbewerb ist daher auch aus „sozialen" Gründen eine Inhaltskontrolle nicht geboten, etwa zum Schutz von Verbrauchern.

2 Bei allgemeinen Geschäftsbedingungen (AGB) gibt es nach diesen Grundsätzen anerkanntermaßen gute Gründe für eine Inhaltskontrolle.[1] Da man AGB mit vernünftigem Aufwand oftmals schon nicht im Einzelnen zur Kenntnis nehmen, geschweige denn die Geschäftsbedingungen konkurrierender Anbieter miteinander vergleichen kann (Informationsasymmetrie), findet hier ein Wettbewerb und damit eine Marktkontrolle nicht statt (**Marktversagen**). Zudem liegt ein zentraler Zweck von AGB für den Verwender darin, dass sie einheitlich auf alle seine Geschäfte Anwendung finden. Er ist daher regelmäßig nicht bereit, sie zur Disposition zu stellen. Über die AGB-Problematik hinaus schreibt die hier sog. **Klausel-Richtlinie** eine Inhaltskontrolle für nicht im Einzelnen ausgehandelte Klauseln in Verbraucherverträgen vor. Darauf aufbauend enthält auch der Vorschlag für ein **Gemeinsames Europäisches Kaufrecht** Vorschriften über eine Klauselkontrolle; sie gehen indes über die der Klausel-Richtlinie deutlich hinaus, insbesondere ist auch eine Kontrolle von Verträgen zwischen Unternehmern vorgesehen.[2] Eine punktuelle Inhaltskontrolle sieht zudem die **Zahlungsverzugsrichtlinie** vor (Art. 7 I–III ZVerzRL); dem gehen wir im Folgenden nicht weiter nach.[3]

---

[1] Übersicht bei *Wolf/Neuner*, Allgemeiner Teil, § 47 Rn. 3 f.
[2] Zur Klauselkontrolle im GEK nur *Loos*, ZEuP 2012, 776 ff.; *Möslein*, in: Schmidt-Kessel (Hrsg.), Ein einheitliches europäisches Kaufrecht? (2012), S. 255 ff. Zur Machbarkeitsstudie *Pfeiffer*, ZEuP 2011, 835 ff.
[3] Dazu noch *Riesenhuber*, System und Prinzipien des Europäischen Vertragsrechts, S. 454 ff.

Die Angleichung der AGB-Kontrolle von Verbraucherverträgen ist von besonderer Bedeutung für den **Binnenmarkt**. Bei AGB sind die Hindernisse, die sich aus disparaten Verbraucherschutzstandards ergeben, besonders greifbar. Nach dem Günstigkeitsprinzip des kollisionsrechtlichen Verbraucherschutzes (oben, § 4 Rn. 32) setzen sich strengere Schutzstandards des Staats des gewöhnlichen Aufenthalts des Verbrauchers auch gegen eine Rechtswahl durch. Wenn ein Unternehmer seine Waren oder Dienstleistungen grenzüberschreitend Verbrauchern anbietet, folgt daraus, dass er ungeachtet einer Rechtswahl stets gewärtigen muss, dass sich eine strengere AGB-Kontrolle des Heimatstaats des Verbrauchers durchsetzt. Da Verbraucherschutz als „zwingendes Allgemeininteresse" anerkannt ist, ändern daran im Rahmen der Verhältnismäßigkeit auch die Grundfreiheiten nichts (s. oben, § 2 Rn. 27). Praktisch folgt daraus, dass der Unternehmer seine AGB im Hinblick auf die Kontrollvorschriften aller Zielländer überprüfen und ggf. sogar unterschiedliche AGB für unterschiedliche Zielländer verwenden muss. Eine Angleichung der AGB-Kontrolle kann daher den grenzüberschreitenden Verkehr in dieser Hinsicht wesentlich erleichtern. Das gilt freilich nur dann, wenn die Rechtsangleichung – zumindest für den grenzüberschreitenden Verkehr – nicht nur Mindeststandards setzt, sondern Höchststandards (s. oben, § 5 Rn. 47).

3

II. Der Schutzzweck der Klausel-Richtlinie

Der Schutzzweck der AGB- oder Klauselkontrolle wird in den Mitgliedstaaten (und auch innerhalb der Mitgliedstaaten) unterschiedlich beurteilt.[4] Manche sehen darin ein Instrument des **Schwächerenschutzes**, insbesondere des Verbraucherschutzes. Dafür könnte auch die Abgrenzung des persönlichen Schutzbereichs der Klausel-Richtlinie (nachfolgend, Rn. 6) sprechen. Andere finden ihn in der Störung des **Vertragsmechanismus**, der mangelnden „Aushandelung". Dafür könnte auch der sachliche Anwendungsbereich der Klausel-Richtlinie (nachfolgend, Rn. 7) sprechen. Wieder andere finden die Klausel-Kontrolle – wie hier (oben, I.) – im **Marktversagen** begründet.[5] Dafür sprechen auch verschiedene Einzelregeln, namentlich die Ausnahmen von Hauptleistung und Äquivalenzverhältnis von der Inhaltskontrolle (nachfolgend, Rn. 19).[6] Der EuGH nimmt Elemente aller dieser Ansätze in einer Art **Vereinigungstheorie** auf,[7] legt den Akzent aber auf den Schwächerenschutz: „[D]as mit der Richtlinie geschaffene Schutzsystem (geht) davon aus (...),

4

---

[4] Übersicht über die Regelungsansätze in den Mitgliedstaaten und rechtspolitische Rechtfertigungsansätze bei *Hellwege*, Allgemeine Geschäftsbedingungen, S. 527 ff. (eigener Ansatz S. 563 ff.); *Jansen*, in: Eidenmüller et al., Revision des Verbraucher-*acquis*, S. 51 ff., 72 ff.; *Nebbia*, Unfair Contract Terms In European Law, S. 34 ff. Zum deutschen Recht etwa *Fastrich*, Richterliche Inhaltskontrolle im Privatrecht, S. 29 ff.; *Harke*, Allgemeines Schuldrecht, Rn. 61.

[5] *Leyens/Schäfer*, AcP 210 (2010), 771 ff.; *Schilling*, ELR 33 (2008), 336 ff.; *Wackerbarth*, AcP 200 (2000), 45 ff.

[6] So im Grundsatz (mit im Einzelnen unterschiedlichen Akzenten) *Meller-Hannich*, Verbraucherschutz im Schuldvertragsrecht, S. 42 f., 69 ff.; *Riesenhuber*, System und Prinzipien des Europäischen Vertragsrechts, S. 452 ff.; *Miethaner*, AGB-Kontrolle versus Individualvereinbarung, S. 63 ff., 101 ff. („legitime Ignoranz").

[7] Individuelle und überindividuelle Schutzkonzepte unterscheidend und zur Erklärung des geltenden (deutschen) Rechts verbindend auch *Hellwege*, Allgemeine Geschäftsbedingungen, S. 563 ff.

dass der Verbraucher sich gegenüber dem Gewerbetreibenden in einer **schwächeren Verhandlungsposition** befindet und einen **geringeren Informationsstand** besitzt, was dazu führt, dass er den vom Gewerbetreibenden **vorformulierten Bedingungen zustimmt, ohne auf deren Inhalt Einfluss nehmen zu können** (...)."[8] Eine so weite Schutzzweckbestimmung kann einerseits auf breite Akzeptanz hoffen (und dürfte selbst Folge der Diskussion in einem „diversen" Richterkollegium sein), allerdings um den Preis geringerer Schärfe. Konkrete Folgerungen lassen sich daraus nicht (überzeugend) ableiten.

5   Der EuGH sieht die Klauselrichtlinie darüber hinaus sogar als ein Instrument zum Schutz der informierten Entscheidung an (s. a. Rn. 14 ff.).[9] Daran ist richtig, dass nur eine transparente Gestaltung nicht ausgehandelter Klauseln dem Verbraucher überhaupt die *Möglichkeit* zu einer informierten Entscheidung gibt. Intransparente Klauseln könnte er nicht einmal verstehen, wenn er es denn versuchte.

III. Der Anwendungsbereich der Klausel-Richtlinie

1. Persönlicher Anwendungsbereich: Verbraucherverträge

6   **Persönlich** ist die Richtlinie anwendbar auf Verträge zwischen Gewerbetreibenden („Unternehmern") und Verbrauchern, Art. 1 I KlauselRL[10].[11] Der Gesetzgeber verwendet hier die üblichen Definitionen, Art. 2 b), c) KlauselRL; näher dazu § 5 Rn. 6 ff.[12]

2. Sachlicher Anwendungsbereich: nicht im Einzelnen ausgehandelte Klauseln

7   Nach der Zweckbestimmung des Art. 1 I und der Definitionsnorm von Art. 2 a) findet die Klausel-Richtlinie **sachlich** Anwendung auf „missbräuchliche (Ver-

---

[8] St. Rspr., (mit leicht variierenden Formulierungen) EuGH Rs. C-92/11 *RWE Vertrieb AG*, noch nicht in Slg., Rn. 41; Rs. C-415/11 *Aziz*, noch nicht in Slg., Rn. 44; Rs. C-472/11 *Banif Plus Bank*, noch nicht in Slg., Rn. 19 f.; Rs. C-472/10 *NFH ./. Invitel*, noch nicht in Slg., Rn. 33; Rs. C-453/10 *Pereničová und Perenič*, noch nicht in Slg., Rn. 27; Rs. C-618/10 *Banco Español de Crédito*, noch nicht in Slg., Rn. 39; Rs. C-484/08 *Caja de Ahorros*, Slg. 2010, I-4785 Rn. 27; Rs. C-137/08 *VB Pénzügyi Lízing*, Slg. 2010, I-10847 Rn. 46; Rs. C-40/08 *Asturcom Telecommunicaciones*, Slg. 2009, I-9579 Rn. 29; Rs. C-168/05 *Mostaza Claro*, Slg. 2006, I-10421 Rn. 25; verb. Rs. C-240/98 bis 244/98 *Océano Grupo Editorial*, Slg. 2000, I-4941 Rn. 25.
[9] EuGH Rs. C-92/11 *RWE Vertrieb AG*, noch nicht in Slg., Rn. 43 f.
[10] EuGH Rs. C-488/11 *Brusse*, noch nicht in Slg., Rn. 23 ff.: ungeachtet der missverständlichen niederländischen Sprachfassung („*verkoper*") auch auf Mietverträge zwischen gewerblichem Vermieter und privatem Mieter anwendbar.
[11] Zur rechtspolitischen Diskussion (Klauselkontrolle auch im professionellen Geschäftsverkehr) *Jansen*, in: Eidenmüller et al., Revision des Verbraucher-*acquis*, S. 84 ff.
[12] S. noch EuGH verb. Rs. C-541/99 und C-542/99 *Idealservice*, Slg. 2001, I-9049 Rn. 15–17 (Verbraucher sind nur natürliche Personen).

III. Der Anwendungsbereich der Klausel-Richtlinie

trags-) Klauseln", wie sie in Art. 3 der Richtlinie „definiert" sind. Damit werden der sachliche Anwendungsbereich und die inhaltliche Regelung – die Bewertung als missbräuchlich; dazu Rn. 28 – vermengt. Wie sich aus Art. 3 I KlauselRL ergibt, findet eine Inhaltskontrolle nur statt bei **nicht im Einzelnen ausgehandelten Vertragsklauseln**. Weitergehende Pläne, auch ausgehandelte Klauseln einer Kontrolle zu unterwerfen, hat die Kommission nach (berechtigter) Kritik[13] (wohl nur: vorerst) fallen gelassen. Die Beschränkung des Anwendungsbereichs bleibt aber umstritten.[14]

Unter welchen Umständen Klauseln als „nicht im Einzelnen ausgehandelt" anzusehen sind, darüber können sich in der Praxis Unsicherheiten ergeben. Art. 3 II KlauselRL enthält dazu eine Vermutungsregel, eine Klarstellung und eine Beweislastregel.[15] Nach Art. 3 II/1 ist eine Vertragsklausel als nicht im Einzelnen ausgehandelt anzusehen, wenn sie (1) **im Voraus abgefasst** wurde und (2) der Verbraucher deshalb **keinen Einfluss** auf ihren Inhalt nehmen konnte[16]. Als einen Anwendungsfall („insbesondere") nennt die Bestimmung den „vorformulierten **Standardvertrag**", also einen Fall Allgemeiner Geschäftsbedingungen. Die Vorformulierung ist danach ein Indiz für das eigentlich wesentliche Element, dass der Verbraucher auf den Inhalt keinen Einfluss nehmen konnte. Vertragsklauseln unterliegen *nicht* der Inhaltskontrolle, *soweit* die Parteien sie im Einzelnen ausgehandelt haben. Die Beweislast dafür trägt der Unternehmer, Art. 3 III/3 KlauselRL. Auch bei vorformulierten Klauseln ist nicht von vornherein ausgeschlossen, dass sie ausgehandelt wurden, doch ist das schwerer darzutun. Entscheidend kommt es darauf an, ob der Verbraucher auf den Inhalt der Klausel Einfluss nehmen konnte. Sind danach einzelne Elemente einer Klausel oder ist eine Klausel im Einzelnen ausgehandelt, so ist der Vertrag nur *insoweit* von der Kontrolle freigestellt; die übrigen Elemente oder Klauseln, die nicht ausgehandelt wurden, unterliegen weiterhin der Überprüfung.[17]

8

Art. 3 II/2 KlauselRL drückt das unnötig kompliziert dahin aus, die übrigen Elemente oder Klauseln unterlägen der Kontrolle, „sofern es sich nach der Gesamtwertung dennoch um einen vorformulierten Standardvertrag handelt". Da indes das Merkmal des „vorformulierten Standardvertrags" in Unterabsatz 1 nur *beispielhaft* („insbesondere") und nicht als selbständige Tatbestandsvoraussetzung genannt ist, kommt es darauf nicht entscheidend an. Einen Sinn ergibt das nur, wenn man die Gesamtwürdigung auf die Frage bezieht, ob die übrigen Klauseln mit Blick auf die Aushandelung der einen Klausel ebenfalls als ausgehandelt angesehen werden können.

9

---

[13] *Brandner/Ulmer*, BB 1991, 701 ff.; *Canaris*, FS Lerche (1993), S. 873, 887 ff.
[14] *Nebbia*, Unfair Contract Terms in European Law, S. 118 f.
[15] Krit. *Nebbia*, Unfair Contract Terms in European Law, S. 119 („only creates confusion").
[16] *Miethaner*, AGB-Kontrolle versus Individualvereinbarung, S. 172 ff., 220 ff., knüpft an diesen zweiten Aspekt teleologisch („spezifische Gefahren der Vorformulierung") an, um (im nationalen Recht) die Kontrollfreiheit von Individualvereinbarungen gem. § 305 I 3 BGB zu konturieren.
[17] Krit. (im Hinblick auf die entsprechende Bestimmung des DCFR) *Eidenmüller*, ERCL 2009, 109, 128 f. (Dass eine Klausel Gegenstand der Verhandlungen war, zeigt sich nicht notwendig am Ergebnis.).

3. Ausnahmebereich: „bindende Rechtsvorschriften"

10 Die Richtlinie, die nur einen Mindeststandard setzt (Art. 8 KlauselRL), muss darauf Rücksicht nehmen, dass die mitgliedstaatlichen Vertragsrechte nicht unerheblich divergieren. Vertragsklauseln, die auf **„bindenden Rechtsvorschriften"** – einschließlich dispositivem Vertragsrecht, BE 13 S. 2 Hs. 2 KlauselRL –[18] der *lex causae*[19] beruhen, unterliegen daher nicht der Kontrolle nach der Richtlinie (Art. 1 II KlauselRL). Man kann davon ausgehen, dass die Regelung des mitgliedstaatlichen Rechts einen angemessenen Ausgleich der betroffenen Interessen enthält.[20] Und würde die Richtlinie andernfalls eine vom Gesetzgeber nicht gewollte mittelbare Vertrags*rechts*kontrolle bedeuten. Die Klauselkontrolle sollte nicht (unmittelbar) zu einer weitreichenden Vertragsrechtsangleichung führen, die sonst unvermeidlich gewesen wäre. Indes macht die Richtlinie deutlich, dass sie gegenüber solchen Klauseln, die sich ja *ex praemissione* als missbräuchlich darstellen *können*, keineswegs indifferent ist. Die Mitgliedstaaten müssen „dafür sorgen, dass darin [sc. auch im dispositiven Recht] keine missbräuchlichen Klauseln enthalten sind, zumal diese Richtlinie auch für die gewerbliche Tätigkeit im öffentlich-rechtlichen Rahmen gilt", BE 4 KlauselRL. In dieser vermittelten Form einer „weichen" Verpflichtung (*„soft law"*), die „nur" in Verbindung mit dem Grundsatz der Unionstreue wirkt, ist also durchaus eine weiterreichende Angleichung auch des dispositiven Vertragsrechts vorgegeben.[21]

11 Der Gerichtshof hat die Ausnahme von Art. 1 II KlauselRL allerdings aus teleologischen Gründen **eng ausgelegt**. Wenn es um Rechtsvorschriften für *bestimmte Kategorien oder Typen von Verträgen* geht, gilt die Ausnahme nur, soweit die Klausel auch für diesen Vertragstyp verwendet wird, nicht aber bei einer „typenfremden" Verwendung.[22] Tatsächlich hat eine gesetzliche Regelung nicht mehr die ihr sonst beigelegte „Richtigkeitsvermutung", wenn sie außerhalb des vom Gesetzgeber intendierten Anwendungsbereichs verwendet wird. Damit ist freilich noch kein Verdikt über die ihr entsprechende Klausel gesprochen, sondern nur die Prüfungsmöglichkeit eröffnet.

IV. Die Einbeziehungskontrolle

12 Bei der AGB-Kontrolle unterscheiden wir im deutschen Recht zwei Hauptaspekte, die Einbeziehungskontrolle und die Inhaltskontrolle. Zur Einbeziehungskontrolle rechnen dabei zum einen spezifische Vorschriften über die wirksame Vereinbarung von AGB, zum anderen das „Überraschungsverbot", nach dem überraschende Klauseln nicht Vertragsbestandteil werden. Entsprechende Regeln enthält die Klausel-Richtlinie nicht; sie lassen sich auch nicht aus dem (indiziellen) „Klauselverbot" von Anhang 1 i) KlauselRL entnehmen.[23]

---

[18] Grabitz/Hilf II/*Pfeiffer*, A 5 (AGBRL) Art. 1 Rn. 25 m. w. N.; *Remien*, ZEuP 1994, 34, 45; eingehend I. *Tilmann*, Die Klauselrichtlinie 93/13/EWG auf der Schnittstelle zwischen Privatrecht und öffentlichem Recht (2003), S. 181–205; a. M. *Reich/Micklitz*, Verbraucherrecht, Tz. 13.10.

[19] Grabitz/Hilf II/*Pfeiffer* A 5 (AGBRL) Art. 1 Rn. 26; a. M. *Schmidt-Kessel*, WM 1997, 1732, 1739f.

[20] EuGH Rs. C-92/11 *RWE Vertrieb AG*, noch nicht in Slg., Rn. 28.

[21] *Schmidt-Kessel*, WM 1997, 1732, 1739; wohl weitergehend Grabitz/Hilf II/*Pfeiffer*, A 5 (AGBRL) Art. 1 Rn. 24.

[22] EuGH Rs. C-92/11 *RWE Vertrieb AG*, noch nicht in Slg., Rn. 24 ff.

[23] *Hellwege*, Allgemeine Geschäftsbedingungen, S. 350 ff.; *Riesenhuber*, System und Prinzipien

Allerdings finden sich in den **vertriebsbezogenen** Richtlinien Vorschriften zur **Information** über (auch: nicht ausgehandelte) Vertragsbedingungen. So hat der Unternehmer den Verbraucher bei Fernabsatz- und außerhalb von Geschäftsräumen geschlossenen Verträgen vorvertraglich u. a. über die Zahlungs-, Liefer- und Leistungsbedingungen zu informieren, Art. 6 I g) VRRL; dazu § 7 Rn. 34. Ebenso erfasst der nach Vertragsschluss geschuldete Nachweis (oben, § 9 Rn. 26) neben anderen Angaben auch die Vertragsbedingungen, Art. 7 IV b), 8 VIII VRRL. In ähnlicher Weise ist der Diensteanbieter nach Art. 10 III EComRL gebunden, dem Nutzer die Vertragsbedingungen und die AGB so zur Verfügung zu stellen, dass er sie speichern und reproduzieren kann. Eine spezifische Einbeziehungskontrolle ist damit jedoch nicht bezweckt.

13

Nach Art. 70 I des vorgeschlagenen **GEK** kann sich der Verwender auf nicht individuell ausgehandelte Vertragsbestimmungen (wie sie in Art. 7 V-GEK definiert sind) nur berufen, (1) wenn die andere Partei diese Bestimmungen kannte oder (2) wenn er vor oder bei Vertragsschluss „angemessene Schritte unternommen" hat, um die andere Partei darauf aufmerksam zu machen. Verwendet ein Unternehmer in einem Verbrauchervertrag nicht individuell ausgehandelte Bestimmungen, so reicht für die Einbeziehung ein bloßer Verweis darauf nicht aus, selbst wenn der Verbraucher ihn unterschreibt, Art. 70 II V-GEK. Damit wird offenbar bezweckt, dass der Verbraucher die nicht ausgehandelten Bestimmungen auch „aktuell" zur Kenntnis bekommt.

14

V. Das Transparenzgebot

Enthält die Klausel-Richtlinie auch keine Einbeziehungsvorschriften, so sollen doch Transparenzregeln dafür sorgen, dass „der Verbraucher tatsächlich Gelegenheit [hat], von allen AGB-Klauseln und ihren Folgen Kenntnis zu nehmen", BE 20 KlauselRL.[24] Die Begründungserwägung bezieht sich vor allem auf Art. 5 der Richtlinie, nach dessen S. 1 „schriftlich niedergelegte" Klauseln „stets klar und verständlich abgefasst sein" müssen und nach dessen S. 2 Zweifel bei der Auslegung von Vertragsklauseln zulasten des Verwenders gehen (s. schon oben, § 9 Rn. 8). Dass der Tatbestand von S. 1 das Transparenzgebot nur für schriftlich niedergelegte Klauseln formuliert, erscheint teleologisch nicht begründet.[25] Allerdings ist der Verbraucher bei mündlichen Klauseln bereits durch die allgemeinen Beweislastregeln (der Unternehmer muss die ihm günstige Vereinbarung beweisen!) und die *contra proferentem*-Regel geschützt.

15

Darüber hinaus ist zweifelhaft, ob die Vorschrift überhaupt eigenständige Bedeutung hat oder nur gleichsam der Vorspruch zur *contra proferentem*-Regel ist. Tatsächlich erscheint die Zweifelsregel, ungeachtet der Tatsache, dass sie tatbestandlich nicht auf schriftliche Klauseln beschränkt ist, ihrer systematischen Stellung nach (jedenfalls auch) als *Sanktion* des Transparenzgebots. Da die Richtlinie

16

---

des Europäischen Vertragsrechts, S. 433 ff. Weitergehend Grabitz/Hilf II/*Pfeiffer*, A 5 (AGBRL) Anhang Rn. 76; *ders.*, ZEuP 2008, 679, 702.

[24] EuGH Rs. C-472/10 *NFH ./. Invitel*, noch nicht in Slg., Rn. 27.

[25] EuGH Rs. C-92/11 *RWE Vertrieb AG*, noch nicht in Slg., Rn. 43 geht über diese Beschränkung auf „schriftlich niedergelegte" Klauseln denn auch glatt hinweg.

hier schon eine spezifische Sanktion enthält, dürften die Mitgliedstaaten auch durch die Umsetzungspflichten (vgl. Art. 7 I KlauselRL) nicht gebunden sein, weitere Sanktionen gegen einen Verstoß dieses Transparenzgebots vorzusehen.

17   In anderem Zusammenhang enthält auch Art. 4 II KlauselRL ein Transparenzgebot. Klauseln, die Hauptleistung und Äquivalenzverhältnis betreffen, bleiben von einer Inhaltskontrolle frei, „sofern sie klar und verständlich abgefasst sind". Hier ist Transparenz nicht Selbstzweck, sondern Funktionsvoraussetzung für die Marktkontrolle; dazu sogleich Rn. 20.

18   Ein Transparenzgebot als eigenen Tatbestand der *Inhaltskontrolle*, wie ihn § 307 I 2 BGB enthält, begründet die Richtlinie nicht. Erkennt man in der Transparenzregel von Art. 5 S. 1 KlauselRL lediglich einen Vorspruch zur Zweifelsregel, so lässt sich ein solcher Kontrolltatbestand auch nicht aus den Umsetzungspflichten (§ 1 Rn. 35) ableiten. Tendenziell anders nach Art. 83 II a) V-GEK: Dort ist die Transparenz ein Kriterium bei der Feststellung der „Unfairness".

VI. Die Inhaltskontrolle

1. Ausnahmebereiche

19   „Die Beurteilung der Missbräuchlichkeit der Klauseln betrifft weder den Hauptgegenstand des Vertrages noch die Angemessenheit zwischen dem Preis bzw. dem Entgelt und den Dienstleistungen bzw. den Gütern, die die Gegenleistung darstellen, sofern diese Klauseln klar und verständlich abgefasst sind", Art. 4 II KlauselRL; im Grundsatz ebenso Art. 80 II V-GEK.[26] Bei Hauptgegenstand und Preis stößt die Inhaltskontrolle der Sache nach an ihre Grenzen, weil man den Parteien nicht gut vorschreiben kann, was sie wollen (VW Golf, Opel Safira, Toyota Yaris?) und was es ihnen wert ist. Hier ist der Kernbereich der Vertragsfreiheit betroffen. Eine Inhaltskontrolle ist hier aber im Grundsatz auch nicht nötig, denn Hauptgegenstand und Preis kontrolliert der Markt. Der Markt „entmachtet" zudem den Unternehmer und gibt (auch) dem Verbraucher die nötigen Informationen, um sich selbst vor Benachteiligungen zu schützen. Selbst wenn der Verbraucher – wie in aller Regel – nicht über den Preis verhandelt hat, besteht kein Anlass für eine Gerichtskontrolle.

20   Diese Begründung der Kontrollausnahme kommt auch in der Voraussetzung zum Ausdruck, dass die Klauseln „klar und verständlich abgefasst" sein müssen. **Transparenz** ist eine Funktionsvoraussetzung des Marktes: Nur wenn man Hauptgegenstand und Preis erkennen kann, kann man verschiedene Angebote vergleichen, kann sich ein Marktpreis bilden und kann der Verbraucher seine Entscheidung danach richten.

---

[26] Zur systematischen Einordnung (Ausnahme von der Missbräuchlichkeitskontrolle, nicht vom sachlichen Anwendungsbereich) EuGH Rs. C-484/08 *Caja de Ahorros*, Slg. 2010, I-4785 Rn. 31 ff.

VI. Die Inhaltskontrolle

Nicht im Einzelnen ausgehandelte Klauseln über den Hauptgegenstand und das Äquivalenzverhältnis kommen freilich ohnehin nur in besonderen Bereichen vor. Klauseln über den **Hauptgegenstand**[27] gibt es vor allem bei Rechtsprodukten, namentlich bei **Versicherungen** (vgl. BE 19 KlauselRL), aber etwa auch bei Lizenzverträgen, Leasing- und Timesharingverträgen u. dgl. Freilich bereitet die Abgrenzung des *Hauptgegenstands* von *Nebenabreden* bei diesen Verträgen Schwierigkeiten. Dem Zweck entsprechend ist die Ausnahme eng zu begrenzen, nämlich auf das, was vom Markt kontrolliert wird, das, worauf ein mündiger Verbraucher selbst achtet. Beim Versicherungsvertrag heißt das etwa: das versicherte Risiko und die Prämien, nicht aber die Obliegenheiten des Versicherungsnehmers. 21

Wenn die Missbräuchlichkeitsbeurteilung weiterhin nicht die **Angemessenheit des Äquivalenzverhältnisses** betrifft, so ist damit zweierlei gesagt. *Erstens* bezieht sich die Gerichtskontrolle nicht auf das Äquivalenzverhältnis; das Gericht ist kein Preiskommissar. Damit ist nicht unvereinbar, wenn BE 19 S. 2 KlauselRL sagt, das Preis-/Leistungsverhältnis könne bei der Beurteilung anderer Klauseln berücksichtigt werden. Zu denken ist beispielsweise an die Beurteilung einer Haftungsbeschränkung, die gegen Preisnachlass vereinbart wurde. Auch hier ist freilich nicht die Angemessenheit des Nachlasses zu beurteilen, wohl aber kann das Gericht berücksichtigen, *dass* der Verbraucher zwischen verschiedenen Optionen gewählt hat.[28] *Zweitens* betrifft die Inhaltskontrolle keine Preisklauseln.[29] Wie schon bei der Kontrollfreiheit des Hauptgegenstands stellt sich auch hier die Problematik der Abgrenzung von Preisklauseln und *Preisnebenabreden*. Auch hier ist die Ausnahme teleologisch zu begrenzen auf das, was vom Markt kontrolliert wird. Eine Preisänderungsklausel hat der EuGH als nicht von der Inhaltskontrolle ausgenommen angesehen.[30] 22

Ungeachtet der prinzipiellen Bedeutung der Kontrollausnahme im Hinblick auf die Vertragsfreiheit hat der Gerichtshof die Vorschrift des Art. 4 II KlauselRL als bloßen Mindeststandard i.S.v. Art. 8 KlauselRL angesehen, über den die Mitgliedstaaten zum Schutz des Verbrauchers hinausgehen dürfen.[31] 23

2. Vorfrage: Unionsautonome Generalklausel?

Eine von der Auslegung bekannte Vorfrage ist, ob ein bestimmter Begriff unionsautonom oder als Verweisung auf das mitgliedstaatliche Recht zu verstehen ist.[32] Eine entsprechende Frage stellt sich im Hinblick auf Generalklauseln, wie sie Art. 3 I KlauselRL für die Kontrolle nicht-ausgehandelter Klauseln in Verbraucherverträ- 24

---

[27] Zur Kontrollfreiheit *Wolf/Neuner*, Allgemeiner Teil, § 47 Rn. 52 f.
[28] Ebenso *Nebbia*, Unfair Contract Terms in European Law, S. 124 f.
[29] *Wolf/Neuner*, Allgemeiner Teil, § 47 Rn. 54 ff.
[30] EuGH Rs. C-472/10 *NFH ./. Invitel*, noch nicht in Slg., Rn. 23.
[31] EuGH Rs. C-484/08 *Caja de Ahorros*, Slg. 2010, I-4785 Rn. 24 ff. Krit. *Riesenhuber*, GS M. Wolf (2011), S. 123 ff.
[32] S. nur *Riesenhuber*, in: ders. (Hrsg.), Europäische Methodenlehre, § 11 Rn. 4 ff.

gen enthält.³³ Der Gerichtshof hatte zunächst in seiner ersten Entscheidung zur Klausel-Richtlinie angedeutet, es könne sich um eine uneingeschränkt unionsautonome Generalklausel handeln, deren Konkretisierung letztlich Sache des Gerichtshofs sei.³⁴ Davon ist er in folgenden Entscheidungen wieder abgerückt. Er unterscheidet die *Kriterien* für die Beurteilung der Missbräuchlichkeit von der *konkreten Bewertung* einer bestimmten Vertragsklausel:

25 „[D]ie Zuständigkeit des Gerichtshofs (erstreckt sich) auf die Auslegung des Begriffs ‚missbräuchliche Vertragsklausel' in Art. 3 I [KlauselRL] und im Anhang der Richtlinie sowie auf die **Kriterien**, die das nationale Gericht bei der Prüfung einer Vertragsklausel im Hinblick auf die Bestimmungen der Richtlinie anwenden darf oder muss, wobei es Sache des nationalen Gerichts ist, unter Berücksichtigung dieser Kriterien über die **konkrete Bewertung** einer bestimmten Vertragsklausel anhand der Umstände des Einzelfalls zu entscheiden (…). Infolgedessen muss sich der Gerichtshof in seiner Antwort darauf beschränken, dem vorlegenden Gericht Hinweise an die Hand zu geben, die dieses bei der Beurteilung der Missbräuchlichkeit der betreffenden Klausel zu beachten hat."³⁵

26 Dabei anerkennt der Gerichtshof, dass bei der Missbräuchlichkeitsprüfung gem. Art. 4 I KlauselRL die Umstände des Einzelfalls sowie die Folgen zu berücksichtigen sind, die sich aus dem nationalen Recht ergeben. Das ist Sache des nationalen Gerichts.³⁶

27 Diese Aufgabenteilung bei der Inhaltskontrolle hat viel für sich: Sie entspricht dem Richtliniencharakter und vermeidet eine Überlastung des EuGH. Der Rechtsangleichungserfolg wird dadurch indes nicht unerheblich geschmälert.

3. Missbräuchlichkeit

a) Grundkonzept

28 „Eine Vertragsklausel, die nicht im Einzelnen ausgehandelt wurde, ist als missbräuchlich anzusehen, wenn sie entgegen dem Gebot von Treu und Glauben zum Nachteil des Verbrauchers ein erhebliches und ungerechtfertigtes Missverhältnis

---

³³ S. allgemein *Baldus/Müller-Graff* (Hrsg.), Die Generalklausel im Europäischen Privatrecht (2006); *Grundmann/Mazeaud* (Hrsg.), General Clauses and Standards in European Contract Law (2006); W.-H. *Roth*, FS Drobnig (1998), S. 135 ff.; *Röthel*, Normkonkretisierung im Privatrecht (2004); *dies.*, in: Riesenhuber (Hrsg.), Europäische Methodenlehre, § 12; M. *Schmidt*, Konkretisierung von Generalklauseln im Europäischen Privatrecht (2009).
³⁴ EuGH verb. Rs. C-240/98 bis C-244/98 *Océano Grupo Editorial*, Slg. 2000, I-4941 Rn. 21–24. EuGH Rs. C-237/02 *Freiburger Kommunalbauten*, Slg. 2004, I-3403 Rn. 23 erklärt die frühere Entscheidung in einer Art *distinguishing* mit den Besonderheiten des Falles.
³⁵ Jetzt st. Rspr. (mit im Einzelnen unterschiedlichen Formulierungen): EuGH Rs. C-92/11 *RWE Vertrieb AG*, noch nicht in Slg., Rn. 48; Rs. C-415/11 *Aziz*, noch nicht in Slg., Rn. 66; Rs. C-472/10 *NFH ./. Invitel*, noch nicht in Slg., Rn. 22; Rs. C-137/08 *VB Pénzügyi Lízing*, Slg. 2010, I-10847 Rn. 44; Rs. C-168/05 *Mostaza Claro*, Slg. 2006, I-10421 Rn. 22 f.; Rs. C-76/10 *Pohotovost'*, Slg. 2010, I-11557, Rn. 59 f.; Rs. C-237/02 *Freiburger Kommunalbauten*, Slg. 2004, I-3403 Rn. 22, 25.
³⁶ EuGH Rs. C-76/10 *Pohotovost'*, Slg. 2010, I-11557, Rn. 59 f.; Rs. C-237/02 *Freiburger Kommunalbauten*, Slg. 2004, I-3403 Rn. 22, 25.

VI. Die Inhaltskontrolle

der vertraglichen Rechte und Pflichten der Vertragspartner verursacht", Art. 3 I KlauselRL; im Wesentlichen ebenso Art. 83 I V-GEK[37]. Im deutschen Recht wird die Inhaltskontrolle vor allem dadurch konturiert, dass die Klauseln am Maßstab des dispositiven Rechts gemessen werden, § 307 II Nr. 1 BGB. Ein solcher Maßstab ist für die Klauselkontrolle nach Art. 3 I KlauselRL allerdings deswegen problematisch, weil es im Europäischen Vertragsrecht praktisch keine dispositiven Vorschriften gibt, die als Maßstab zur Verfügung stünden. Die Kontrolle am Maßstab des *jeweils anwendbaren Rechts* auszurichten, wie das schon frühzeitig auch für die Klauselrichtlinie vorgeschlagen wurde,[38] steht in gewissem Spannungsverhältnis zum Ziel der Rechtsangleichung, da dieser Maßstab von Fall zu Fall variieren kann. Das würde vermieden, wenn man einen „absoluten" Maßstab anwendete, so wie wir ihn auch aus § 307 I, II Nr. 2 BGB kennen.[39] Der EuGH ist jetzt dem erstgenannten Vorschlag gefolgt:

Ob ein „erhebliches und ungerechtfertigtes **Missverhältnis** zulasten des Verbrauchers" vorliegt, ist vor allem durch einen **Vergleich** der Klauselregelung **mit dem dispositiven Recht** zu beurteilen. „Anhand einer solchen vergleichenden Betrachtung kann das nationale Gericht bewerten, ob – und gegebenenfalls inwieweit – der Vertrag für den Verbraucher eine weniger günstige Rechtslage schafft, als sie das geltende nationale Recht vorsieht."[40]   29

In einer nicht leicht eingängigen Formulierung ergänzt der EuGH, bei der Feststellung des Missverhältnisses sei „außerdem von Bedeutung, dass die Rechtslage des Verbrauchers (?) vor dem Hintergrund der Mittel untersucht wird, die ihm das nationale Recht zur Verfügung stellt, um der Verwendung missbräuchlicher Klauseln ein Ende zu setzen".[41] Soweit zu erkennen, möchte der Gerichtshof damit darauf hinweisen, dass eine Klausel im Rahmen des (gesamten) anwendbaren nationalen Rechts zu würdigen ist. Dabei sind auch die materiell-rechtlichen und prozessualen Verteidigungsmöglichkeiten zu berücksichtigen, die das nationale Recht dem Verbraucher zur Verfügung stellt, um sich gegen etwaige nachteilige Folgen einer Klausel zur Wehr zu setzen.[42]   30

Ob das auf diese Weise ermittelte Missverhältnis den Verbraucher „**entgegen dem Gebot von Treu und Glauben**" benachteiligt, ist durch die hypothetische Erwägung festzustellen, ob der Unternehmer „bei loyalem und billigem Verhalten gegenüber dem Verbraucher vernünftigerweise erwarten durfte, dass der Verbraucher sich nach individuellen Verhandlungen auf eine solche Klausel einlässt".[43] Das   31

---

[37] Näher *Möslein*, in: Schmidt-Kessel (Hrsg.), Ein einheitliches europäisches Kaufrecht?, S. 278 ff.
[38] *Grundmann*, Europäisches Schuldvertragsrecht, 2.10 Rn. 11, 14, 22. Befürwortend etwa auch *Kieninger*, RabelsZ 73 (2009), 793, 799 ff. (generell und im Hinblick auf eine Vollharmonisierung; „notwendiger Maßstab").
[39] Näher *Riesenhuber*, System und Prinzipien des Europäischen Vertragsrechts, S. 440 ff. Krit. *Harke*, Allgemeines Schuldrecht, Rn. 73.
[40] EuGH Rs. C-415/11 *Aziz*, noch nicht in Slg., Rn. 68.
[41] EuGH Rs. C-415/11 *Aziz*, noch nicht in Slg., Rn. 68 a. E.
[42] Vgl. die Hinweise zur Anwendung im konkreten Fall, EuGH Rs. C-415/11 *Aziz*, noch nicht in Slg., Rn. 73.
[43] EuGH Rs. C-415/11 *Aziz*, noch nicht in Slg., Rn. 69.

dürfte mehr als eine Umschreibung von Treu und Glauben mit anderen Worten bedeuten. Der Maßstab der redlicherweise zu erwartenden Konsensfähigkeit im Fall der Individualvereinbarung dürfte strenger sein als die am Ergebnis ausgerichtete Erwägung, ob eine Regelung noch hinnehmbar ist.

b) Kriterien

32 Die vom EuGH als unionsautonom gekennzeichneten *Kriterien* der Missbräuchlichkeit (oben, Rn. 29) ergeben sich primär aus Art. 3 I und III KlauselRL i. V. m. dem Anhang.

33   Der **Anhang** liefert dafür die konkreteren Anhaltspunkte, daher ist zunächst seine Bedeutung zu erörtern. Nach Art. 3 III KlauselRL enthält er eine „als Hinweis dienende und nicht erschöpfende Liste der Klauseln, die für missbräuchlich erklärt werden können". Es handelt sich demnach nicht um eine sog. „Schwarze Liste" von Klauseln, die stets als missbräuchlich anzusehen wären, vergleichbar mit § 309 BGB. Weiter noch hat der Gesetzgeber die Fälle des Anhangs auch nicht als „typischerweise" missbräuchlich gesehen. Die Mitgliedstaaten sind daher nicht gebunden, die Liste als solche in das nationale Recht zu übernehmen; der Gerichtshof hat die Umsetzung in Schweden gebilligt, bei der die Liste nur in den Gesetzesmaterialien wiedergegeben (und so freilich für die Auslegung des Umsetzungsrechts zugänglich gemacht) wurde.[44] Der EuGH hat zunächst den „**Hinweis- und Beispielcharakter**" des Anhangs hervorgehoben und die Klauselliste als ein „**Hilfsmittel**" für die Bestimmung der Missbräuchlichkeit bezeichnet; der Ermessensspielraum der mitgliedstaatlichen Behörden, eine Klausel als missbräuchlich zu beurteilen, werde dadurch nicht eingeschränkt.[45] „Hinweis" wird man allerdings durchaus als „Indiz" verstehen dürfen, ist doch davon auszugehen, dass der Gesetzgeber die Klauseln in die Liste aufgenommen hat, die er als besonders problematisch oder anrüchig ansah.[46] Der EuGH hat denn auch in späteren Entscheidungen ergänzt, die Missbräuchlichkeit einer Klausel lasse sich zwar „nicht ohne weiteres und allein anhand des Anhangs ermitteln, doch ist er eine **wesentliche Grundlage**, auf die das zuständige Gericht seine Beurteilung der Missbräuchlichkeit dieser Klausel stützen kann".[47] Eine Hinweis- oder Indizfunktion können die Klauseln des Anhangs dabei doppelt haben. Zum einen können sie herangezogen werden, wenn es um Klauseln dieser Art geht. Zum anderen können aber auch die zugrundeliegenden Wertungen herangezogen werden, wenn es um ähnliche oder andere Klauseln geht.[48] Auf diese

---

[44] EuGH Rs. C-478/99 *Kommission ./. Schweden*, Slg. 2002, I-4147.
[45] EuGH Rs. C-478/99 *Kommission ./. Schweden*, Slg. 2002, I-4147 Rn. 20–24.
[46] *Grundmann*, Europäisches Schuldvertragsrecht, 2.10 Rn. 25.
[47] EuGH Rs. C-472/10 *NFH ./. Invitel*, noch nicht in Slg., Rn. 25 f.; Rs. C-243/08 *Pannon GSM*, Slg. 2009, I-4713 Rn. 37 f.; Rs. C-137/08 *VB Pénzügyi Lízing*, Slg. 2010, I-10847 Rn. 42; Rs. C-76/10 *Pohotovosť*, Slg. 2010, I-11557, Rn. 56, 58.
[48] *Riesenhuber*, System und Prinzipien des Europäischen Vertragsrechts, S. 444, 445 ff.; *Henke*,

Weise kann der Anhang zur Konkretisierung der übrigen Kriterien der Missbräuchlichkeit dienen.

Nach der Generalklausel von Art. 3 I KlauselRL ist eine Klausel als missbräuchlich anzusehen, wenn sie ein „erhebliches und **ungerechtfertigtes Missverhältnis der vertraglichen Rechte und Pflichten** der Vertragspartner verursacht". Wenn von einem *ungerechtfertigten* Missverhältnis die Rede ist, kann man dies als einen Hinweis auf die nach Art. 4 I KlauselRL gebotene Gesamtbewertung verstehen, bei der auch andere Klauseln des Vertrags oder Klauseln eines anderen Vertrags zu berücksichtigen sein können: Eine Klausel, die für sich betrachtet ein Missverhältnis von Rechten und Pflichten zu begründen scheint, kann unter Berücksichtigung anderer Klauseln sachlich gerechtfertigt sein. Zu beurteilen sind nur die *vertraglichen* Rechte, doch sind dabei nach der Rechtsprechung des EuGH von den nationalen Gerichten im Rahmen von Art. 4 I KlauselRL „auch die Folgen zu würdigen, die die Klausel im Rahmen des auf den Vertrag anwendbaren Rechts haben kann",[49] also auch gesetzliche Rechte. Verfehlt erscheint der Hinweis auf die vertraglichen Rechte und Pflichten *der Vertragspartner*. Pflichten *Dritter* kann der Vertrag nach allgemeinen Grundsätzen (negative Vertragsfreiheit) nicht begründen; wenn er *Rechte* Dritter begründet, so ist dies bei der Beurteilung der Klauseln im Gesamtgefüge des Vertrags durchaus gem. Art. 4 I KlauselRL mit zu berücksichtigen.

34

Ein **Missverhältnis** kann zum einen in der einseitigen Zuweisung von Vor- und Nachteilen liegen, zum anderen in der Aufbürdung sachlich nicht begründeter Lasten. Eine **einseitige Lastenverteilung** war für den EuGH im Fall *Océano* entscheidend. Dort war klauselmäßig der Ort der Niederlassung des Gewerbetreibenden als Gerichtsstand vorgesehen. Diese Gerichtsstandsklausel erschwere dem Verbraucher die Rechtsverfolgung, da er einen Prozess nicht an seinem Wohnsitz führen könne. Spiegelbildlich erleichtere die Klausel dem Gewerbetreibenden die Rechtsverfolgung, da sie ihm ermögliche „sämtliche Rechtsstreitigkeiten, die seine Erwerbstätigkeit betreffen, bei dem Gericht zu bündeln, in dessen Bezirk er seine Niederlassung hat, was sowohl sein Erscheinen organisatorisch erleichtert als auch die damit verbundenen Kosten verringert".[50] Eine treuwidrige Benachteiligung kann auch in der **sachwidrigen Zuweisung von Vor- und Nachteilen** liegen. Da ein dispositives Vertragsrecht fehlt, kann nur aus allgemeinen Grundsätzen, insbesondere dem Vertragszweck begründet werden, ob die Lastenverteilung sachlich begründet ist. Allgemeine Grundsätze über das angemessene Verhältnis von Rechten und

35

Enthält die Liste des Anhangs der Klauselrichtlinie 93/13/EWG Grundregeln des Europäischen Vertragsrechts? (2010).

[49] EuGH Rs. C-76/10 *Pohotovosť*, Slg. 2010, I-11557, Rn. 59; Rs. C-237/02 *Freiburger Kommunalbauten*, Slg. 2004, I-3403 Rn. 21. *Jansen*, in: Eidenmüller et al., Revision des Verbraucher-*acquis*, S. 64, versteht das als Verweisung auf die Leitbildfunktion des dispositiven Rechts als Maßstab der Inhaltskontrolle; indes geht es hier nur um die Anwendung durch das nationale Gericht im Einzelfall.

[50] EuGH verb. Rs. C-240 bis C-244/98 *Océano*, Slg. 2000, I-4941 Rn. 22 f.

Pflichten kann man ansatzweise dem Bestand des Europäischen Vertragsrechts entnehmen.[51]

36 Zum Beispiel hat der Gerichtshof das Interesse des Gaslieferanten an einer nachträglichen **Preisanpassung** mit Rücksicht auf die Regelungen von Richtlinie 2003/55/EG[52] als grundsätzlich berechtigt anerkannt. Als Gebote der Ausgewogenheit und Transparenz (die im Einzelnen vom nationalen Gericht zu prüfen sind) hat er angesehen, dass die Voraussetzungen und Modalitäten der Preisänderung so klar bestimmt sind, dass der Verbraucher sie vorhersehen kann, und dass dem Verbraucher im Falle einer Preisänderung ein (auch effektiv nutzbares) Kündigungsrecht hat.[53]

37 Das Beispiel der Preisanpassungsklausel illustriert zugleich, dass dem **Transparenzprinzip** (Rn. 15 ff.) auch bei der Inhaltskontrolle ein eigenes Gewicht zukommen kann. Der Gerichtshof stellt wesentlich darauf ab, dass die Regelung nicht nur in der Sache ausgewogen ist, sondern der Verbraucher dies auch nachvollziehen und von den ihm danach zustehenden Rechten Gebrauch machen kann.[54]

38 Umstritten ist, ob der Maßstab für die Missbrauchskontrolle – die Beurteilung des Missverhältnisses von Rechten und Pflichten gem. Art. 3 I KlauselRL – **rechtsvergleichend** begründet werden kann, etwa unter Berücksichtigung des Wiener UN-Kaufrechts (**CISG**).[55] Heute ist insbesondere daran zu denken, dem **DCFR** oder dem **V-GEK** einen Maßstab zu entnehmen.[56] Gegen diese Ansätze wird eingewandt, dies sei mit dem Mindeststandardcharakter unvereinbar und führe zu einer Höchstharmonisierung,[57] doch trifft das nicht zu. Ohnehin gibt es im dispositiven Recht – anders als im regulierenden, z. B. im Verbraucherschutzrecht – nicht ohne weiteres einen „Mindest-" oder „Höchststandard", da der Gesetzgeber hier regelmäßig versucht, den typischen Parteiwillen abzubilden (*majoritarian default rule*). Außerdem ändert der rechtsvergleichende Anhaltspunkt nichts daran, dass der Missbräuchlichkeitsstandard unionsautonom bestimmt wird. Aus diesem Grund greift auch ein zweiter Einwand nicht voll durch: dass nämlich der rechtsvergleichende Befund und die vorgeschlagenen oder geltenden Einheitsregeln nicht vom Unionsgesetzgeber legitimiert sind.[58] Dieser Einwand verliert mit dem Vorschlag für ein Gemeinsames Europäisches Kaufrecht ohnehin an Gewicht. Vor allem aber ist dieser Legitimationsmangel unschädlich, wenn die Einheitsregeln lediglich als

---

[51] Vertiefend *Riesenhuber*, System und Prinzipien des Europäischen Vertragsrechts, S. 445 ff.

[52] Richtlinie 2003/55/EG des Europäischen Parlaments und des Rates vom 26. 6. 2003 über gemeinsame Vorschriften für den Erdgasbinnenmarkt und zur Aufhebung der Richtlinie 98/30/EG, ABl. 2003 L 176/57.

[53] EuGH Rs. C-92/11 *RWE Vertrieb AG*, noch nicht in Slg., Rn. 49 ff.

[54] EuGH Rs. C-92/11 *RWE Vertrieb AG*, noch nicht in Slg., Rn. 49 ff.

[55] In diese Richtung etwa *Remien*, ZEuP 1994, 36, 61 f.; *ders.*, RabelsZ 66 (2002), 503, 525; *Schmidt-Kessel*, WM 1997, 1732, 1738. Differenzierend *Jansen*, in: Eidenmüller et al., Revision des Verbraucher-*acquis*, S. 95 ff.

[56] Dazu etwa *Kieninger*, RabelsZ 73 (2009), 793, 807 ff.

[57] *Grundmann*, Europäisches Schuldvertragsrecht, 2.10 Rn. 26.

[58] *Riesenhuber*, System und Prinzipien des Europäischen Vertragsrechts, S. 450 f.; ferner etwa *Kieninger*, RabelsZ 73 (2009), 793, 807 ff. (zum DCFR als Referenzmaßstab; freilich auch mit weiteren Einwänden).

Anhaltspunkt für die unionsautonome Konkretisierung der Missbräuchlichkeit genommen werden. Das, freilich, ist auch geboten. Bei der Berücksichtigung der vorgeschlagenen Einheitsregeln ist weiterhin zu berücksichtigen, inwieweit sie als gelungene Zusammenfassung allgemeiner Rechtsüberzeugung dienen oder in der Sache umstritten bleiben.[59]

c) Beurteilung im Einzelfall

Die Beurteilung im Einzelfall erfolgt „unter Berücksichtigung der **Art der Güter oder Dienstleistungen**, die Gegenstand des Vertrages sind, aller den **Vertragsschluss begleitenden Umstände** sowie aller **anderen Klauseln** desselben Vertrages oder eines anderen Vertrages, von dem die Klausel abhängt", Art. 4 I KlauselRL.[60] Die Bewertung im Einzelfall ist vom nationalen Gericht vorzunehmen (s. o., Rn. 29).   39

Inwieweit die den **Vertragsschluss begleitenden Umstände** bei der Kontrolle *nicht-ausgehandelter* Vertragsklauseln eine Rolle spielen können, ist nach wie vor unsicher.[61] Anfangs hat man diesen Teil der Bestimmung für ein Redaktionsversehen gehalten und angenommen, sie sei versehentlich aus der Entwurfsfassung übernommen worden, die auch noch eine Kontrolle *ausgehandelter* Klauseln vorsah.[62] Jüngst hat der EuGH die Vorschrift indes ausdrücklich für die Klauselkontrolle herangezogen. Dort ging es um eine unlautere Geschäftspraxis i. S. d. UGP-Richtlinie (dazu näher § 7 Rn. 8 ff. m. w. N.): Der Kreditgeber gab den effektiven Jahreszins im Vertrag wahrheitswidrig zu niedrig an. Dies könne „ein Anhaltspunkt unter mehreren" sein, auf den der nationale Richter sein Missbräuchlichkeitsurteil stützen kann. Allerdings sei dieser Anhaltspunkt „nicht geeignet, automatisch und für sich allein den missbräuchlichen Charakter der streitigen Klauseln zu begründen", das sei der vom nationalen Gericht vorzunehmenden (oben, Rn. 39) Gesamtwürdigung aller Umstände des Falles vorbehalten.[63]   40

Der Gerichtshof hat den Katalog von Art. 4 I KlauselRL in einer Weise ergänzt, die man als teleologische Auslegung rechtfertigen kann: „In diesem Zusammenhang sind auch die Folgen zu würdigen, die die Klausel im Rahmen des auf den Vertrag anwendbaren Rechts haben kann, was eine Prüfung des nationalen Rechtssystems impliziert (...)."[64] Tatsächlich lässt sich eine Vertragsklausel nur im Zusam-   41

---

[59] So der Sache nach *Jansen*, in: Eidenmüller et al., Revision des Verbraucher-*acquis*, S. 95 ff., krit. vor allem zum DCFR; zur Kritik am DCFR auch *Jansen/Zimmermann*, JZ 2009.

[60] Zur Berücksichtigung anderer Klauseln EuGH Rs. C-472/11 *Banif Plus Bank*, noch nicht in Slg., Rn. 37 ff.

[61] Generell krit. gegenüber der Berücksichtigung individueller Umstände bei der Klauselkontrolle (als *an dieser Stelle* teleologisch und systematisch verfehlt) *Jansen*, in: Eidenmüller et al., Revision des Verbraucher-*acquis*, S. 103 f.

[62] *Remien*, ZEuP 1994, 34, 55.

[63] EuGH Rs. C-453/10 *Pereničová und Perenič*, noch nicht in Slg., Rn. 41–44. Dazu *Alexander*, WRP 2012, 515 ff.; mit weitreichenden Folgerungen *Micklitz/Reich*, EWS 2012, 257 ff.

[64] EuGH Rs. C-76/10 *Pohotovosť*, Slg. 2010, I-11557, Rn. 59; Rs. C-237/02 *Freiburger Kommunalbauten*, Slg. 2004, I-3403 Rn. 21.

menhang des anwendbaren Rechts treffend würdigen, von dem sie abweicht oder das sie ergänzt.

42 Maßgeblicher Zeitpunkt für die Beurteilung ist der **Zeitpunkt des Vertragsschlusses**, Art. 4 I KlauselRL.

4. Rechtsfolgen der Missbräuchlichkeit

43 Missbräuchliche Klauseln sind „für den Verbraucher unverbindlich", doch bleibt „der Vertrag für beide Parteien auf derselben Grundlage bindend (...), wenn er ohne die missbräuchliche Klausel bestehen kann", Art. 6 I KlauselRL; im Grundsatz ebenso Art. 79 V-GEK. Bei der Anordnung der **Unverbindlichkeit** für den Verbraucher handele es sich „um eine zwingende Bestimmung, die darauf zielt, die formale Ausgewogenheit der Rechte und Pflichten der Vertragsparteien durch eine materielle Ausgewogenheit zu ersetzen und so deren Gleichheit wiederherzustellen".[65] Aus teleologischen Gründen hat der Gerichtshof angenommen, dass die Unverbindlichkeit nicht von einer Anfechtung oder sonstigen **Geltendmachung** durch den Verbraucher abhängig gemacht werden darf.[66] Nach dem Wortlaut der Vorschrift („unverbindlich") und mit Rücksicht auf ihren Zweck kommt eine **geltungserhaltende Reduktion** nicht in Betracht; sie würde keine ausreichende Sanktion darstellen: Ist die Folge bloß eine Herabsetzung auf das zulässige Maß, so hat der Unternehmer geradezu zweckwidrig einen Anreiz, es „darauf ankommen" zu lassen. Die geltungserhaltende Reduktion kann daher auch keine „strengere Bestimmung" i. S. v. Art. 8 KlauselRL darstellen.[67]

44 Erweist sich eine formularmäßig vereinbarte Vertragsstrafeklausel als treuwidrig benachteiligend – wie das schon Anhang Nr. 1 e) KlauselRL nahelegt (zur Indizwirkung oben, Rn. 33) – so kommt nicht etwa eine nach nationalem Recht mögliche Herabsetzung (vgl. für das deutsche Recht § 343 BGB) in Betracht, sondern ist die Klausel „schlicht unangewendet zu lassen".[68]

45 Ausstreichen nur der einzelnen Klausel als unverbindlich ist der Grundsatz. Der Gedanke dahinter ist, dass durch die missbräuchliche Klausel ein Ungleichgewicht entsteht, das durch deren Unverbindlichkeit wieder ausgeglichen wird. Nur ausnahmsweise kommt **Gesamtnichtigkeit** in Betracht, wenn der Vertrag *nicht* ohne die Klausel bestehen kann. Nach Wortlaut und Zweck von Art. 6 I Hs. 2 KlauselRL und mit Rücksicht auf die Sicherheit und Verlässlichkeit des Geschäftsverkehrs legt der EuGH dafür einen **objektiven Maßstab** an. Entscheidend ist m. a. W. nicht, ob

---

[65] EuGH Rs. C-488/11 *Brusse*, noch nicht in Slg., Rn. 38; Rs. C-397/11 *Jorös*, noch nicht in Slg., Rn. 25; Rs. C-415/11 *Aziz*, noch nicht in Slg., Rn. 45; Rs. C-472/11 *Banif Plus Bank*, noch nicht in Slg., Rn. 20; Rs. C-618/10 *Banco Español de Crédito*, noch nicht in Slg., Rn. 40; Rs. C-453/10 *Pereničová und Perenič*, noch nicht in Slg., Rn. 28.
[66] EuGH Rs. C-243/08 *Pannon GSM*, Slg. 2009, I-4713 Rn. 20–28.
[67] EuGH Rs. C-618/10 *Banco Español de Crédito*, noch nicht in Slg., Rn. 58–73.
[68] EuGH Rs. C-488/11 *Brusse*, noch nicht in Slg., Rn. 54 ff.

es im Einzelfall für den Verbraucher günstiger wäre, wenn der Vertrag insgesamt unwirksam wäre. Allerdings kann das mitgliedstaatliche Recht solche Rücksicht auf die subjektiven Interessen des Verbrauchers als günstigere Regelung i. S. v. Art. 8 KlauselRL vorsehen.[69]

VII. Durchsetzung der AGB-Kontrolle

1. Allgemein

Die Klausel-Richtlinie regelt die Sanktionen verhältnismäßig ausführlich: Das Transparenzgebot des Art. 5 S. 1 ist durch die Zweifelsregel von S. 2 der Vorschrift bewehrt, das Missbräuchlichkeitsverbot des Art. 3 I durch die Unverbindlichkeitssanktion von Art. 6 I. Im Übrigen sind Durchsetzung und Sanktionen den Mitgliedstaaten im Rahmen der Umsetzungspflichten überlassen. Sie müssen dafür sorgen, dass „angemessene und wirksame Mittel vorhanden sind, damit der Verwendung missbräuchlicher Klauseln durch einen Gewerbetreibenden in den Verträgen, die er mit Verbrauchern schließt, ein Ende gesetzt wird", Art. 7 I KlauselRL. Sie sind dabei an die allgemeinen Umsetzungspflichten gebunden, den Grundsatz der Äquivalenz und den Grundsatz der Effektivität.[70]

46

2. Die Feststellung der Unverbindlichkeit von Amts wegen insbesondere

In einer Reihe von Fällen hat der Gerichtshof die Umsetzungspflichten herangezogen, um Fragen zu beantworten, die sich um die Berücksichtigung der Missbräuchlichkeit und Unverbindlichkeit **von Amts wegen** drehen. Die Richtlinie geht von einer schwächeren Position des Verbrauchers aus, der, aus Unkenntnis oder weil er die Kosten (die sich vielleicht für den einzelnen Verbraucher nicht lohnen, umgekehrt aber für den Unternehmer durchaus summieren!) scheut, davon abgehalten werden könnte, seine Rechte selbst zur Geltung zu bringen (s. o. Rn. 4). Daher erfordert der Effektivitätsgrundsatz, dass die Missbräuchlichkeit einer Klausel von Amts wegen geprüft werden darf und muss,[71] und zwar ggf. auch noch in der Rechtsmit-

47

---

[69] EuGH Rs. C-397/11 *Jorös*, noch nicht in Slg., Rn. 42 ff.; Rs. C-453/10 *Pereničová und Perenič*, noch nicht in Slg., Rn. 26–36.
[70] EuGH Rs. C-472/11 *Banif Plus Bank*, noch nicht in Slg., Rn. 26 ff.; Rs. C-40/08 *Asturcom Telecommunicaciones*, Slg. 2009, I-9579 Rn. 38.
[71] EuGH Rs. C-397/11 *Jorös*, noch nicht in Slg., Rn. 39 ff.; Rs. C-415/11 *Aziz*, noch nicht in Slg., Rn. 46 ff. (Rn. 50 ff.: für das – nicht vereinheitlichte – Zwangsvollstreckungsverfahren gilt der Grundsatz der Verfahrensautonomie: die nationalen Vorschriften werden nur nach dem Äquivalenzprinzip und dem Effektivitätsprinzip europarechtlich kontrolliert); Rs. C-168/05 *Mostaza Claro*, noch nicht in Slg., Rn. 24–39; Rs. C-472/11 *Banif Plus Bank*, noch nicht in Slg., Rn. 21 ff.; Rs. C-137/07 *Pénzügyi Lízing*, Slg. 2010, I-10847 Rn. 49; Rs. C-243/08 *Pannon, GSM*, Slg. 2009, I-4713 Rn. 31; Rs. C-40/08 *Asturcom Telecommunicaciones*, Slg. 2009, I-9579 Rn. 32; verb. Rs. C-240/98 bis C-244/98 *Océano Grupo Editorial*, Slg. 2000, I-4941 Rn. 25–29.

telinstanz.⁷² Das gilt allerdings nicht, wenn der Verbraucher die Missbräuchlichkeit und Unverbindlichkeit nach einem Hinweis des Gerichts nicht geltend machen möchte.⁷³ Eine Prüfung von Amts wegen erfordert das Effektivitätsprinzip auch dann, wenn der Verbraucher in einem **Mahnverfahren** keinen Widerspruch eingelegt hat.⁷⁴ Sie muss ggf. auch in der **Zwangsvollstreckung** aus einem rechtskräftigen Schiedsspruch erfolgen.⁷⁵ Eine zeitliche Beschränkung (**Ausschlussfrist**) für die Feststellung der Nichtigkeit von Amts wegen ist mit dem Effektivitätsgrundsatz unvereinbar.⁷⁶ Nicht zu beanstanden ist hingegen, wenn die Missbräuchlichkeit nicht mehr geprüft wird, nachdem ein Schiedsspruch nach angemessener Frist (zwei Monate nach Zustellung) **rechtskräftig** geworden ist, weil der Verbraucher völlig untätig geblieben ist.⁷⁷

48 Die aus dem Effektivitätsgrundsatz abgeleiteten Gebote finden ihre *Grenze* in gegenläufigen Grundsätzen. Als einen solchen hat der Gerichtshof kürzlich den aus dem Grundrecht auf effektiven Rechtsschutz des Art. 47 GRCh abgeleiteten **Grundsatz des kontradiktorischen Verfahrens** angesehen.⁷⁸ Der Grundsatz des kontradiktorischen Verfahrens „[verleiht] nicht nur jedem Verfahrensbeteiligten das Recht (...), die Schriftstücke und Erklärungen, die sein Gegner dem Unionsgericht vorgelegt hat, zur Kenntnis zu nehmen und zu erörtern, sondern [umfasst] auch das Recht der Beteiligten (...), die Gesichtspunkte zur Kenntnis zu nehmen, die das Unionsgericht von Amts wegen berücksichtigt hat und auf die es seine Entscheidung gründen möchte, und sie zu erörtern. (...) für die Erfüllung der Anforderungen im Zusammenhang mit dem Recht auf ein faires Verfahren [kommt es] nämlich darauf [an] (...), dass die Beteiligten sowohl die tatsächlichen als auch die rechtlichen Umstände kennen, die für den Ausgang des Verfahrens entscheidend sind".⁷⁹ Für die Klauselkontrolle hat der EuGH daraus abgeleitet, dass das Gericht die Parteien grundsätzlich darauf hinweisen muss, wenn es eine Klausel als missbräuchlich ansieht; es muss ihnen Gelegenheit geben, diese Frage „kontradiktorisch" zu erörtern.⁸⁰ Dabei steht es dem Verbraucher auch frei, sich *nicht* auf die Missbräuchlichkeit zu berufen.⁸¹

---

⁷² Nach dem Äquivalenzprinzip ist das Rechtsmittelgericht zur Feststellung der Unverbindlichkeit von Amts wegen gehalten, wenn es nach innerstaatlichem Prozessrecht befugt ist, die Gültigkeit eines Rechtsgeschäfts von Amts wegen anhand zwingender nationaler Bestimmungen zu prüfen; EuGH Rs. C-488/11 *Brusse*, noch nicht in Slg., Rn. 37 ff.; Rs. C-397/11 *Jorös*, noch nicht in Slg., Rn. 23 ff.

⁷³ EuGH Rs. C-243/08 *Pannon GSM*, Slg. 2009, I-4713 Rn. 33. Vgl. auch EuGH Rs. C-472/11 *Banif Plus Bank*, noch nicht in Slg., Rn. 35 („[...] Verpflichtung des nationalen Gerichts [...], gegebenenfalls den vom Verbraucher geäußerten Willen zu berücksichtigen, wenn dieser im Wissen um die Unverbindlichkeit einer missbräuchlichen Klausel gleichwohl angibt, dass er gegen deren Nichtanwendung sei, und so nach vorheriger Aufklärung seine freie Einwilligung in die fragliche Klausel erteilt").

⁷⁴ EuGH Rs. C-618/10 *Banca Espanol de Credito*, noch nicht in Slg., Rn. 49 ff.

⁷⁵ EuGH Rs. C-76/10 *Pohotovosť*, Slg. 2010, I-11557, Rn. 36–54.

⁷⁶ EuGH Rs. C-473/00 *Cofidis*, Slg. 2002, I-10875 Rn. 32–38.

⁷⁷ EuGH Rs. C-40/08 *Asturcom Telecommunicaciones*, Slg. 2009, I-9579 Rn. 39–48.

⁷⁸ EuGH Rs. C-472/11 *Banif Plus Bank*, noch nicht in Slg., Rn. 29.

⁷⁹ EuGH Rs. C-472/11 *Banif Plus Bank*, noch nicht in Slg., Rn. 29 f.

⁸⁰ EuGH Rs. C-472/11 *Banif Plus Bank*, noch nicht in Slg., Rn. 29 ff.

⁸¹ EuGH Rs. C-472/11 *Banif Plus Bank*, noch nicht in Slg., Rn. 35.

3. Verbandsklagen

Als ein prozedurales Instrument zur „Reinigung" des Geschäftsverkehrs von missbräuchlichen Klauseln in Verbraucherverträgen sieht die Richtlinie in Art. 7 II, III vor, dass auch eine (etwas vereinfacht gesagt) **Verbandsklage** einzuführen ist. „Personen oder Organisationen, die (...) ein berechtigtes Interesse am Schutz der Verbraucher haben, [müssen] die Gerichte oder die zuständigen Verwaltungsbehörden anrufen können, damit diese darüber entscheiden, ob Vertragsklauseln, die im Hinblick auf eine allgemeine Verwendung abgefasst wurden, missbräuchlich sind". Auch hier ist die Ausgestaltung durch die **Umsetzungspflichten** näher konturiert. „Die wirksame Umsetzung (...) erfordert (...), dass AGB-Klauseln in Verbraucherverträgen, die (...) im Rahmen einer gegen den Gewerbetreibenden gerichteten Unterlassungsklage für missbräuchlich erklärt werden, weder für die am Unterlassungsverfahren beteiligten Verbraucher noch für diejenigen Verbraucher verbindlich sind, die mit diesem Gewerbetreibenden einen Vertrag geschlossen haben, auf den die gleichen AGB anwendbar sind."[82] Nach Art. 7 III KlauselRL müssen solche Verbandsverfahren auch gegen Verbände der Gewerbetreibenden möglich sein. In diesem Fall kommt zudem ein Verfahren wegen nur **empfohlenen**, nicht aktuell verwendeten Klauseln in Betracht.[83]

49

Die Zweifelsregel (*in dubio contra proferentem*) könnte in Verbandsverfahren kontraproduktiv wirken: Hier geht es um einen abstrakte Überprüfung der Klausel, unabhängig von ihrer Anwendung im Einzelfall; es gibt also in dem Verfahren keinen aktuell belasteten Verbraucher. Dann könnte sich zu seiner Verteidigung der Gewerbetreibende als Verwender auf die Zweifelsregel berufen, um ihre Unbedenklichkeit zu begründen. Aus diesem Grund findet die Zweifelsregel im Verbandsverfahren keine Anwendung, Art. 5 S. 3 KlauselRL.

50

---

[82] EuGH Rs. C-472/10 *NFH ./. Invitel*, noch nicht in Slg., Rn. 36–40.
[83] EuGH Rs. C-372/99 *Kommission ./. Italien*, Slg. 2002, I-819 Rn. 14–16.

3. Teil: Regelungen zu einzelnen Vertragstypen

§ 11 Verbrauchsgüterkaufrichtlinie

Literatur: *Beale/Howells*, EC Harmonisation of Consumer Sales Law, JCL 12 (1997), 21 ff.; *Dutta*, Der europäische Letztverkäuferregress bei grenzüberschreitenden Absatzketten im Binnenmarkt, ZHR 171 (2007), 79 ff.; *Grundmann/Bianca*, EU-Kaufrechtsrichtlinie – Kommentar (2002); *Grundmann/Medicus/Rolland* (Hrsg.), Europäisches Kaufgewährleistungsrecht (2000); *Jud*, Regressrecht des Letztverkäufers, ZfRV 2001, 201 ff.; *Harke*, Aus- und Einbau als verschuldensunabhängige Verkäuferpflicht – ein Deutungsversuch, ZGS 2011, 536 ff.; *Magnus*, Das Regressrecht des Letztverkäufers, Liber Amicorum Siehr (2000), 429 ff.; *Mansel*, Kaufrechtsreform in Europa und die Dogmatik des deutschen Leistungsstörungsrechts: Kaufrecht in Europa nach der Umsetzung der Verbrauchsgüterkauf-Richtlinie, AcP 204 (2004), 396 ff.; *Richter*, Privatautonomie und Verbraucherschutz im Lichte der Pläne zur Schaffung eines Europäischen Zivilgesetzbuches – Dargestellt am Beispiel des Letztverkäuferregresses, AcP 206 (2006), 3 ff.; *Riesenhuber*, Freedom of Contract and Information in the Sales Directive, in: Grundmann/Kerber/Weatherill (Hrsg.), Party Autonomy and the Role of Information in the Internal Market (2001), S. 348 ff.; *Schermaier*, (Hrsg.), Verbraucherkauf in Europa (2003); *Schlechtriem*, Das geplante Gewährleistungsrecht im Lichte der europäischen Richtlinie zum Verbrauchsgüterkauf, in: Zimmermann/Ernst (Hrsg.), Zivilrechtswissenschaft und Schuldrechtsreform (2001), S. 205 ff.

I. Sachfragen

1   Die Verbrauchsgüterkaufrichtlinie regelt **einzelne Fragen des Warenkaufs** zwischen Unternehmern als Verkäufer und Verbrauchern als Käufer: die Vertragsmäßigkeit und die Gewährleistungsrechte, letztere allerdings ohne den Anspruch auf Schadensersatz. Ergänzend enthält sie Vorschriften für den Rückgriff des Verkäufers.

2   Dem Verbraucher, der grenzüberschreitend Waren kauft, misst der Gesetzgeber „eine fundamentale Aufgabe bei der Vollendung des **Binnenmarktes**" bei; BE 4 VKRL. Ein „gemeinsame[r] Mindestsockel von Verbraucherrechten, die unabhängig vom Ort des Kaufs der Waren in der Gemeinschaft gelten" soll daher das Verbrauchervertrauen stärken und ihnen ermöglichen, die Vorzüge des Binnenmarktes besser zu nutzen, BE 5 VKRL.

II. Anwendungsbereich

Persönlich ist die Richtlinie anwendbar auf Kaufverträge, wenn der Verkäufer Unternehmer ist und der Käufer Verbraucher, Art. 1 II a), c) VKRL.[1] **Sachlich** ist er auf Kaufverträge über bewegliche Sachen (Warenkauf) anwendbar. Die Richtlinie spricht von „Verbrauchsgütern" und will damit offenbar zugleich hervorheben, dass es um Verbraucherverträge geht. Verbrauchsgüter sind aber unabhängig davon (im Grundsatz) definiert als „bewegliche körperliche Gegenstände", Art. 1 II c) VKRL.

3

Vom Begriff der Verbrauchsgüter gibt es verschiedene **Ausnahmen**. Dazu gehören zum einen Wasser, Gas, wenn sie nicht in einem begrenzten Volumen oder in einer bestimmten Menge abgefüllt sind (Mineralwasserflasche, Gaskartusche), sowie Strom. Das betrifft m. a. W. die leitungsgebundenen Versorgungsdienstleistungen. Mit Blick auf den Binnenmarktzweck ist diese Ausnahme gut begründet. Ausgenommen sind weiterhin Güter, die aufgrund von Zwangsvollstreckungsmaßnahmen oder anderen gerichtlichen Maßnahmen verkauft werden. Hier geht es also nicht um bestimmte Gegenstände, sondern um bestimmte Verfahren des Eigentumserwerbs. In der Sache ist die Ausnahme gut begründet, da bei diesen Verfahren aus sachlichen Gründen oft Sonderregeln über die Gewährleistung gelten. Um ein besonderes Verfahren geht es auch bei der optionalen Ausnahme von gebrauchten Gütern, die in einer öffentlichen Versteigerung verkauft werden, bei der die Verbraucher die Möglichkeit haben, dem Verkauf persönlich beizuwohnen, Art. 1 III VKRL.[2]

4

Neben Kaufverträgen i. e. S. erfasst die Richtlinie auch Verträge über die Lieferung herzustellender oder zu erzeugender Verbrauchsgüter, Art. 1 IV VKRL, also bei uns sogenannter **Werklieferungsverträge**.

5

III. Vertragsmäßigkeit

1. Bestimmung der Vertragsmäßigkeit

a) Subjektiver Mangelbegriff

„Der Verkäufer ist verpflichtet, dem Verbraucher dem Kaufvertrag gemäße Güter zu liefern", Art. 2 I VKRL. Die Vertragsgemäßheit oder Mangelfreiheit ist damit Teil des Pflichtenprogramms des Verkäufers. Die Vertragsgemäßheit bestimmt sich primär nach der Vereinbarung der Parteien (subjektiver Mangelbegriff). Das ist im verfügenden Teil der Richtlinie zwar nicht eigens hervorgehoben, aber der Sache nach vorausgesetzt. Die Tatbestände des Art. 2 II VKRL stellen nach dem Willen des Gesetzgebers ausdrücklich keine Einschränkung der **Vertragsfreiheit** dar.[3] Nur soweit eine ausdrückliche Vereinbarung über die Vertragsgemäßheit fehlt, „in

6

---

[1] Ungeachtet dieser Abgrenzung des persönlichen Anwendungsbereichs sind die kaufrechtlichen Regeln weithin nicht spezifisch verbraucherschützend ausgestaltet; dazu und zum Harmonisierungskonzept näher *Grundmann*, AcP 202 (2002), 40 ff.
[2] Dazu Grundmann/Bianca/*Serrano*, Art. 1 VKRL Rn. 39 f.
[3] Näher *Riesenhuber*, System und Prinzipien des Europäischen Vertragsrechts, S. 479 ff.

Ermangelung spezifischer Vertragsklauseln", kommen die Vermutungstatbestände von Art. 2 II VKRL zum Zuge, BE 8 S. 3 VKRL. Die ausdrückliche Vereinbarung kann dabei zu höheren oder geringeren Anforderungen führen als sie sich aus Art. 2 II VKRL ergeben würden.

b) Vermutung der Vertragsgemäßheit – Grundsätze

7   Nach den **Vermutungstatbeständen** von Art. 2 II VKRL sind Verbrauchsgüter vertragsgemäß, wenn sie
  (a) mit der vom Verkäufer gegebenen Beschreibung übereinstimmen und dieselben Eigenschaften besitzen wie eine vom Verkäufer vorgelegte Probe oder ein Muster;
  (b) sich für einen bestimmten Zweck des Verbrauchers eignen, den er dem Verkäufer bei Vertragsschluss zur Kenntnis gebracht hat und dem der Verkäufer zugestimmt hat;
  (c) sich für Zwecke eignen, für die Güter der gleichen Art gewöhnlich gebraucht werden;
  (d) die Qualität und Leistungen aufweisen, die bei Gütern der gleichen Art üblich sind und die der Verbraucher vernünftigerweise erwarten kann.

8   Auf einen Sachverhalt können mehrere Vermutungstatbestände kumulativ Anwendung finden, BE 8 S. 5 VKRL. Ist eine Vermutung unanwendbar (z. B. lit. a) über Muster und Proben), so finden die übrigen gleichwohl Anwendung, BE 8 S. 6 VKRL.

9   Auch diese Vermutungstatbestände lassen sich dogmatisch als typisierte Fälle der **Vertragsauslegung** erklären, orientiert daran, wie die Vereinbarung „nach Treu und Glauben und mit Rücksicht auf die Verkehrssitte" zu verstehen ist.[4] Legt der Verkäufer ein Muster oder eine Probe vor, so ist der Vertrag dahin zu verstehen, dass die Ware dieselben Eigenschaften haben soll wie Muster oder Probe. Bei lit. b) geht es schon dem Wortlaut der Vorschrift nach um eine Vertragsvereinbarung. Und wenn keine besonderen Zwecke verfolgt und keine besondere Qualität und Leistung vereinbart wird, dann ist das „Gewöhnliche" oder „Übliche" vereinbart.

10 Die Vermutungstatbestände erweisen sich danach im Grundsatz als keineswegs überraschend, sondern geradezu deklaratorisch. Der Zweck ihrer Normierung liegt denn auch darin, die „Anwendung des Grundsatzes der Vertragsmäßigkeit" zu erleichtern (BE 8 S. 1 VKRL) und in den Mitgliedstaaten **anzugleichen**. Gerade wenn es um die *Auslegung* geht, werden Rechtsstreitigkeiten für die Parteien risikoreich und unsicher; das gilt zumal, wenn unterschiedliche Rechtskulturen beteiligt sind.

11 Für das Verbraucherschutzkonzept der Union ist das Zusammenspiel von der freien Bestimmung der Vertragsmäßigkeit einerseits (oben, Rn. 6) und Vermutungstatbeständen anderer-

---
[4] *Grundmann*, in: ders./Medicus/Rolland (Hrsg.), Europäisches Kaufgewährleistungsrecht (2000), S. 298 f.; *Schlechtriem*, in: Zimmermann/Ernst (Hrsg.), Zivilrechtswissenschaft und Schuldrechtsreform, S. 214 f.

seits von Bedeutung. Sind die Vermutungstatbestände am Üblichen orientiert, so hat der Unternehmer einen Anreiz, eine besondere Abrede über die Vertragsmäßigkeit zu treffen, wenn seine Ware hinter diesem Standard zurückbleibt.[5] Man spricht von *information forcing default rules:* Die Regelung fördert Information über Ware niedrigerer als der üblichen Qualität zutage.

c) Öffentliche Äußerungen

Nach Art. 2 II d) VKRL werden die für die Vertragsgemäßheit maßgeblichen „vernünftigen Verbrauchererwartungen" an Qualität und Leistung mitbestimmt von den „öffentlichen Äußerungen" des Verkäufers, des Herstellers oder seines Vertreters über konkrete Eigenschaften des Gutes, „insbesondere in der **Werbung** oder bei der der **Etikettierung**". Diese Bindung tritt dann nicht ein, wenn der Verkäufer nachweist (Beweislast), dass er die öffentlichen Äußerungen nicht kannte und nicht kennen musste, dass er sie bis zum Vertragsschluss korrigiert hat oder dass die Kaufentscheidung des Verbrauchers davon nicht beeinflusst sein konnte. Mit der Regelung – die für das deutsche Recht ein Novum darstellte – wird zum einen dem Umstand Rechnung getragen, dass die Verbrauchererwartungen (auch: vernünftigerweise) von der Werbung oder anderen öffentlichen Äußerungen mitgeprägt werden. Das gilt schon empirisch unabhängig davon, ob die Werbung vom Verkäufer oder vom Hersteller stammt. Diese Zurechnung ist aber auch normativ begründet: zum einen, weil Vorteile und Lasten der Arbeitsteilung zwischen Hersteller und Verkäufer zusammengehören; zum anderen, weil dem Verkäufer auch aus Gründen des lauteren Geschäftsverkehrs nicht gestattet werden kann, sich hinter dem Hersteller zu verstecken. Im Ansatz lassen sich auch diese Regeln noch als Fall typisierter Vertragsauslegung dogmatisch begründen; s. zum Ganzen auch oben, § 9 Rn. 14.

12

d) Montagefehler und Montageanleitungsfehler

Schuldet der Verkäufer auch die Montage, so stellt auch ein Mangel infolge einer vom Verkäufer zu verantwortenden unsachgemäßen **Montage** eine Vertragswidrigkeit dar, Art. 2 V 1 VKRL. Wohl unzweifelhaft ist ein Montagefehler eine Vertragsverletzung und diese dürfte in jeder Rechtsordnung vertragsrechtliche Rechtsbehelfe auslösen. Der Kern der Regelung besteht daher darin, diese Vertragsverletzung der von der Richtlinie geregelten Kaufgewährleistung zuzuordnen und damit die speziellen kaufrechtlichen Rechtsbehelfe (unten, Rn. 25) zu eröffnen, auch wenn die Vertragswidrigkeit erst nach dem an sich maßgeblichen Zeitpunkt der Lieferung auftritt.

13

---

[5] *Riesenhuber,* in: Grundmann/Kerber/Weatherill (Hrsg.), Party Autonomy and the Role of Information in the Internal Market, S. 348 ff.

14 Nach der sogenannten **IKEA-Klausel** von Art. 2 V 2 VKRL sind Fehler in der Montageanleitung ebenfalls der Vertragswidrigkeit i. S. d. Richtlinie gleichgestellt, wenn die Sache zur Montage durch den Verbraucher bestimmt ist und die unsachgemäße Montage auf den Fehler in der Anleitung zurückzuführen ist. Auch hier geht es darum, die Verletzung einer Nebenleistungspflicht, die zur Vertragswidrigkeit führt, als Verletzung der Pflicht zur vertragsgemäßen Leistung zu behandeln, und zwar unabhängig davon, dass der Defekt der Sache erst nach der Lieferung und zudem durch ein Verhalten des Verbrauchers eintritt.

e) Quantitätsabweichungen, aliud und Rechtsmängel

15 Nicht ausdrücklich geregelt ist, ob die Mehr- oder Minderlieferung, die Lieferung anderer Gegenstände (*aliud*) und Rechtsmängel von Art. 2 VKRL ebenfalls erfasst sind.[6] Der Wortlaut („Eigenschaften", Zweckeignung) spricht eher dagegen, und auch in Art. 35, 41–43 CISG, die als Vorbild dienten, sind diese Fragen eigens geregelt, so dass Schweigen eher als Nichtregelung zu deuten ist. Für die Einbeziehung zumindest der Quantitätsabweichung und auch der nicht schon evidenten Fehllieferung spricht der vom Gesetzgeber verfolgte Zweck, eine einfach zu handhabende Regelung zu schaffen, die praktische Abgrenzungsschwierigkeiten vermeidet.[7]

f) Maßgeblicher Zeitpunkt und Beweislast

16 Die Waren müssen zum Zeitpunkt der Lieferung vertragsgemäß sein, Art. 3 I VKRL. Sachlogisch gilt nur bei Montagefehlern und Montageanleitungsfehlern anderes. Tritt eine Vertragswidrigkeit innerhalb von sechs Monaten nach Lieferung zutage, so wird vermutet, dass sie schon bei Lieferung bestand, der Verkäufer kann das Gegenteil beweisen. Wenn die Vermutung nach der „Art des Gutes oder der Art der Vertragswidrigkeit" nicht passt, ist sie unanwendbar, Art. 5 III VKRL. Die – rechtspolitisch umstrittene –[8] Regelung findet ihre sachliche Rechtfertigung darin, dass der Verkäufer aufgrund seiner Fachkunde regelmäßig eher in der Lage ist, Mängel aufzuklären.

17 Die Vermutungsregelung eröffnet in gewissem Maße Missbrauchsmöglichkeiten (Fälle nicht offensichtlich unsachgemäßer Handhabung). Im Ergebnis hat das zur Folge, dass in Fällen, in denen sich die Aufklärung für den Verkäufer nicht lohnt, letztlich die Gesamtheit der Verbraucher die Kosten der Gewährleistung tragen, da der Verkäufer diese Kosten in den Kaufpreis einberechnen wird.

---

[6] Bejahend *Grundmann*, in: ders./Medicus/Rolland (Hrsg.), Europäisches Kaufgewährleistungsrecht, S. 300 f.; *Schlechtriem*, in: Ernst/Zimmermann (Hrsg.), Zivilrechtswissenschaft und Schuldrechtsreform (2001), S. 213 f.; differenzierend *Riesenhuber*, System und Prinzipien des Europäischen Vertragsrechts, S. 482 f.

[7] KOM(95) 520 endg. III, Begründung zu Art. 2 Abs. 1 = ZIP 1996, 1845, 1850.

[8] Befürwortend *Staudenmayer*, NJW 1999, 2393, 2396; kritisch *Ehmann/Rust*, JZ 1999, 853, 857; *Gsell*, ERPL 1999, 151, 167 f.

2. Gewährleistungsausschluss („keine Vertragswidrigkeit")

In zwei sachlich unterschiedlichen Fällen liegt nach Art. 2 III VKRL schon „keine Vertragswidrigkeit" vor. Das ist zum einen der Fall, wenn der Verbraucher „die Vertragswidrigkeit" bei Vertragsschluss kannte oder vernünftigerweise kennen musste. Hier könnte man dem Wortlaut folgend annehmen, schon die vereinbarte Soll-Beschaffenheit sei entsprechend herabgesetzt (keine Vertragswidrigkeit), und die Ausnahme als Auslegungsregel erklären. Doch greift der Ausschluss auch bei nur einseitiger Kenntnis des Käufers ein, bei der eine Vereinbarung ausgeschlossen ist. Eine rechtsgeschäftliche Erklärung würde zudem auch im Fall des Kennenmüssens scheitern. Treffender erscheint daher, entgegen dem (ohnehin widersprüchlichen) Wortlaut dem Verbraucher die Berufung auf die Vertragswidrigkeit als unredlich zu versagen (*venire contra factum proprium*). Auch daraus folgt, dass man die Sorgfaltsanforderungen des Käufers im Unterfall des Kennenmüssens nicht überspannen darf und mit Rücksicht auf die jeweiligen Verantwortungsbereiche abgrenzen muss. 18

Zum anderen liegt keine Vertragswidrigkeit vor, wenn „die Vertragswidrigkeit" auf den vom Verbraucher gelieferten Stoff zurückzuführen ist. Das betrifft den Werklieferungsvertrag (oben, Rn. 5). Auch diese Ausnahme lässt sich mit dem Verbot widersprüchlichen Verhaltens erklären, hinzu kommt der Sphärengedanke: Der Verbraucher ist „näher daran". Dabei versteht sich, dass eine vertragliche Risikoverteilung der gesetzlichen Regelung vorgeht. Wenn etwa der fachkundige Werkunternehmer dem Verbraucher einen bestimmten Stoff als geeignet vorgeschlagen hat, greift der Ausschluss nicht ein. 19

In Art. 2 III VKRL fehlt eine Unterausnahme vom Gewährleistungsausschluss wegen vorwerfbarer Unkenntnis für den Fall der arglistigen Täuschung des Käufers. Kann man eine solche Unterausnahme nicht schon aus Treu und Glauben als allgemeinem Grundsatz des Unionsprivatrechts ableiten,[9] so überlässt die Richtlinie als Mindestharmonisierung ihre Einführung dem mitgliedstaatlichen Recht. 20

IV. Rechte des Verbrauchers

1. Allgemein

Der Verkäufer haftet dem Verbraucher für jede Vertragswidrigkeit, die bei der Lieferung des Gutes besteht, Art. 3 I VKRL. Der Verbraucher kann nach seiner Wahl die (Wieder-) Herstellung des vertragsgemäßen Zustands durch Nachbesserung oder Ersatzlieferung verlangen oder, wenn diese Ansprüche nicht gegeben sind oder nicht befriedigt werden, Minderung oder Vertragsauflösung. 21

---

[9] So *Grundmann*, AcP 202 (2002), 40, 49.

22 **Herstellung** (Art. 3 III/2 VKRL spricht auch von „Abhilfe"[10]) kann im Wege der Nachbesserung (Reparatur) oder Ersatzlieferung erfolgen. Der Gesetzgeber hebt in Art. 3 II, III VKRL besonders hervor, dass die Herstellung **unentgeltlich** zu leisten ist. Der Verbraucher soll nicht durch drohende Kosten von der Ausübung seiner Gewährleistungsrechte abgeschreckt werden. Nach der (unschön formulierten) Bestimmung des Art. 3 IV VKRL „umfasst [der Begriff ‚unentgeltlich'] die für die Herstellung des vertragsgemäßen Zustands des Verbrauchsgutes notwendigen Kosten, insbesondere Versand-, Arbeits- und Materialkosten". Der EuGH hat den Begriff mit Rücksicht auf den Zweck der Regelung weit ausgelegt. Hat der Verbraucher die gekaufte Ware, z. B. Fliesen oder eine Spülmaschine, eingebaut, so hat der Verkäufer im Fall der Ersatzlieferung auch die **Aus- und Neueinbaukosten** zu tragen.[11] Maßgeblich auf das Erfordernis unentgeltlicher Herstellung hat der Gerichtshof auch die Auslegung gestützt, im Fall der Ersatzlieferung könne der Verkäufer keinen **Wertersatz für die zwischenzeitliche Nutzung** verlangen.[12] Die Herstellung muss innerhalb einer angemessenen Frist und ohne erhebliche Unannehmlichkeiten für den Verbraucher erfolgen, Art. 3 III/3 VKRL.

23 **Minderung** bedeutet die verhältnismäßige Herabsetzung des Kaufpreises. Ihr kommt grundlegende Bedeutung zu, da auf diese Weise das Äquivalenzverhältnis erhalten bleibt. Nach Art. 3 V VKRL ist die Minderung nicht nur Ausgleich für die Vertragswidrigkeit der Ware (so, wenn der Verbraucher keinen Anspruch auf Herstellung hat). Minderung kann der Verbraucher auch verlangen, wenn der Verkäufer nicht innerhalb angemessener Frist oder nicht ohne erhebliche Unannehmlichkeiten (z. B. Reparaturlärm, Lösungsmittelgeruch, vertane Freizeit) Abhilfe geschaffen hat. Das Äquivalenzverhältnis wird damit in einem weiteren Sinne verstanden. Dem liegt der Gedanke zugrunde, dass der Verbraucher so zu stellen ist, als hätte er von Anfang an eine vertragsgemäße Sache erhalten.[13]

24 Das Recht auf **Schadensersatz** regelt die Richtlinie nicht. Schadensersatzansprüche des Verbrauchers sind damit aber selbstverständlich nicht ausgeschlossen, sondern bleiben – als außerhalb des Regelungsbereichs liegend – den Mitgliedstaaten überlassen.

2. Rangfolge der Rechtsbehelfe

25 Die vier Rechtsbehelfe stehen in einer Stufenfolge. **Herstellung geht vor** Minderung und Vertragsauflösung: der Verbraucher kann „zunächst" nur Nachbesserung

---

[10] Den in der deutschen Sprachfassung gewählten Begriff der „Abhilfe" verwendet der Gesetzgeber nicht konsistent. Ist Abhilfe hier Oberbegriff für Nachbesserung und Ersatzlieferung, so wird der Begriff in Art. 1 II e) VKRL in einem weiteren Sinne verwandt.

[11] EuGH verb. Rs. C-65/09 und C-87/09 *Weber und Putz*, Slg. 2011, I-5257. Zur umstrittenen dogmatischen Einordnung nur *Harke*, ZGS 2011, 536 ff. (Systemwidrigkeit einer Schadensersatzlösung auch auf Ebene des Europäischen Vertragsrechts; für Einordnung als Aufwendungsersatz).

[12] EuGH Rs. C-404/06 *Quelle*, Slg. 2008, I-2685.

[13] Vgl. EuGH Rs. C-404/06 *Quelle*, Slg. 2008, I-2685 Rn. 40 f.

IV. Rechte des Verbrauchers

oder Ersatzlieferung verlangen, Art. 3 III/1 VKRL. Zwischen den beiden Formen der Herstellung kann der Verbraucher mit der Einschränkung wählen, „sofern dies nicht unmöglich oder unverhältnismäßig ist". Eine Abhilfe gilt als unverhältnismäßig, wenn sie verglichen mit der alternativen Abhilfemöglichkeit unzumutbar wäre; s. näher Art. 3 III/2 VKRL.

Minderung oder Vertragsauflösung kann der Verbraucher nur wählen, wenn sowohl Nachbesserung als auch Ersatzlieferung unmöglich oder unverhältnismäßig sind oder wenn der Verkäufer nicht in angemessener Zeit oder Art und Weise Abhilfe geschaffen hat (Art. 3 V VKRL). Anders als nach Art. 49 CISG ist die Vertragsauflösung aber nicht als höchst nachrangig ausgestaltet: Die Wahl zwischen Minderung und Vertragsauflösung steht dem Verbraucher grundsätzlich frei mit der Einschränkung nur, dass die Vertragsauflösung bei **geringfügigen** Vertragswidrigkeiten ausgeschlossen ist, Art. 3 VI VKRL. Anders als das CISG geht die VKRL von regelmäßig kleineren Geschäften von Verbrauchern aus, denen es nicht zuzumuten wäre, die Auflösung noch weitergehend nachrangig zu gestalten. 26

3. Kumulation und Variation der Rechtsbehelfe

Nachbesserung und Ersatzlieferung sind Alternativen der „Herstellung", zwischen denen der Verbraucher, wenn beide nicht unmöglich oder unverhältnismäßig sind, frei wählen kann. Die Richtlinie gibt nicht vor, dass ihn die Wahl bindet, schließt das aber auch nicht aus. Soweit Nachbesserung oder Ersatzlieferung erfolgreich sind, schließen sie die anderen Rechtsbehelfe aus. Eine Minderung kommt daneben in Betracht, wenn die Abhilfe nicht fristgerecht oder nicht ohne erhebliche Unannehmlichkeiten erfolgt ist, Art. 3 V VKRL. Vertragsaufhebung kommt auch noch in Betracht, wenn die Abhilfe sich nachträglich als unmöglich oder unverhältnismäßig erweist oder nicht fristgerecht oder ohne erhebliche Unannehmlichkeiten erfolgt. 27

4. Fristen

Der Verkäufer haftet, wenn die Vertragswidrigkeit binnen zwei Jahren nach der Lieferung der Ware offenbar wird, Art. 5 II 1 VKRL („**Mängelauftretensfrist**"). Wenn die Käuferrechtsbehelfe nach nationalem Recht der **Verjährung** unterliegen, so darf diese nicht kürzer bemessen sein, Art. 5 II 2 VKRL. 28

Die Mitgliedstaaten können vorsehen, dass der Verbraucher die von der Richtlinie vorgesehenen Rechte nur geltend machen kann, wenn er den Unternehmer innerhalb von zwei Monaten, nachdem er die Vertragswidrigkeit festgestellt hat, davon unterrichtet hat (**optionale Rügeobliegenheit**). 29

5. Unabdingbarkeit

30 Die richtliniendeterminierten Rechte – sowohl die Rechtsbehelfe als solche als auch die Fristen – können vertraglich im **Grundsatz** nicht eingeschränkt werden, Art. 7 I/1 VKRL. Eine Einschränkung ist weder durch „Vertragsklauseln" möglich noch durch „mit dem Verkäufer vor dessen Unterrichtung über die Vertragswidrigkeit getroffene Vereinbarungen". Die Unterscheidung dürfte anfängliche und nachträgliche Vereinbarungen bezeichnen: „Vertragsklauseln" im Kaufvertrag und nachträgliche vertragliche Abreden.

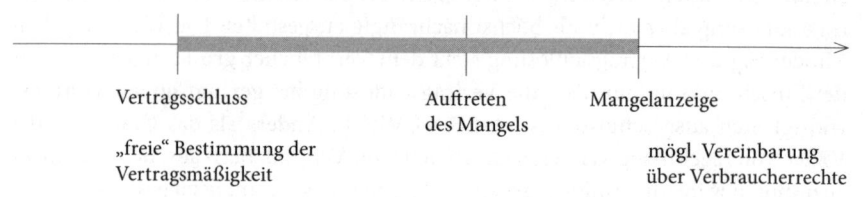

Vertragsschluss	Auftreten des Mangels	Mangelanzeige
„freie" Bestimmung der Vertragsmäßigkeit		mögl. Vereinbarung über Verbraucherrechte

31 Wenn nur Vereinbarungen **vor Mangelanzeige** unwirksam sind, heißt das umgekehrt, dass der Verbraucher danach auf seine Rechte verzichten kann, etwa durch Beschränkung auf einen bestimmten Rechtsbehelf oder durch vollständigen Verzicht auf Rechtsbehelfe gegen Gewährung eines anderen Vorteils („Gutschein", Preisnachlass auf andere Ware). Dass dies nach Mangelanzeige möglich ist, kann einen guten Sinn haben, denn dann können beide Parteien einschätzen, was auf dem Spiel steht.[14]

32 Die Disposition über die Rechtsbehelfe ist demnach **nur temporär ausgeschlossen**, nicht vollständig. Sie ist zudem im Zusammenhang mit dem subjektiven Fehlerbegriff (oben, Rn. 6) zu sehen. Sind auch die Gewährleistungsrechte und -fristen unabdingbar, so steht den Parteien doch frei, die Vertragsmäßigkeit einvernehmlich festzulegen und auf diesem gleichsam mittelbaren Wege über die Mangelhaftung des Verkäufers zu disponieren.

33 Die Gewährleistungsfrist ist für Neuwaren stets (anfänglich) unabdingbar. Für **Gebrauchtwaren** können die Mitgliedstaaten eine vertragliche Abkürzung auf bis zu ein Jahr zulassen, Art. 7 I/2 VKRL.

34 **Rechtspolitisch** ist die Unabdingbarkeit der Gewährleistungsrechte höchst umstritten.[15] Kritisch wird eingewandt, die Kaufgegenstände seien für eine solche Einheitslösung zu verschieden. Das illustriert das Beispiel des Gebrauchtwagenkaufs, bei dem ein Gewährleistungsausschluss gute Gründe haben kann und die Dispositionsmöglichkeit außerdem ein differenziertes Marktangebot zu differenzierten Preisen ermöglicht (mit und ohne „Werkstattgarantie"). Außerdem sieht man zwingende Gewährleistungsrechte als unnötig an, weil schon die Inhaltskontrolle nach der Klauselrichtlinie den gebotenen Schutz gewähre. Ein Schutz des Verbrauchers vor Disposition durch Individualvereinbarung sei nicht nötig.

---

[14] *Riesenhuber*, System und Prinzipien des Europäischen Vertragsrechts, S. 491 f.
[15] S. nur *Wagner*, Zwingendes Vertragsrecht, in: Eidenmüller et al., Revision des Verbraucher-*acquis*, S. 35 ff.

V. Garantien

Garantie ist nach der Definition von Art. 1 II e) VKRL „jede von einem Verkäufer oder Hersteller gegenüber dem Verbraucher ohne Aufpreis eingegangene Verpflichtung, den Kaufpreis zu erstatten, das Verbrauchsgut zu ersetzen oder nachzubessern oder in sonstiger Weise Abhilfe zu schaffen, wenn das Verbrauchsgut nicht den in der Garantieerklärung oder in der einschlägigen Werbung genannten Eigenschaften entspricht". Hier geht es also nicht um *gesetzliche* Rechte des Verbrauchers, sondern um *privatautonom begründete* Rechte. Im Regelfall wird es sich um einen Garantievertrag handeln. Art. 6 I VKRL gibt indes nur vor, dass die Garantie denjenigen, der sie *anbietet*, bindet, so dass nach nationalem Recht auch eine Bindung durch einseitige Erklärung in Betracht kommen kann; von der Richtlinie vorgegeben ist das indes nicht. Die Garantie bindet denjenigen, der sie anbietet, zu den in der Erklärung und der „einschlägigen Werbung" angegebenen Bedingungen, Art. 6 I VKRL. 35

Art. 6 II–IV VKRL macht darüber hinaus nähere Vorgaben für die **Ausgestaltung** der Garantie: die inhaltliche Darstellung, einen Nachweisanspruch des Verbrauchers und eine optionale Sprachvorschrift. Dem Zweck dieser Bestimmungen entsprechend, dem Verbraucher ergänzenden Schutz zu gewähren, beeinträchtigt die Nichterfüllung dieser Garantie-Nebenpflichten nicht die Garantie selbst, vielmehr kann der Verbraucher Erfüllung verlangen, Art. 6 V VKRL. Im Einzelnen muss die Garantieerklärung zunächst darlegen, dass der Verbraucher gesetzliche Rechte hat und diese, ihrer zwingenden Natur entsprechend (oben, Rn. 35) von der Garantie nicht berührt werden; das dient dem Schutz vor Irreführung. Der Inhalt der Garantie und die für ihre Inanspruchnahme nötigen Angaben sind in einfachen und verständlichen Formulierungen darzulegen; Art. 6 II Nr. 2 VKRL. Optional können die Mitgliedstaaten für im Inland in Verkehr gebrachte Waren vorschreiben, dass die Garantie in bestimmten Amtssprachen der Union abzufassen ist, Art. 6 IV. Der Verbraucher hat einen Nachweisanspruch (s. allgemein § 7 Rn. 28): Die Garantie muss ihm auf Wunsch schriftlich zur Verfügung gestellt werden oder auf einem anderen dauerhaften Datenträger zur Verfügung stehen und ihm zugänglich sein, Art. 6 III VKRL. 36

VI. Rückgriffsrechte

Gleichzeitig wie ein integraler Bestandteil und wie ein Fremdkörper wirkt die zentral lozierte Regelung über den Rückgriff des Verkäufers. Ist einer der Vorleute des Letztverkäufers, der Hersteller oder ein Zwischenhändler, für den Mangel verantwortlich, so wird das Haftungssystem im Grundsatz erst durch die Rückgriffsmöglichkeit des Letztverkäufers „rund". Gibt die Richtlinie eine verschärfte Haftung des Verkäufers gegenüber dem Verbraucher vor, so liegt es nahe, auch an dessen 37

Rückgriff zu denken. Indes geht es bei der Haftung des Letztverkäufers um Verbrauchervertragsrecht, beim Regress hingegen um das Verhältnis von Unternehmen untereinander. Für eine zwingende Regelung ist beim Regress daher kein Grund, zwischen Unternehmern herrscht grundsätzlich Vertragsfreiheit. Insbesondere lässt sich nicht sagen, dass in der Lieferkette von Händler, Zwischenhändler(n), Letztverkäufer und Verbraucher eine Reihe abnehmender Vertrags- oder Verhandlungsmacht vorliege, die es rechtfertigen könnte, auch noch den Letztverkäufer gegenüber seinen Vorleuten besonders zu schützen.[16] So gibt denn auch Art. 4 VKRL nur einen dispositiven Grundsatz vor und lässt es im Übrigen bei der Vertragsfreiheit der Parteien, BE 9 S. 3, 4 VKRL.

38 Haftet der Letztverkäufer dem Verbraucher für eine Vertragswidrigkeit, die der Hersteller, ein Zwischenhändler oder eine andere Zwischenperson, z. B. ein Transporteur, verursacht hat, so kann er innerhalb der Vertragskette Rückgriff nehmen, Art. 4 S. 1 VKRL. Gegen wen und nach welchen Regeln er Rückgriff nehmen kann („Vorgehen und Modalitäten"), regelt das nationale Recht der Mitgliedstaaten, Art. 4 S. 2 VKRL.

---

[16] Grundmann/Bianca/*Bridge*, Art. 4 VKRL Rn. 7.

§ 12 Verbraucherkreditrichtlinie

Literatur: *Ady/Paetz*, Die Umsetzung der Verbraucherkreditrichtlinie in deutsches Recht und besondere verbraucherpolitische Aspekte, WM 2009, 1061 ff.; *Franck*, Bessere Kreditkonditionen für Verbraucher durch mehr Regulierung?, ZBB 2003, 334 ff.; *Freitag*, Vorzeitige Rückzahlung und Vorfälligkeitsentschädigung nach der Reform der Verbraucherkreditrichtlinie, ZIP 2008, 1102 ff.; *Gsell/Schellhase*, Vollharmonisiertes Verbraucherkreditrecht, JZ 2009, 20 ff.; *Herresthal*, Die Verpflichtung zur Bewertung der Kreditwürdigkeit und zur angemessenen Erläuterung nach der neuen Verbraucherkreditrichtlinie 2008/48/EG, WM 2009, 1174 ff.; *Chr. Hofmann*, Die neue Erläuterungspflicht des § 491a III BGB, BKR 2010, 232 ff.; *ders.*, Die Pflicht zur Bewertung der Kreditwürdigkeit, NJW 2010, 1782 ff.; *M. Hofmann*, Die Reform der Verbraucherkredit-Richtlinie (87/102/EWG) (2007); *Metz*, Erläuterungen bei Verbraucherkrediten, NJW 2012, 1990 ff.; *Nobbe*, Neuregelungen im Verbraucherkreditrecht, WM 2011, 625 ff.; *Riehm/Schreindorfer*, Das Harmonisierungskonzept der neuen Verbraucherkreditrichtlinie, GPR 2008, 244 ff.; *Riesenhuber*, Information – Beratung – Fürsorge, ZBB 2003, 325 ff.; *Rink*, Effektiver Jahreszins – eine effektive Information?, VuR 2011, 12 ff.; *Rott*, Die neue Verbraucherkreditrichtlinie 2008/48/EG und ihre Auswirkungen auf das deutsche Recht, WM 2008, 1104 ff.; *ders./Terryn/Twigg-Flesner*, Kreditwürdigkeitsprüfung: Verbraucherschutzverhinderung durch Zuweisung zum Öffentlichen Recht?, VuR 2011, 163 ff.; *Wendehorst*, Das deutsche Umsetzungskonzept für die neue Verbraucherkreditrichtlinie, ZEuP 2011, 263 ff.

I. Sachfragen

Verbraucherkredite werden regelmäßig in Anspruch genommen, um konkrete Kauf- oder Dienstleistungswünsche kurzfristig zu befriedigen. Die Aussicht auf schnelle Bedürfnisbefriedigung und die Verschiebung der damit verbundenen Belastungen begründen offenbar besondere **Verlockungen**, die eine informierten Marktentscheidung über die passenden Produkte und die günstigsten Angebote erschweren. Hinzu kommt, dass Verbraucher offenbar ihre Fähigkeit, Kredite zurückzuzahlen, systematisch überschätzen; Verhaltensökonomen sprechen von einem *overconfidence bias*. Das Eigeninteresse der Kreditgeber (und ihre aufsichtsrechtliche Pflicht), Kredite nur zu vergeben, wenn auch die Rückzahlung gesichert ist, hat sich nicht immer als ausreichender Schutz erwiesen. Auf Seiten der Kreditgeber besteht eine Gefahr „verantwortungsloser" Kreditvergabe ohne Rücksicht auf die Präferenzen und Bedürfnisse des Verbrauchers und ohne ausreichende Kreditwürdigkeitsprüfung. 1

2   Aus Sicht des **Binnenmarktes** handelt es sich bei Verbraucherkrediten zunächst um ein bedeutsames Marktsegment. Anerkennt man ein berechtigtes Allgemeininteresse am Verbraucherschutz (soeben, Rn. 1), so können disparate nationale Regelungen nicht nur zu Wettbewerbsverzerrungen, sondern auch zu einer Unübersichtlichkeit führen, die sowohl für Kreditgeber als auch für Verbraucher hinderlich ist. Insbesondere unterschiedliche Methoden zur Berechnung der Kreditkosten: Zinsen und andere Kosten, also des Preises, erschweren den Vergleich von Angeboten.

3   Die **Zwecke** der ursprünglichen Verbraucherkreditrichtlinie von 1987 waren daher die Errichtung eines „gemeinsamen Verbraucherkreditmarktes" und der Verbraucherschutz.[1] Diesen Zielen dient auch die sie ersetzende Verbraucherkreditrichtlinie von 2008. Anders als die ursprüngliche Richtlinie, die nur eine Mindestharmonisierung enthielt, begründet die aktuelle Verbraucherkreditrichtlinie[2] jetzt eine **Vollharmonisierung**, Art. 22 I VerbrKrRL.[3] Die im nationalen Recht der Mitgliedstaaten vorgesehenen strengeren Vorschriften hatten sich als neue Wettbewerbsverzerrungen erwiesen, die auch für Verbraucher nachteilig sein konnten (BE 4 VerbrKrRL). „Eine vollständige Harmonisierung ist notwendig, um allen Verbrauchern in der Gemeinschaft ein hohes und vergleichbares Maß an Schutz ihrer Interessen zu gewährleisten und um einen echten Binnenmarkt zu schaffen", BE 9 VerbrKrRL. Freilich bleiben einige wichtige Regelungsbereiche von der Rechtsangleichung vollständig ausgenommen, z. B. der Kreditwucher (vgl. auch BE 9 VerbrKrRL).

4   Die Verbraucherkreditrichtlinie findet Anwendung auf eine Fülle unterschiedlicher Gestaltungen und enthält für bestimmte **Formen des Verbraucherkredits** Sonderregeln; s. z. B. für Kreditverträge in Form einer Überziehungsmöglichkeit (Art. 3 d), 2 III VerbrKrRL) oder in Form einer Überschreitung (Art. 3 e), 2 IV VerbrKrRL); für Kredite von genossenschaftlichen Organisationen (Art. 2 V VerbrKrRL). Sie enthält nicht nur Bestimmungen für Kreditgeber (Art. 3 b) VerbrKrRL), sondern auch für Kreditvermittler (BE 16 f.; Art. 3 f); 5 I, VI, 6 I, 7, 21 VerbrKrRL). In der folgenden Darstellung stehen die Grundlinien der Regelung über den Kreditvertrag zwischen Kreditgeber und Verbraucher sowie die zentralen vertragsrechtlichen Schutzinstrumente im Vordergrund.

II. Anwendungsbereich

5   Die Verbraucherkreditrichtlinie ist auf Verbraucherkreditverträge anwendbar: Kreditverträge, die ein Kreditgeber und ein Verbraucher schließen. Dabei ist der

---

[1] EuGH Rs. C-208/98 *Berliner Kindl*, Slg. 2000, I-1741 Rn. 20; Rs. C-264/02 *Cofinoga Mérignac*, Slg. 2004, I-2157 Rn. 25; Rs. C-429/05 *Rampion*, Slg. 2007, I-8017 Rn. 59; Rs. C-509/07 *Scarpelli*, Slg. 2009, I-3311 Rn. 20.
[2] Zur Reform M. *Hofmann*, Die Reform der Verbraucherkredit-Richtlinie (87/102/EWG) (2007).
[3] Zu verbleibenden Regelungsspielräumen der Mitgliedstaaten und zum Konzept der Vollharmonisierung *Gsell/Schellhase*, JZ 2009, 20 ff.; *Riehm/Schreindorfer*, GPR 2008, 244 ff.

II. Anwendungsbereich

Kreditgeber ein **Unternehmer** i. S. der geläufigen Definition (§ 5 Rn. 7): eine natürliche oder juristische Person, die in Ausübung ihrer gewerblichen oder beruflichen Tätigkeit einen Kredit gewährt oder zu gewähren verspricht, Art. 3 b) VerbrKrRL. **Verbraucher** ist eine natürliche Person, die bei den von dieser Richtlinie erfassten Geschäften zu einem Zweck handelt, der nicht ihrer beruflichen oder gewerblichen Tätigkeit zugerechnet werden kann, Art. 3 a) VerbrKrRL. Auch das entspricht der üblichen Definition (§ 5 Rn. 9).

Sachlich ist die Richtlinie auf **Kreditverträge** anwendbar, Art. 2 I VerbrKrRL. Kreditvertrag ist nach der Definition von Art. 3 c) VerbrKrRL ein „Vertrag, bei dem ein Kreditgeber einem Verbraucher einen Kredit in Form eines Zahlungsaufschubs, eines Darlehens oder einer sonstigen ähnlichen Finanzierungshilfe gewährt oder zu gewähren verspricht; ausgenommen sind Verträge über die wiederkehrende Erbringung von Dienstleistungen oder über die Lieferung von Waren gleicher Art, bei denen der Verbraucher für die Dauer der Erbringung oder Lieferung Teilzahlungen für diese Dienstleistungen oder Waren leistet". Umstritten ist, ob der Schuldbeitritt als Kreditvertrag anzusehen oder diesem gleichzustellen ist.[4]

6

Eine lange Liste von speziellen Kreditverträgen sind allerdings vom Anwendungsbereich der Richtlinie **ausgenommen**, Art. 2 II VerbrKrRL.[5] Das gilt insbesondere für Hypothekarkredite (lit. a); Kreditverträge zum Immobilienerwerb (lit. b); Kleinkredite unter 200 € und Großkredite über 75.000 € (lit. c); Miet- und Leasingverträge ohne Erwerbspflicht (hier steht das Entgelt für die Gebrauchsgewährung im Vordergrund) (lit. d); für Kreditverträge in Form von kurzfristigen Überziehungsmöglichkeiten (lit. e); zins- und gebührenfreie Kreditverträge mit einer Laufzeit von nicht mehr als drei Monaten (lit. f); Arbeitnehmerkredite, die der Arbeitgeber als Nebenleistung zinsfrei oder zu einem unter dem Marktüblichen liegenden effektiven Jahreszins gewährt (hier steht das Arbeitsverhältnis im Vordergrund) (lit. g); Kreditverträge, die Ergebnis eines Vergleichs vor einem Richter sind (lit. i); Kreditverträge in Form einer unentgeltlichen Stundung einer bestehenden Forderung (lit. h); Kreditverträge, die den Verbraucher zur Übergabe eines Pfandgegenstands verpflichten, auf den sich die Haftung auch beschränkt („Pfandleihe") (lit. k); Kreditverträge über Darlehen, die einem begrenzten Kundenkreis im Rahmen gesetzlicher Bestimmungen im Gemeinwohlinteresse zinslos oder unter marktüblichen Konditionen gewährt werden (lit. l). Die Ausnahmen sind unterschiedlich begründet. Teils ist der Verbraucher nicht schutzbedürftig, sei es aus tatsächlichen Gründen oder weil andere Schutzmechanismen bestehen. Teils passen die von der Richtlinie vorgesehenen Schutzinstrumente nicht. Für Kreditverträge in Form einer (nicht nur kurzfristigen) Überziehungsmöglichkeit und in Form von Überschreitung gelten nur einzelne Vorschriften, Art. 2 III, IV VerbrKrRL (zur Definition Art. 3 d), e) VerbrKrRL).

7

---

[4] *Rott*, WM 2009, 1104, 1106.
[5] Näher *Rott*, WM 2009, 1104, 1106 f.

III. Grundkonzepte

1. Grundlage: Effektiver Jahreszins

8 Die Schutzinstrumente der Richtlinie sind zu einem wesentlichen Teil auf die informierte **Selbstbestimmung am Markt** ausgerichtet. Ein zentrales Schutzinstrument ist dabei der effektive Jahreszins.[6] Der effektive Jahreszins bezeichnet „die Gesamtkosten des Kredits für den Verbraucher, die als jährlicher Prozentsatz des Gesamtkreditbetrags ausgedrückt sind", Art. 3 i) VerbrKrRL. Einzelheiten der Berechnung sind in Art. 19 der Richtlinie geregelt. Welche Kosten für den Verbraucher mit einem Kreditvertrag verbunden sind, kann man ganz unterschiedlich berechnen. Zu den eigentlichen Zinsen können noch weitere Rechnungsposten kommen: Abschluss- oder Bearbeitungsgebühren, Kontoführungsgebühren u. dgl. Wenn aber unterschiedliche Anbieter die Kreditkosten unterschiedlich berechnen, erschwert das dem Verbraucher den Marktvergleich. Die unionsweit einheitliche Definition des „effektiven Jahreszinses", mit der ins Einzelne gehende Vorgaben für seine Berechnung gemacht werden, ermöglicht den Preisvergleich[7] und eröffnet so den Markt in gewisser Weise erst. Wettbewerbsverzerrungen werden beseitigt und der Wettbewerb der Anbieter wird verstärkt. Die Informationsregeln greifen den effektiven Jahreszins als die zentrale Kreditbedingung wiederholt auf.

2. Der Grundsatz der „verantwortungsvollen Kreditvergabe"?

9 Verantwortungsvolle Kreditvergabe bedeutet im Kern, dass der Kreditgeber nur dann einen Kredit vergibt, wenn er seriös mit der vereinbarten Rückzahlung rechnen kann. Kredite sollen nur an kreditwürdige Verbraucher vergeben werden, und der Kreditgeber sollte prozedural sicherstellen, dass dies beachtet wird. Verantwortungsvolle Kreditvergabe ist in erster Linie ein Gebot im Eigeninteresse des Kreditgebers. Verantwortungsvolle Kreditvergabe entspricht aber auch den wohlverstandenen Interessen des Verbrauchers (selbst wenn es im Einzelfall bedeutet, dass sein Kreditwunsch nicht erfüllt werden kann).

10 Im Zuge der Reform der Verbraucherkreditrichtlinie war **umstritten**, inwieweit der Grundsatz der verantwortungsvollen Kreditvergabe darin als eine privatrechtliche Bindung des Kreditgebers gegenüber dem Verbraucher verankert werden sollte. In der verabschiedeten Fassung ist der Grundsatz zwar noch erkennbar, allerdings nicht als allgemeine Regelung des verfügenden Teils, sondern nur als ein in den Begründungserwägungen genanntes Prinzip, das einzelnen Bestimmungen der Richtlinie zugrunde liegt. BE 26 spricht von der Aufgabe der Mitgliedstaaten, „geeignete Maßnahmen zur Förderung *verantwortungsvoller Verfahren* in allen Phasen der Kreditvergabe [zu] ergreifen" (Hervorhebung hinzugefügt). Dies schließt eine Kreditwürdigkeitsprüfung in jedem Einzelfall ein, für deren Zwecke Auskünf-

---

[6] EuGH Rs. C-264/02 *Cofinoga Mérignac*, Slg. 2004, I-2157 Rn. 26 ff. (zur VerbrKrRL 1987).

[7] Näher *Rink*, VuR 2011, 12 ff. (nach unterschiedlichen Produkten differenzierend und mit Hinweis auf die unterschiedliche Aussagekraft des effektiven Jahreszinses als Kennzahl).

III. Grundkonzepte

te der Verbraucher einzuholen sind. Ganz im Vordergrund steht die Verpflichtung des Kreditgebers, erst am Schluss weist der Gesetzgeber darauf hin: „Auch die Verbraucher sollten mit Umsicht vorgehen und ihre vertraglichen Verpflichtungen erfüllen."[8] Weitergehende Beratungspflichten, die der Gesetzgeber zunächst erwogen hatte,[9] sind indes nicht Gesetz geworden.

Der Kreditgeber ist gebunden, vor Abschluss des Kreditvertrages oder nachträglicher deutlicher Erhöhung des Gesamtkreditbetrags die **Kreditwürdigkeit** des Verbrauchers anhand ausreichender Informationen zu **bewerten**, Art. 8 VerbrKrRL. Die erforderlichen Informationen holt er gegebenenfalls beim Verbraucher ein, soweit erforderlich überprüft er die Kreditwürdigkeit anhand von Auskünften „aus der in Frage kommenden Datenbank", also von den einschlägigen Wirtschaftsauskunfteien wie in Deutschland der *Schufa*. Um das zu ermöglichen, haben die Mitgliedstaaten bei grenzüberschreitenden Krediten sicherzustellen, dass Kreditgeber aus anderen Mitgliedstaaten diskriminierungsfrei Zugang zu den nationalen Datenbanken haben, Art. 9 I VerbrKrRL. 11

Diese Verpflichtungen werfen datenschutzrechtliche Fragen auf. Insoweit verweist Art. 9 IV VerbrKrRL auf die **Datenschutzrichtlinie**. Absätze 2 und 3 enthalten ergänzende Vorschriften zur Unterrichtung des Verbrauchers, falls ein Kreditantrag aufgrund einer Datenbankabfrage abgelehnt wird. 12

Unsicher ist, ob der Gesetzgeber diese Pflicht ausschließlich im **öffentlichen Interesse** (insbesondere im Interesse des Institutionen- oder Systemschutzes) statuiert hat[10] oder auch im **privaten Interesse der einzelnen Verbraucher**[11]. Für eine auch individualschützende Zwecksetzung spricht der Umstand, dass die Kreditwürdigkeitsprüfung in Kapitel II der Richtlinie über „Informationspflichten und vorvertragliche Pflichten" niedergelegt ist. Dagegen indes, dass der Verbraucher in Art. 8 VerbrKrRL – anders als in den Vorschriften der Art. 5 I, 6 I VerbrKrRL über vorvertragliche Information – nicht als Gläubiger genannt ist. Auch die Tatsache, dass der Gesetzgeber in der verabschiedeten Fassung nicht mehr an der früher vorgeschlagenen individualrechtlichen Ausgestaltung[12] festgehalten hat, spricht gegen eine individualschützende Zwecksetzung. In dieselbe Richtung weisen der Grundsatz der Privatautonomie und das Leitbild des mündigen Verbrauchers. 13

Die Festlegung der **Rechtsfolgen** der Pflichtverletzung überlässt die Richtlinie im Rahmen der Umsetzungspflichten (§ 1 Rn. 35) den Mitgliedstaaten, Art. 23 VerbrKrRL. Eine *Bindung* zur individualrechtlichen Umsetzung kann sich unter diesen Umständen nur aus den Umsetzungspflichten ergeben, dem Äquivalenzprinzip und dem Effektivitätsprinzip. Wenn man der Kreditwürdigkeitsprüfung einen „öffentlichen" Zweck mit bloß individualschützender Reflexwirkung beilegt, ist auch 14

---

[8] Krit. *Riesenhuber*, in: ders. (Hrsg.), Das Prinzip der Selbstverantwortung, S. 213, 227 ff.
[9] Vgl. KOM(2002) 443 endg. Krit. *Riesenhuber*, ZBB 2003, 325, 328 ff.
[10] So *Herresthal*, WM 2009, 1174, 1176; *Nobbe*, WM 2011, 625, 629 f.
[11] So *Hofmann*, NJW 2010, 1782 ff.; *Rott/Terryn/Twigg-Flesner*, VuR 2011, 163 ff.
[12] So noch KOM(2002) 443 endg.

eine individualrechtliche Sanktion nicht geboten. Eine vorvertragliche Aufklärungs- oder Hinweispflicht und entsprechende Sanktionen (z. B. §§ 280 I, 311 II, 241 II BGB) sind daher von der Richtlinie nicht geboten.[13]

IV. Vorvertragliche Information

1. Werbung

15 Für die Werbung des Kreditgebers macht die Richtlinie keine allgemeinen Vorschriften. Nur wenn in der Werbung für Kreditverträge Zinssätze oder sonstige, auf die Kosten eines Kredits für den Verbraucher bezogene Zahlen genannt werden (**Kostenwerbung**), muss die Werbung zusätzlich einen Katalog von **Standardinformationen** enthalten, Art. 4 I/1 VerbrKrRL. Diese Standardinformationen umfassen den Sollzinssatz (definiert in Art. 3 j), den Gesamtkreditbetrag (Art. 3 l), den effektiver Jahreszins (Art. 3 i); s. o. Rn. 8), ggf. die Laufzeit sowie, bei Kredit in Form von Zahlungsaufschub für die Ware oder Dienstleistung, den Barzahlungspreis. Sie sind „in klarer, prägnanter und auffallender Art und Weise anhand eines repräsentativen Beispiels" darzustellen, Art. 4 II VerbrKrRL. Ist die Vereinbarung einer Nebenleistung wie z. B. einer Restschuldversicherung Voraussetzung für die Inanspruchnahme des Kredits zu den angegebenen Bedingungen, so ist auch darauf deutlich hinzuweisen, Art. 4 III VerbrKrRL. Diese Pflichten treten zu den allgemeinen Lauterkeitspflichten nach der UGP-Richtlinie hinzu, Art. 4 IV VerbrKrRL.

16 Es entspricht dem Grundkonzept der Richtlinie, bei Kostenwerbung in formalisierter Weise bestimmte Angaben zu verlangen, um die Vergleichbarkeit und damit (auch grenzüberschreitend) einen funktionierenden Markt zu gewährleisten. Umgekehrt bleibt es bei einem Rest der Selbstverantwortung, wenn diese Angaben nur bei Kostenwerbung verlangt und dem Verbraucher damit freigestellt wird, sich bei der Auswahl des Kreditgebers von anderen als Kostengesichtspunkten leiten zu lassen.

2. Vorvertragliche Informationspflichten

17 Die eigentlichen vorvertraglichen Informationen sind nach der Richtlinie durch das Modell der „**Europäischen Standardinformation**" grundsätzlich formalisiert, doch werden diese durch eine individualisierte Erläuterungspflicht ergänzt. Der Kreditgeber[14] ist verpflichtet, dem Verbraucher auf der Grundlage der von ihm *angebotenen Kreditbedingungen* sowie etwaiger vom Verbraucher geäußerter *Präferenzen* und vorgelegten *Auskünfte* die Informationen zu geben, die er benötigt, um

---

[13] Ebenso *Herresthal*, WM 2009, 1174, 1176. A. M. *Hofmann*, NJW 2010, 1782 ff.; *Rott*, WM 2009, 1104, 1109 f.

[14] Eine entsprechende Pflicht trifft, teleologisch überzeugend, den Kreditvermittler.

IV. Vorvertragliche Information

konkurrierende Angebote zu vergleichen und eine fundierte Entscheidung zu treffen, ob er einen Kreditvertrag abschließen will, Art. 5 I/1 1 VerbrKrRL. Wie die anschließenden Vorschriften deutlich machen, handelt es sich dabei aber entgegen dem Wortlaut nicht um eine Generalklausel, die im Einzelfall zu konkretisieren wäre: Die Information ist „mittels des Formulars ‚Europäische Standardinformationen für Verbraucherkredite'" (abgedruckt in Anhang II VerbrKrRL) zu erteilen, und wenn der Kreditgeber dieses Formular vorgelegt hat, gelten die Informationspflichten als erfüllt, Art. 5 I/1 2, 3 VerbrKrRL.

Die vorvertraglichen Informationen müssen nach Art. 5 I/2 VerbrKrRL insbesondere folgende **Inhalte** umfassen: die Art des Kredits (lit. a), Identität und Anschrift des Kreditgebers (lit. b), Gesamtbetrag und Laufzeit des Kredits (lit. c) und d), Sollzins und effektiven Jahreszins (lit. e) und f), Bedingungen und Verfahren der Beendigung des Vertrags (lit. g), Verzugszinsen (lit. i), eine Belehrung über die Pflicht zur Unterrichtung über eine Datenbankabfrage gem. Art. 9 II (lit. j) und den Zeitraum, für den der Kreditgeber an die vorvertraglichen Informationen gebunden ist (lit. l). 18

Die Standardinformationen sind **schriftlich**, auf Papier oder auf einem anderen dauerhaften Datenträger zu geben; der Verbraucher soll Informationen erhalten, „die er mitnehmen und prüfen kann", Art. 5 I/1, BE 19 S. 1 VerbrKrRL. Die Informationen sind „rechtzeitig bevor der Verbraucher durch einen Kreditvertrag oder ein Angebot gebunden ist" zu geben. Das entspricht dem Zweck, dem Verbraucher eine informierte Einschätzung und eine mündige Vertragsentscheidung zu ermöglichen. Aus dem Zweck folgt auch das – an dieser Stelle nicht eigens hervorgehobene – Gebot, die Informationen klar, verständlich und prägnant zu geben. 19

Die **Bindung an vorvertragliche Angaben** (vgl. § 9 Rn. 12) regelt die Richtlinie nicht; das ist den Mitgliedstaaten überlassen, BE 25 VerbrKrRL. 20

Diese Informationspflicht wird ergänzt durch einen Anspruch des Verbrauchers, unentgeltlich einen **Vertragsentwurf** zu erhalten, Art. 5 IV 1 VerbrKrRL. Dieser Vertragsentwurf kann zwar, soweit es um die Gegenstände der „Standardinformation" gem. Art. 5 I VerbrKrRL geht, keine anderen Daten als jene enthalten. Der Anspruch auf Übergabe eines Vertragsentwurfs hat aber guten Sinn. Zum einen werden dem Verbraucher die Informationen vertragsförmig vor Augen geführt, so dass er sich auf den Vertragsschluss vorbereiten kann. Zum anderen werden ihm so etwaige weitere Bedingungen mitgeteilt. Wenn der Kreditgeber nicht bereit ist, mit dem Verbraucher einen Kreditvertrag zu schließen, entfällt auch die Verpflichtung, einen Entwurf zu übergeben. Das ist nicht nur eine sinnvolle Entlastung für den Kreditgeber. Zugleich liegt darin ein Mechanismus, dem Verbraucher eine wichtige Information zu geben. 21

3. Angemessene Erläuterungen

Ergänzend zu diesen formalisierten Informationspflichten ist der Kreditgeber gebunden, dem Verbraucher angemessene Erläuterungen zu geben, Art. 5 VI VerbrKrRL; auch darin kann man eine Ausprägung des Grundsatzes der verantwor- 22 tungsvollen Kreditvergabe (oben, Rn. 9) sehen. Indes geht es auch hier um eine „Hilfe zur Selbsthilfe" und die Ermöglichung einer **selbstverantwortlichen Entscheidung**, BE 27 S. 1 VerbrKrRL.[15] Erläuterungen sind daher keineswegs immer zu geben (BE 27 S. 1: „kann es sein"), sondern bedarfsgerecht: mit Rücksicht auf das in Rede stehende Finanzprodukt *im Verhältnis* zu dem einzelnen Verbraucher. Insofern findet sich hier ansatzweise der aus dem Wertpapierrecht bekannte *know your customer*-Grundsatz.[16]

23 Der Kreditgeber schuldet „angemessene Erläuterungen" (*adequate explanations; explications adéquates*). **Erläuterung** bedeutet, dass die Informationen zu umschreiben, zu beschreiben, verständlich zu machen,[17] zu erklären sind und ist von der *Beratung* zu unterscheiden, die darüber hinausgreift.[18] Bezweckt ist damit eine „Unterstützung" (*assistance; assistance;* s. S. 2), die den einzelnen Verbraucher in die Lage versetzen soll zu beurteilen, ob der angebotene Kredit für ihn im Hinblick auf seine Bedürfnisse und seine finanzielle Situation das Richtige ist. Zu erläutern sind die Informationen gem. Art. 5 I VerbrKrRL, die Hauptmerkmale der angebotenen Produkte[19] sowie die möglichen „spezifischen Auswirkungen" der Produkte auf den Verbraucher; zu den Auswirkungen gehören auch die Folgen eines Zahlungsverzugs. Für den Regelfall hat der Gesetzgeber an eine *persönliche* Erläuterung gedacht (BE 27 S. 2) und hatte dabei wohl ein Gespräch unter Anwesenden vor Augen.[20] Welche Erläuterungen *angemessen* sind, bestimmt sich auch mit Rücksicht auf das Verhalten des Verbrauchers, dem insoweit auch hier ein Mindestmaß an Selbstverantwortung bleibt. Geht es um *seine* Bedürfnisse und Verhältnisse, so muss er diese offenlegen und selbst geeignete Fragen stellen oder sonst (etwa durch Offenlegung seiner Ignoranz) auf Erläuterungsbedarf hinweisen. Entgegen anderer Auffassung erweist sich die Erläuterungspflicht damit als *individualisierte* und nicht als *standardisierte* Pflicht;[21] durch ein bloßes Erläuterungsformular oder im Internet abrufbare allgemeine Informationen kann dem Erfordernis der Rücksicht auf die *spezifischen Auswirkungen* nicht genügt werden.[22] Damit tritt der von der Richtlinie ebenfalls verfolgte Binnenmarktzweck zwar an dieser Stelle zurück, in-

---

[15] Ebenso *Hofmann*, BKR 2012, 232, 233.
[16] *Hofmann*, BKR 2012, 232, 233; zust. *Metz*, NJW 2012, 1990, 1993.
[17] Darauf maßgeblich abstellend *Metz*, NJW 2012, 1990, 1991 f.; *Nobbe*, WM 2011, 625, 628 f.
[18] S. aber *Hofmann*, BKR 2012, 232, 234 f. (zwischen Aufklärung und Beratung); zu weitgehend spricht *Rott*, WM 2009, 1104, 1109 von „vorvertraglicher Beratung". Sehr weitgehend will *Metz*, NJW 2012, 1990, 1991 auch die Pflicht, Provisionen offenzulegen, aus dem Erläuterungsgebot ableiten; auch zweifelhaft.
[19] *Rott*, WM 2009, 1104, 1109, liest „angebotene Produkte" als „Produkte im Angebot" und möchte daraus wohl ableiten, der Kreditgeber müsse „aus der Palette seines Angebots den für den Verbraucher am besten geeigneten Kredit heraussuchen"; das ist indes keine *Erläuterung*.
[20] Entgegen *Herresthal*, WM 2009, 1174, 1179, kann dieser Hinweis in den Begründungserwägungen durchaus berücksichtigt werden, da der Begriff der „Erläuterung" im verfügenden Teil der Richtlinie die „persönliche" Erklärung vom Wortlaut her ohne weiteres mit umfasst.
[21] In diese Richtung auch *Hofmann*, BKR 2010, 232, 234 f.
[22] Wie hier *Metz*, NJW 2012, 1990, 1991. A. M. *Herresthal*, WM 2009, 1174, 1179.

des im Rahmen eines **ausgewogenen Systems**, in dem standardisierte allgemeine Informationen (Art. 5 I VerbrKrRL) mit individualisierten Erläuterungen (Art. 5 VI VerbrKrRL) verbunden werden.

V. Vertragsschluss und Vertragsinhalt

1. Vertragsform, Vertragsinhalt, Nachweispflicht

Die Verbraucherkreditrichtlinie von 1987 enthielt ein unzweideutiges Schriftformgebot. Nach Art. 10 I/1 VerbrKrRL werden Kreditverträge „**auf Papier** oder auf einem anderen dauerhaften Datenträger erstellt". Damit werden moderne Medien und Kommunikationsformen berücksichtigt und ein Vertragsschluss im Fernabsatz ermöglicht. Die Warnfunktion einer Schriftform i. S. v. § 126 BGB, bei der die eigenhändige Unterschrift Wirksamkeitsvoraussetzung des Vertrags ist, wird damit eingeschränkt. Allerdings lässt die Richtlinie innerstaatliche Vorschriften über die Gültigkeit des Abschlusses von Kreditverträgen unberührt, soweit sie mit dem Gemeinschaftsrecht in Einklang stehen, Art. 10 I/2 2, BE 30 S. 1 und 2 VerbrKrRL.[23] Ein Schriftformgebot kann daher aufrecht erhalten bleiben, wenn es für die Zwecke des Verbraucherschutzes als wichtiges Allgemeininteresse erforderlich ist (Verhältnismäßigkeitsprüfung); s. o. § 2 Rn. 27. 24

„Alle Vertragsparteien erhalten eine **Ausfertigung** des Kreditvertrags", Art. 10 II/2 1 VerbrKrRL. Da die Verträge ganz üblicherweise vom Kreditgeber formuliert werden, geht es praktisch darum sicherzustellen, dass der Verbraucher eine Ausfertigung erhält; das ist eine Art Nachweispflicht (s. o. § 9 Rn. 26). Auch hier geht es um Verbraucherinformation, da der Kreditvertrag bestimmte Mindestinhalte haben muss (sogleich Rn. 26). Auf diesen Zweck weist auch Art. 14 I/2 b) VerbrKrRL hin, der in Bezug auf diese Mindestinhalte schlicht von „Informationen" spricht. 25

Der Vertrag hat vorgeschriebene **Mindestinhalte**, die „klar und verständlich" auszuführen sind. Das betrifft die Vertragsparteien (lit. b), die Kreditbedingungen (lit. a), c)–h)[24] sowie eine Reihe von Belehrungspflichten: über den Anspruch auf einen Tilgungsplan (lit. i), über die Verzugszinsen (lit. l), vor Folgen ausbleibender Zahlungen (lit. m); über das Widerrufsrecht und die Folgen für verbundene Verträge (lit. p), q), über Recht auf vorzeitige Rückzahlung (lit. r), über die Modalitäten der Kündigung (lit. s) sowie über den Zugang zu außergerichtlichen Beschwerde- und Rechtsbehelfsverfahren (lit. t). 26

---

[23] *Wendehorst*, ZEuP 2011, 263, 274.
[24] Zur VerbrKrRL 1987 noch EuGH Rs. C-264/02 *Cofinoga Mérignac*, Slg. 2004, I-2157.

2. Widerrufsrecht

27 Die Verbraucherkreditrichtlinie von 1987 enthielt noch kein Widerrufsrecht, und in der Tat wurde diesem Schutzinstrument auch von Verbraucherschützern vielfach geringere Bedeutung beigemessen. Die unvermeidlich kurz begrenzte Widerrufsfrist reiche nicht aus, um dem Verbraucher die Belastungen des Kredits deutlich zu machen. Die deutsche Umsetzung im Verbraucherkreditgesetz von 1990 sah demgegenüber bereits ein Widerrufsrecht vor.[25] Mit der Reform von 2008 hat der Europäische Gesetzgeber das übernommen.[26] In der Tat kann die Widerrufsfrist dem Verbraucher die Möglichkeit geben, eine übereilt oder ohne Marktvergleich getroffene Vertragsentscheidung noch einmal kühlen Kopfes zu überdenken. Einen noch weitergehenden Schutz – und Eingriff in die Vertragsfreiheit – würde eine sog. *warming up*-Periode bewirken, nach der der Vertrag erst eine bestimmte Zeit nach Übermittlung entscheidungsrelevanter Information wirksam zustandegebracht werden kann. Dieser Schutzmechanismus war im Reformprozess erwogen worden, konnte sich aber nicht durchsetzen.[27]

28 Der Verbraucher kann den Kreditvertrag innerhalb von 14 Kalendertagen ohne Angabe von Gründen widerrufen, Art. 14 I/1 VerbrKrRL. So wie die vertriebsbezogenen Widerrufsrechte (§ 8)[28] ist auch dieses „tatbestandslos" ausgestaltet. Es soll dem Verbraucher Gelegenheit zum Überdenken der Vertragsentscheidung und zur Nachholung eines Marktvergleichs geben und ist an besondere Voraussetzungen nicht gebunden. Der Widerruf erfolgt durch **Erklärung** gegenüber dem Kreditgeber, und zwar „entsprechend den Informationen, die der Kreditgeber [dem Verbraucher] gemäß Art. 10 II p) gegeben hat". Eine spezifische **Form** ist für den Widerruf nicht vorgeschrieben, nur muss er in einer Weise erklärt werden, die nach Maßgabe des innerstaatlichen Rechts einen Nachweis ermöglicht. Die **Frist** von 14 Tagen beginnt am Tag des Vertragsschlusses oder, wenn dies erst später erfolgt, an dem Tag, an dem der Verbraucher die Informationen gem. Art. 10 VerbrKrRL – das sind die zwingenden Angaben in Kreditverträgen (oben, Rn. 26) – erhält, Art. 14 I/2 VerbrKrRL. Für die Fristwahrung reicht, wenn der Widerruf auf Papier oder einem anderen dauerhaften Datenträger erfolgt (und daher physisch versandt wird), die rechtzeitige Absendung aus, Art. 14 III a) VerbrKrRL.

29 Als **Folge** des Widerrufs hat der Verbraucher dem Kreditgeber unverzüglich, spätestens innerhalb von 30 Kalendertagen, den Darlehensbetrag einschließlich der zwischenzeitlich seit der Inanspruchnahme aufgelaufenen Zinsen zurückzuzahlen, Art. 14 III b) VerbrKrRL. Der Kreditgeber hat keinen Anspruch auf eine Entschädigung und kann nur Ersatz für an Behörden entrichtete, nicht erstattungsfähige

---

[25] Zum deutschen Recht und seiner Entwicklung *Grunewald/Peifer*, Verbraucherschutz im Zivilrecht (2010), Rn. 136 ff.
[26] Die rechtspolitische Bewertung ist umstritten; krit. z. B. *Kroll-Ludwigs*, ZEuP 2010, 509, 525 f.
[27] Vgl. *Hoffmann*, Die Reform der Verbraucherkreditrichtlinie, S. 207 f.
[28] Das vertragsspezifische Widerrufsrecht von Art. 14 VerbrKrRL geht den vertriebsbezogenen Widerrufsrechten vor, Art. 14 V VerbrKrRL.

Entgelte verlangen (etwa die Vergütung für Auskunft über die Kreditwürdigkeit, vgl. Art. 8 I, 9 VerbrKrRL).

VI. Vertragliche Rechte und Pflichten

1. Vertragliche Informationspflichten

Vertragliche Informationspflichten enthält die Richtlinie in erster Linie in Form der Mindestinhalte des Vertrags gem. Art. 10 II (s. o. Rn. 26) und der damit verbundenen Nachweispflicht gem. Art. 10 I/2 1 (s. o. Rn. 25). Bei Kreditverträgen mit fester Laufzeit kann der Verbraucher verlangen, dass der Kreditgeber ihm kostenlos einen **Tilgungsplan** zur Verfügung stellt, Art. 10 III VerbrKrRL. 30

2. Kündigungsrecht bei unbefristeten Kreditverträgen

Einen unbefristeten Kreditvertrag kann der Verbraucher jederzeit ordentlich **kündigen**, und zwar ohne dass ihm dafür Kosten entstünden, Art. 13 I/1 1 VerbrKrRL. Abweichend können die Parteien nur eine Kündigungsfrist vereinbaren, die allerdings höchstens einen Monat betragen darf. Umgekehrt steht dem Kreditgeber grundsätzlich kein entsprechendes Kündigungsrecht zu. Es kann aber vereinbart werden; die Kündigungsfrist beträgt dann mindestens zwei Monate; Art. 13 I/2 VerbrKrRL. Der Kreditgeber muss dem Verbraucher die Kündigung auf Papier oder einem anderen dauerhaften Datenträger mitteilen. 31

Hat der Verbraucher die in einem unbefristeten Kreditvertrag vereinbarten Kreditbeträge noch nicht in Anspruch genommen, so kann ihm der Kreditgeber das Recht, diese abzurufen, nur entziehen, wenn dies vertraglich vereinbart ist. Die „Entziehung" des Rechts auf **Inanspruchnahme von Kreditbeträgen** ist zudem nur „aus sachlich gerechtfertigten Gründen" möglich, also etwa wegen Vermögensverfalls oder Verdachts einer unzulässigen oder missbräuchlichen Verwendung des Kredits (Glücksspiel statt Renovierung; vgl. BE 33). 32

3. Vorzeitige Rückzahlung

Die langfristige Bindung, die mit Verbraucherkrediten verbunden sein kann, kann den Verbraucher belasten, wenn sich der Kreditmarkt ändert oder wenn sich seine Bedürfnisse ändern, z. B. infolge einer Scheidung, des Arbeitsplatzverlusts oder -wechsels oder einer Erbschaft. In diesen Fällen hat er ein Interesse an der vorzeitigen Rückzahlung des Darlehens. Für den Kreditgeber bringt das in jedem Fall eine Belastung mit sich, da er sich auf die vereinbarte Laufzeit und Tilgung nicht verlassen kann. Ihm können durch eine vorzeitige Rückzahlung zusätzliche Kosten entstehen. 33

34 „Der Verbraucher ist berechtigt, seine Verbindlichkeiten aus einem Kreditvertrag jederzeit ganz oder teilweise zu erfüllen", Art. 16 I 1 VerbrKrRL. Er kann dann verlangen, dass die **Gesamtkosten** des Kredits in einer Höhe **ermäßigt** werden, die sich nach den Zinsen und den Kosten für die verbleibende Laufzeit des Vertrags richtet, Art. 16 I 2 VerbrKrRL.[29]

35 Fällt die vorzeitige Rückzahlung in einen Zeitraum, für den ein fester Sollzinssatz vereinbart war, kann der Kreditgeber grundsätzlich[30] eine **Vorfälligkeitsentschädigung** verlangen.[31] Diese ist indes zum Schutz des Verbrauchers in mehrfacher Hinsicht begrenzt. Zunächst kann der Kreditgeber generell nur eine „angemessene und objektiv gerechtfertigte" Entschädigung „für die möglicherweise entstandenen, unmittelbar mit der Rückzahlung des Kredits zusammenhängenden Kosten" verlangen, Art. 16 II/1 VerbrKrRL.[32] Die Entschädigung muss m.a.W. durch bestimmte Zwecke gerechtfertigt sein. Darüber hinaus wird die Entschädigung gem. Unterabsatz 2 der Vorschrift auch der Höhe nach begrenzt: Wenn die Restlaufzeit ein Jahr überschreitet, darf die Entschädigung höchstens 1% des vorzeitig zurückgezahlten Kreditbetrags betragen, bei kürzerer Restlaufzeit höchstens 0,5% dieses Betrags. Der Verbraucher kann zudem die Herabsetzung der Entschädigung verlangen, wenn sie den **tatsächlich erlittenen Verlust** des Kreditgebers übersteigt, Art. 16 IV/2 VerbrKrRL. Der Verlust wird dabei berechnet als die Differenz zwischen dem vereinbarten Zinssatz und dem vom Kreditgeber zur Zeit der Rückzahlung am Markt realisierbaren Zinssatz unter Berücksichtigung der durch die vorzeitige Rückzahlung entstehenden Verwaltungskosten, Art. 16 IV/3 VerbrKrRL. Schließlich darf die Entschädigung nicht den Zinsbetrag übersteigen, den der Verbraucher für die Restlaufzeit bezahlt hätte, Art. 16 V VerbrKrRL.

36 Ergänzend lässt die Richtlinie den Mitgliedstaaten zwei **Umsetzungsoptionen**. Einerseits können sie **Schwellenwerte** bis zu einer Höhe von 10.000 € pro Zwölfmonatszeitraum vorsehen, innerhalb derer der Verbraucher entschädigungsfrei Rückzahlungen vornehmen kann. Andererseits können sie dem Kreditgeber in Abweichung von Absatz 2 (prozentuale Höchstgrenzen) den **Nachweis eines höheren Schadens** offen lassen.[33] Die absolute Grenze von Art. 16 V VerbrKrRL bleibt davon aber unberührt.

4. Forderungsabtretung

37 In jüngerer Zeit hat eine Praxis der Abtretung von Kreditforderungen Verbraucher verunsichert. Sie sahen sich unvermittelt einem neuen Gläubiger gegenüber, der die

---

[29] Zur Auslegung der in der deutschen Sprachfassung missverständlichen Bestimmung *Freitag*, ZIP 2008, 1102, 1103 f.
[30] In den Fällen von Art. 16 III VerbrKrRL ist eine Entschädigung ausgeschlossen.
[31] Zum Ganzen näher (und kritisch) *Freitag*, ZIP 2008, 1102, 1104 ff.
[32] S. noch *Rott*, WM 2009, 1104, 1111.
[33] Näher *Freitag*, ZIP 2008, 1102, 1107 f.

VI. Vertragliche Rechte und Pflichten

Forderung mitunter mit größerem Nachdruck geltend machte als der gewählte Vertragspartner. Die Abtretung ist freilich ein ganz normaler wirtschaftlicher Vorgang und eine zivilrechtlich nicht zu beanstandende Verfügung über die eigene Forderung. Berechtigte Interessen der Verbraucher können vor allem darin liegen, von einer Abtretung Kenntnis zu erlangen und Einwendungen, die sie gegenüber dem Zedenten hatten, auch dem Zessionar entgegenhalten zu können.

Für den Fall der Forderungsabtretung sowie der Vertragsübertragung (die nach deutschem Recht freilich nicht ohne Mitwirkung des Vertragspartners möglich ist!) vom Kreditgeber auf einen Dritten sieht Art. 17 I VerbrKrRL vor, dass der Verbraucher gegenüber dem neuen Gläubiger die Einreden geltend machen kann, die ihm gegenüber dem Kreditgeber zustanden. Er kann gegenüber dem neuen Gläubiger auch die Aufrechnung mit Gegenforderungen erklären, die ihm gegen den Kreditgeber zustanden. (Nur)[34] Die Erhaltung der Aufrechnungsmöglichkeit steht unter dem Vorbehalt, „soweit dies in dem betreffenden Mitgliedstaat zulässig ist". Im deutschen Recht ist das nach § 406 BGB eingeschränkt der Fall. Der Vorbehalt weist die Richtlinienbestimmung im Hinblick auf die Aufrechnungsmöglichkeit freilich als bloß deklaratorisch aus; dass eine allgemein dem Schuldner gegenüber dem Zessionar zugestandene Aufrechnungsmöglichkeit auch dem Verbraucherkreditschuldner zu gewähren ist, folgt schon aus dem Äquivalenzprinzip, das bei der Umsetzung zu beachten ist (§ 1 Rn. 35).

Zudem ist der Verbraucher – von dem Kreditgeber oder dem Zessionar – über die Abtretung zu unterrichten, Art. 17 II VerbrKrRL. Diese Unterrichtungspflicht entfällt allerdings, wenn der Kreditgeber mit Einverständnis des Zessionars dem Verbraucher gegenüber nach wie vor als Gläubiger auftritt.

5. Verbundene Verträge

Im Zusammenhang mit dem Widerrufsrecht enthält Art. 15 VerbrKrRL auch eine Vorschrift über „verbundene Kreditverträge" i. S. v. Art. 3 n) VerbrKrRL. Hier geht es nicht um die Auswirkungen des Widerrufs des Kreditvertrags auf andere Verträge, sondern zum einen um die Auswirkungen des Widerrufs eines Vertrags auf den verbundenen Kreditvertrag, zum anderen um die Auswirkungen von Störungen des Kauf- oder Dienstleistungsvertrags auf den verbundenen Kreditvertrag.

Nach Art. 3 n) VerbrKrRL ist ein **verbundener Kreditvertrag** ein Kreditvertrag, bei dem (i) der Kredit ausschließlich der Finanzierung eines Vertrags über die Lieferung bestimmter Waren oder die Erbringung bestimmter Dienstleistungen dient *und* (ii) die beiden Verträge objektiv eine wirtschaftliche Einheit bilden. Von einer solchen **wirtschaftlichen Einheit** „ist auszugehen", (1) wenn der Warenlieferant oder der Dienstleistungserbringer selbst den Kredit zugunsten des Verbrauchers finanziert; oder – im Falle der Finanzierung durch einen Dritten – (2a) wenn sich der Kreditgeber bei der Vorbereitung oder dem Abschluss des Kre-

---

[34] Die deutsche Sprachfassung ist unklar, die englische spricht aber unzweideutig von *the latter*, also von „dieser letzteren Möglichkeit".

ditvertrags der Mitwirkung des Warenlieferanten oder des Dienstleistungserbringers bedient oder (2b) wenn im Kreditvertrag ausdrücklich die spezifischen Waren oder die Erbringung einer spezifischen Dienstleistung angegeben sind[35]. Ob diese Aufzählung abschließend ist, ist unklar. Dafür spricht, dass eine Kennzeichnung der Aufzählung als beispielhaft („insbesondere") fehlt; Verbraucherschutzerwägungen mögen dagegen ins Feld geführt werden (zumal die Richtlinie eine Vollharmonisierung bedeutet). Die in der ursprünglichen Richtlinie enthaltene Voraussetzung einer „Ausschließlichkeitsbindung" (Art. 11 II b) VerbrKrRL 1987) sieht Art. 3 n) VerbrKrRL nicht mehr vor.[36]

42 Wenn der Verbraucher einen Vertrag über die Lieferung von Waren oder die Erbringung von Dienstleistungen widerrufen hat und es sich um ein unionsrechtlich determiniertes Widerrufsrecht handelt, ist er auch an einen mit diesem Vertrag verbundenen Kreditvertrag nicht mehr gebunden, Art. 15 I VerbrKrRL.

43 Regelungen über „akzessorische Verträge" enthalten Art. 15 (i. V. m. Art. 2 Nr. 15) VRRL und Art. 11 (i. V. m. 2 I g) TSRL): Widerruft der Verbraucher nach VRRL oder TSRL seinen Vertrag, so entfallen damit auch akzessorische Verträge. Für den kreditfinanzierten Timesharingvertrag ordnet Art. 11 II TSRL speziell die Beendigung auch des Finanzierungsvertrags an. Die Vorschriften gelten jeweils „unbeschadet" Art. 15 VerbrKrRL, die Vorschriften sind m. a. W. nebeneinander anwendbar. Welche praktische Bedeutung das (bei im Wesentlichen gleichen Rechtsfolgen) hat, ist freilich nicht ohne weiteres ersichtlich.

44 In Art. 15 II VerbrKrRL ist ein subsidiärer Einwendungsdurchgriff für den finanzierten Vertrag vorgesehen. Wenn der Sachleistungsschuldner den Warenlieferungs- oder Dienstleistungsvertrag ganz oder teilweise nicht erfüllt (keine, keine vollständige oder keine vertragsgemäße Leistung), kann der Verbraucher „Rechte gegen den Kreditgeber geltend machen", wenn er zuvor erfolglos versucht hat, seine Rechte gegen den Warenlieferanten oder Dienstleistungserbringer geltend zu machen. Die Regelung überlässt zahlreiche Einzelheiten der mitgliedstaatlichen Ausgestaltung. Im Tatbestand ist offen, in welcher Form der Verbraucher seine Rechte geltend zu machen hat und was es bedeutet, dass er sie „nicht durchsetzen konnte". Auf der Rechtsfolgenseite ist näher zu bestimmen, welche Rechte der Verbraucher gegen den Kreditgeber hat.

45 Mitgliedstaatliche Vorschriften, nach denen der Kreditgeber für Ansprüche des Verbrauchers gegen den Lieferanten oder Kreditgeber als Gesamtschuldner haftet, wenn der Vertrag über einen Kreditvertrag finanziert wird, bleiben unberührt, können also unbeschadet der grundsätzlichen Vollharmonisierung bestehen bleiben oder auch neu eingeführt werden, Art. 15 III VerbrKrRL.

---

[35] Die spezifische Bezeichnung der Leistungen im Kreditvertrag ist hier nur einer von mehreren Anwendungsfällen; zur (abweichenden) alten Rechtslage (nach der dieses Kriterium nicht zur allgemeinen Voraussetzung für die Annahme eines verbundenen werden durfte) EuGH Rs. C-429/05 *Rampion*, Slg. 2007, I-8017 Rn. 30 ff.
[36] Dazu noch EuGH Rs. C-509/07 *Scarpelli*, Slg. 2009, I-3311 (bloße Mindestharmonisierung).

6. Rechtsdurchsetzung

In ähnlicher Weise wie bei der Klauselrichtlinie (dazu § 10 Rn. 47) hat sich auch in Bezug auf die Verbraucherkreditrichtlinie die Frage gestellt, ob die von ihr begründeten Verbraucherrechte nur bei Geltendmachung durch den Verbraucher oder auch **von Amts wegen** zu berücksichtigen sind. Zur Vorschrift über die verbundenen Verträge in Art. 11 II VerbrKrRL 1987 hat der Gerichtshof die Berücksichtigung von Amts wegen für zulässig (nicht: geboten) gehalten. Es bestehe sonst die Gefahr, dass die mit der Regelung verfolgten Schutzzwecke nicht erreicht würden, weil der Verbraucher seine Rechte nicht kennen könnte.[37]

46

---

[37] EuGH Rs. C-429/05 *Rampion*, Slg. 2007, I-8017 Rn. 57 ff.

§ 13 Pauschalreiserichtlinie

Literatur: *Eckert*, Verbraucherschutz im Reiserecht, ZRP 1991, 454 ff.; *Führich*, Zur Umsetzung des EG-Pauschalreise-Richtlinie in deutsches Reisevertragsrecht, EuZW 1993, 347 ff.; *ders.*, Das neue Reiserecht nach der Umsetzung der EG-Pauschalreise-Richtlinie, NJW 1994, 2446 ff.; *ders.*, Reisevertragsrecht nach modernisiertem Schuldrecht, NJW 2002, 1082 ff.; *ders.*, Die EU-Pauschalreise-Richtlinie und neue Rechtsprechung von EuGH und BGH, MDR 2011, 1209 ff.; *Jud*, Reiserecht als Teil des Europäischen Privatrechts, in: Keiler/Stangl/Pezenka (Hrsg.), Reiserecht – Europäisches Reiserechtsforum 2008 (2009), S. 1 ff.; *Meyer/Kubis*, Pauschalreiserecht in Europa, ZVglRWiss 92 (1993), 179 ff.; *Karsten*, Das Weißbuch zur Verkehrspolitik und die Konsolidierung des EU-Passagierrechts, VuR 2011, 215 ff.; *Mankowski*, Pauschalreisen und europäisches Internationales Verbraucherschutzrecht, TranspR 2011, 70 ff.; *Tonner*, 10 Jahre EG-Pauschalreise-Richtlinie, EWS 2000, 473 ff.; *ders.*, Die auf Kundenwunsch zusammengestellten Reiseleistungen und die Haftung des Reisebüros, RRa 2011, 61 ff.; *ders.*, Die EG-Richtlinie über Pauschalreisen, EuZW 1990, 409 ff.; *ders.*, Harmonisierung oder Disharmonisierung des Reiserechts: Zur Umsetzung der EG-Pauschalreise-Richtlinie in den Mitgliedstaaten, EWS 1993, 197 ff.; *ders.*, Theorie und Praxis des Insolvenzschutzes bei Pauschalreisen, EuZW 1999, 395 ff.; *ders./Lindner*, Immaterieller Schadensersatz und der EuGH, NJW 2002, 1475 ff.

I. Sachfragen

1   Der Pauschalreisevertrag – ein Vertrag über eine Mehrzahl von mindestens zwei Reisedienstleistungen – ist nicht besonders komplex, Parteien und Hauptleistungen sind im Regelfall klar bestimmt. Einzelne Aspekte können aber schwer zu überblicken sein. So kann der Kunde die Vorzüge und Nachteile des Urlaubsortes, der Unterkunft oder der angebotenen Transportmittel oder -verbindungen im Vorhinein oft nicht sicher abschätzen. In vieler Hinsicht handelt es sich bei den Reiseleistungen um sogenannte Erfahrungsgüter, deren Qualität man erst durch Erfahrung kennenlernt. Gleichzeitig lässt sich diese Erfahrung aber in vielen Fällen nicht für die Zukunft nutzen, da Kunden oft nicht zweimal an denselben Ort fahren und die Erinnerung über das Jahr verblasst. Hier besteht eine besondere Gefahr der Täuschung und der Enttäuschung. Rechtlich kann der Pauschalreisevertrag schwer zu überblicken sein, weil auf der Seite des Sachleistungsschuldners üblicherweise mehrere Beteiligte mitwirken: ein Vermittler, ein Veranstalter und die einzelnen Leistungserbringer. Deren Verhältnis kann für den Kunden unklar sein. Hinzu kommt, dass der Pauschalreisevertrag für den Einzelnen regelmäßig besondere Be-

I. Sachfragen

deutung hat. Im paradigmatischen Fall geht es um seinen (Jahres-) Urlaub, der für die Erholung besonders wichtig ist und der im Übrigen nicht wiederholt werden kann.¹ Zudem handelt es sich regelmäßig um einen Vertrag, der für den Einzelnen mit verhältnismäßig hohen Kosten verbunden ist; wann schließt man sonst Verträge von 1.000 € pro Person?!

Die damit aufgeworfenen Sachfragen beantwortet die **Pauschalreiserichtlinie** 2 von 1990 in erster Linie mit einem ausgefeilten System von vorvertraglichen und vertraglichen Informationspflichten, mit speziellen Inhaltsvorschriften sowie mit einem speziellen Leistungsstörungsregime. In der Grundstruktur sind die Regelungen nach wie vor überzeugend, auch wenn sie noch aus der Zeit „vor dem Internet" stammen und daher in Einzelpunkten veraltet sind.²

Bereits seit einigen Jahren wird eine **Reform** der Richtlinie erörtert. Neben einer Überprü- 3 fung der bestehenden Regeln geht es darum, auch neue Formen von Reisedienstleistungsangeboten mit zu erfassen, insbesondere sogenannte dynamische oder flexible Reisepakete, die online erworben werden. Der im Juli 2013 vorgelegte Reformvorschlag³ lässt die Richtlinie daher im Umfang deutlich anwachsen. Unter anderem wird ihr Anwendungsbereich auf „Bausteinreisen" erstreckt und im Übrigen klarer abgegrenzt. Außerdem sollen den Reisenden zusätzliche Rücktrittsrechte eingeräumt, die Haftungsregeln modifiziert und der Insolvenzschutz bei grenzüberschreitenden Geschäften erleichtert werden.

Die **Acquis-Principles** enthalten das Pauschalreiserecht in Art. 4:E-01, 7:E-01 ff., 8:E- 4 01 ff. ACQP. In den **DCFR** ist es nicht als solches mit aufgenommen worden. Die Verfasser haben die Informationspflichten der Pauschalreiserichtlinie aber bei den allgemeinen Regeln über die vorvertragliche Informationen mit berücksichtigt.⁴

Bei Pauschalreisen geht es um ein typisches **Binnenmarktthema**, soweit grenz- 5 überschreitende Reisen betroffen sind. Tatsächlich hebt der Gesetzgeber den Fremdenverkehrssektor als wichtigen Teil des Binnenmarktes hervor (BE 1 PRRL) und weist auf Hindernisse für den freien Dienstleistungsverkehr hin. Dabei ist sowohl an den Unternehmer als grenzüberschreitenden Dienstleistungserbringer (BE 2, 3 PRRL) als auch an den Verbraucher als grenzüberschreitenden Dienstleistungsempfänger (BE 8, 9 PRRL) zu denken. Die Rechtsangleichung soll Wettbewerbsverzerrungen abbauen und Hindernisse für grenzüberschreitende Buchungen durch Verbraucher beseitigen. Geht es um den Wettbewerb von Anbietern verschiedener Mitgliedstaaten, so ist es folgerichtig, dass die Regelung nicht auf grenzüberschreitende Sachverhalte beschränkt ist. Allerdings setzt die Richtlinie bloße Mindeststandards, Art. 8 PRRL.

---

[1] S.a. *Harke*, Besonderes Schuldrecht, Rn. 135 (der Reisevertrag sei „auf die Herstellung eines einheitlichen Nutzens für den Reisenden gerichtet").

[2] Zur Entwicklung (auch im Zusammenhang mit den Fahrgastrechte-Verordnungen) *Karsten*, VuR 2011, 215 ff.

[3] Vorschlag für eine Richtlinie des Europäischen Parlaments und des Rates über Pauschal- und Bausteinreisen, zur Änderung der Verordnung (EG) Nr. 2006/2004 und der Richtlinie 2011/83/EU sowie zur Aufhebung der Richtlinie 90/314/EWG des Rates, KOM(2013) 512 endg.

[4] *Jud*, in: Keiler/Stangl/Pezenka (Hrsg.), Reiserecht – Europäisches Reiserechtsforum 2008 (2009), S. 15 ff.

II. Anwendungsbereich

6 Der Anwendungsbereich der Richtlinie ergibt sich aus den Begriffsbestimmungen von Art. 2 PRRL. Er ist sachlich durch den Pauschalreisevertrag i. S. v. Art. 2 Nr. 1 und 5 PRRL gekennzeichnet, persönlich durch die Vertragsparteien, Veranstalter (Nr. 2) oder Vermittler (Nr. 5) einerseits und Verbraucher (Nr. 4) andererseits.

7 **Pauschalreise** ist definiert als die im Voraus festgelegte Verbindung von mindestens zwei Reisedienstleistungen, die zu einem Gesamtpreis „verkauft" (wie der Gesetzgeber formuliert) oder angeboten werden. Vorausgesetzt ist ferner, dass die „Leistung länger als 24 Stunden dauert oder eine Übernachtung einschließt". *Reisedienstleistungen* in diesem Sinne sind Beförderung, Unterbringung und andere selbständige touristische Dienstleistungen (die nicht Nebenleistung von Beförderung oder Unterbringung sind und einen beträchtlichen Teil der Gesamtleistung ausmachen). Darunter fällt auch eine Frachtschiffreise, die neben der Beförderung auch die Unterbringung umfasst und länger als 24 Stunden dauert.[5] Die Verbindung der Dienstleistungen ist auch dann „im Voraus" – nämlich vor Vertragsschluss – festgelegt, wenn das Reisebüro die Reise auf Wunsch und gemäß den Vorgaben des Reisenden zusammenstellt.[6] Das Erfordernis eines *Gesamtpreises* wird nicht dadurch in Frage gestellt, dass die einzelnen Leistungen, die im Rahmen ein und derselben Pauschalreise erbracht werden, getrennt berechnet werden. Pauschalreise i. S. d. Richtlinie liegt nach dieser Definition auch vor, wenn Flug und Übernachtung im Rahmen einer „Treueaktion" einer Zeitung exklusiv deren Lesern angeboten werden, und zwar auch dann, wenn die Reisenden nicht den vollen Preis der Reise zahlen.[7]

8 **Veranstalter** ist die Person, die nicht nur gelegentlich Pauschalreisen organisiert und sie direkt oder über einen Vermittler „verkauft" oder anbietet.[8] **Vermittler** ist eine Person, die die von einem Veranstalter zusammengestellten Pauschalreisen „verkauft" oder anbietet, typischerweise also ein Reisebüro. Auf der Anbieterseite wird demnach praktisch regelmäßig ein *Unternehmer* stehen. Für den Veranstalter ist durch den Ausschluss „gelegentlicher" Tätigkeit ein gewerbliches Element vorausgesetzt. Für den Vermittler ist das freilich nicht vorgeschrieben.

9 **Verbraucher** ist, wie wir bereits erörtert haben (§ 5 Rn. 17), hier nicht in dem üblichen Sinne als natürliche Person zu verstehen, die nicht zu beruflichen oder gewerblichen Zwecken handelt. Stattdessen handelt es sich um einen nur „formalen" Verbraucherbegriff, dem rechtsetzungstechnisch die Funktion zukommt, verschiedene Sachverhaltskonstellationen abzudecken. Verbraucher steht danach für

---

[5] EuGH verb. Rs. C-585/08 und C-144/09 *Pammer*, Slg. 2010, I-12527 Rn. 34 ff., 45 f.; *Führich*, MDR 2011, 1209, 1210 f.; *Mankowski*, TranspR 2011, 70 ff.

[6] EuGH Rs. C-400/00 *Club Tour*, Slg. 2002, I-4051 Rn. 13–16; *Führich*, MDR 2011, 1209, 1211; *Tonner*, RRa 2011, 58 ff.

[7] EuGH Rs. C-140/97 *Rechberger*, Slg. 1999, I-3499 Rn. 27–33.

[8] Zur Abgrenzung *Führich*, MDR 2011, 1209, 1211 f.

- die Person, die die Reise bucht oder sich dazu verpflichtet; so ist der **Hauptkontrahent** definiert; oder
- jede Person, *in deren Namen* der Hauptkontrahent sich zur Buchung verpflichtet;[9] so sind die **übrigen Begünstigten** bezeichnet;
- jede Person, der der Hauptkontrahent oder einer der übrigen Begünstigten „die Pauschalreise abtritt"; diese werden als **Erwerber** definiert.

Die Definitionsnormen sind in mehrfacher Hinsicht nicht besonders glücklich gefasst. Zivilrechtlich ärgerlich ist es, wenn von einem „Verkauf von Dienstleistungen" oder der „Abtretung der Pauschalreise" die Rede ist. „Vertrag" wird zudem in Art. 2 Nr. 5 PRRL als „Vereinbarung, die den Verbraucher an den Veranstalter und/oder Vermittler bindet" definiert; damit ist der allgemeine Begriff (nicht der engere des Pauschalreisevertrags) sachwidrig eng bestimmt und wird außerdem einseitig die Bindung des Verbrauchers hervorgehoben. Sprachlich verfehlt ist die Definition der Pauschalreise als „Verbindung von Dienstleistungen". Obwohl der persönliche Anwendungsbereich nicht auf Verbraucher i. S. v. zu privaten Zwecken handelnden Personen beschränkt ist und die Pauschalreise daher auch Geschäftsreisen erfasst, macht die Definition doch deutlich, dass für den Gesetzgeber die touristische Reise und der Erholungsurlaub im Vordergrund standen.

10

III. Das Informationssystem

1. Übersicht

Information steht bei der Pauschalreiserichtlinie deutlich im Vordergrund. Die Abstimmung der vorvertraglichen und vertraglichen Informationspflichten auf die jeweils verfolgten Zwecke und die sorgfältige Dosierung rechtfertigt es, von einem eigenen Informationssystem zu sprechen. Dabei beherzigt der Gesetzgeber insbesondere die grundlegende Einsicht, dass Information zum rechten Zeitpunkt bereitgestellt werden muss. Am Anfang steht ein allgemeines vorvertragliches Irreführungsverbot, Art. 3 I PRRL. Für den Fall, dass ein Prospekt begeben wird, schreibt Art. 3 II PRRL für diesen Mindestinhalte vor; eine Prospekt(begebungs) pflicht gibt es indes nicht. Sodann sieht die Richtlinie einzelne vorvertragliche Informationspflichten (Art. 4 I a) PRRL) sowie spezielle vertragliche Informationspflichten (Art. 4 I b) PRRL) vor. Auch die Vorgabe von Mindestinhalten für den Vertrag gem. Art. 4 II i. V. m. Anhang PRRL dient Informationszwecken.

11

---

[9] Dass hier nur die „Verpflichtung zur Buchung" genannt ist, nicht aber die Buchung selbst, dürfte ein Redaktionsversehen sein.

2. Vorvertragliche Information

a) Irreführungsverbot

12   Nach dem **Irreführungsverbot** des Art. 3 I PRRL dürfen die dem Verbraucher vom Veranstalter oder Vermittler gegebenen Beschreibungen einer Pauschalreise, ihr Preis und die übrigen Vertragsbedingungen keine irreführenden Angaben enthalten. Hier geht es um den Schutz der wirtschaftlichen Selbstbestimmungen. Das Irreführungsverbot soll vor allzu blumigen Anpreisungen schützen. Obwohl der Wortlaut („gegebene Beschreibung") auf einen individuellen Informationsvorgang – Kundengespräch, Beratung, Überreichen eines Prospekts – hindeutet, sind nach dem Zweck der Regelung auch an eine Vielzahl von Adressaten gerichtete Werbemaßnahmen mit erfasst, neben Reiseprospekten etwa auch Internetangaben oder Reklametafeln.

b) Prospektpflichten

13   Eine Prospekt*begebungs*pflicht, wie sie als Schutzmechanismus aus dem Wertpapierhandelsrecht bekannt ist, gibt es hier nicht. Das wäre nicht zuletzt im Hinblick auf den weiten Anwendungsbereich unverhältnismäßig. Praktisch geben Veranstalter oder Vermittler indes nicht selten Prospekte aus, und dann greifen die Pflichten von Art. 3 II PRRL ein. Danach muss der Prospekt zunächst bestimmte **Mindestinhalte** enthalten: deutlich lesbare, klare und genaue Angaben zum Preis und zu näher bestimmten Reisebedingungen. Dabei geht es zunächst um die Reisedienstleistungen: Bestimmungsort, Transportmittel einschließlich Merkmale und Klasse, Unterbringung und ihre Merkmale, Mahlzeiten und Reiseroute, Art. 3 II/1 a)–d) PRRL. Sie sind für das Äquivalenzverhältnis entscheidend und ermöglichen erst den Vergleich mit anderen Angeboten. Die Angaben über Pass- und Visumserfordernisse sowie gesundheitspolizeiliche Formalitäten (z. B. Impfungen) sind hingegen für die Erreichung des Vertragszwecks zentral. Und endlich ist für den Verbraucher von Bedeutung, ob das Zustandekommen der Pauschalreise von einer Mindestteilnehmerzahl abhängt und wann er darüber informiert wird, ob die Reise storniert wird, Art. 3 II/1 g) PRRL.

14   Die Richtigkeit der Prospektangaben schreibt die Regelung nicht eigens vor, doch sieht Unterabsatz 2 einen Mechanismus vor, eben dies zu gewährleisten: Die in dem Prospekt enthaltenen Angaben **binden** den Veranstalter oder Vermittler grundsätzlich **vertraglich** (s. schon § 9 Rn. 17). Erfüllt der Vertragspartner den Vertrag nicht dementsprechend, so löst dies die nach Art. 5 I PRRL vorgeschriebene Haftung aus. Diese grundsätzliche Bindung kann der Veranstalter oder Vermittler nur in zwei Fällen vermeiden: Zum einen kann er sich die Änderung vorbehalten und diesen Vorbehalt dann vor Vertragsschluss ausüben. Der Vorbehalt ist im Prospekt „ausdrücklich" vorzusehen und die Änderung ist dem Verbraucher vor Vertragsschluss „klar" mitzuteilen. Zum anderen kann eine Änderung „spä-

ter", und das heißt nach Vertragsschluss zwischen den Vertragsparteien vereinbart werden.

Bei der Bindung an die Prospektangaben geht es um zweierlei. Zunächst soll der Verbraucher vor einem **unlauteren Wettbewerbsverhalten** geschützt werden: Der Anbieter soll den Verbraucher nicht durch blumige Prospektangaben in den Sog der Vertragsverhandlungen ziehen, aus dem er sich dann möglicherweise nur schwer befreien kann. Davor schützt der ausdrückliche Hinweis auf mögliche Änderungen und die klare Mitteilung der Änderung vor Vertragsschluss. Der Änderungsvorbehalt beugt unbegründetem Vertrauen vor, die Änderungsmitteilung unterbricht den Sog der Vertragsverhandlungen. Nach Vertragsschluss sollen **einseitige Änderungen ausgeschlossen** sein. Der Verbraucher wird durch das vertragliche Einigungserfordernis geschützt, seine Zustimmung kann er sich ggf. „abkaufen" lassen. Von der drohenden Haftung geht zudem eine disziplinierende Wirkung für das vorvertragliche Verhalten aus. Allerdings ist der Veranstalter/Vermittler keineswegs verpflichtet, den Vertrag abzuschließen. Hat er also den vorgeschriebenen Vorbehalt im Prospekt nicht angegeben, so kann er eine Haftung noch vermeiden, indem er schlicht nicht abschließt. Darüber hinaus ist aber zweifelhaft, ob er in diesem Fall nicht auch schon vor Vertragsschluss durch vertragliche Vereinbarung von den Prospektangaben abweichen kann. Wenn der Verbraucher ungeachtet seines enttäuschten Vertrauens auf die Prospektangaben den Vertrag schließen möchte, vielleicht auch gegen eine Herabsetzung des Preises, sollte ihm das nicht versagt sein. Schließlich könnten die Parteien dasselbe Ergebnis durch Abschluss des prospektgemäßen Vertrags und eines unmittelbar nachfolgenden Änderungsvertrags erreichen.

15

c) Spezielle Informationspflichten

Veranstalter oder Vermittler geben dem Verbraucher oft aus eigenem Antrieb einen Prospekt, sind dazu aber nicht verpflichtet. Daher reicht es nicht aus vorzuschreiben, dass der Prospekt Informationen enthalten muss. Will der Gesetzgeber sicherstellen, dass der Verbraucher über bestimmte Gegenstände informiert ist, so ist eine **eigenständige Verpflichtung** dazu geboten. Diese enthält Art. 4 I a) PRRL. Der Veranstalter oder Vermittler muss den Verbraucher vor Vertragsschluss schriftlich oder in einer anderen geeigneten Form allgemein über Pass- und Visumserfordernisse (auch über die Fristen für die Erlangung dieser Dokumente!) sowie über gesundheitspolizeiliche Erfordernisse (Impfungen) unterrichten, die für die Reise und den Aufenthalt erforderlich sind. Diese Informationen sind, wie wir bereits im Zusammenhang mit dem Prospekt hervorgehoben haben, für die Erreichung des Vertragszwecks von zentraler Bedeutung. Erst auf ihrer Grundlage kann der Verbraucher entscheiden, ob die Reise für ihn überhaupt in Betracht kommt. Die Unterrichtung *vor Vertragsschluss* ist daher der richtige Zeitpunkt.

16

3. Vertragliche Information

a) Vertragsinhalt

17 Wenn für den Pauschalreisevertrag Mindestinhalte vorgeschrieben sind, die zudem schriftlich niederzulegen sind, so handelt es sich nicht um ein Schriftformgebot i. S. einer Wirksamkeitsvoraussetzung, sondern um eine **förmliche Informationsvorschrift**, eine Nachweispflicht (s. bereits § 9 Rn. 28).[10] Die Mindestinhalte betreffen nach Art. 4 II a) i. V. m. Anhang PRRL die wesentlichen Reiseleistungen (Anhang lit. a)–c), e), f)), eine etwaige Mindestteilnehmerzahl (Anhang lit. d), Kontaktdaten des Veranstalters/Vermittlers und ggf. des Versicherers (lit. g), Preis und Zahlungsmodalitäten (Anhang lit. h, i), Sonderwünsche (Anhang lit. j) sowie Fristen für Beanstandungen (Anhang lit. k). Schon wegen ihres Umfangs müssen diese Informationen schriftlich niedergelegt werden, Art. 4 II b) PRRL. Wenn der Verbraucher Anspruch auf eine Abschrift des Vertrags hat, dient das dazu, ihm die Informationen dauerhaft zugänglich zu machen.

b) Informationen „rechtzeitig vor Beginn der Reise"

18 Bestimmte Informationen, die die Durchführung der Reise betreffen, sind dem Verbraucher schließlich „rechtzeitig vor Beginn der Reise" zu geben, Art. 4 I b) PRRL. Sie betreffen die Reisedaten; die Kontaktdaten des örtlichen Vertreters des Veranstalters oder Vermittlers oder der Stellen, die dem Verbraucher bei Schwierigkeiten Hilfe leisten können; spezielle Informationen für Reisen Minderjähriger; sowie Angaben über den möglichen Abschluss von Versicherungen (Reiserücktritt, Rückführung). Auch hier ist der Zeitpunkt richtig gewählt. Dem Zweck der Information, die für die Reisedurchführung nötigen Angaben zur Verfügung zu stellen, entspricht es, wenn man nicht nur hervorhebt, dass die Informationen vor der Reise, sondern rechtzeitig: nicht zu spät, aber auch nicht zu früh (Monate vorher) zu geben sind. Die von der Reiserücktrittsversicherung abgedeckten Risiken können freilich bereits ab Vertragsschluss auftreten, so dass darauf besser vorvertraglich hingewiesen würde. Zweckentsprechend ist auch die im Grundsatz vorgegebene Schriftform, so dass der Verbraucher die Reiseunterlagen mitnehmen kann. Die ebenfalls zugelassene „andere geeignete Form" ist für technische Neuerungen offen und ermöglicht etwa die Unterrichtung per Email; dem Verbraucher ist zuzumuten, sich die Unterlagen ggf. selbst auszudrucken.

---

[10] Wie hier *Eckert*, ZRP 1991, 454, 455; a. M. *Kommission*, Mitteilung an den Rat und das Europäische Parlament zum Europäischen Vertragsrecht, KOM(2001) 398 endg. Anhang III 1.3 (S. 60).

IV. Inhaltsvorschriften

1. Persönliche Verhinderung – Recht zur Vertragsübertragung

Das Problem der persönlichen Verhinderung kann sich bei vielen Verträgen stellen. Beim Reisevertrag ist es für den Verbraucher von besonderem Gewicht. Ihm entgeht, im paradigmatischen Fall der Urlaubsreise, nicht nur die Erholung, es droht ihm, wenn er das Risiko nicht versichert hat, darüber hinaus ein erheblicher finanzieller Nachteil. Für viele Verbraucher ist der Urlaub dann nicht nur wegen seiner zeitlichen Unwiederholbarkeit verloren, sondern auch weil die Urlaubskasse bereits leer ist. Wenn er selbst die Reise nicht antreten kann, will er oft einen Ersatzmann stellen. Dem Reiseveranstalter oder -vermittler auf der anderen Seite ist regelmäßig egal, wer die Reise unternimmt. Nicht von ungefähr kennt die Definitionsnorm des Art. 2 Nr. 4 PRRL neben dem Hauptkontrahenten noch „die übrigen Begünstigten", für die der Vertragspartner die Reise bucht. Anders ist das nur dort, wo an die Reisenden besondere Anforderungen gestellt werden, z. B. körperliche Tüchtigkeit für einen Wanderurlaub. Auf die Person des Verbrauchers als Vertragspartner mag es ihm nur im Hinblick auf seine Entgeltforderung ankommen. 19

Abweichend von dem Grundsatz, dass der Sachleistungsgläubiger das **Verwendungsrisiko** trägt, bestimmt Art. 3 III PRRL, dass der Verbraucher im Falle der persönlichen Verhinderung das Recht hat, „seine Buchung auf eine Person [den Erwerber; s. Rn. 9] zu übertragen, die alle an die Teilnahme geknüpften Bedingungen erfüllt". Er ist gehalten, den Veranstalter oder Vermittler davon in vertretbarer Frist vor Abreise zu unterrichten. Das Bonitätsinteresse des Veranstalters oder Vermittlers wird durch die Anordnung einer gesamtschuldnerischen Haftung von Hauptkontrahent und Erwerber für die noch offenen Entgeltforderungen sowie der etwa durch die Übertragung entstehenden Mehrkosten gesichert, Art. 3 III 2 PRRL. 20

2. Preisänderungsklauseln

Für Preisänderungen nach Vertragsschluss enthält Art. 4 IV PRRL nähere Vorgaben. Sie sind grundsätzlich verboten und kommen – ohne Vertragsverletzung – nur dann in Betracht, wenn der Vertrag einen entsprechenden **Vorbehalt** enthält. Für die Ausgestaltung von Preisänderungsklauseln – individuell vereinbarte wie vorformulierte – enthält die Vorschrift nähere formale und inhaltliche Vorgaben. **Formal** muss die Klausel genaue Angaben zur Berechnung des neuen Preises enthalten; Verbraucherschutz durch Transparenz. **Inhaltlich** darf eine Preisänderung nur aus drei Kostengründen vorgesehen werden: wegen Änderung (1) der Beförderungskosten einschließlich der Treibstoffkosten, (2) der Abgaben für bestimmte Leistungen wie Landegebühren u. Ä. sowie (3) der für die betreffende Reise geltenden Wechselkurse. Bei diesen vom Veranstalter oder Vermittler nicht beherrschbaren Änderungen ist, zumal bei oft längeren Vorausbuchungen, ein berechtigtes In- 21 teresse nicht von der Hand zu weisen, Belastungen weiterzugeben. Für eine gewisse Zeit ist dem Veranstalter oder Vermittler indes zuzumuten, das Risiko von Preisschwankungen zu tragen. Der vereinbarte Preis darf ab dem **zwanzigsten Tag vor dem Abreisetermin** nicht mehr geändert werden.

V. Leistungsstörungen

1. Spezielle Leistungsstörungstatbestände

a) Antizipierte Pflichtverletzung: Erhebliche Änderung wesentlicher Vertragsbestandteile vor Abreise

22 Für den Fall, dass „sich der Veranstalter vor der Abreise gezwungen (sieht), an einem der wesentlichen Bestandteile des Vertrages, zu denen auch der Preis gehört, eine erhebliche Änderung vorzunehmen", sieht Art. 4 V PRRL einerseits eine Verfahrensregelung zur Nachverhandlung vor, andererseits ein Rücktrittsrecht.

23 Wenn der Tatbestand in nachgerade beschönigend wirkenden Worten („sieht sich gezwungen") die antizipierte Vertragsverletzung beschreibt, trägt der Gesetzgeber dem Umstand Rechnung, dass eine solche Änderung erforderlich werden kann, ohne dass der Veranstalter dies zu vertreten hätte. Mit Rücksicht auf die Bedeutung der Pauschalreise für den Verbraucher – im paradigmatischen Fall geht es um seinen Erholungsurlaub, der nicht ohne weiteres zu verlegen oder nachzuholen ist – ist das **konstruktive Zusammenwirken** der Parteien in diesem Fall zweckgerecht. Dazu ist zunächst von größter Bedeutung, dass der Verbraucher von der Änderung erfährt: der Veranstalter muss den Verbraucher davon „so bald wie möglich" unterrichten. Dadurch soll der Verbraucher in die Lage versetzt werden, entsprechende Dispositionen zu treffen, insbesondere auch Nachverhandlungen mit dem Veranstalter oder Vermittler aufzunehmen. Mit Rücksicht auf diesen Kooperationszweck, der, wie gesagt, gerade den Interessen des Verbrauchers dient, ist es verständlich, dass Art. 4 V PRRL als eine „Möglichkeit" des Verbrauchers nennt, „eine Zusatzklausel zum Vertrag zu akzeptieren, die die vorgenommenen Änderungen und ihre Auswirkungen auf den Preis angibt". Mit dieser Formulierung bringt der Gesetzgeber noch Weiteres zum Ausdruck: Das Änderungsangebot kann sinnvollerweise nur vom Veranstalter kommen, aber dieser ist auch gehalten, ein solches vorzulegen. Alternativ hat der Verbraucher das Recht, vom Vertrag „ohne Verpflichtung zur Zahlung einer Vertragsstrafe zurückzutreten". Darin steckt das Verhandlungsgewicht des Verbrauchers. Die Folgen des Rücktritts sind in Art. 4 VI PRRL näher ausgestaltet; s. sogleich Rn. 24. Das Kooperationsverhältnis der Parteien wird schließlich durch die Bindung des Verbrauchers ausgestaltet, den Veranstalter oder Vermittler seinerseits so bald wie möglich über seine Entscheidung zu unterrichten.

b) Veranstalterstornierung vor Abreise sowie Folgen des veranlassten Rücktritts

Anstatt die Reisebedingungen nachträglich vertragswidrig zu ändern (soeben, Rn. 23) mag der Veranstalter die Reise auch schlicht vor Abreise „stornieren". Beides läuft auf dasselbe hinaus, wenn die nachträgliche vertragswidrige Änderung den Verbraucher zum Rücktritt veranlasst. Für diese beiden Tatbestände gestaltet Art. 4 VI PRRL die Rechtsfolgen näher aus. Ausgenommen ist freilich die vom Verbraucher verschuldete Stornierung. Wiederum ist das Leistungsstörungsrecht mit Rücksicht auf die besondere Interessenlage des Verbrauchers (soeben, Rn. 23) „**kooperativ**" ausgestaltet und auch darauf ausgerichtet, eine konstruktive Lösung zu finden.

Daher hat der Verbraucher – durch die Nennung an erster Stelle hervorgehoben, wenn auch nicht rechtlich vorrangig – zum einen Anspruch auf Teilnahme an einer **anderen Reise**, die der Veranstalter ihm anbietet. Wenn möglich, hat der Veranstalter dem Verbraucher ohne zusätzliche Kosten eine gleich- oder höherwertige Reise anzubieten. Das Maß der aufzuwendenden Kosten und Mühen gibt die Richtlinie nicht an, und es dürfte auch nur schwer zu kontrollieren sein. Treffender erscheint es – auch unter dem Gesichtspunkt der Kooperation – dieses Angebot dem Eigeninteresse des Veranstalters anheimzustellen, dem im Fall des Rücktritts der Gewinn entgeht und weitere Ersatzansprüche drohen (nachfolgend Rn. 31). Kommt nur eine Reise „geringerer Qualität" in Betracht, so hat der Veranstalter dem Verbraucher den Preisunterschied zu erstatten.

Alternativ kann der Verbraucher „schnellstmögliche" **Erstattung** aller von ihm aufgrund des Vertrags gezahlten Beträge verlangen. Das ist ein scharfes Schwert: Die Regelung lässt keinerlei Abzüge zu, auch nicht für bereits angefallene Kosten, die der Veranstalter seinerseits nicht erstattet bekommt. Dass die Erstattung unverzüglich erfolgen muss, hat nicht zuletzt den Sinn, dem Verbraucher die Mittel in die Hand zu geben, anderen Urlaub zu bezahlen. In diesem Fall hat der Verbraucher außerdem Anspruch auf eine „**Entschädigung wegen Nichterfüllung**", deren Einzelheiten sich nach mitgliedstaatlichem Recht richten. Der Entschädigungsanspruch ist nur in zwei Fällen ausgeschlossen: zum einen, wenn die vorbehaltene Mindestteilnehmerzahl nicht erreicht ist und dies dem Verbraucher auch innerhalb der vertraglich vereinbarten Frist mitgeteilt wurde; zum anderen, wenn die Stornierung aufgrund höherer Gewalt erfolgt. Höhere Gewalt ist dabei definiert als ungewöhnliche und unvorhersehbare Ereignisse, auf die derjenige, der sich auf höhere Gewalt beruft, keinen Einfluss hat und deren Folgen trotz Anwendung der gebotenen Sorgfalt nicht hätten vermieden werden können. Im Grundsatz geht es demnach um eine verschuldensunabhängige Garantiehaftung, die nur durch höhere Gewalt begrenzt ist.[11] Wie in Art. 4 VI ii) PRRL a. E. klargestellt ist, ist Überbuchung nie ein Fall höherer Gewalt.

---

[11] Näher *Riesenhuber*, System und Prinzipien des Europäischen Vertragsrechts, S. 506 ff.

c) Nichterbringung eines erheblichen Teils der vereinbarten Leistung nach Abreise

27 Mit der Abreise verändert sich die Interessenlage des Verbrauchers. Sein Interesse an der Durchführung der Reise zu veränderten Bedingungen kann umso größer sein, je nach Art der Störung mag er aber eine vorzeitige Abreise bevorzugen. Art. 4 VII PRRL sieht auch für diesen Fall Regelungen vor, die auf Kooperation und Nachverhandlung ausgerichtet sind.

28 Wird nach der Abreise ein erheblicher Teil der vereinbarten Leistungen nicht erbracht oder zeichnet sich dies ab, so ist der Veranstalter im Grundsatz verpflichtet, **angemessene Vorkehrungen** zu treffen, damit die Reise weiter durchgeführt werden kann. Für den Minderwert der so erbrachten gegenüber der vereinbarten Dienstleistung zahlt der Veranstalter dem Verbraucher eine **Entschädigung**, die funktional der Minderung entspricht. Auch hier steht demnach die Durchführung der Reise im Vordergrund, wenn auch zu veränderten Bedingungen und bei Erhaltung des Äquivalenzverhältnisses.

29 Nicht immer sind angemessene andere Vorkehrungen möglich oder für den Verbraucher akzeptabel. Dann ist der Veranstalter verpflichtet, für die **Rückreise** des Verbrauchers zu sorgen, ggf. mit einem anderen Beförderungsmittel, und zwar an den Abreiseort oder an einen anderen mit dem Verbraucher vereinbarten Ort. Wiederum ist der Verbraucher zu **entschädigen**, freilich nur „gegebenenfalls", d.h. soweit das Äquivalenzverhältnis beeinträchtigt ist. Auch hier geht es funktional um eine verbleibende Minderung.

d) Bemühen bei Beanstandungen

30 Ausdruck des Kooperationsgedankens ist schließlich auch die Bemühenspflicht des Art. 6 PRRL. Im Fall einer Beanstandung bemüht sich der Veranstalter oder Vermittler oder ein örtlicher Vertreter nach Kräften um geeignete Lösungen. Die Bindung ist damit ausgesprochen „weich" ausgestaltet („Bemühen" „nach Kräften" um „geeignete Lösungen"). Richtig verstanden geht es dabei nicht so sehr darum, wer „Recht hat", sondern darum, ungeachtet allfälliger Schwierigkeiten die Zwecke der Pauschalreise zu verwirklichen. Selbstverständlich ist allerdings Kooperation kein einseitiges Gebot. Lösungen sind nicht nach dem „Grundsatz der Verbraucher hat immer Recht" zu suchen, auch vom Verbraucher ist eine Mitwirkung zu erwarten, und zwar über die Beanstandung hinaus.

2. Allgemeine Leistungsstörungstatbestände

a) Grundsatz der Haftung und Einstehenmüssen für Dienstleistungsträger

31 Die Ausgestaltung der Schadensersatzhaftung überlässt die Pauschalreiserichtlinie weithin den Mitgliedstaaten, sie bestimmt aber die Grundsätze. Der Veranstalter

oder Vermittler, der Vertragspartei ist, haftet dem Verbraucher für die ordnungsgemäße Erfüllung der vertraglichen Verpflichtungen. Diese Haftung ist unabhängig davon, ob er selbst oder andere Dienstleistungsträger die verletzte Verpflichtung zu erfüllen haben.

b) Anspruch auf Schadensersatz

Erleidet der Verbraucher infolge einer „Nichterfüllung oder einer mangelhaften Erfüllung" (nachfolgend zusammenfassend: Nichterfüllung) des Vertrags einen Schaden, so hat er Anspruch auf Schadensersatz gegen den Veranstalter oder Vermittler. Anspruchsgegner ist auch hier derjenige, der Vertragspartner ist. Die Haftung ist ausgeschlossen, wenn die Nichterfüllung nicht auf einem „Verschulden" des Veranstalters oder Vermittlers oder eines Dienstleistungsträgers zurückzuführen ist. Damit ist indes keine Verschuldenshaftung mit umgekehrter Beweislast nach dem Modell von § 280 I BGB gemeint, sondern eine **Garantiehaftung**, denn das „Verschulden" ist nur in drei bestimmten Fällen ausgeschlossen: (1) wenn die Nichterfüllung dem Verbraucher zuzurechnen sind; (2) wenn es sich um unvorhersehbare oder nicht abwendbare Versäumnisse handelt, die einem Dritten zuzurechnen sind, der an der Bewirkung der vertraglich vereinbarten Leistungen nicht beteiligt ist; oder (3) wenn sie auf höherer Gewalt (Art. 4 VI/2 ii) PRRL, oben, Rn. 26) oder auf einem Ereignis beruhen, das Veranstalter, Vermittler und Leistungsträger trotz aller gebotenen Sorgfalt nicht vorhersehen oder abwenden konnten.[12] 32

Umstritten war die Frage, ob Art. 5 II PRRL auch den Ersatz **immaterieller Schäden**, namentlich für entgangene Urlaubsfreuden vorschreibt. Der Gerichtshof hat das mit knapper Begründung bejaht.[13] Die Rechtsangleichung durch die Pauschalreiserichtlinie diene dem Abbau von Wettbewerbsverzerrungen, und der Anspruch auf Ersatz immaterieller Schäden sei dabei ein wichtiger Faktor. Die Regelung bezwecke zudem den Verbraucherschutz, und für Verbraucher sei die Urlaubsfreude von besonderer Bedeutung. Schließlich findet das Gericht auch in Art. 5 II/4 PRRL einen – freilich ausgesprochen dünnen – Anhaltspunkt für die Ersatzfähigkeit auch immaterieller Schäden, denn dort sei von „Schäden, die nicht Körperschäden sind" die Rede, und darunter fielen auch immaterielle Schäden. 33

c) Hilfeleistungspflicht

Selbst wenn die Schadensersatzhaftung nach Art. 5 II/1 Sps. 2 und 3 PRRL ausgeschlossen ist, weil die Nichterfüllung auf dem Verhalten eines Dritten oder höherer Gewalt beruht, ist der Veranstalter oder Vermittler verpflichtet, sich darum zu bemühen, dem Verbraucher „bei Schwierigkeiten Hilfe zu leisten". Auch wenn ein 34

---

[12] Näher *Riesenhuber*, System und Prinzipien des Europäischen Vertragsrechts, S. 506 f.
[13] EuGH Rs. C-168/00 *Leitner*, Slg. 2002, I-2631.

Erdbeben oder ein Sturm den Strandurlaub vereitelt, muss der Vertragspartner dem Verbraucher behilflich sein, eine Notunterkunft und eine Heimreisemöglichkeit zu finden. Diese Verpflichtung trägt dem besonderen Schutzbedürfnis des Verbrauchers Rechnung, der sich am Reiseort üblicherweise nicht so auskennt. Dass die Hilfeleistungspflicht nicht eingreift, wenn der Verbraucher sich selbst in Schwierigkeiten gebracht hat (z. B. Gefängnisaufenthalt wegen Drogenkonsums), ist nur billig.

d) Abweichende Vertragsklauseln

35   Die Haftung nach Art. 5 I und II PRRL ist grundsätzlich zwingend, Art. 5 III PRRL. Vertragliche Einschränkungen sind nur in bestimmten Fällen zulässig. Eine Einschränkung der Schadensersatzhaftung wegen Nichterfüllung kann vom mitgliedstaatlichen Recht zugelassen werden (Umsetzungsoptionen):
– gemäß internationalen Übereinkommen über diese Leistungen, wie sie etwa im Transportbereich bestehen, Art. 5 II/3 PRRL; und
– bei anderen als Körperschäden, doch darf die Einschränkung nicht unangemessen sein, Art. 5 II/4 PRRL.

e) Anzeigeobliegenheit des Verbrauchers

36   Weiterer Ausdruck des Kooperationsgedankens des Leistungsstörungsregimes ist die Anzeigeobliegenheit des Verbrauchers, Art. 5 IV PRRL. Er muss jeden Mangel, den er „an Ort und Stelle" feststellt, so bald wie möglich schriftlich oder in einer anderen geeigneten Form (heute: auch E-Mail) dem betreffenden Leistungsträger *und* dem Veranstalter oder Vermittler mitteilen. Zum Schutz des Verbrauchers ist er auf diese Obliegenheit im Vertrag klar und deutlich hinzuweisen.

f) Rückgriff

37   Der Rückgriff des haftenden Vertragspartners gegen einen für die Nichterfüllung verantwortlichen Dienstleistungsträger ist in der Richtlinie nicht geregelt, wird in Art. 5 I a. E. PRRL aber ausdrücklich als „unberührt" vorbehalten. Die Regelung ist den Mitgliedstaaten überlassen. Die Vorgaben bleiben damit noch hinter jenen der kaufrechtlichen Rückgriffsregelung in Art. 4 VKRL zurück (dazu § 11 Rn. 37).

VI. Insolvenzsicherung

38   Nach Art. 7 PRRL ist der Veranstalter oder Vermittler, der Vertragspartner ist, verpflichtet, nachzuweisen, dass im Fall der Insolvenz – des Veranstalters, des Vermittlers oder eines Leistungsträgers – die Erstattung gezahlter Beträge und die

VI. Insolvenzsicherung

Rückreise des Verbrauchers sichergestellt sind. Der Verbraucher zahlt den Reisepreis üblicherweise im Voraus, unterschätzt aber typischerweise das Insolvenzrisiko; er kann zudem auch deswegen nicht selbst Vorsorge treffen, weil er die Aufteilung der Verantwortlichkeit zwischen Veranstalter und Leistungsträger oft nicht durchschaut.[14]

Die Sicherung ist von den Mitgliedstaaten einzurichten für den Fall der **Zahlungsfähigkeit** oder des **Konkurses**. Nach Wortlaut und Zweck der Vorschrift hat der Gerichtshof sie dahin ausgelegt, dass die Sicherung auch eingreifen muss, wenn der Reiseveranstalter in betrügerischer Absicht gehandelt hat.[15] Gesichert wird zum einen die Erstattung gezahlter Beträge. Das erfasst nach Ansicht des EuGH auch den Fall, dass der Hotelier die Reisenden wegen Zahlungsunfähigkeit des Veranstalters unter Androhung physischer Gewalt am Verlassen des Hotels hindert und so eine unmittelbare Zahlung der Übernachtungskosten erreicht.[16] Zum anderen wird die Rückreise des Verbrauchers gesichert. Einzelheiten regeln die Mitgliedstaaten. 39

Für die gebotene „**Sicherstellung**" reicht es nicht aus, bloß die Anzahlungen auf den Reisepreis zu beschränken.[17] Auch eine am Vorjahresumsatz des Reiseveranstalters orientierte Sicherung reicht nicht, wenn sie nicht vollen Ersatz gezahlter Beträge und der Rückreisekosten sicherstellt.[18] Die Insolvenzsicherung des Art. 7 PRRL verlangt „die Verleihung eines Rechts an den Pauschalreisenden, mit dem die Erstattung der von diesem gezahlten Beträge und seine Rückreise im Fall der Zahlungsunfähigkeit oder des Konkurses des Veranstalters sichergestellt werden", also einen **Individualanspruch**.[19] Wird die Insolvenzsicherung nach nationalem Recht durch die Stellung von Sicherheiten erbracht, so darf, wenn die Sicherheiten von einem Kreditinstitut in einem anderen Mitgliedstaat gestellt werden, mit Rücksicht auf die Dienstleistungsfreiheit des Art. 56 AEUV nicht verlangt werden, dass dieses Kreditinstitut eine zusätzliche Vereinbarung mit einem inländischen Kreditinstitut schließe.[20] 40

Die verspätete Umsetzung von Art. 7 PRRL in Deutschland war Anlass für mehrere Entscheidungen des Gerichtshofs zur **Staatshaftung für Umsetzungsdefizite**.[21] Der Grundsatz der Haftung des Staates für Schäden, die dem einzelnen durch dem Staat zuzurechnende Verstöße gegen das Unionsrecht entstehen, folge „aus dem Wesen der mit dem Vertrag geschaffenen Rechtsordnung". Die wesentlichen Elemente der Staatshaftung sind: 41

---

[14] Vgl. EuGH Rs. C-140/97 *Rechberger*, Slg. 1999, I-3499 Rn. 27; Rs. C-364/96 *Verein für Konsumenteninformation*, Slg. 1998, I-2949 Rn. 18.
[15] EuGH Rs. C-134/11 *Blödel-Pawlik*, noch nicht in Slg.
[16] EuGH Rs. C-364/96 *Verein für Konsumenteninformation*, Slg. 1998, I-2949.
[17] EuGH verb. Rs. C-178, 179, 188, 189 und C-190/94 *Dillenkofer*, Slg. 1996, I-4867 Rn. 56–68.
[18] EuGH Rs. C-140/97 *Rechberger*, Slg. 1999, I-3499 Rn. 59–66.
[19] verb. C-178, 179, 188, 189 und C-190/94 *Dillenkofer*, Slg. 1996, I-4867 Rn. 35 und 42.
[20] EuGH Rs. C-410/96 *Ambry*, Slg. 1998, I-7875.
[21] EuGH verb. Rs. C-178, 179, 188, 189 und C-190/94 *Dillenkofer*, Slg. 1996, I-4867; Rs. C-140/97 *Rechberger*, Slg. 1999, I-3499.

§ 13 Pauschalreiserichtlinie

(1) Die gemeinschaftsrechtliche Norm, gegen die verstoßen worden ist, bezweckt die Verleihung von Rechten an die Geschädigten. Bei Art. 7 PRRL ist das ungeachtet des weiten Ermessensspielraums, den die Vorschrift den Mitgliedstaaten lässt, der Fall.
(2) Der Verstoß ist hinreichend qualifiziert. Ein hinreichend qualifizierter Verstoß liegt insbesondere vor, wenn ein Mitgliedstaat den Erlass jeglicher Umsetzungsmaßnahmen in der Umsetzungsfrist versäumt.
(3) Zwischen dem Verstoß und dem den Geschädigten entstandenen Schaden besteht ein unmittelbarer Kausalzusammenhang.
(4) Ein Verschulden setzt die Haftung *nicht* voraus.

Stichwortverzeichnis

Die fett gedruckten Zahlen bezeichnen den Paragraphen, die weiteren Zahlen die jeweiligen Randnummern.

Abrundungskompetenz **3** 9
Acquis-Principles **13** 4
AEUV. *Siehe* Vertrag über die Arbeitsweise der Europäischen Union
AGB **5** 32; **10** 2 ff.
AGB-Kontrolle **5** 28
- Anhang der KlauselRL **10** 33
- Anwendungsbereich **10** 6 f.
- Äquivalenzverhältnis **10** 22
- Ausschlussfrist **10** 47
- Beurteilung im Einzelfall **10** 39
- bindende Rechtsvorschriften **10** 10
- Einbeziehungskontrolle **10** 12
- einseitige Lastenverteilung **10** 35
- geltungserhaltende Reduktion **10** 43
- Gesamtnichtigkeit **10** 45
- Hauptgegenstand **10** 21
- Inhaltskontrolle **10** 19 ff.
- Kontollausnahme **10** 19 ff.
- Missbräuchlichkeit **10** 28 ff.
- Missbräuchlichkeitsprüfung **10** 26
- Missverhältnis **10** 29
- nachträgliche Preisanpassung **10** 36
- Prüfung von Amts wegen **10** 47 f.
- sachwidrige Zuweisung von Vor- und Nachteilen **10** 35
- Sanktion des Transparenzgebots **10** 16
- Sanktionen **10** 46
- Schutzzweck **10** 4 f.
- Transparenzgebot **10** 15 ff., 37
- unionsautonome Generalklausel **10** 24 ff.
- Unverbindlichkeit von Klauseln **10** 43 ff.
- Verbandsklage **10** f.
- Vertragsschluss begleitende Umstände **10** 40
- Zeitpunkt des Vertragsschlusses **10** 42
AGB-Richtlinie **1** 30; **5** 22; **10** 1 ff.
aliud **11** 15

Allgemeine Geschäftsbedingungen. *Siehe* AGB
Allgemeine Rechtsgrundsätze **1** 17
- Grundrechte **2** 1 ff., 7 ff.
Amsterdamer Vertrag **1** 8
anwendbares Recht **4** 14 ff.
anzuwendendes Recht **4** 49 ff.
Äquivalenzgebot **1** 35
Auslegung **1** 34
Auslegung von Verträgen **9** 1 ff.; **11** 9
- Auslegungsregel **9** 5
- berechtigte Erwartungen **9** 6
- contra proferentem-Regel **9** 8 ff.
- Sprache **9** 11
- vorvertragliche Angaben **9** 12
Ausnahmeoption **6** 28
Ausrichtung auf andere Mitgliedstaaten **4** 25, 28
außerhalb von Geschäftsräumen geschlossene Verträge **7** 22, 24 ff.; **8** 13 ff.; **9** 13

Bargeschäfte des täglichen Lebens **7** 29
Bekämpfung von Diskriminierungen **3** 5
Belehrungspflichten **9** 25
Binnenmarkt **2** 23, 28, 32; **3** 4, 10 ff., 26; **7** 4
Binnenmarktkompetenz **3** 4, **10** ff.
branchenfremdes Nebengeschäft **5** 12
Buet **2** 34; **3** 38 f.
Button-Lösung **7** 42

Cassis de Dijon **2** 27 ff.; **3** 24; **5** 36
contra proferentem-Regel **9** 8 ff.; **10** 15 f., 50
cooling off-period **8** 1, 5

Dassonville **2** 25 ff.
Datenschutzrichtlinie **12** 12
Diskriminierung **4** 8; **6** 1 ff.
- Anweisung **6** 26
- Auskunftsanspruch **6** 38

Stichwortverzeichnis

- Belästigung 6 22 ff.
- Beweislast 6 37
- legitimer Zweck 6 21, 30
- mittelbare 6 20
- ohne Opfer 6 19
- Rechtfertigung 6 29 ff.
- Sanktionen 6 33 ff.
- Schwangerschaft 6 17
- sexuelle Belästigung 6 25
- unmittelbare 6 17
- Versicherungen 6 27 f.

Diskriminierungsverbote
- Adressaten 6 5
- Differenzierungsmerkmale 6 7
- im Arbeitsrecht 6 3
- privatrechtliche 6 6
- sachlicher Anwendungsbereich 6 7
- Vertragsrecht 6 8 ff.

doorstep selling 8 13
doppelte Zwecksetzung 5 14

Effektivitätsgebot 1 35
EG-Vertrag 1 7
Eigentum 2 17
Eingriffsnormen 4 41 ff.
- des Erfüllungsstaates 4 43

EMRK 2 5
Ersatzlieferung 11 21 f.
Etikettierung 11 12
Europäische Atomgemeinschaft 1 4
Europäische Gemeinschaft für Kohle und Stahl 1 4
Europäische Union 1 3
Europäische Wirtschaftsgemeinschaft 1 4
EUV. *Siehe* Vertrag über die Europäische Union
EU-Vertrag. *Siehe* Vertrag über die Europäische Union
EVÜ 4 3 f.
EWG. *Siehe* Europäische Wirtschaftsgemeinschaft
EWG-Vertrag 1 5

FARL. *Siehe* Fernabsatzrichtlinie
Fernabsatzrichtlinie 1 28; 5 20
Fernabsatzverträge 7 22 f., 34 ff., 38 ff.
- auf elektronischem Wege geschlossen 7 42 ff.
- per Smartphone geschlossen 7 43
- telefonisch geschlossen 7 44

Feryn 6 32
Fluggastrechteverordnung 4 38

Garantie 9 16, 25; 11 35 f.
GDRL. *Siehe* Geschlechtsdiskriminierungsrichtlinie
Gebrauchtwaren 11 33
gegenseitige Anerkennung 3 24
GEK. *Siehe* Gemeinsames Europäisches Kaufrecht
Gemeinsamer Referenzrahmen 1 42; 13 4
Gemeinsames Europäisches Kaufrecht 1 43 f.; 3 41; 5 50 ff.; 9 19; 10 14
- Diskriminierungsverbote 6 39
- Harmonisierungskonzept 5 50
- Informationspflichten 7 17
- Inhalte 1 50
- Kollisionsrecht 4 59
- rechtspolitische Bewertung, 1, 51
- Verbraucherschutz 5 52
- Zweistufigkeit 4 59; 5 51

Geschäftspraktiken 7 8
Geschlechtsdiskriminierung 1 8; 6 4
Geschlechtsdiskriminierungsrichtlinie 1 27; 6 7
Gesetzgebungsverfahren 3 31
- Vermittlungsausschuss 3 35
- Vorschlag 3 32

Gleichbehandlung von Männern und Frauen 3 6
GrCH. *Siehe* Grundrechtscharta
Grundfreiheiten 1 13; 2 1, 22 ff.; 3 13
- als spezielle Grundrechte 2 2
- Diskriminierungsverbot 2 4
- Drittwirkung 2 37
- Eingriff 2 24
- Schutzbereich 2 24
- Struktur 2 24

Grundrechte 1 16; 2 1, 7
- Adressaten 2 9
- Drittwirkung 2 21
- Schranken 2 11
- Schutzbereich 2 11

Grundrechtscharta 1 10; 2 1; 6 4
- Auslegung 2 13 ff.
- Grundsätze 2 12
- spezielle Auslegungsregeln 2 14
- Verhätnis zur EMRK 2 15

Grundsatz der begrenzten Einzelermächtigung 3 1
Grundsatz der Gleichbehandlung 6 13
Grundsatz der Parteiautonomie 4 15
Grundsatz des kontradiktorischen Verfahrens 10 48
Gründungsverträge, 1 4
Günstigkeitsprinzip 4 24, 32, 54, 61; 5 5

Stichwortverzeichnis

Harmonisierung 3 21 ff.
Harmonisierungskonzept 1 37; 5 45
- Kollisionsrecht 4 53
Haustürgeschäfterichtlinie 1 28; 3 37; 5 20
HtWRL. *Siehe* Haustürgeschäfterichtlinie

IKEA-Klausel 11 14
implied terms 9 20
Individualanspruch 13 40
Informationsmodell 2 29; 5 29
Informationsordnung 9 21
Informationspflichten 9 23
- allgmeine 7 16
- im engeren Sinne 9 24
- spezielle 7 16
- vertragsrechtliche 7 16
informierte Vertragsentscheidung 7 31
Ingmar 4 46
Inhaltskontrolle 7 11; 10 11
Inhaltsvorschriften 9 3
IPR 1 48; 3 30; 4 1 ff.
- Zuständigkeit 4 4

Justizielle Zusammenarbeit 3 8, 30

Kartellrecht 1 14
Keck 2 26, 34; 3 13, 38
Klausel-Richtlinie. *Siehe* AGB-Richtlinie
kleine und mittlere Unternehmen 5 28
KMU. *Siehe* kleine und mittlere Unternehmen
Kollisionsnormen 4 12
- spezielle, 4 34
Konkurrenzen
- IPR 4 39
Kreditwürdigkeit 12 11

Lauterkeit 9 21
Lauterkeitsrecht 7 3
lex fori 4 42
light regime für Handwerker 7 45

Mangold 6 4, 9
Marktordnung 7 2
Marktversagen 6 2; 10 2, 4
Maßnahme gleicher Wirkung 2 30
Mindestharmonisierung 3 22; 4 55
Montage 11 13
Muster-Widerrufsbelehrung 8 20

Nachbesserung 11 22
Nachweispflichten 9 26 ff.
- Bestätigungspflicht 9 27
- Garantiebedingungen 9 28

- Vertragsabschrift 9 28
- Zweck 9 29
nicht im Einzelnen ausgehandelte Vertragsklauseln 10 7

objektive Anknüpfung 4 26
offensichtlich engere Verbindung 4 23
ordre public 4 45
overconfidence bias 12 1

Pauschalreiserichtlinie 1 33; 5 17, 24; 13 2
- abweichende Vereinbarungen 13 35
- andere Reise 13 25
- angemessene Vorkehrungen 13 28
- Anwendungsbereich 13 6
- Anzeigeobliegenheit 13 36
- Bemühen bei Beanstandungen 13 30
- Bindungswirkung von Prospektangaben 13 14
- Entschädigung 13 28
- Entschädigung wegen Nichterfüllung 13 26
- erhebliche Änderungen 13 22
- Erstattung 13 26
- Garantiehaftung 13 32
- Hilfeleistungspflicht 13 34
- immaterielle Schäden 13 33
- Information 13 11
- Insolvenzsicherung 13 38
- Irreführungsverbot 13 12
- Mindestinhalte 13 13
- Nachweispflicht 13 17
- Pauschalreise 13 7
- persönliche Verhinderung 13 19
- Preisänderungen 13 21
- Prospektangaben 13 9, 17
- Rückgriff 13 37
- Rückreise 13 29
- Schadensersatz 13 31
- spezielle Informationspflichten 13 16
- Staatshaftung für Umsetzungsdefizite 13 41
- Stornierung 13 24
- Veranstalter 13 8
- Vermittler 13 8
- Verwendungsrisiko 13 20
- Zeitpunkt der Information 13 18
Primärrecht 1 3
Privatautonomie 6 1
PRRL. *Siehe* Pauschalreiserichtlinie

Querschnittsklausel 3 28; 5 3

Rassendiskriminierungsrichtlinie 1 27; 6 7, 10
RDRL. *Siehe* Rassendiskriminierungsrichtlinie

Stichwortverzeichnis

Recht der Unternehmensgeschäfte **5** 47
Recht eines Drittstaats **4** 36
Rechtsakte **1** 22
Rechtsangleichung **3** 16
– IPR **4** 55
Rechtsmängel **11** 15
Rechtsvergleichung **1** 2
Rechtsvorschriften **1** 23
Rechtswahl **4** 10, 36; **5** 5
– Wahl privater Regelwerke **4** 56
Richtlinie **1** 19, 21
richtlinienkonforme Auslegung **1** 21
Rom-I-VO **4** 4 ff., 37
– Anwendungsbereich **4** 4
– Beweisfragen **4** 32
– Formerfordernisse **4** 51
– Geltungsbereich **4** 49
– Vertragsschluss **4** 56

Schaffung neuer Rechtsformen **3** 17
Scheinunternehmer **5** 13
Sekundärrecht **1** 18
Selbstbestimmung am Markt **12** 8
Selbstverantwortung **2** 32; **8** 4; **12** 10, 22
Solange-Rechtsprechung **2** 3
Subsidiaritätsprinzip **3** 2

Telefonvertrieb **8** 10
Teleshopping **8** 10
Timesharingrichtlinie **5** 18; **9** 18

Überrumpelung **7** 11; **8** 14
UGP-Richtlinie **7** 8
Umsetzungspflichten **1** 35; **6** 33; **10** 49
ungeschriebenes Recht **1** 17
unlauteres Wettbewerbsverhalten **13** 15
unmittelbare Anwendbarkeit **1** 21
unrichtige Information **7** 51
Unternehmensgründer **5** 27
Unternehmensverkauf **5** 26
Unternehmer **4** 27; **5** 1, 7 f.; **12** 5
– Zurechnung von Äußerungen Dritter **9** 22
– Zurechnungsregel **5** 8
unternehmerische Freiheit **2** 18
Unterstützungskompetenz **3** 7

venire contra factum proprium **11** 18
verantwortungsvolle Kreditvergabe **5** 44
Verbraucher **4** 27; **5** 1, 9; **12** 5; **13** 9
– aktiver **4** 25
– im formellen Sinn **5** 16
– im materiellen Sinn **5** 16
– mündiger **5** 37

– passiver **4** 25
– Zurechnung **5** 10
Verbraucher-acquis **1** 40
Verbraucherbürgschaft **5** 21
Verbraucherkreditrichtlinie **1** 32; **5** 23; **12** 1 ff.
– Berücksichtigung von Amts wegen **12** 46
– effektiver Jahreszins **12** 8
– Einwendungsdurchgriff **12** 44
– Erläuterung **12** 23
– Europäische Standardinformation **12** 17
– Forderungsabtretung **12** 37
– Formen des Verbraucherkredits **12** 4
– Gesamtkosten **12** 34
– Inhalt der vorvertraglichen Information **12** 18
– Kündigungsrecht **12** 31
– Mindestinhalte **12** 26
– Nachweispflicht **12** 25
– öffentliches Interesse **12** 13
– privates Interesse **12** 13
– Rechtsfolgen **12** 14
– Schriftformgebot **12** 24
– Standardinformationen **12** 15
– Tilgungsplan **12** 30
– Umsetzungsoptionen **12** 36
– verantwortungsvolle Kreditvergabe **12** 9
– verbundene Verträge **12** 40
– Vertragsentwurf **12** 21
– Vorfälligkeitsentschädigung **12** 35
– vorzeitige Rückzahlung **12** 33
– Widerrufsrecht **12** 27
– wirtschaftliche Einheit **12** 41
– Zweck **12** 3
Verbraucherleitbild **5** 35
– besonders schutzbedüftiger Verbraucher **5** 42
– liberales Konzept **5** 43
– mündiger Verbraucher **7** 10
– normatives Leitbild **5** 39
Verbraucherpreisangabenrichtlinie **7** 12
Verbraucherrechterichtlinie **1** 29; **4** 35; **5** 20
– Anwendungsbereich **7** 18
– Entbehrlichkeit der Nachfrist **9** 32
– Entgelt für die Verwendung bestimmter Zahlungmittel, **9** 34
– Geringwertigkeitsklausel **7** 20
– Kundenhotline **9** 37
– Lieferungszeitpunkt **9** 31
– Nachfrist **9** 31
– Normalfall des Vertragsschlusses **7** 27
– Risikoübergang **9** 36
– Rückerstattung **9** 33
– Rücktrittsrecht **9** 31

Stichwortverzeichnis

- Widerrufsrecht 8 6
Verbraucherschutz 2 19; 3 7, 19; 4 61; 5 3, 46
- Ausnahmen 4 30
Verbraucherschutzkompetenz 3 28
Verbraucherschutzstandard 1 49
Verbraucherschutzvorschriften 4 44
Verbraucherverträge 4 24, 31
Verbrauchsgüterkauf 9 14
Verbrauchsgüterkaufrichtlinie 1 32; 5 25; 11 1
- Aus- und Neueinbaukosten 11 22
- Ausnahmen vom Anwendungsbereich 11 4
- Garantie 11 35
- Gewährleistungsausschluss 11 18
- Herstellung des vertragsgemäßen Zustands 11 21
- Mängelauftretensfrist 11 28
- maßgeblicher Zeitpunkt 11 16
- Minderung 11 23
- Nutzungsersatz 11 22
- Persönlicher Anwendungsbereich 11 3
- Rechtsbehelfe 11 25
- Rückgriffsrechte 11 37
- sachlicher Anwendungsbereich 11 3
- Schadensersatz 11 24
- subjektiver Mangelbegriff 11 6
- Unabdingbarkeit 11 30
- Vermutungstatbestände 11 7
- vernüftige Verbrauchererwartungen 11 12
VerbrKrRL. *Siehe* Verbraucherkredictrichtlinie
Verfassung der EU 1 12
Verfassungsvertrag 1 9
Verhältnis von Grundrechten und Grundfreiheiten 2 6
Verhältnismäßigkeitsprinzip 3 2
Verordnung 1 29 f.
Vertrag über die Arbeitsweise der Europäischen Union 1 10
Vertrag über die Europäische Union 1 7
Vertrag von Lissabon 1 10
Vertragliche Informationsvorschriften 5 31
Vertragsanbahnung 7 1
Vertragsfreiheit 2 20; 8 4; 9 1; 10 1; 11 6
Vertragsmäßigkeit 9 14
Vertragsrecht
- der EU 1 1, 11, 25
- dispositives 1 35
- gemeineuropäisches 1 35
- international dispositives 1 36
Verweisungsvertrag 4 16
VKRL. *Siehe* Verbrauchsgüterkaufrichtlinie

Vollharmonisierung 3 23; 4 55; 5 49; 7 24, 32; 12 3
vorvertragliche Informationspflichten 5 29; 7 11, 32; 8 19; 9 2
- formale Anforderungen 7 38
- Sanktionen 7 49
- Zeitpunkt 7 33, 37
- Zweck 7 35
VRRL. *Siehe* Verbraucherrechterichtlinie

Warenkauf 8 10
warming up-period 8 5
Werbung 7 1; 11 12
- irreführende 7 6
- vergleichende 7 6
Werbungsrichtlinie 7 6
Werklieferungsverträge 11 5
Wettbewerbsverzerrungen 3 15
Widerrufsrecht 5 30; 8 1 ff.
- akzessorische Verträge 8 48
- anteilige Vergütung 8 46
- Anwendungsbereich 8 15
- Belehrungsobliegenheit 8 19
- Bereitstellung digitaler Inhalte 8 47
- Erstattung von Zahlungen 8 33
- Fernabsatz 8 8 f.
- Formfreiheit 8 24
- Frist 8 27
- Fristwahrung 8 29
- Haftung für Wertverlust 8 39
- Kosten der Rücksendung 8 38
- Lieferkosten 8 33
- Nutzungsersatz 8 42
- Rechtsfolgen 8 30
- Reurecht 8 2
- Rückgabe von Waren 8 37
- Sachgrund 8 14
- Sanktion der Belehrungspflicht 8 21
- Schutzsystem 8 18
- tatbestandslos 8 2
- Tatbestandslosigkeit 8 23

Zahlungsmittel 8 36
Zahlungsverzugsrichtlinie 10 2
Zurückbehaltungsrecht 8 35
zwingende Gründe des Allgemeinwohls 2 27; 5 4; 7 4
zwingende Rechtsbehelfe 5 33
zwingende Vorschriften 4 33

Lesen, was man wissen muss!

MOHR LEHRBUCH

Privatrecht

MOHR SIEBECK

BRAUN
Einführung in die Rechtswissenschaft

LEIPOLD
BGB I, Einführung und Allgemeiner Teil

SCHLECHTRIEM/SCHMIDT-KESSEL
Schuldrecht Allgemeiner Teil

KÖTZ
Vertragsrecht

RIESENHUBER
EU-Vertragsrecht

BREHM/BERGER
Sachenrecht

LEIPOLD
Erbrecht

GRUNEWALD
Gesellschaftsrecht

SCHMOECKEL
Rechtsgeschichte der Wirtschaft

SCHACK
Urheber- und Urhebervertragsrecht

AHRENS
Gewerblicher Rechtsschutz

ZEISS/SCHREIBER
Zivilprozessrecht

BORK
Einführung in das Insolvenzrecht

KROPHOLLER
Internationales Privatrecht

ZWEIGERT/KÖTZ
Einführung in die Rechtsvergleichung auf dem Gebiet des Privatrechts

SCHLECHTRIEM/SCHROETER
Internationales UN-Kaufrecht

BRAUN
Einführung in die Rechtsphilosophie

TOWFIGH/PETERSEN
Ökonomische Methoden im Recht

Im Buchhandel und unter
www.mohr.de

Lesen, was man wissen muss!

MOHR LEHRBUCH

Öffentliches Recht

STEIN/FRANK
Staatsrecht

MENZEL/MÜLLER-TERPITZ (Hg.)
Verfassungs-
rechtsprechung

HARATSCH/KOENIG/
PECHSTEIN
Europarecht

SCHILLING
Internationaler
Menschenrechtsschutz

DÖRR
Kompendium
völkerrechtlicher
Rechtsprechung

SCHLADEBACH
Luftrecht

MENZEL/PIERLINGS/
HOFFMANN (Hg.)
Völkerrechtsprechung

PECHSTEIN
EU-Prozessrecht

CLASSEN
Religionsrecht

BADURA
Wirtschaftsverfassung
und Wirtschaftsverwaltung

SCHMIDT
Kommunalrecht

GUSY
Polizei- und Ordnungsrecht

EICHENHOFER
Sozialrecht

PEINE
Öffentliches Baurecht

TOWFIGH/PETERSEN
Ökonomische Methoden
im Recht

Im Buchhandel und unter
www.mohr.de